OEUVRES

COMPLÈTES

DE PIGAULT-LEBRUN.

TOME XV.

———

UNE MACÉDOINE.

DE L'IMPRIMERIE DE FIRMIN DIDOT,
RUE JACOB, N° 24.

OEUVRES

COMPLÈTES

DE PIGAULT-LEBRUN.

TOME QUINZIÈME.

A PARIS,

CHEZ J.-N. BARBA, LIBRAIRE,

ÉDITEUR DES OEUVRES DE M. PICARD ET DE M. ALEX. DUVAL,
PALAIS-ROYAL, n° 51, DERRIÈRE LE THÉATRE-FRANÇAIS.

1824.

UNE MACÉDOINE.

CHAPITRE PREMIER.

Le Départ impromptu.

C'était le 30 d'avril. Un très-beau temps, des consoles, chargées de fleurs, et le vin d'Aï rappelèrent à la comtesse d'Ermeuil, que le lendemain les paysans de sa terre du département de la Somme n'oublieraient pas de lui planter un *mai*, et les dames aiment assez cette cérémonie-là.

Nous étions huit à table, et nous nous convenions tous. Quatre jolies femmes, certaines de s'amuser partout, parce que partout elles fixaient le plaisir, se laissèrent facilement persuader. Un homme fort aimable, et qui plaisait beaucoup à ces dames, répondit qu'il acceptait, avant qu'on l'eût invité. Un gros père, menacé d'apoplexie, mais plein de gaieté, déclara qu'il lui était égal de finir sur les rives de la Somme ou de la Seine. Un négociant, très-riche, ne fit pas répéter l'invitation. Il était du nombre de ces négocians qui ne sont déplacés nulle part, qu'on trouve partout, qui font passer les plaisirs avant les affaires, et qui n'en font pas de mauvaises... tant que la fortune les caresse. Pour moi, à qui une jolie femme ferait faire le tour du monde, je devais en suivre quatre avec plaisir.

On quitte la table. La comtesse demande sa diligence, l'apoplectique son carrosse. On sort, on s'élance, on monte, on se place. On voit qu'on va être séparé, et quatre hommes et quatre femmes se trouvent si bien ensemble, après avoir pris le café et la liqueur des îles! On descend; chacun veut arranger les voitures à son gré, et cela n'est pas possible, parce que chacun veut être dans la diligence. Madame la comtesse décide que l'apoplectique prendra le négociant avec lui, et l'apoplectique répond qu'il veut jouir de ses derniers momens. Je tremblai d'être envoyé dans le carrosse, et je suis inventif quand j'ai quelque intérêt à l'être. Je rentrai à l'hôtel; j'en rapportai deux tabourets, que je plaçai aux portières. Je m'assis sur l'un; l'homme aimable prit l'autre. Deux femmes de chambre, qui devaient suivre en cabriolet, profitèrent du carrosse de l'apoplectique. Deux valets de chambre, qui devaient courir à bidet, représentèrent qu'il y aurait économie à monter avec ces demoiselles, qui ne demandaient pas mieux. Tout le monde se trouva bien, et tout le monde fut content.

Les voitures roulent. Nous avions, l'homme aimable et moi, les genoux presque au niveau du menton. Les femmes sont prévoyantes et bonnes... selon les circonstances, et nos voisines remarquèrent qu'il n'était pas possible que nous fissions trente lieues dans cette position. Une partie impromptu semble autoriser bien des choses, et on nous proposa, à droite et à gauche, deux genoux arrondis pour supports. Ces bras de fauteuil-là en valent bien d'autres. Malheureux de n'y appuyer que les coudes! Trop heureux de les toucher, n'importe comment!

On jase, on dit des folies, en dépit du bruit des roues. Bientôt la gorge se fatigue; les voix féminines perdent de leur harmonie, et les femmes savent quel est l'effet d'un organe flatteur. Elles se taisent; mais elles répondent des yeux, de manière à ce que les hommes aient toujours quelque chose à leur dire. Cependant les hommes ne sont pas de fer, et ils se fatiguent à leur tour. Un silence absolu règne dans la diligence, et je vais employer ce moment de relâche pour vous faire connaître plus particulièrement mes compagnons de voyage.

Vous savez déja que nos quatre dames sont charmantes : voici ce que vous ne savez pas. La comtesse d'Ermeuil, veuve, à vingt-deux ans, d'un mari qu'elle aimait, et dont elle était tendrement chérie, avait passé un an dans la douleur. Une douleur d'un an, à cet âge, est quelque chose d'exemplaire; mais les impressions, qui lui succèdent, sont vives en proportion des efforts qu'on a faits pour les repousser. Madame d'Ermeuil se livra à tous les genres de dissipation, pour conserver la liberté de son cœur. Elle décida qu'elle aurait des goûts sans conséquence, et plus de passions. Avec soixante mille livres de rente, on satisfait bien des goûts. Quel homme, d'ailleurs, pourrait remplacer le général d'Ermeuil?... Ah, on succède, si on ne remplace pas.

Madame de Mirville, veuve aussi, et propriétaire d'une belle fortune, était sentimentale, comme on l'est à dix-neuf ans, quand on ne sait pas tirer parti d'une figure séduisante. Elle ne dissimulait pas le besoin impérieux d'aimer quelque chose, et elle balançait encore entre le mariage et la dévotion.

Mesdames d'Allival et de Valport étaient deux femmes de vingt-quatre à vingt-six ans, ayant pour leurs maris les soins les plus obligeans, l'estime la plus prononcée, mais infiniment distraites l'une et l'autre, et ne s'apercevant de leurs distractions, que lorsqu'il ne restait plus qu'à continuer; du reste, vives, enjouées, brillantes de saillies, agaçantes surtout, et jouissant d'une liberté indéfinie.

M. de Préval, qui occupait le second tabouret, était un jeune officier, d'un extérieur agréable, d'un esprit orné, qui ne fumait pas, ne s'enivrait pas, ne jurait jamais, ne parlait jamais de lui, mais s'occupait sans cesse de la femme à qui il voulait plaire, ne l'entretenait que d'elle ; et des moyens de succès, celui-ci n'est pas le moins sûr.

M. du Reynel était un garçon de cinquante ans, célibataire par système, et gourmand par goût, après avoir été libertin par ton. Une grande aisance, et Grimod de la Reynière l'avaient engraissé au point qu'il ne trouvait où mettre sa cravate, et qu'il ne soutenait son ventre qu'à l'aide d'un suspensoir. Riant le premier de son embonpoint et de son intempérance, il mettait les autres dans l'impossibilité d'en rire, et il comptait être avantageusement connu de la postérité, pour avoir découvert, dans le gigot, un morceau d'une délicatesse et d'une saveur extrêmes, qu'il ne voulait faire connaître qu'à sa mort.

M. Mautort était fils d'un petit marchand roulant, et on ne s'en doutait pas. Il s'était fait une sorte d'éducation, et avait pris ce ton d'assurance, que l'or donne à tout le monde : rien ne s'efface aussi promptement que la crasse baptismale. Il avait appris, à l'école de son village, précisément ce qu'il fallait pour entrer dans un cabinet, où il faisait plus de commissions que d'écritures. Jouet de messieurs les commis, insolens en raison inverse de leur capacité, il apprenait à corriger son patois et ses fautes grammaticales, d'après les railleries amères que chaque balourdise lui attirait. La femme de chambre de madame, qui ne savait pas un mot de grammaire, mais qui se connaissait en physionomies, lui donna quelques leçons de politesse, dont il profita parfaitement, et lorsqu'il eut gagné de quoi acheter un habit à la mode, madame daigna lui accorder quelque attention, et le recommanda à son mari. Ce mari, comme tant d'autres, était, sans s'en douter, le très-humble serviteur de sa femme : il fit pour le jeune Mautort tout ce que madame lui demanda. Madame était jolie ; Mautort était reconnaissant. Il eut le bon esprit de ne vouloir pas être un homme à bonnes fortunes. Madame s'aperçut de quelques sacrifices, et, dès ce moment, Mautort eut un intérêt dans les affaires.

Bientôt il travailla pour son compte, et il négligea sa bienfaitrice, qui avait vieilli, et dont il n'avait plus besoin : c'est dans l'ordre. Il épousa une fille riche et laide, parce qu'il voulait augmenter rapidement sa fortune. Il prit une maîtresse, qui ne l'aimait pas, mais qui s'efforçait de gagner ses honoraires. Madame Mautort, délaissée, s'amusa à équiper et à déniaiser de petits commis. Malgré ces folies, sa maison prospéra au point que Mautort put dire, comme un autre, ma terre, mes gens, mes chevaux, et ces mots-là sont agréables à prononcer, quand on est né pour cultiver la terre d'un autre, et pour aller à pied toute sa vie.

Un grand seigneur n'est pas fâché de jeter quelquefois le masque de la représentation et de l'étiquette. Il reçoit alors des bourgeois opulens ; il leur fait même l'honneur de dîner chez eux, sous la condition tacite qu'ils ne s'oublieront pas en sa présence, qu'ils riront quand il rira, et qu'ils se tairont quand il voudra prendre la parole. Mautort trouvait cela charmant, et madame d'Ermeuil ne pouvait se dispenser d'accueillir un homme que des princes et des ducs appelaient leur cher ami.

Peut-être désirez-vous me connaître aussi. Je ne suis pas assez dupe pour dire de moi le mal que j'en pense, ni assez fat pour répéter le bien qu'on en a dit quelquefois. J'ai trente ans. Je ne suis ni borgne, ni bossu, ni boiteux. Voyez la suite de cet ouvrage, si vous voulez en savoir plus.

CHAPITRE II.

On ne suit pas toujours la ligne directe.

On avait cédé à un premier mouvement de gaieté; on était parti sans réflexion; on avait trente lieues à faire, et à huit heures du soir on distinguait seulement les ruines de Chantilly. « Nous sommes de grands étourdis, dit madame « d'Ermeuil. Nous serons obligés de coucher dans « une auberge... Où il y aura un cuisinier détes- « table, poursuivit du Reynel. Je suis désespéré « de n'avoir pas amené le mien, reprit Mautort : « c'est un homme du premier mérite. Ah, mon « Dieu, mon Dieu, s'écria madame d'Ermeuil, j'ai « pris mes deux femmes de chambre, et pas le « moindre petit paquet. Mesdames, dit Préval,

« supposez que nous fassions une campagne;
« qu'un parti ennemi ait enlevé nos équipages,
« et dites-moi ce que vous feriez. Moi, répondit
« madame d'Allival, je me conformerais aux cir-
« constances, eussé-je été enlevée aussi : j'ai tou-
« jours l'esprit du moment. C'est fort bien, reprit
« madame de Valport; mais nous ne faisons pas
« campagne, et que dira-t-on, à l'auberge, de
« quatre femmes qui arrivent de la capitale, sans
« bonnet de nuit ? Nous dirons qu'on n'en porte
« plus, répliqua Préval, et comme quatre femmes
« de distinction donnent le ton partout, surtout
« quand elles sont jolies, aucune femme de Chan-
« tilly n'osera plus se servir de bonnet de nuit.
« Excellente idée, dis-je. Nous leur persuaderons
« aussi qu'on a supprimé les déshabillés du soir et
« du matin. Les maris y gagneront doublement :
« ces déshabillés sont fort chers, et on s'en pare
« rarement pour eux. Comment donc, une mé-
« chanceté, dit la charmante madame de Mirville,
« d'un ton si doux, et d'un air si candide! Ah,
« monsieur, vous me faites un mal cruel aux ge-
« noux. » J'avais appuyé un peu fort, attiré par son
timbre argentin et sa jolie petite mine.

Il est du plus mauvais ton d'avoir des membres
solides. Madame de Mirville s'était avisée de se
plaindre; les autres devaient crier plus haut : je
m'y attendais, et elles n'y manquèrent pas. Le
fardeau devenait insupportable; un engourdisse-
ment total avait empêché ces dames de s'en aper-

cevoir plus tôt; sans doute elles avaient les cuisses dans un état déplorable. « C'est pourtant ce dont « on ne peut s'assurer ici, dit madame de Val- « port. Et cela est très-fâcheux, continua madame « d'Allival. »

Il était dans les convenances que les hommes descendissent, et c'est ce que nous fîmes. Quelques secondes après, ces dames sautèrent sur la pelouse, en s'écriant qu'elles souffraient horriblement, et en riant comme des folles. Nous étions dans la forêt; la soirée était superbe; on décida qu'on irait à pied jusqu'à Chantilly. On ordonna aux postillons de remiser les voitures à l'Aigle impérial, et de faire préparer le meilleur souper. On se mit à courir, à chanter, à sauter. Du Reynel, appuyé sur sa canne en béquille, ployait le jarret, essayait de s'enlever sur la pointe des pieds, et ne dansait que des épaules, qu'il haussait et baissait en mesure. Le fouet d'un postillon nous annonça une voiture. Nous tournâmes la tête; la chaise n'était pas à deux cents pas de nous. « Hé « mais, que dira-t-on de voir quatre femmes de qua- « lité prendre du plaisir comme des paysannes? » Madame de Valport, qui a fait la réflexion, est déja dans le bois. Les autres s'élancent sur ses traces; nous suivons tous. Du Reynel descend le fossé, avec précaution, et le remonte sur ses genoux et ses mains. Les danses se reforment, et aux danses succèdent les espiègleries. On est poursuivi; on poursuit à son tour. On s'aperçoit que le soleil ne colore plus que la cime des arbres, et on parle de regagner la grande route.

« Hé, mon Dieu, où est donc M. du Reynel, « s'écrie la jolie madame de Mirville? Il n'aura pu « nous suivre, répond madame d'Allival. Mesda- « mes, mesdames, où court donc madame de Mir- « ville? Craint-elle, continua madame de Valport, « que M. du Reynel se perde à une portée de fusil « de Chantilly? Cette promenade, répond madame « d'Ermeuil, lui donnera un appétit dévorant. Il « va affamer le village. »

Honteux de voir courir seule une très-jolie femme, ou pressé peut-être par un autre motif, je partis comme un trait. « Encore un déserteur, « disait-on derrière moi. Jouons à de petits jeux, « en les attendant. »

En un instant je rejoignis madame de Mirville. Elle sourit en me voyant. Bon, dis-je à part moi, je ne lui déplais point. « N'est-il pas affreux, dit- « elle, en s'appuyant sur mon bras, que ces da- « mes et ces messieurs soient aussi insoucians à « l'égard d'un homme qui peut à peine marcher? » Bon, me dis-je encore, voilà de la sensibilité.

Nous allions lentement, parce que nous cher- chions à reconnaître les endroits par où nous avions passé. L'obscurité augmentait; les faux pas devenaient fréquens. La difficulté de la route incertaine que nous tenions, et peut-être un peu de frayeur, forçaient madame de Mirville à s'ap- puyer plus fortement sur mon bras. Souvent sa petite main le serrait, sans intention, sans doute. N'importe, j'aurais marché ainsi toute la nuit sans m'en apercevoir.

Du Reynel ne se retrouvait pas. Je l'appelais de toutes mes forces; je prêtais l'oreille; je n'entendais rien. « Ah, mon Dieu, dit ma jolie compa- « gne, il aura été frappé d'apoplexie. Il sera tombé « au pied de quelque chêne. »

Cette idée m'effraya. Nous étions dans une clarière assez vaste, et que je me croyais sûr de retrouver. Je proposai à madame de Mirville de se reposer pendant que je battrais les environs. « Hé, « que deviendrais-je sans vous, me dit-elle si mol- « lement! » Bon, me dis-je, me voilà nécessaire. Je repris son bras, et je ne pensai pas à quitter sa main. S'apercevait-elle que je la tenais cette main; que je la pressais quelquefois avec expression? Elle ne la retirait pas, et nous avancions au hasard et sans rien dire. Que lui aurais-je dit, d'ailleurs? je l'avais toujours trouvée très-aimable; mais je crois que je commençais à l'aimer, et ce premier moment est toujours à l'embarras. Et puis une déclaration, qui n'est pas amenée, a l'air si bête!

Madame de Mirville ne proférait pas un mot. Son silence était-il aussi l'effet d'un trouble naissant? J'aurais été trop heureux de le croire : les femmes sensibles sont si rares, quoiqu'elles parlent toutes de leur sensibilité!... Ah, il suffit de s'entendre sur la valeur qu'on donne aux mots.

Aujourd'hui le cœur veut dire les sens; l'estime qu'inspire un homme, n'est que le désir qu'il fait éprouver; la vertu qu'on lui sacrifie, qu'un grand mot, dont on voudrait faire un lien de huit jours, que l'amour brise en riant, avant que le nœud soit serré.

Pendant que je faisais ces réflexions, qui ne sont pas nouvelles, mais que les mêmes circonstances ramènent toujours, madame de Mirville s'arrêta : « Monsieur, me dit-elle, d'une voix alté-
« rée, vous ne prenez pas garde à ce que nous
« faisons. — Je ne prévois pas, madame, ce qui
« peut vous alarmer. — Seule, à dix heures du
« soir, au milieu d'un bois, avec un homme... —
« Qui vous offre son honneur pour sauve-garde,
« et ses soins pour appui. » Je sentais en ce moment que le charme le plus doux de l'amour, est dans l'estime véritable, qu'il faut garder à celle qu'on veut aimer sérieusement.

« Je plains beaucoup M. du Reynel, reprit ma-
« dame de Mirville; mais je ne lui sacrifierai pas
« les bienséances. Retournons, je vous en prie. »
Nous rétrogradons, nous retrouvons notre clarière, nous la traversons, nous arrivons à un gros chêne, que j'avais remarqué, comme s'il ne devait y avoir que celui-là dans la forêt de Chantilly. Je cherche un bouleau, qui devait être à trente pas, et que je ne trouve plus. Je vais à droite, à gauche; j'avance, je recule. Madame de Mirville s'aperçoit de mon incertitude; elle me

serré le bras plus fortement qu'elle n'avait fait encore, et elle murmurait à demi-voix : « Passer « la nuit dans une forêt, avec un homme comme « celui-ci ! je ne me reproche rien, et ma con- « science est tranquille. Mais ma réputation, mais « le monde ! — La réputation d'une femme ne « saurait dépendre d'un événement imprévu. — « Hé, monsieur, s'informera-t-on des circonstan- « ces ? — Hé, madame, qui vous sait ici avec moi ? « nos compagnons de route, égarés comme nous, « et qui peut-être auront de se taire des raisons « plus sérieuses que les vôtres. — Au nom de Dieu, « appelez-les donc. »

J'appelai, je criai, je m'enrouai, et je n'entendis rien que le murmure des feuilles qu'agitait un air frais. « Madame, lui dis-je, puisqu'il faut se cou- « cher sans souper, permettez que je vous fasse « un abri de verdure. Je me tiendrai au-dehors, « je veillerai sur vous, et je réponds de votre « sûreté. »

Elle s'assit au pied d'un arbre, et je la vis porter son mouchoir à ses yeux. « Je jure, madame, « de vous respecter comme ma sœur. — Que vous « êtes bon, que vous êtes sage ! — Au point de « me faire moquer de moi, si j'étais entendu. — « Hé, monsieur, mon amitié ne vous dédomma- « gerait-elle pas de quelques mauvaises plaisante- « ries ? Vous la méritez, je vous l'accorde. — Je « l'accepte avec transport, avec reconnaissance,

XV.

« et je vous offre en échange tous les sentimens
« qu'un galant homme peut éprouver. »

Elle se tut. Je sentis que j'avais été trop loin. Peut-être pensait-elle, de son côté, que l'amitié d'une femme de dix-neuf ans, pour un homme de trente, ressemble à quelque chose de plus positif. Je commençais à travailler, pour la distraire et éloigner des idées, qui pouvaient tourner à mon désavantage.

Entre nous deux, pas une serpette, pas un couteau, pas même des ciseaux. Il fallait tout faire avec les mains, et avec des mains non exercées. Les branches ployaient, ne cassaient pas. Je travaillais avec opiniâtreté, et au bout d'une heure je n'avais qu'une bourrée qui ne pesait pas dix livres. Je la portai, fatigué, découragé, aux pieds de madame de Mirville, qui me plaignit beaucoup, sans se douter que c'était le moyen le plus sûr de ranimer mon courage. Je cherchai plus loin, et je trouvai quelques touffes d'un bois cassant, dont la feuille ressemble à celle du lilas. Je regardai cette découverte comme une bonne fortune. En un instant j'eus un fagot énorme, que je chargeai sur ma tête, parce que je ne pouvais le porter sous mon bras.

Il est difficile de voir où on met le pied, la nuit, quand on est chargé de branchages, qui dépassent d'une demi-toise le bout du nez. J'allai donner dans des orties qui me piquèrent cruellement. La douleur m'arrache un cri, et me fait lâcher le fagot. Je me baisse, je me frotte les jambes... mon étonnement ne peut se rendre... mon fagot remue, et d'une manière sensible. Je venais de le faire; je l'avais cueilli brin à brin; aucun animal d'un certain volume n'y était sans doute enfermé... L'aurais-je jeté sur un sanglier, sur un loup?... il y en a dans cette forêt. Si madame de Mirville était rencontrée...

Le danger où elle peut être exposée, me frappe et me donne des ailes. Je cours, je vole... je ne trouve plus ma charmante amie. Un loup n'avale pas une femme comme un poulet. Je pensai qu'effrayée par le cri qu'elle avait entendu, elle s'était levée, et courait sans savoir où. Elle ne pouvait être loin; je l'appelai, et j'entendis courir très-vite. Je me précipitai, et au moment où je croyais la toucher, lui parler, la rassurer, un homme, que me cachait la femme qui courait devant moi, se montre tout à coup, s'arrête, m'attend, et rit aux éclats en me reconnaissant.

C'était Préval. Madame de Valport, un peu plus embarrassée, voulut me faire croire qu'elle était enchantée de m'avoir retrouvé. Que m'importaient son embarras et les belles choses qu'elle me disait? Je ne pensais qu'à madame de Mirville; je les priai de la chercher avec moi. Madame de Valport répondit qu'elle était excédée, qu'elle ne pouvait aller plus loin. Préval me fit observer qu'il ne pouvait abandonner madame

de Valport, aussi peureuse que madame de Mirville. « Au moins, lui dis-je, venez avec moi, que
« je relève un fagot de branchages que jai laissé
« tomber sur je ne sais quoi de très-remuant.
« Vous avez votre sabre, et il serait singulier de
« faire chasse au milieu de ce désordre. » Préval
éclate de rire de plus belle, et me dit d'être tranquille; que le fagot que Lubin avait fait pour
Annette, n'était pas tombé sur une bête fauve.
Madame de Valport ne rit pas, ne dit rien, prit
son bras, et l'emmena d'un autre côté, probablement pour chercher où se reposer à son aise. A
quelque chose malheur est bon, disais-je en retournant à mon fagot.

J'étais inquiet, très-inquiet, et on m'aurait offert un trône pour m'éloigner, sans avoir retrouvé
madame de Mirville, que je ne l'aurais pas accepté. En marchant, je regardais autour de moi;
je cherchais à percer les ténèbres qui m'environnaient; je ne cessais d'appeler; j'avais la gorge
déchirée, et madame de Mirville ne répondait
pas. Exaspéré, furieux, je m'arrêtai tout à coup,
je frappai du pied, et je jurai à faire trembler la
forêt : un homme bien élevé jure quelquefois
comme un autre. J'entendis à terre, tout près de
moi, un bruit sourd, qui n'était pas celui des
feuilles. Je regarde; je distingue quelque chose
de blanc qui sort de dessous un buisson. J'y porte
la main; je reconnais au toucher de la percale et
de la dentelle. « Allons, dis-je, encore un couple

« qui se repose ici. Au nom du bon Dieu, ne
« me tuez pas, dit une petite voix douce et trem-
« blotante. » C'était celle de mon amie.

Je me nommai, je l'encourageai, je la consolai.
« Je ne suis qu'une pauvre petite femme, me dit-
« elle. La crainte a été plus forte en moi que l'a-
« mitié. Je vous ai cru en danger, et au lieu d'aller
« au secours de mon ami, j'ai pris la fuite, et je
« me suis cachée ici. »

J'avance la main pour retrouver la sienne, et
l'aider à se relever ; je me sens piqué, égratigné
de toutes parts. « Hé, madame, comment êtes-
« vous entrée là ? Vous êtes sous un buisson, garni
« d'épines, de deux pouces de longueur. — Je ne
« sais comment j'ai fait ; mais à présent que la tête
« se remet, je crois sentir de vives douleurs... Oh,
« oui, j'en éprouve par tout le corps. A-t-on
« jamais vu aussi faire de pareilles folies le lende-
« main d'un dimanche de *Quasimodo ?* mon cher
« ami, tirez-moi de là. »

Mon cher ami ! ce mot-là m'eût fait passer en
enfer. Je travaille avec ardeur à écarter les branches ; je m'enfonce des épines dans les mains,
dans les bras, dans les jambes. Mes gants, des
bas et une culotte de soie sont en lambeaux, et
je ne me rebute pas.

Cependant mon enthousiasme chevaleresque
céda enfin à la force du mal, et je sentis la nécessité d'attaquer raisonnablement ce malheureux
buisson. Je cherchai, en tâtonnant, le bas des

branches traîtresses, qui retenaient la beauté captive, et qui, à la naissance de la tige, sont dépourvues d'épines. « Prenez donc garde, mon « cher ami; ceci n'est point une branche. » C'était une jambe moulée, que je touchais bien innocemment.

Avoir du penchant à la dévotion, c'est déja aimer quelque chose, et il ne reste plus qu'à passer de l'illusion à la réalité; mais cette seule idée fait trembler une dévote de dix-neuf ans, bien candide, bien pure, et à qui une glace perfide répète sans cesse : Défiez-vous de cette figure-là. Que de péchés elle fera commettre!

Je me hâtai de retirer ma main, en balbutiant des excuses, tandis qu'au fond du cœur, je m'applaudissais de mon larcin involontaire. Je pris mon mouchoir, ma cravate, je les attachai ensemble; je les passai autour du buisson, dont je comptais ainsi relever et presser les branches. Hélas! il s'en fallait d'une demi-aune que je pusse joindre les deux bouts! « Ah, m'écriai-je, si j'avais « une jarretière! — Je n'ai pas les mains libres; je « ne peux détacher la mienne. — Et moi je n'en « porte point. — Mon Dieu, comment donc faire? « — Il y a bien un moyen, mais je n'ose vous le « proposer. — Oh, je ne m'y prêterais pas. — Ce- « pendant vous souffrez; vous ne pouvez rester « là. — Si je pouvais m'appuyer de quelque exem- « ple respectable! mais je ne me souviens pas « d'avoir vu dans les écritures... — Hé, madame,

« rappelez-vous qu'à toutes les noces on prend
« la jarretière de la mariée, et qu'y a-t-il de plus
« respectable qu'une noce, qui consacre l'union
« de deux êtres aimables, et qui leur impose le
« devoir si doux de s'aimer? — Au moins, mon
« cher ami, soyez prudent; souvenez-vous de vos
« promesses. » Elle n'avait pas fini, que la jarretière était enlevée.

Je noue, je tire, je comprime; je fais tout céder à ma force et à mon ardeur. Mon amie est dégagée, elle est debout, mais dans quel état! la robe, la chemise sont déchirées du haut en bas; le fichu est resté dans les épines. Elle est dans le désordre d'une Spartiate, et elle a, sur la beauté antique, l'avantage de la pudeur. C'est dans mes bras, c'est sur mon sein qu'elle penche sa jolie tête, et qu'elle cache son trouble et sa rougeur.

J'étais dans un état impossible à décrire... Je fus prêt à tout oser. Une voix intérieure me dit : Jouit-on de celle qui ne se donne pas?

Malheureusement pour la pauvre petite, la lune vint accroître son embarras. Elle me pria de m'éloigner, en ayant soin cependant de ne pas la perdre de vue; j'obéis, et je la vis s'asseoir. Je l'entendis déchirer son mouchoir, dont sans doute elle allait faire des cordons protecteurs de mille charmes secrets. Je m'approchai d'elle à reculons, et je jetai derrière moi mon mouchoir et ma cravate. Je gardai sa jarretière; je l'ai encore; je la conserverai toujours.

Elle me remercia du service, et surtout de la manière dont je le lui rendais. Son ton, très-affectueux, avait cette expression de vérité, que la coquetterie a perdu, dont elle sent tout le prix, qu'elle voudrait en vain retrouver, et qu'elle imite si gauchement!

J'attendais qu'elle me rappelât, lorsque la forêt parut tout en feu, et que le bruit de plusieurs cors se fit entendre. Mon amie, effrayée, accourut chercher un asile près de moi. Je remarquai en elle confiance et estime; je pensai qu'un sentiment en amène nécessairement un autre, et qu'on peut espérer le plus délicieux de tous, quand on a inspiré les deux premiers.

CHAPITRE III.

On arrive enfin à Chantilly.

Il fallait pourtant savoir quels étaient ceux qui s'avisaient de chasser au flambeau. Madame de Mirville souffrait beaucoup de se montrer à des inconnus, dans une robe attachée avec des chiffons, passés dans des trous faits avec un bâton. L'amour-propre ne perd jamais ses droits, même sur le cœur le plus fervent: il est une manière de placer une guimpe et d'onduler les plis d'un voile. Je représentai que ces inconnus seuls pouvaient nous servir de guides, et que, puisqu'on n'avait pas de quoi se changer, il fallait nécessairement paraître devant quelqu'un, dans l'état où on se trouvait; qu'il était plus convenable d'entrer de nuit à Chantilly, que de s'exposer le jour aux plaisanteries des voyageurs, et aux huées des enfans du village; que d'ailleurs les ténèbres donnaient à notre situation une teinte romantique, qui ne manquerait pas d'intéresser les chasseurs, et, sans attendre la réponse de ma jolie petite amie, je fis retentir les alentours de ma voix rauque et cassée.

Je distinguai bientôt le galop de plusieurs chevaux qui poussaient de notre côté. Je reconnus un des valets de chambre de madame d'Ermeuil, qu'accompagnaient quelques gardes forestiers. Son camarade, également escorté, battait une autre partie de la forêt. Je cherchai aussitôt les moyens de mettre madame de Mirville commodément à cheval. Je n'avais pas le temps de penser à nos compagnons de voyage et d'infortune; je n'avais pas trop à me louer de certains d'entre eux, et puis le *primo mihi*, quoi qu'on en dise, est le régulateur de tous les hommes.

Je vis avec plaisir qu'on avait eu l'attention de fixer un coussin sur la croupe du cheval que montait Baptiste. Une femme en croupe passe nécessairement le bras autour de son cavalier, et je me trouvais si bien de sentir celui de madame de Mirville! Baptiste restait ferme sur ses étriers. Peut-être est-il paresseux comme un maître, ce qui n'est pas juste, mais assez naturel; peut-être désirait-il, se flattait-il d'être l'heureux écuyer de la séduisante Mirville : Baptiste a des sens comme un prince, et les a pour quelque chose. Quoi qu'il en soit, je le priai de descendre. Il ne me fit pas répéter; mais il enleva madame de Mirville avec une vigueur, un air d'intérêt! il paraissait ne pouvoir se détacher d'elle, après l'avoir mise derrière moi. Peut-être encore ne fit-il, n'éprouva-t-il rien de tout cela; peut-être enfin étais-je déja passionnément amoureux, et un amoureux voit tout si singulièrement!

Nous suivîmes les gardes forestiers. Je suis naturellement silencieux, et je le deviens bien davantage, quand quelque chose m'agite ou m'intéresse fortement. Il m'eût été impossible de dire à madame de Mirville de ces choses indifférentes, insignifiantes, qu'on écoute dans nos cercles brillans, parce qu'on ne peut laisser ses oreilles chez soi, et qu'il faut un intervalle du café à la bouillotte. Je ne voulais pas non plus exprimer ce que je sentais : je m'étais tracé un plan de conduite dont je comptais bien ne pas m'écarter. Baptiste d'ailleurs marchait à côté de nous, et il n'était pas dans les convenances d'en faire mon confident.

Madame de Mirville, recueillie comme moi, interrompit tout à coup la douce rêverie dans laquelle j'étais plongée. « Mon ami, me dit-elle, en-
« voyez donc quelqu'un après ce gros garçon qui
« est cause de tout ce qui nous arrive. Madame
« parle peut-être de M. du Reynel, répondit Bap-

« tiste, devant qui j'avais déja prévu qu'il ne fal-
« lait dire que ce qu'on voudrait imprimer. Oui,
« oui, M. du Reynel, reprit ma jolie compagne.
« — Hé, madame, il est à Chantilly depuis huit
« heures du soir. — Comment, depuis huit heu-
« res, m'écriai-je! et en voilà quatre que nous le
« cherchons, et que nous allons d'infortune en
« infortune. Comment est-il donc arrivé à Chan-
« tilly? — Dans une bonne chaise de poste, qu'il
« a trouvée sur la grande route. — Vous verrez,
« ma chère amie, qu'il aura profité de la voiture
« qui a fait fuir madame de Valport, que vous
« avez toutes suivie... — Malheureusement pour
« nous tous. — Oh, il peut y avoir quelque excep-
« tion. » Et je souriais en pensant au mouvement
communiqué à ma bourrée.

En effet, Baptiste nous conta que M. de Soulanges avait passé chez madame d'Ermeuil; qu'il
y avait su que quatre femmes charmantes couraient en poste pour se faire planter des *mais*;
qu'il s'était jeté dans sa chaise, et que pour nous
joindre plus tôt, il avait été à crever tous les chevaux; qu'il avait reconnu du Reynel, hâletant
sur le revers du fossé; qu'il l'avait pris sous les
bras, et l'avait, à l'aide de son postillon, juché
dans sa voiture. Nous apprîmes enfin que du
Reynel, inquiet de ne pas nous voir, avait mis
sur pied tous les gardes qu'on avait trouvés à
Chantilly, et que nos carrosses nous attendaient
au carrefour... Je ne sais plus lequel.

Lorsque nous arrivâmes au lieu du rendez-vous, nous y trouvâmes nos camarades réunis, et dans quel plaisant équipage! Ces importans personnages, naguère mis avec le dernier soin, ressemblaient à des comédiens de campagne, ou à des échappés des Petites-Maisons. Nous débutâmes par nous rire mutuellement au nez. Madame de Mirville remarqua, avec sa candeur ordinaire, que madame de Valport avait traversé quelques taillis à reculons, expédient très-sage, car, disait-elle, si les feuilles qu'on froisse tachent la robe, on n'expose, au moins, ni ses yeux, ni ses mains. Les éclats recommencèrent. Madame de Valport seule garda son grand sérieux, et répondit sèchement à mon amie que, selon les apparences, elle s'était assise plusieurs fois; ce qui peut avoir des *suites*, quand la nuit est humide et froide. « Vous avez raison, répondit madame de Mirville, « je me suis assise trois fois. C'est fort honnête, « répliqua Préval. — Et cela aura les suites qu'il « plaira au ciel. Je n'en prévois pas de plus fâ- « cheuses qu'un rhume, et je suis résignée. J'au- « rais pu cependant mourir de peur, si je n'avais « eu avec moi l'homme le plus attentif et le plus « réservé que je connaisse. » On l'interrompit par de nouveaux éclats, soit qu'on ne crût pas à ma retenue, soit qu'on y crût trop. « Riez tant qu'il « vous plaira, reprit ma belle amie; je suis édifiée « de la conduite de monsieur; je le proclame « mon ami, et, pour prix de sa sagesse, je lui

« permets de m'embrasser. La proclamation était
« inutile, dit Préval; mais un baiser n'est jamais
« de trop. » Je le pris, ce baiser, avec une volupté,
une ivresse... qui, je le crois, furent à peu près
partagées.

Nous montâmes enfin en voiture, et personne
ne pensa à choisir sa place. La fatigue et le désir
d'arriver excluent la cérémonie, et même l'esprit
de galanterie. Mais l'amour? Oh, celui-là est
toujours indépendant des circonstances, et il agit
par instinct, quand il se conduit sans réflexion.
Je me trouvai à côté de madame de Mirville, qui
passa encore son bras sous le mien, pour se garantir, disait-elle, des cahots qui la tuaient, et,
en dépit des cahots, elle s'endormit du doux
sommeil de l'innocence.

Je ne pouvais la voir; mais je la sentais près
de moi, et son baiser, ce premier baiser, et sa
présence m'occupaient uniquement. Mais comme
notre imagination se porte partout, se lie à tout
par des transitions subites, inattendues, bizarres,
sur lesquelles notre volonté ne peut rien, aux
douces émotions causées par le souvenir de ce
baiser, succéda tout à coup celui des répliques
de Préval. Je pensai à ma conduite dans la forêt,
où l'isolement, les ténèbres, la frayeur d'une
femme charmante... Je fus tenté de me prendre
pour un sot, et de me reprocher ma sottise. Par
quelle singularité craignons-nous plus de paraître
ridicules que de passer pour vicieux? Ma foi, me

dis-je, je me mets au-dessus des plaisanteries des gens superficiels; je me suis conduit en homme d'honneur, et je m'en applaudis.

Nous voilà à Chantilly, et c'est à qui ne descendra pas de sa voiture. On regrettait d'avoir oublié le paquet de nuit, lorsqu'on était habillé de manière à fixer les regards; maintenant on est en guenille, et toutes les croisées de l'auberge sont éclairées d'une manière effrayante. Angélique et Louison sont aux portières; elles engagent ces dames à descendre; elles leur promettent de leur bâtir, en un tour de main, des manteaux de lit et des jupes avec des nappes et des serviettes : l'envie de souper parlait aussi haut qu'Angélique et Louison. On était ébranlé, on allait se lever, quand Louison ajouta que les avenues étaient libres; qu'il y avait, à la vérité, un régiment de hussards à Chantilly; que messieurs les officiers mangeaient à cette auberge, mais qu'ils étaient à table, et qu'ainsi ils ne verraient rien. « Des of-« ficiers de hussards, madame la comtesse! Des « officiers de hussards, ma chère amie! Des offi-« ciers de hussards, madame d'Alival! » Et on se renfonçait dans les voitures, et on eût voulu s'ensevelir dans les entrailles de la terre. On s'est quelquefois désespéré pour des choses moins importantes.

Deux voitures à quatre chevaux sont un événement à Chantilly, et partout où il y a des curieux, des oisifs, des badauds. Les officiers de hussards étaient aux fenêtres, et attendaient ceux qui arrivaient; ennuyés de ne voir descendre personne, ils formèrent des conjectures. « Ce sont « probablement, dit l'un, les maîtresses des deux « jolies chambrières; allons leur offrir la main, « dit l'autre. » A ces mots, un cri général partit des deux voitures, et, pour ajouter à l'effroi de nos dames, un gros coquin de cuisinier, planté sur le seuil de la porte, ne cessait de répéter : « Allons donc, mesdames, allons donc. Quel en- « fantillage! n'avez-vous jamais vu d'officiers de « hussards ? »

Je m'élançai pour châtier l'insolent discoureur. Madame de Mirville, qui n'avait pas crié, qui n'avait même pas fait d'observations, me retint fortement, et commença à me parler raison. Je voulus lui échapper; elle m'ordonna de rester. Je réfléchis qu'une femme décente ne donne pas d'ordres à un homme qui lui est indifférent, et j'eus le bon esprit de me faire un mérite de ma docilité. Après tout, pensai-je, quel honneur me reviendra-t-il de battre un cuisinier? « Donnez- « moi votre habit, me dit-elle. Je crois que ces « officiers ont vu bien d'autres choses à la guerre; « mais il faut être modeste autant qu'on le peut. » Je quittai mon frac, et je lui aidai à le passer : il lui allait comme si on eût pris sa mesure sur une guérite.

Au-dessus de toutes les petitesses, elle accepta poliment la main d'un de ces messieurs, et descendit la première. Je la suivis en gilet, en culotte et en bas déchirés. On allait rire; j'allais me fâcher. « Messieurs, dit mon amie, l'aigreur naît « facilement entre hommes qui ne se connaissent « pas, et il règne toujours une certaine décence « entre personnes de sexe différent, qui ont reçu « de l'éducation : permettez donc que je sois l'o- « rateur de la triste caravane qui n'ose paraître « devant vous. » Elle raconta ce qu'elle savait de nos aventures de nuit avec les graces naïves qui ne la quittaient jamais. Sa jeunesse, sa figure, son organe enchanteur, produisirent leur effet ordinaire. Ces messieurs lui prodiguèrent les égards et les offres de service.

Nos autres dames, encouragées par l'exemple, descendirent enfin, couvertes chacune d'un habit d'homme. Mesdames d'Alival et de Valport cédèrent à la petite vanité de parler aussi : elles n'eurent que de l'esprit; elles obtinrent quelques sourires; madame de Mirville entraînait.

Croiriez-vous que je trouvai encore sur la porte l'impertinent cuisinier, les deux mains appuyées sur ses genoux, et riant de manière à ne pouvoir articuler un mot? Oh! je ne me possédai plus, et j'allais lui appliquer le plus vigoureux soufflet, quand je reconnus... devinez qui?

Du Reynel, m'écriai-je, en bonnet de coton, en tablier, le couteau à gaîne au côté! Que diable signifie ce travestissement? Il riait de nous voir travestis nous-mêmes; nous rîmes tous en le regardant; nos officiers rirent aussi, sans trop savoir de quoi; mais le rire se communique comme le bâillement. Quelle est la raison physique de cela?

« Mesdames et messieurs, nous dit du Reynel,
« quand il put recouvrer la parole, je suis arrivé
« ici long-temps avant vous, et en vous attendant,
« je me suis occupé de l'affaire essentielle. — De
« laquelle donc? — Hé, parbleu, du souper. J'ai
« fait l'inspection de toutes les casseroles et de
« leur contenu. J'ai essayé de toutes les sauces; et
« on ne serait pas aussi souvent trompé, si on pou-
« vait essayer de même sa femme et ses amis. Al-
« lons, allons, interrompit madame de Mirville,
« il ne s'agit pas de femmes, mais de souper. Quel
« a été le résultat de vos essais? — J'ai trouvé
« tout détestable. Mais vous ne cessez pas, s'écria
« un petit homme à l'air refrogné. Finissez, mon-
« sieur, finissez, de grace; on ne perd pas ainsi
« de réputation un homme à talent. — Venez,
« monsieur l'homme à talent, venez goûter ma gi-
« belotte, ma perdrix aux choux, mon fricandeau,
« mon macaroni, et humiliez-vous, superbe. —
« Amour-propre d'auteur, monsieur. Si mes sauces
« vous ont déplu, elles n'en ont point paru moins
« bonnes à ces messieurs, qui doivent être tout
« aussi difficiles que vous. » Il n'était pas maladroit de faire intervenir vingt officiers, dont l'approbation eût fermé la bouche à du Reynel. La chose ne tourna pas tout-à-fait ainsi. « Ma foi, répondit

« un capitaine, nous n'avons pas été émerveillés
« de ce que vous nous avez servi ; mais quelques
« grains de poivre de plus ou de moins importent
« peu, quand on a quitté la table. Monsieur, re-
« prit du Reynel, je suis bien aise que vous ayez
« soupé : on ne dira pas que l'appétit vous abuse
« sur mes écarts d'assaisonnement. Faites-moi le
« plaisir de passer dans la chambre où le couvert
« est mis; je vais vous faire servir, et vous pro-
« noncerez. »

Un officier de hussards ne se fait pas prier pour assister au souper de quatre jolies femmes, et les militaires se suivent comme les moutons et les grues. Ces messieurs, se tenant tous par-dessous le bras, entrèrent sans façon chez nous, et formèrent le cordon autour de la table. Comment ces dames les auraient-elles priés de se retirer, elles qui avaient déja des hommes aussi clairvoyans que des hussards, et, en pareille circonstance, le nombre ne fait rien à l'affaire.

CHAPITRE IV.

Le Souper.

Nous étions placés. Angélique et Louison, assises devant une armoire au linge, dont on leur avait ouvert les deux battans, taillaient nappes et draps, faufilaient, se piquaient, se dépitaient, et allaient toujours. Baptiste et son camarade, rangés en seconde ligne, devaient recevoir les plats, et les passer à messieurs les hussards, qui avaient brigué l'honneur de servir nos dames. La gaieté succédait à l'humeur; la conversation s'animait, et quand elle est générale, on se nomme fréquemment. Les noms connus de nos quatre beautés ajoutèrent aux regards de ces messieurs, sans rien diminuer de leur empressement.

On attendait ce souper si vanté; on comptait sur le double plaisir de juger du Reynel, et de satisfaire une faim dévorante. De bruyantes exclamations nous firent craindre quelque accident : un malheur ne va pas sans un autre. Les casseroles pouvaient être renversées dans la cendre, et cette idée nous fit tous frissonner. C'était tout simplement notre gros garçon qui s'était rhabillé, et qui voulait absolument qu'on lui trouvât de la pâte d'amande dans une maison où il n'y en avait pas. Il se contenta d'un morceau de savon.

Il parut enfin radieux, triomphant, et pour cacher son orgueil sous une apparente modestie :
« Je vous engage, dit-il, mesdames, à ne pas me
« prodiguer d'éloges. Je conviens que je dois beau-
« coup à l'immortel auteur du Cuisinier impérial,
« et je ne marche jamais sans cet excellent livre.
« Je le lis, le relis; je le médite, le commente; je
« le sais par cœur, comme un curé son bréviaire,
« un financier sa table de multiplication, une fille
« de quinze ans le Temple de Gnide et le gentil
« Bernard. Je regrette de n'avoir trouvé ici que

3.

« des choses simples et grossières; mais je me
« flatte de les avoir assaisonnées de façon à pi-
« quer votre sensualité. »

On sourit avec complaisance au premier service, apporté avec une pompe digne de la harangue qui l'avait annoncé. Du Reynel, qui ne veut pas perdre une sensation, se charge de dépecer. Il prétend que c'est jouir par anticipation, et que la vapeur odorante qui s'exhale sous le couteau, est aussi nourrissante qu'agréable.

Nos écuyers à moustaches font circuler les perdrix aux choux, et veulent bien nous présenter le plat à nous autres hommes, qui n'avions aucun droit à un semblable procédé. Mais un penchant naturel porte les jeunes gens à se mettre bien avec des hommes qu'ils ne connaissent pas, et qui accompagnent de jolies femmes. Il peut se trouver dans le nombre un frère, un oncle, un mari. Une politesse, placée à propos, ouvre les portes de la maison. La fortune, l'amour, le diable, font le reste.

Une cuisse m'était tombée en partage. Je l'attaquai à belles dents, et je la posai aussitôt sur mon assiette. Je cherchai quelle était la saveur désagréable qui m'inspirait le dégoût. Je ne dis rien, par ménagement pour le pauvre du Reynel. Je regardai autour de moi, et je vis les deux perdrix dédaignées, abandonnées, renvoyées à la cuisine. Un mouvement aussi général ne pouvait échapper au bon du Reynel. Il rougit, il pâlit;

il tira le fameux livre de sa poche ; il l'ouvre à l'article *Perdrix aux choux*. « Je ne me suis point « écarté du maître, pas seulement d'un tour de « casserole, et j'avoue que mon plat ne vaut rien. « Il est d'une douceur fade, qui répugne. Il y a « là-dessous quelque chose que je ne conçois pas. « Passez-moi cette gibelotte. »

Elle était aigre, à agacer les dents, pour deux jours. Le fricandeau semblait être à l'absinthe, et non à l'oseille. La sauce des deux poulets en fricassée était tournée ; on ne pouvait manger de rien.

Qu'un homme se mêle de cuisine et n'y entende rien, cela n'est pas plus extraordinaire que de trouver un fripon parlant probité, une coquette pudeur, un avoué désintéressement. Qu'il gâte un plat ou deux, passe ; mais qu'il mette dans ses sauces des ingrédiens qui répugnent au palais le moins délicat, voilà ce qui n'est pas supposable, ce qui n'est pas même possible. Ce raisonnement profond, développé, répété, commenté par chacun de nous, jusqu'à satiété, on en tira une conclusion fort simple : c'est qu'on avait fait à du Reynel une niche qui retombait sur nous tous, puisque le mauvais plaisant nous mettait tous à la diète.

Le capitaine, qu'avait interpellé le cuisinier de la maison, l'aperçut allongeant le nez par l'ouverture de notre porte entrebâillée, riant sous cape, et jouissant de l'humiliation de du Reynel.

« Je connais le coupable, s'écria l'officier. Je vous
« demande pardon, mesdames, mais il faut châ-
« tier ce coquin-là. » Il s'élance, prend le gargo-
tier par une oreille, et l'apporte auprès de la table.
« Allons, drôle, avoue ton méfait, et demandes-en
« pardon. » Le cuisinier criait et niait; le capitaine
tirait plus fort. Le bout de l'oreille n'était plus
qu'à deux pouces de l'épaule. A mesure qu'elle
allongeait d'une ligne, le capitaine répétait son
interpellation. Le cuisinier touchait au moment
d'être traité comme Malchus, et chacun tient à
ses oreilles. Il criait, en faisant une grimace épouvantable, qu'il allait tout révéler. Le capitaine
lâcha prise, et l'accusé convint que, piqué, enragé contre du Reynel, il avait jeté, pendant qu'il
faisait sa toilette, une livre de cassonade sur les
perdrix, une demi-pinte de vinaigre dans la gibelotte, et une poignée de coloquinte sur le fricandeau.

Nous n'étions pas plus avancés pour avoir convaincu notre homme. Nous ressemblions à ceux
qui ont reconnu leur voleur; mais dont les effets
restent au greffe. Un aveu ne vaut pas une éclan-
che, pour des gens qui ont faim.

La maîtresse de la maison accourut, au tapage
infernal qu'on avait fait. Lorsqu'elle sut de quoi
il était question, elle prononça avec beaucoup
de gravité, qu'un voyageur a le droit d'apprêter
son souper, sans que monsieur le chef puisse y
trouver à redire; que nuire aux intérêts de la

maison où l'on est, c'est vouloir se faire renvoyer, et qu'en conséquence monsieur le chef irait coucher où bon lui semblerait.

Madame de Mirville appela de la sévérité du jugement. Elle représenta que l'espèce de question qu'avait subie le cuisinier était une punition suffisante. Du Reynel, dont la réputation était sauvée par la confession de son émule en ragoûts, déclara qu'il faut que chacun fasse son métier; qu'il avait eu tort de se défier de l'habileté de monsieur le chef; qu'il reconnaissait l'avoir provoqué d'une manière sensible; enfin il demanda sa grace, et il l'obtint.

Il était temps que les plaidoyers finissent. Nous ne trouvions rien de restaurant dans des phrases, et les orateurs eux-mêmes n'étaient soutenus que par la satisfaction, assez commune, de croire jouer un grand rôle dans une petite affaire. «Mais, « madame, que nous donnerez-vous, criâmes-« nous tous à la fois? — Hé, messieurs, mon « garde-manger est vide, et que voulez-vous que « je trouve à minuit?—Comment, morbleu, nous « sommes réduits à du pain sec! — Ah, j'ai encore « sept à huit pots de confitures, des prunes et des « pêches à l'eau-de-vie. — Hé, madame, on ne « soupe pas avec des confitures, quand on a fait « dix lieues en poste, et deux ou trois à pied. »

Pendant que nous discourions, un joli sous-lieutenant avait fait passer un mot, et tous nos officiers étaient disparus, sans que nous sussions pourquoi. Angélique et Louison jugèrent le moment favorable pour essayer les habits qu'elles venaient de fabriquer à la hâte. On nous intima l'ordre de sortir, quoique plusieurs de ces dames n'eussent rien de caché pour quelques-uns d'entre nous : il est reçu, dans un certain monde, que les mœurs sont inutiles, mais qu'il est bon de paraître en avoir.

Nous fûmes agréablement surpris en rentrant. Ces demoiselles avaient donné de la grace à ces robes d'un genre nouveau. Avec des serviettes elles avaient chiffonné des espèces de turbans. L'étoffe était grossière; mais une jolie figure relève tout, et la grisette, dans son bonnet rond, gagne en agrémens ce qu'un diadême donne en majesté. Madame de Mirville avait quelque chose d'aérien dans ce costume. Elle me rappelait les ombres heureuses errantes dans les Champs-Élysiens; elle en avait la blancheur, la pureté, les charmes.

Nous avions à peine repris nos fracs, qu'un hussard parut, la tête surchargée d'un énorme panier. Un second, un troisième, suivirent bientôt. Nos regards avides cherchaient à percer à travers le linge qui couvrait l'osier; notre impatience fut promptement satisfaite. Nos officiers rentrèrent, et chargèrent notre table de provisions. Ils avaient couru toutes les auberges du lieu, et vidé jusqu'à la cantine du régiment. Il était impossible de ne pas reconnaître de pareils soins. L'invitation de s'asseoir avec nous n'était pas terminée, que ces messieurs étaient placés, auprès des dames, vous vous en doutez bien. Le mouvement avait été si prompt, que je n'avais pas eu le temps de reprendre mon siége. Je restais comme un sot, derrière madame de Mirville, fêtée, adulée, pressée par deux des plus jolis hommes du régiment. J'avais de l'humeur, mais une humeur... et une faim! Je fus, en murmurant tout bas, me placer vis-à-vis d'elle, puisque je ne pouvais plus être à côté.

Nous mangeâmes enfin. Tout était froid, et tout nous parut excellent. L'appétit, qui se calmait, faisait place à la saillie, au bon mot, à la galanterie. Les deux voisins de madame de Mirville me paraissaient avoir de l'esprit comme Voltaire, et n'en avaient peut-être pas plus que moi. Elle leur accordait une attention qui ressemblait à de l'intérêt; je voyais ainsi, du moins, et je devins plus bête qu'à l'ordinaire. J'entendais mal, je répondais de travers; on me regardait avec étonnement; je ne m'en apercevais pas.

Il n'y a pas de magicienne qui devine son homme comme la femme que nous aimons. Madame de Mirville, sans affectation, sans paraître y penser, parvint à généraliser la conversation. Elle m'adressait, de temps en temps, de ces regards qui veulent dire : Que vous êtes enfant! que vous êtes injuste! Je les interprétai ainsi, et quel gré je lui sus de sa condescendance!

On parla de notre position actuelle. Nous avions soupé ; mais quel parti allions-nous prendre ? Mesdames d'Allival et de Valport voulaient remonter en voiture. On ne trouve pas tous les jours, disaient-elles, l'occasion de se faire planter des *mais*. Madame d'Ermeuil répondait qu'elle aimait beaucoup les *mais* ; mais qu'elle leur préférait sa fraîcheur et le sommeil. Madame de Mirville jugea qu'on avait fait assez de folies, et qu'il était temps de se conduire en femmes raisonnables. Il n'y avait point encore de majorité : nous fûmes consultés. Je fus de l'avis de madame de Mirville, c'est tout simple. Soulanges adopta l'opinion de madame d'Ermeuil, et je crois qu'il avait aussi ses raisons. Préval et Mautort pensèrent comme leurs complaisantes beautés. C'est du Reynel qui seul allait régler les destins du reste de cette nuit. Il prononça qu'après avoir bien soupé, ce qu'on a de mieux à faire est de bien dormir.

CHAPITRE V.

Quatre heures de nuit.

Vingt officiers devaient coucher dans cette auberge. Quels lits nous resteraient-ils, bon Dieu ! Je sors, je parle aux filles ; je parcours les chambres dont on peut disposer... affreuses. Je mets un écu de cinq francs dans la main de Fanchette, petite brune jolie, très-jolie, qui paraissait me regarder avec quelque attention. Fanchette, sensible à mes manières, me conduit tout en haut de la maison, et m'ouvre un modeste cabinet. « C'est « le mien, me dit-elle. La peinture et le papier « sont frais. Le lit ne vaut rien ; mais je vais le « rendre excellent. »

Elle sort, prend un matelas dans une chambre, un lit de duvet dans une autre, un oreiller ici, une courte-pointe là. « Les hussards seront un peu « plus mal, me dit-elle, et je m'en moque. Ces « gens-là cajolent les filles, et ne leur donnent « que des baisers. Vous coucherez ici ; moi, je dor-« mirai dans quelque coin, sur une chaise : une « nuit est bientôt passée, pour qui oblige un beau « monsieur comme vous. » J'offris un second écu. Fanchette le prit, m'embrassa ; et ma foi... je la laissai faire.

Je mis la clé dans ma poche, et je redescendis. « Vous êtes logée, lui dis-je à l'oreille, et vous « avez un bon lit. — Mon ami, conduisez-moi ; le « sommeil m'accable. — Échappez-vous. »

On apportait un bol de punch. Nos trois dames se récrièrent sur la violence, l'inconvenance de cette liqueur, et prirent chacune un verre. Madame de Mirville disparut, pendant qu'on leur versait ; je la suivis. J'eus la gloriole de la faire entrer dans les chambres destinées à ses compagnes. Le cabinet en parut plus gai, le lit meilleur, et je n'eus pas la force de taire qu'elle en était redevable à mes soins.

Elle me pressa la main; je baisai tendrement la sienne; elle me souhaita une bonne nuit, s'enferma, et je redescendis, en m'applaudissant de lui avoir trouvé une retraite ignorée : on ne peut être trop prévoyant, lorsqu'on a pour commensaux vingt officiers de hussards.

Je ne m'inquiétai plus de rien, pas même de savoir où je dormirais, ni si je dormirais. Je pris du punch, et je m'aperçus que Soulanges faisait un peu tard pour madame d'Ermeuil, ce que je venais de faire pour mon amie. Mautort et Préval ne se dérangeaient pas : mesdames d'Allival et de Valport sont de ces femmes qu'on a, et à qui on ne doit rien.

« Je vous plains bien sincèrement, mesdames,
« dit Soulanges en entrant. Des chambres enfu-
« mées, des meubles boiteux, des lits qui sem-
« blent rembourrés avec des noyaux de pêches...
« — Il fallait partir, s'écria madame de Valport.
« Nous le voulions toutes deux, ajouta madame
« d'Allival. Hé, où est donc madame de Mirville?
« Elle est bien, répondis-je d'un air satisfait et
« mystérieux, qui fit rire certaines personnes, qui
« ont la mauvaise habitude de juger les autres d'a-
« près eux. »

Des officiers qui débutent comme les nôtres, ne s'arrêtent jamais. Chaque service ajoute à la familiarité, et la reconnaissance et le punch avaient rendu deux de ces dames très-familières. Un bon office encore pouvait amener l'intimité, et il n'était pas, d'ailleurs, dans les principes de nos jeunes gens de laisser coucher de jolies femmes sur des noyaux de pêches.

Ce fut à qui offrirait le premier sa chambre. On désirait, on voulait, on réclamait hautement la préférence. On faisait valoir les avantages de son logement; on parlait tous ensemble, et quand on ne s'entend pas, il est assez ordinaire de prendre la main d'une femme pour fixer son attention. Le *brouhaha* autorise à lui parler à l'oreille, et il est difficile, à vingt ans, de parler de lit, sans ajouter quelque chose.

Je voyais tout cela avec beaucoup d'indifférence; mais enfin j'ai des yeux, et je ne suis pas mal fort en conjectures... Je remarquai qu'on avait accepté les chambres des cavaliers les mieux tournés, sans savoir si on y serait bien ou mal : on aime mieux devoir quelque chose à un joli homme qu'à un autre; n'est-il pas vrai, mesdames?

Les préférés s'armèrent de flambeaux, et conduisirent chacun la beauté qui s'était rendue à ses instances. On parle à une femme qu'on établit chez soi; elle répond; la conversation s'engage, et on ne sait pas où cela mène. Ce que je sais, moi, c'est que Soulanges, Préval et Mautort remarquèrent que ces messieurs ne descendaient pas. Il n'était qu'un genre de crainte qu'ils pussent décemment manifester : ils tremblèrent que ces dames fussent incommodées, et ils allèrent s'assurer de leur bonne ou mauvaise santé.

Deux officiers s'amusaient à faire des contes à Angélique et à Louison; les autres se peignaient la moustache, en sablant ce qui restait de punch : insensiblement, chacun se retira. Je restai seul dans la salle. Je m'y promenai un quart d'heure, en long et en large, en pensant à madame de Mirville. Je m'aperçus enfin que les nuits d'avril sont froides, et je pensai à me procurer un réduit quelconque.

Je n'entendais pas le moindre bruit. L'hôtesse et ses gens reposaient sans doute. Fanchette était le seul guide que je pusse me procurer, et je la cherchai en silence, une chandelle à la main : l'appeler, était le moyen de troubler le sommeil ou les plaisirs des commensaux de l'auberge, et dans l'un et l'autre cas, on n'aime pas à être dérangé.

Je cherchais donc Fanchette. Je ne connaissais pas la maison; mais je pouvais, sans être indiscret, entrer partout où je voyais la clé à la serrure. Il n'y a au monde que les militaires qui s'accommodent de tout, qui soient indifférens sur tout, et qui restent où ils sont mal, dans la crainte de se déranger pour être mieux. Je trouvai, dans une chambre, un officier qui s'était couché tout habillé; dans une autre, j'en voyais un qui s'était fait un bonnet de nuit avec son caleçon, pour s'éviter la peine d'aller prendre une serviette qui était à l'autre bout de la chambre. Là, le locataire s'était endormi la pipe à la bouche, au risque de mettre le feu à la maison ; ici, le porte-manteau était ouvert, le linge était sur le carreau, l'argent sur la cheminée, et la porte toute grande ouverte. Plus loin on me crie, dès qu'on m'aperçoit : « Je « vous prie de vous retirer, monsieur ; la place « est occupée. »

Je me retirai en faisant des excuses, et en ajoutant : « Mademoiselle Louison, les loquets sont « faits pour quelque chose. »

J'en dis autant à mademoiselle Angélique. J'aurais eu sans doute quelques observations à faire ailleurs, si on avait été partout aussi insouciant. Mais je trouvai des portes fermées, et je m'en tins discrètement aux probabilités.

Était-il probable, par exemple, que les deux officiers qui avaient cédé leurs chambres à mesdames de Valport et d'Allival, fussent plus soigneux que leurs camarades, et aient pensé à fermer leur porte ? La chose est douteuse ; il est certain que je ne les trouvais nulle part, et celui qui avait logé madame d'Ermeuil était précisément l'homme à la pipe ; peut-être, pensé-je, madame d'Ermeuil n'aime pas l'odeur du tabac.

En allant et venant, je crus entendre parler à l'étage au-dessus. Mon imagination s'allume à l'instant. Je ne me défiais pas du tout de madame de Mirville, mais beaucoup de ceux qui laissent les portes ouvertes, quand ils sont dedans, et qui cherchent à les ouvrir quand ils sont dehors.

Je soufflai ma chandelle, je montai sur la pointe du pied, et je prêtai l'oreille. « Ma petite Fan-
« chette, tu feras cela pour moi, n'est-il pas vrai?
« —Monsieur, j'ai toujours été sage...—Oh, quel
« conte!— Je ne réponds pas de l'être toujours;
« mais je ne me rendrai bien certainement qu'à
« un homme qui me plaira, et vous ne me plaisez
« pas du tout.—Voilà des mots.—C'est la vérité.
« —Ceci est nouveau, par exemple! Trouver dans
« Fanchette une résistance que ne m'opposent pas
« les femmes du plus haut rang! » Qui n'eût pensé que c'était au moins un chef d'escadron qui s'exprimait ainsi? Pas du tout, c'était ce faquin de Baptiste.

Je n'aime pas la fatuité, surtout dans des gens de cette espèce; je veux qu'on ménage une fille qui se défend; je n'entends point, parce qu'elle est sans considération et sans appui, qu'on lui ravisse des demi-faveurs, et c'est ce que faisait M. Baptiste en ce moment. Je m'approchai doucement, et je lui allongeai au bas du dos un grand coup de pied, qui termina ses entreprises et ses phrases à prétention. Il s'enfuit aussi silencieusement que je l'avais châtié, et alla rouler du haut en bas d'un petit escalier que, probablement, il ne connaissait pas plus que moi.

Je m'approchai de Fanchette, et je lui pris la main. « Conduisez-moi quelque part où je puisse

« me reposer. — Comment c'est vous, monsieur!
« hé, que faites-vous ici? — Qu'y faisiez-vous,
« vous-même? — Je finissais la chambre de ce
« monsieur aux femmes du plus haut rang : on
« ne peut s'occuper des gens que quand les maî-
« tres sont servis. Il a bien voulu descendre jus-
« qu'à une fille d'auberge; je n'ai pas permis qu'il
« dérogeât. Il a joint le geste aux discours; je
« me suis défendue; mon bougeoir est tombé, et
« la lumière s'est éteinte. Mais, dites-moi, mon-
« sieur, pourquoi vous n'êtes pas couché dans
« mon cabinet. — Je l'ai donné à une dame char-
« mante. — Je l'aurais gardé, si j'avais prévu cela.
« Je suis plus lasse que cette dame, et j'aime mes
« aises comme elle. — Ah, Fanchette, si vous la
« connaissiez!... — Je la connais : c'est celle qui
« vous appelle son ami. — Hé, comment savez-
« vous cela? — Lorsqu'on s'intéresse à quelqu'un,
« on regarde, on écoute, en passant et en repas-
« sant, et on entend souvent des choses qui ne
« font pas plaisir. » Ici la petite se tut. J'ignore si
elle rougit; mais un soupir, qu'elle s'efforça d'é-
touffer, ne m'échappa point.

« Ma petite Fanchette, nous voilà tous deux
« sans asile. Où passerons-nous le reste de la nuit?
« — Où vous voudrez. — Avez-vous encore une
« chambre? — Elles sont toutes occupées. — Si
« j'allais déloger ce coquin de Baptiste — Oh, il
« viendrait me tourmenter. — Je ne veux pas de
« cela. — Ni moi non plus. — Hé bien, allons à la

« salle à manger, nous y ferons du feu... — Il s'é-
« teindra pendant que vous dormirez; vous vous
« réveillerez transi, et vous serez malade le reste
« de la journée. — Comment donc faire? — Venez
« avec moi. » Pendant ce dialogue, sa main était
restée dans la mienne. Je ne pensai pas à la quitter; elle ne la retirait point. Que peut-on faire de
la main d'une jolie fille? La presser, la caresser,
et c'est ce que je faisais en me laissant conduire.

« Où sommes-nous donc, Fanchette? — Dans
« le grenier au foin. Arrangeons-y chacun notre
« place; ne craignez rien pour vos habits; je les
« secouerai quand vous vous leverez. »

Je n'avais jamais couché dans un grenier à foin;
mais, ma foi, je me résignai, et je m'arrangeai
de mon mieux. Je vis bientôt que ce lit en vaut
un autre, et a, de plus, l'avantage de ne point
exiger d'apprêts. Une chaleur douce ranima mon
sang, et ne provoquait pas le sommeil. Je sentais quelque chose... Le voisinage de Fanchette...

Quand on ne dort pas, et qu'on est sans lumière, ce qu'on a de mieux à faire, c'est de parler. « Que faisiez-vous, Fanchette, avant d'entrer
« dans cette maison? — J'étais chez une tante,
« marchande mercière à Senlis. — Pourquoi n'y
« êtes-vous pas restée? — Elle a mal fait ses af-
« faires, et quoique j'entendisse bien son com-
« merce, je n'ai pas trouvé à me placer. » Ce genre
de conversation m'ennuya bientôt, et j'aimai
mieux me taire que parler d'autre chose....

Je me tournai, je me retournai... impossible de dormir. « Est-il bien vrai, Fanchette, que « vous avez toujours été sage ? — Oui, monsieur. « — Cependant, le métier que vous faites... — Ne « rend pas la chose très-croyable, n'est-il pas « vrai ? — Je ne dis pas cela ; mais il me semble « qu'il se présente tant d'occasions ! — Rien n'o- « blige à en profiter. — Et puis les hommes sont « si entreprenans... — Dites si grossiers, et c'est là « précisément ce qui les empêche d'être dange- « reux. — Vous n'avez donc jamais aimé ? — J'a- « vais vingt ans, et je ne me doutais pas que je « pusse éprouver... » Elle s'arrêta, comme quel- qu'un qui craint de dire trop.

« Et quand avez-vous eu vingt ans, Fanchette ? « Hier à midi, monsieur. — Et depuis hier à midi ?... » Elle ne me répondit pas.

Ce silence expressif m'agita, me tourmenta ; j'étais brûlant. Je voulus me découvrir un peu, et en étendant les bras autour de moi, je ren- contrai encore cette main... Cette main pressa la mienne, et bientôt j'y sentis des lèvres... Nous nous trouvâmes l'un à côté de l'autre, et ce n'é- tait plus ma main qu'on baisait.

« Oui, Fanchette, vous étiez sage. — Je ne mens « jamais. — J'ai commis une grande faute. — Je ne « vous la reproche pas. — Je me la reprocherai « toujours. — Et par quelle raison ? — Je ne peux « vivre avec vous. — Je le sais bien. — Dans quel-

4.

« ques heures je vous quitterai. — Je le sais bien.
« — Que vous restera-t-il ? — Votre image, et le
« souvenir d'une nuit de bonheur. »

Comment ne pas s'oublier tout-à-fait ?... Prêcher la retenue et l'empire sur soi-même est bien louable, sans doute; mais compter être plus fort que la nature, combattre toujours, toujours, et par ses combats même se convaincre de sa faiblesse... Oh, je pardonne au vicaire savoyard.

Les premiers rayons du jour éclairaient un reste de délire, auquel succéda, de part et d'autre, un peu de confusion. Fanchette baissa quelque temps les yeux, et me fixa ensuite avec une expression, une tendresse ! « Pauvre Fanchette ! lui
« dis-je, en me levant. — Je ne me trouve pas à
« plaindre. — Il faut nous séparer. — J'y étais pré-
« parée. — Faites-moi un plaisir, Fanchette. —
« Tout ce qui dépendra de moi. — Acceptez cette
« bourse. — Ce que je vous ai donné, monsieur,
« ne se paie pas. Laissez-moi jouir de mon sacri-
« fice. — Fille étonnante, je vous laisse à regret,
« surtout dans cette maison. — Je vous suivrai, si
« vous le voulez. — Cela ne se peut pas, Fanchette.
« — Adieu donc, monsieur. »

Je descendis, et à mesure que je m'éloignais de Fanchette, l'illusion se dissipait, et les réflexions commençaient à naître. Une fille d'auberge ! un grenier à foin ! On est si sot, quand on est mécontent de soi; si contraint, si gauche, quand on ne peut s'étourdir sur une faute! et qui n'a pas l'habitude d'en commettre, ne les oublie pas un instant.

Cependant l'amour-propre, ce mobile universel, et ce flatteur perfide de ceux qui l'écoutent, l'amour-propre me soufflait : C'est une fille d'auberge sans doute; mais cette fille est jolie, et la beauté rapproche les distances. D'ailleurs, quelle femme ici possède ce qu'elle avait il y a trois heures, et qu'on rencontre si rarement; ce qu'elle t'a abandonné, parce que son cœur l'entraînait, et le premier des cœurs, n'est-ce pas celui qui nous aime? Un grenier à foin! Hé qu'importe le lieu, quand le bonheur s'y trouve? Un salon doré eût-il ajouté quelque chose au tien, et n'as-tu pas bâillé cent fois sur la soie et le duvet, à côté de ces beautés en vogue,

Qui ne pouvaient t'offrir que l'honneur singulier
D'être le successeur de l'univers entier.

Allons, allons, me dis-je, voilà ce qu'on peut appeler une capitulation de conscience. Que j'aie eu tort ou raison, je ne peux revenir sur le passé.

Ce qu'il y a de bien certain, c'est que je ne parlerai à personne ni de Fanchette, ni du *grenier au foin*.

CHAPITRE VI.

Le lever.

« Oh, oh, Baptiste, que vous est-il donc arrivé? » Baptiste fut le premier individu de ma connaissance que je rencontrai. Il avait un œil noir, enflé, et paraissait de fort mauvaise humeur. « Monsieur, « il m'est arrivé cette nuit une aventure extraor- « dinaire. — Contez-moi donc cela. — J'étais cou- « ché. — Ah, vous étiez couché. — Dans un lit « détestable... — Pauvre Baptiste ! — Où je ne pou- « vais dormir. — C'est tout simple. — J'entends un « bruit sourd. — Oh, oh! — Je me lève. — Ensuite ? « — Je sors de ma chambre. — Enfin? — Je me « trouve nez à nez... — Avec qui ? — Avec un grand « homme tout blanc... — Qui vous fait peur. — « Fi donc! monsieur. — Hé bien, ce grand homme « blanc? — Je lui demande ce qu'il fait là. — Il « vous répond?... — Par un coup de poing sur « l'œil, dont vous voyez les suites. — Cet homme « est un brutal. — Je ne le suis pas mal, quand je « m'en mêle. — Qu'avez-vous fait? — Je l'ai pris « aux cheveux, je l'ai roué de coups, et je l'ai « jeté du haut en bas d'un petit escalier, qui est « là-bas à droite. — En vérité ? — Vous n'avez « pas entendu le tintamarre qu'il a fait en roulant? « — Pas du tout. — Vous dormez donc d'un bien « profond sommeil ! — Enfin, votre grand homme

« blanc? — Je descends après lui... — Avec l'inten-
« tion de l'achever? — Précisément. — Il méritait
« cela. — Le fantôme était disparu, et il m'a été
« impossible de le retrouver. — Voilà en effet une
« aventure extraordinaire. Je la raconterai à ces
« dames, elle les amusera. A propos de ces dames,
« fait-il jour chez elles? — Oh, monsieur, elles se
« sont couchées si tard! Et puis je crois qu'elles
« ont causé long-temps avant de s'endormir. » Et
le drôle souriait d'un air malin!

Tout-à-coup il me tourna le dos et disparut. Je
me tournai aussi pour voir ce qui effrayait le tueur
de fantôme : c'était Fanchette. J'aurais désiré ne
pas la revoir. Elle ne méritait pas cependant que
je la reçusse si mal. Je fus au-devant d'elle en lui
souriant. « Prenez cela, me dit-elle, vous en avez
« besoin. » C'était un potage de fort bonne mine,
et dont l'odeur me séduisait. « Petite Fanchette,
« prenons-le ensemble. — Il peut entrer du monde
« dans cette salle; vous seriez compromis, et je
« dois vous ménager autant que je vous aime. J'ai
« été un moment votre égale là-haut : permettez
« qu'ici je redevienne Fanchette. » Je la regardais,
je l'écoutais, je rêvais... Une petite mercière penser ainsi! Hé, l'amour désintéressé, l'amour vrai
ne rend-il pas capable de tout?

Sur la table où elle me servait, où je fêtais son
potage, était une écritoire, une plume et du papier. Je pensai que je ferais bien d'écrire : c'était
un moyen sûr de ne pas la regarder. Mais qu'é-

crire? des vers? J'en fais de fort mauvais, quand j'ai la tête libre, à plus forte raison à présent... De la prose, oui, de la prose, c'est plus facile. Une lettre... Hé, à qui? Parbleu, à mon homme d'affaires.

« Dans un quartier populeux et éloigné du centre de Paris, vous louerez une petite boutique, et une ou deux pièces derrière.

« Dans une de ces pièces, vous mettrez ce qui est nécessaire pour faire un peu de cuisine, dans l'autre, un lit garni, simple, mais bon, et surtout très-étroit; une commode, un secrétaire et une table de bois de noyer; quatre chaises et un fauteuil couvert en paille.

« Dans la commode, deux paires de draps, deux taies d'oreiller, six serviettes et deux naperons; six chemises de femmes, ni grosses, ni fines, six mouchoirs blancs, six paires de bas de coton, quatre aunes de mousseline à vingt francs, six aunes de petite dentelle à cent sous, et de quoi faire quatre robes de jolie indienne de couleurs différentes.

« Dans le secrétaire, papier, plumes, encre, un livre de compte, et cent écus dans un des tiroirs.

« Vous garnirez les rayons de la boutique de menue mercerie assortie. Vous pouvez y joindre un peu de parfumerie, comme des gants, de la poudre, des savonnettes, etc. La totalité des marchandises n'excédera pas cinquante louis.

« Ah!... vous n'oublierez pas de payer un an

du loyer. Vous m'enverrez les clés, le reçu du propriétaire et les factures acquittées, au château d'Ermeuil.

« Vous ordonnerez à mon valet de chambre de me faire une petite malle, de partir à la minute, et de venir me trouver. »

Hé, mais... il est clair, me dis-je, que ces dispositions ne peuvent être faites que pour une femme. Que pensera mon homme d'affaires? Il pensera que je suis un libertin, et il n'en sera pas moins mon très-humble serviteur : c'est l'usage... Non, je n'exposerai pas ma réputation; je ne me mettrai point en butte aux traits de la malignité. J'attendrai; je ferai toutes ces choses moi-même, à mon retour à Paris... Mais quand y reviendrai-je? Il passe tous les jours ici des Baptistes... et même d'honnêtes gens... Une première faute amène quelquefois... une surprise des sens, provoqués par la licence trop ordinaire à certains voyageurs... Je n'attendrai pas. Je dois un asile à Fanchette, et sans délai je lui en procurerai un, où elle sera sage si elle veut l'être. « Fanchette, faites-moi le « plaisir d'aller jeter cette lettre dans la boîte. — « Tout ce que vous voudrez, monsieur. »

Pendant que Fanchette est allée à la poste, je m'esquive, je monte... Vous devinez chez qui; chez celle dont je ne suis plus digne, et que je n'ose nommer. Je prête l'oreille; j'entends aller et venir par la chambre; je frappe doucement.

« Qui est là? — Moi, madame. — Ah, c'est vous,

« mon ami. » Son ami ! « Je vous demande un quart
« d'heure ; allez m'attendre dans la salle à manger. »
Je ne voulais pas retourner là : je redoutais Fanchette et ma faiblesse.

Je me promenai dans les corridors. Mais bientôt je réfléchis qu'il fallait que certaines portes
s'ouvrissent ; qu'en pareille circonstance on n'aime
pas les témoins, et que lorsqu'on n'est pas plus
sage que moi, on n'a le droit d'intriguer personne.

Au bout du corridor était un petit cabinet à
porte vitrée. J'y entrai. Je tirai un rideau de
mousseline, et je m'assis. Un livre avait été oublié sur un tabouret. Je l'ouvris... *J'appartiens à
Fanchette.* Toujours Fanchette, m'écriai-je, et je
jetai le livre à quatre pas. Homme injuste, me
dis-je aussitôt, que t'a-t-elle fait ? Oublie-la ; ne
la méprise point. Je me levai, j'allai ramasser le
livre, et je le remis à sa place.

Je ne voulais pas lire dans ce livre, et en le regardant seulement, j'étais tourmenté par des
idées que la lecture eût peut-être interrompues.
La tête appuyée sur mes deux mains, les yeux
cachés, je ne voyais plus le livre, mais je tombai
dans une rêverie profonde, qui n'avait rien d'agréable. J'en fus tiré par le bruit d'une, de deux,
de trois portes, qui s'ouvrirent à la fois. Jamais
je n'ai épié personne ; mais le premier mouvement de tête est toujours vers le lieu d'où part
le son. La mousseline qui formait le rideau était
claire ; le moyen de ne pas voir. Je vis donc An-

gélique et Louison, que conduisaient gaiement jusqu'au milieu du corridor leurs camarades de lit, en robes de chambre de hussards : c'est ce qu'on appelle ordinairement une chemise.

Après ces demoiselles, parut un joli sous-lieutenant qui sortait de la troisième chambre. On lui passa, par la porte entrebâillée, une main potelée, que je ne me serais pas soucié de baiser en ce moment, et qui le fut cependant avec l'expression de la reconnaissance. A cette main était une fort belle étincelle, que j'avais vue la veille au doigt de madame de Valport.

Une quatrième porte s'ouvrit bientôt, et je reconnus l'officier qui avait cédé sa chambre à madame d'Allival. On poussa le verrou dès qu'il fut sorti, et si j'eus la conviction qu'on était encore deux dans cette chambre, il est constant qu'au moins je ne la cherchais pas.

Bon, pensé-je, Préval et Mautort n'ont rien vu. Ils ont le sort de bien des maris, et n'en feront pas plus mauvais ménage. Pas du tout. A l'autre bout du corridor était un second cabinet, que je n'avais pas remarqué, et dont la porte vitrée était également couverte d'un rideau de mousseline. Cette porte s'ouvre, et je vois sortir du cabinet Mautort et Préval. Ils ne feront probablement pas de scène, me dis-je. Je les crois de l'avis de La Fontaine : *Quand on ne le sait pas, ce n'est rien; quand on le sait, ce n'est pas grand'chose.* De toutes façons, je ne peux intervenir dans cette affaire : c'est bien assez que ces dames aient à se disculper devant leurs amans. Un tiers mettrait l'amour-propre de ces messieurs en jeu; l'amour-propre choqué éclate, et il est dans mes principes de ménager toutes les femmes, même celles qui le méritent le moins.

J'éprouvai un sentiment d'anxiété en voyant Mautort et Préval frapper aux portes de ces dames. Le *qui est là*, est toujours la première réponse. « C'est moi, madame. — Comment, si
« matin ? — D'autres vous ont vue plus matin en-
« core. — Que voulez-vous dire, messieurs ? —
« Ce que vous savez, madame, et ce que nous
« savons comme vous. — Voilà qui est d'une inso-
« lence... — Ouvrez, s'il vous plaît, où je vais
« m'expliquer par le trou de la serrure. » Les portes s'ouvrirent à l'instant.

« Mesdames, dit Préval avec un sang-froid où il
« entrait quelque dignité, un galant homme peut
« se tromper dans son choix; mais le moment où
« il reconnaît son erreur est celui où il se retire.
« — D'honneur, je ne vous comprends pas. —
« Jurer par votre honneur ne vous engage à rien...
« Pardon, madame, je m'oublie, mais vous m'en
« avez donné l'exemple. Venez avec moi. Vous
« voyez ce cabinet ? Mautort et moi y avons passé
« la nuit; ainsi il est inutile de nier. — Comment,
« de la jalousie, de l'espionnage ! une scène pour
« une distraction ! c'est tout au plus ce qu'on pas-
« serait à un mari. — Madame, on doit plus peut-

« être à son amant... — Ah, du paradoxe à pré-
« sent. — Une femme sensible, fatiguée d'un
« nœud mal assorti, mais à peu près indissolu-
« ble, peut être faible, sans être méprisable. Mais
« tromper un amant qu'on peut quitter avec dé-
« cence, c'est joindre la bassesse à la perfidie.
« Adieu, madame, nous retournons à Paris. »

Ils s'éloignèrent; ces dames rentrèrent chez elles, et je me préparais à descendre, lorsqu'une autre porte, qui s'ouvrit, m'obligea à refermer la mienne. Je vis d'abord s'avancer un grand nez aquilin, qui ressemblait beaucoup à celui de Soulanges. Quand on prend des précautions pour sortir de chez soi, pensé-je, c'est qu'on a quelque chose à ménager. Au moins madame d'Ermeuil est sa maîtresse, et elle ne trompe personne.

Soulanges, sûr que le corridor était libre, sortit sur la pointe du pied; la porte se referma doucement sur lui. Je sortis à mon tour, en me mouchant, en chantant, moyens honnêtes d'avertir ceux qui pouvaient avoir quelque intérêt à n'être pas rencontrés. Aussi ne rencontrai-je personne que du Reynel, qui cherchait partout monsieur le chef, et qui criait à tue-tête qu'il était inconcevable qu'à huit heures du matin il n'y eût pas dix casseroles sur les fourneaux.

Je suivis du Reynel. J'étais bien aise de le mettre entre Fanchette et moi. Il ordonna, et moi aussi. Il ne voulait d'aucun de mes plats, et j'ordonnais toujours. Le chef ne savait auquel entendre, et, persuadé qu'on ne déjeunerait pas, tant que je me mêlerais du menu, je sortis, et j'allai m'enfoncer dans ce parc qui rappelle de si grandes choses.

A quoi sert de courir? Ne porte-t-on pas avec soi sa conscience et son cœur? Je ne pouvais m'éviter. Je revins, et je trouvai tous nos gens rassemblés. Il suffisait de regarder nos dames pour avoir une idée des événemens de la nuit. La figure céleste de madame de Mirville, fraîche comme la rose qui s'entr'ouvre le matin, annonçait qu'elle avait dormi du sommeil de l'innocence.

J'étais confus, humilié. Je n'osais l'approcher. Elle me prit la main, et me fit asseoir auprès d'elle : j'avais besoin d'être encouragé.

Le déjeuner fut assez triste. Il est certain passe-temps qu'on pourrait appeler l'éteignoir de l'imagination. Madame de Mirville soutint seule la conversation, avec cette amabilité décente qui plaît toujours, même à celles qui ont oublié la pudeur : on aime à s'y rattacher, ne fût-ce que par le souvenir.

J'étais étonné qu'on ne parlât ni de Préval, ni de Mautort. Madame d'Allival voulut bien se donner la peine de me répéter ce qu'elle avait déja dit à la société : deux exprès étaient venus, en toute hâte, chercher ces messieurs, l'un de la part du ministre de la guerre, l'autre de celle de sa femme, dangereusement malade. Cela était conté avec une facilité, un air d'indifférence qui m'eussent persuadé comme les autres, s'il n'y avait eu là-haut un cabinet.

On parla enfin de partir, et on décida qu'on n'arrêterait plus de Chantilly au château d'Ermeuil. On s'apercevait que les tuniques et les turbans, faits avec des nappes et des serviettes, ne produisaient plus autant d'effet que la veille. La nouveauté, le désir, le punch avaient rendu la mascarade piquante; la satiété, la fatigue avaient détruit l'illusion. Quelle femme est jolie en sortant d'une loge grillée au bal de l'Opéra?

On appelait, on cherchait Angélique et Louison : elles n'étaient nulle part. Fanchette rôdait autour de la table; je tremblais qu'un coup d'œil n'éclairât madame de Mirville; je voulais sortir de cette maison. Je me mis moi-même à la recherche des deux femmes de chambre, et je les rencontrai sous une tonnelle, parlant, riant, gesticulant. « Allons, allons donc, mesdemoiselles, il « faut partir. — Nous ne partons pas, monsieur. « — Pas de mauvaise plaisanterie. — Rien n'est « plus sérieux. — Et que voulez-vous que fasse « madame d'Ermeuil? — Tout ce qui lui plaira. « — La laisser, ainsi que ces dames, sans une « femme! — Nous nous en passons bien, nous. « — Quelle comparaison! — Elle n'a rien de cho- « quant. Ces dames sont jeunes, et nous aussi; « elles sont jolies, et nous aussi; elles aiment le « plaisir, et nous aussi; elles lui consacrent leur « vie, nous allons lui consacrer la nôtre. — Et où

« allez-vous pour cela? — En Espagne. — Com-
« ment, en Espagne?— Où nous n'aurons rien à
« faire que de soigner le linge de deux officiers
« de hussards. — Ah, j'entends. »

Madame d'Ermeuil, à qui je fus rendre ce dialogue, ne comprenait pas trop qu'il fût nécessaire de mener une femme de Chantilly à Madrid, pour soigner six chemises et autant de mouchoirs. Cependant, comme un officier peut avoir une fantaisie, et une fille aussi; que personne n'avait le droit de s'y opposer, Soulanges fut chargé de régler le compte de ces demoiselles, et de les payer.

Nos hussards étaient allés manœuvrer : le moment était propice.

Les chevaux de poste étaient arrivés. Les postillons s'impatientaient et moi aussi. Je m'avançais pour offrir la main à madame de Mirville. Fanchette avait entendu ce que j'avais dit à madame d'Ermeuil. Après avoir rêvé un moment, elle traversa rapidement la salle à manger, et s'approcha de cette dame, rouge comme une cerise, et les yeux animés de quelque émotion extraordinaire. Je fus saisi d'un tremblement général. Je crus que Fanchette, repentante, allait s'humilier et faire sa confession. Mais pourquoi donner dans les extrêmes? pourquoi s'adresser à madame d'Ermeuil, plutôt qu'à celle qu'elle nommait mon amie, et avec qui, en dépit de son repentir, elle avait bien quelque intérêt à me brouiller? J'étais sur un brasier. « Madame, dit la petite, en re-

« gardant le carreau et le plafond, ces demoiselles
« vous laissent dans l'embarras; je n'ai pas leur
« adresse, mais j'ai de la bonne volonté, et le
« désir de vous être utile et de vous plaire; pre-
« nez-moi à votre service. — Que savez-vous? —
« Peu de chose; mais madame voudra bien me gui-
« der, et je n'oublierai rien de ce qu'elle m'aura
« dit. — Elle est intéressante. Baptiste, faites venir
« la maîtresse de l'auberge... Madame, cette jeune
« fille désire entrer chez moi. — Madame, je se-
« rais fâchée de la perdre; mais je la verrai avec
« plaisir à sa place. Elle n'y est pas ici, et c'est
« un excellent sujet. — Allons, Fanchette, vous
« êtes à moi. Mesdames, nous mettrons nous-mê-
« mes quelques-unes de mes robes à votre taille,
« quand nous serons arrivées. Fanchette nous re-
« gardera d'abord, et elle finira par faire comme
« nous. »

Fanchette sortit de la salle en sautant, en riant, et elle reparut un instant après, portant, sous son bras, un petit paquet de quinze pouces de long, sur quatre d'épaisseur. Elle avait trouvé le temps de passer sa robe des dimanches; le bas de coton blanc; elle avait mis le bonnet rond plissé; elle était jolie, jolie... presque comme... Chut, ne comparons pas Fanchette à celle qu'on ne peut comparer à personne.

Tout cela tourne mal, pensé-je; il y a aussi à Ermeuil des greniers à foin. Mais je la tiendrai à une telle distance de moi, je lui marquerai une froideur si offensante, qu'elle évitera les occasions, avec autant de soin que moi-même.

Nous montâmes en voiture. Je m'étais placé dans l'une avec madame de Mirville. Il y restait deux places : madame d'Ermeuil et Soulanges vinrent les occuper. Les délaissées avaient pris la chaise de Soulanges ; du Reynel avait fait venir un cabriolet de la poste, et le remplissait tout entier. Baptiste et son compagnon étaient à cheval, parce que le départ de Préval et de Mautort nous avait ôté un carrosse et changé nos dispositions : Fanchette restait sur le pavé. Elle me regardait d'un air presque suppliant ; elle regardait madame d'Ermeuil, qui ne s'occupait pas d'elle. « Madame, lui dit-elle enfin, d'un ton timide, « qu'ordonnez-vous de moi ? — Mais, je ne sais « où vous mettre. — Hé, mon Dieu, dit madame « de Mirville, monsieur et moi tenons peu de « place ; la petite est mince, et à nous trois nous « ne pesons pas M. du Reynel. Faites-la monter « ici. — Puisque vous le permettez, ma chère « amie... — Hé, madame la comtesse, tout ne « doit-il pas être extraordinaire dans ce voyage-« ci ? D'ailleurs Fanchette est très-proprement mise, « et elle a un air de candeur qui m'intéresse. »

Voilà cette Fanchette que je ne devais plus voir, la voilà courant la poste avec moi, à côté de moi, rayonnante de jeunesse, de charmes, et de satisfaction.

CHAPITRE VII.

On arrive au château.

Madame de Mirville avait bien affaire de la mettre là! Je sentais son genou, son bras; que ne sentais-je point! Je me tournais de l'autre côté, et ce joli petit corps longeait tout le mien. Pour achever de me mettre hors de moi, je trouvai encore, par-là, le genou, le bras, le sourire enchanteur de la plus parfaite des femmes. J'invoquais ma raison, et je ne me sentais pas la force de combattre. J'étais dans une ivresse, un délire!... Je parlais sans m'entendre, et il fallait que mes discours et ma figure fussent bien extraordinaires, puisque madame d'Ermeuil me rit au nez, mais d'un rire inextinguible. Soulanges avoua que depuis dix minutes il se mordait les lèvres, et il éclata aussi. Madame de Mirville ne riait point : une femme est toujours flattée du désordre où elle nous jette, et elle s'attribuait exclusivement le mien, tandis que... Ah, mon Dieu!

« Mademoiselle Fanchette, rangez donc vos ge-
« noux. — Monsieur, ils touchent au marche-pied.
« Ah, pardon, pardon. » Je vis une larme rouler dans ses yeux... N'allais-je pas l'embrasser, pour la consoler de ma dureté? Hé, vite, je me tourne encore, et je rencontre la joue de madame de

Mirville, précisément sous mes lèvres : je m'y collai. Mademoiselle Fanchette verra, me disais-je, qu'on ne gagne rien à suivre un homme malgré lui. « Mais mon ami, vous êtes fou ; je ne vous « ai jamais vu dans cet état d'exaspération. — Ma « chère amie, il faut épouser ce beau garçon-là : « c'est le seul moyen de vous en défaire. — En ce « cas, madame la comtesse, je ne l'épouserai « jamais. Mais finissez donc, monsieur ; vous me « mangez. » Je sens l'inconvenance de ma conduite ; je me tourne une troisième fois... Fanchette rougissait, pâlissait ; sa poitrine était gonflée ; les larmes, qu'elle retenait, la suffoquaient. « Madame la comtesse, vous ne voyez pas que « Fanchette se trouve mal. — Ce ne sera rien, « monsieur. Le peu d'habitude d'être dans une « voiture fermée.... — Arrêtez, postillon, arrêtez « donc. Quelqu'un ici est incommodé. Venez, ma-« demoiselle, venez prendre l'air sur le bord du « chemin. — Bien, mon ami, bien. Vous gagnez « chaque jour dans mon esprit. » Elle m'estime ; elle me loue à présent, quand je mérite...

« Hé, mademoiselle, puisque vous ne pouvez « descendre, laissez-vous aller dans mes bras. — « Tenez, mon ami, voilà mon flacon. » Son flacon ! pour Fanchette ! Il fallut bien le prendre ; il n'y en avait pas d'autre.

« Ah, mademoiselle, quel mal vous me faites ! « — Je croyais souffrir seule. — Pourquoi avoir « pris un semblable parti ! Qu'attendez-vous,

« qu'espérez-vous, que voulez-vous? — Je n'at-
« tends, je n'espère rien ; j'ai voulu vous voir
« encore; est-ce un crime? — Un crime; non.
« Mais j'aime passionnément madame de Mirville,
« et je ne sacrifierais pas cet amour-là à la plus
« belle, à la plus grande princesse de l'univers...
« Hé bien... Elle se trouve plus mal, tout-à-fait
« mal, elle perd connaissance... Fanchette, revenez
« à vous. Je crois que je vous aime aussi... Oui,
« je vous aime... » Je ne sais ce que je dis; j'extra-
vague... heureusement elle ne m'entend point.
Je la repris dans mes bras; je la reportai dans la
voiture. « Mon ami, elle ne peut soutenir sa tête;
« prenez-la sur vos genoux. » Sur mes genoux!
c'était jeter de l'esprit de vin sur du feu; je n'y
tenais plus. « Mon ami, coupez son lacet. » La
jolie commission !

Et elle était sur mes genoux! et pour couper
le lacet, il avait fallu soulever le fichu!... « Pos-
« tillon, je descendrai à la première poste. —
« Pourquoi cela, mon ami? — Je courrai à bidet.
« — En bas et en culotte de soie? — C'est égal.
« — Bien déchirés. — C'est égal. — Vous vous
« exténuerez. — Hé, vous ne voyez pas que Fan-
« chette me tue?

« Un bidet, un bidet ! — J'ai une culotte de
« peau toute neuve. — Voyons la culotte de peau...
« Elle m'ira. — Voulez-vous des bottes fortes? —
« Certainement. — Des gants de chamois? — Oui.
« — Une veste de nankin? — Soit. — Je vais vous

« donner tout cela. — Partez, madame, partez.
« Je vous rejoins en dix minutes. — Il est fou. —
« Il est fou. — Il est fou. »

La voiture est à cinquante pas, et je commence à respirer. Je quitte, assez tranquillement, mes habits en guenilles, et je prends ceux de postillon. La culotte était trop large, la veste trop courte; mais au moins elles étaient neuves et propres. Je paie, et j'enfourche le bidet.

Quand le cavalier a la tête salpêtrée, le cheval est toujours bon. J'allais comme le vent, et j'étais assailli d'une telle foule d'idées, incohérentes, contradictoires, que j'étais aussi incapable de réfléchir et de me décider à quelque chose, que de diriger ma monture.

Mon cheval arrête au milieu d'une cour. Je descends; j'entre dans une salle basse, et je demande un verre de vin. « Et vous aussi, monsieur, « vous retournez à Paris! Il ne nous restera pas un homme présentable. » Je n'avais vu personne en entrant dans cette salle, et je reconnus mesdames d'Allival et Valport. Elles causaient avec deux messieurs fort empressés, à qui elles souriaient comme... comme on sourit quand on veut qu'une affaire ne traîne pas en longueur. Allons, pensé-je, encore une distraction! madame de Mirville ne peut vivre avec ces femmes-là. Unit-on le bouton de rose aux pissenlits?

« Non, mesdames, je ne retourne point à Paris.
« Je suis distrait aussi; j'ai fait fausse route, et

« j'ai cela de commun avec bien d'autres. » J'avalai un trait de vin, et je remontai à cheval. « Comme il nous quitte ! Il est fou.—Il est fou.

« Je suis fou ! oui, je suis fou, dans ce mo-
« ment-ci ; mais j'ai des mœurs, mesdames, j'ai
« des mœurs ! Hé, non, je n'en ai pas. Cette femme
« adorable qui croit remplir seule mon cœur, qui
« est incapable de soupçonner une faiblesse... in-
« grat, perfide que je suis... Ne pensons plus à
« tout cela, il y a de quoi perdre la tête tout-
« à-fait... Et le moyen de n'y plus penser !... Pos-
« tillon, vous direz, à la première poste, à votre
« camarade, et vous le chargerez de faire passer
« le mot, que je vais au château d'Ermeuil, et
« non à Paris.—En ce cas, monsieur, tournons
« bride ; vous allez entrer à Chantilly.—Oui, je
« suis fou, décidément fou. »

Nous revînmes sur nos pas, et je crois que la vivacité de la course entretenait le trouble où j'étais. Cependant, ma pauvre tête se remit insensiblement, et après avoir couru trois postes, je m'aperçus que si le cerveau commençait à se rafraîchir, certaine autre partie s'échauffait considérablement. « Chienne de culotte, maudite cu-
« lotte ! j'y laisserai deux onces de chair. N'im-
« porte, courons toujours : il n'est pas de supplice
« égal à celui que je souffrais dans la berline. »

Je n'avais pas vu dans une salle deux femmes et deux hommes, et de cinq cents pas, je reconnus la maudite berline, arrêtée à la poste pro-

chaine... « Que dis-je, maudite berline; et elle
« renferme tout ce que j'ai de plus cher au
« monde!... De laquelle parlé-je?... Allons, allons,
« cela n'a pas besoin d'être expliqué : madame
« de Mirville seule règne sur mon cœur. »

J'arrive, et je la vois, parlant avec chaleur, et
rouge... Comme l'était Fanchette... vous vous rappelez bien... « Son cheval se sera abattu; il se sera
« cassé une jambe, et cela par égard pour made-
« moiselle Fanchette.—Croyez, madame, que je
« suis aussi inquiète, aussi affligée que vous.—
« Cela ne se peut pas, mademoiselle. Quelles rai-
« sons auriez-vous?... Le voilà, le voilà!... mon
« ami, mon ami, d'où venez-vous ? Pourquoi ce
« retard de deux grandes heures ? » Je veux sauter à terre; je me sens collé à la selle, roide
comme une barre de fer. Le postillon est obligé
de me soutenir sous les bras. Le joli amoureux,
qui marche les reins ployés, les jambes écartées;
et qui n'ose détacher sa chemise, qui le tiraille
dans tous les sens!

« Mon ami, je vous défends de remonter à che-
« val.—Je ne remonterai pas dans la berline.—
« madame d'Ermeuil donnera un cabriolet à Fan-
« chette; Baptiste y montera avec elle, et lui
« donnera des secours, si elle en a besoin.—Bap-
« tiste! Baptiste, dites-vous?... Non, qu'il coure,
« puisque sa culotte est doublée de tôle. Prenons,
« vous et moi, le cabriolet. J'ai tant de choses à
« vous dire!—J'aurai tant de plaisir à vous en-
« tendre! »

Nous trouvons une méchante calèche ; on y met deux chevaux ; madame de Mirville s'élance ; je m'accroche, je me guinde, me voilà assis, nous partons. Je fais, vous le voyez, tout ce qui est en moi pour me conduire en honnête homme.

La berline courait devant nous, et Fanchette tenait constamment sa tête hors de la portière. Le prétexte, et toute femme en a toujours un à sa disposition, le prétexte était sans doute le besoin d'air. Cette tête me donnait d'insupportables distractions. Elle rentra cependant, car enfin on ne pousse pas la persévérance, ou l'opiniâtreté, jusqu'à se casser le cou. « Mon ami, j'entends fort « bien ce que me dit votre main ; mais n'est-il « pas un langage plus positif ? »

Je m'aperçus que je la tenais, cette main, et je la pressais, en regardant Fanchette, avec un sentiment, une force !... Oh, les hommes, les hommes ! J'ai bien peur que nous soyons tous des coquins.

N'est-il pas un langage plus positif, a-t-elle dit? j'avais craint d'alarmer sa modeste sensibilité ; je voulais lui laisser deviner mon amour ; je me flattais que son cœur la trahirait enfin, et que dans un de ces momens fortunés, où la pudeur ne tient plus qu'aux formes, elle me dirait : Sois mon époux. Où est maintenant le danger de parler ? N'a-t-elle pas lu dans mon cœur, et dépend-il d'elle de ne pas lui répondre ? N'est-il pas un langage plus positif, a-t-elle dit ? N'est-ce pas tout dire? Sollicite-t-on un aveu après lequel on n'a pas soupiré?... Heureux mortel, regardez-la; voyez comme elle vous regarde elle-même; tressaillez en sentant cette main, si douce, qui, à son tour, caresse la vôtre; appréciez votre félicité, et profitez-en.

« Oui, j'en profiterai, lui dis-je, comme si je
« lui avais adressé ce que je venais de me dire.—
« Et de quoi profiterez-vous, mon ami?—D'une
« occasion, peut-être unique, car nous sommes
« continuellement obsédés. Je brûlais de parler
« dans cette forêt, où les ténèbres, l'isolement,
« votre frayeur m'étaient si favorables; mais je me
« suis dit : Abuser des circonstances est lâcheté.
« Je veux que madame de Mirville m'estime; elle
« m'aimera après, si elle me juge digne de l'être.
« —Vous êtes un homme accompli. Vous l'êtes
« au point de dissiper cette timidité, qui m'est na-
« turelle, et inutile près de vous. Oui, mon ami,
« je vous aime, et je ne veux de sauve-garde que
« vous. Vous êtes un dieu tutélaire, à qui j'ouvre
« mon cœur, à qui je confie ma faiblesse, et qui
« me donnera la force d'y résister. »

Oh, il n'existait plus de Fanchette pour moi. L'échange de nos aveux venait de me lier irrévocablement. J'étais à elle, tout à elle. L'idée, la seule idée de partager mon cœur me paraissait un forfait. Je ne pouvais tomber à ses pieds. Je repris sa main, je la couvris de baisers. Elle me présenta la joue : « Embrassez votre amie »... Oh, oui, je l'embrassai, je l'embrassai encore, si voluptueusement, si... hé bien, ne voilà-t-il pas ce malheureux postillon qui se tourne, qui voit, qui sourit, qui... J'avais une humeur, mais une humeur!...

Rien ne lui échappait. « Remettez-vous, me
« dit-elle, et soyez sans inquiétude pour moi :
« quand le cœur est pur, on ne redoute pas les
« témoins. Dans ce moment, un des plus doux que
« j'aie passés de ma vie, je paraîtrais devant Dieu,
« sans remords et sans crainte. Remettez-vous,
« vous dis-je, et écoutez-moi.

« Mon ami, je me mariai à un âge où on ne
« soupçonne pas ce que c'est qu'un engagement.
« M. de Mirville était jeune, beau, aimable...
« comme vous. Il me plut... comme vous me plai-
« sez; il m'aimait autant que vous peut-être, et
« je volai au-devant du joug que me présentaient
« mes parens. L'amour de mon époux s'affaiblit
« bientôt, et l'année n'était pas écoulée, qu'il me
« donnait publiquement des rivales. Je descendis
« en moi-même; je m'interrogeai, et je ne trou-
« vai pas de reproches à me faire. Tendresse,
« abandon, volupté, égards, prévenances, soins
« continus, je lui avais tout prodigué, et celles
« qu'il me préférait n'avaient pas même ces char-
« mes, que vous voulez bien me reconnaître. Je
« conclus de mes observations, qu'un homme
« doué d'une belle figure ne peut être constant,
« et vous êtes trop bien, mon ami.—Comment,
« ma Sophie, vous croyez...—Je fais plus, je pré-
« vois. Quand je perdis M. de Mirville, je me

« promis de ne jamais m'attacher. Si je ne peux
« surmonter le penchant que vous m'inspirez, je
« veux au moins y mettre des bornes, et voici la
« résolution que j'ai prise à votre égard : vous se-
« rez toujours le plus cher, le plus précieux de
« mes amis. Préférence absolue, confiance sans
« réserve, caresses innocentes, que je serai tou-
« jours prête à recevoir, à accorder, cela me suf-
« fira, et doit nous suffire, si vous n'avez pas la
« manière d'aimer de M. de Mirville. — Quoi !
« madame, vous réduisez mon cœur... — Il n'est
« que ce moyen pour que vous m'aimiez toujours.
« Promettez-moi, mon ami, de vous contenter
« d'une félicité imparfaite, mais durable. »

Un sot eût combattu son système, et cherché à l'en faire revenir. Je pensai, moi, qu'un caprice dure en proportion du plus ou du moins de bizarrerie, et celui-ci était si extraordinaire, qu'il ne me parut pas même inquiétant. J'avais obtenu l'aveu le plus clair, je devais en attendre la suite naturelle de mes soins, du temps, et surtout de ces caresses innocentes, qui mènent toujours une femme plus loin qu'elle ne veut. Un moment de délire, d'oubli, forcera tôt ou tard celle-ci à me suivre à l'autel, et si je l'aime constamment, uniquement, si je verse sur sa vie le bonheur dont elle embellira la mienne, quels reproches aura-t-elle à me faire?

Quelle horreur! à quoi pensé-je? Moi, concevoir, suivre, consommer un projet de séduction !

jamais, jamais. Oui, je serai son ami, son ami le plus cher; ce titre glorieux me suffit, et je n'en solliciterai pas un autre, qu'elle ne m'accorderait qu'à regret.

Ma tête se monte à cette sublime idée. Abnégation de moi-même, renonciation à mes facultés physiques, je consens à tout, je promets tout, avec une véhémence, une satisfaction qui enchantent mon amie, et lorsque ses lèvres purpurines m'accordaient le prix du plus grand, du plus inconcevable sacrifice, pan... une soupente casse, la voiture tombe sur un côté, Sophie a peur, je tremble pour elle. Les amans sont bien maladroits, ou bien heureux. Je ne sais comment les choses s'arrangèrent; mais en cherchant à nous entr'aider, ma bouche se trouve sur la sienne, et nos mains... où elles ne devaient pas être... Elle rougit; ses yeux se voilent; je ne calcule, je ne connais plus rien, et, sans la présence du postillon, le traité platonique, que nous venions de jurer, était formellement violé.

C'est sans doute un témoin bien incommode qu'un postillon : il en survint un autre que je redoutais bien davantage. Mademoiselle Fanchette, qui voit tout, qui est à tout ce qui a avec moi quelque rapport direct, mademoiselle Fanchette est sortie de la berline, je ne sais par où; elle court comme Atalante, elle laisse Soulanges bien loin derrière elle. Encore des mains agissantes, qui ne sont pas douces comme celles de mon amie; mais Fanchette a une manière de vous regarder qui fait qu'on ne s'occupe pas de ses mains. Soulanges et elle nous tirèrent de notre boîte, et nous accablèrent de questions sur notre santé : jamais je ne m'étais si bien porté, aux écorchures près dont vous avez connaissance. Sophie était confuse, en dépit de son axiome : Quand le cœur est pur, on ne redoute personne. Elle prit mon bras, et me dit à l'oreille : « Plus de cette amitié-là, elle est trop « dangereuse. Nous ne nous verrons désormais « qu'en public. »

Pauvre Sophie! que de peines elle se donnait pour se conserver pure! autant, au moins, que j'en prenais pour me conduire en homme de bien. Mais opposer des réflexions, des raisonnemens à la jeunesse et à l'amour, c'est vouloir élever un mur pour arrêter un torrent. Le moment n'était pas propre à ouvrir une discussion sur la métaphysique du cœur. Je ne lui répondis rien; je la mis dans la berline, et, sourd aux représentations, aux petits mots caressans, je montai un des chevaux qui tiraient notre triste calèche, et je laissai le postillon s'arranger comme il l'entendrait.

Le premier quart d'heure fut dur à passer. Les excoriations s'étaient refroidies, et le frottement d'une mauvaise selle, et un trot, dur à faire cracher le sang, me causèrent d'abord des douleurs intolérables. Je devais faire des grimaces affreuses, et je n'en continuai pas moins ma route à bidet. Je ne voulais plus être martyr de deux femmes : mes forces ne suffisaient pas à ce que j'éprouvais près d'elles.

Je dépassai la berline, d'où on m'appela en vain. Je dépassai du Reynel, qui ne pouvait me prendre avec lui, parce qu'à sa droite et à sa gauche il ne restait de place que pour son mouchoir et sa tabatière : je crois vous l'avoir dit.

Je demandai une voiture, à la première poste; j'en demandai une à la poste suivante. Demander à vingt lieues de Paris autre chose que des chevaux de charrette, on ne vous entend pas plus que si vous parliez goth. Il fallut courir à cheval, et à chaque relais, deux postillons enlevaient ma selle et moi dessus, et nous juchaient sur un autre cheval, qui, pour être frais, n'en était pas plus doux.

Enfin je distingue un château, une ferme, des bois, des eaux. « Me voilà sans doute à Ermeuil ? « — Non, monsieur. Il vous reste encore quatre « lieues à faire. — J'en mourrai. — Oh, que non. « — Et puis, mourir de cela ou d'autre chose, « qu'importe, quand il faut s'en aller ? — Mon« sieur, voilà la diligence d'Amiens là-bas, devant « nous, au haut de la colline. — Passe-t-elle au « château d'Ermeuil ? — Oui, monsieur. — Ah, « mon ami, mets-moi dans cette diligence. — Sur « votre selle ? — Butor ! — C'est que vous ne pou« vez quitter les étriers que pour vous mettre au « lit. Comment vous asseoir dans l'état où vous

« êtes?—Tu as raison. — Ah, on vous couchera « sur l'impériale. — Six francs pour boire, quand « j'y serai. »

Je pousse mon malheureux bidet; nous joignons cette diligence, et à mesure que nous en approchons, je contemple cette impériale, avec le ravissement d'un navigateur qui va toucher la terre, à laquelle il n'espérait plus aborder. Mon postillon négocie l'affaire avec le conducteur; il ne reste plus qu'une difficulté à surmonter : comment me perchera-t-on là-haut?

Nous croyons, nous autres gens d'un certain ton, que ceux qui n'ont pas lu Voltaire, Buffon, Rousseau, ne sont que des bêtes, et moi qui les ai lus, je ne trouvais pas de moyen de mettre, en plein champ, sur une impériale, un homme qui ne peut s'aider d'aucun de ses membres. En revanche, je savais fort bien qu'il faut faire un menuisier de l'aîné d'une bonne maison; je connaissais le degré d'intelligence de l'éléphant; je possédais ma Henriade; mais à quoi tout cela m'eût-il servi, si j'eusse été à la place de Robinson?

Mon postillon et son camarade de la diligence, qui peut-être ne savent pas lire, mais qui se servent fort bien de leurs bras, m'enlèvent avec ma selle; le conducteur fait jouer sous moi le cric qui remédie en route aux accidens, qu'il vaudrait mieux prévenir, et me voilà comme ce paysan, resté sur son bât, que soutiennent deux bâtons, pendant qu'on emmène son âne.

On me passe une sangle sous chaque aisselle ; on me tient d'aplomb du haut de la diligence, je monte doucement, commodément. Une troisième sangle supplée au défaut de longueur du cric ; elle m'enlève sous les cuisses, et me voilà sur de la paille fraîche, mollement couché sur un côté, et regardant comme un bien inestimable cette impériale que j'aurais dédaignée le matin. Rien de tel que la misère, pour nous apprendre ce que valent un pain, un chou, un radis.

Cette grande opération avait demandé du temps; et mes camarades de l'intérieur ne compatissaient que très-faiblement aux peines d'un honnête homme, qui s'était mis le postérieur en lambeaux pour conserver le peu de vertu qui lui reste. J'entendais des murmures sourds pendant qu'on dessanglait les chevaux, des plaintes positives, pendant qu'on me guindait, et plein de mes auteurs, je parodiai d'un ton énergique ce mot du célèbre Vautour : « Messieurs, quand on ne veut pas s'ex-
« poser aux retards de tout genre, qu'éprouvent
« les voitures publiques, on a un carrosse à soi.
« Il a raison, dit l'un. Il a parbleu raison, dit
« l'autre ; hé, oui, reprit une voix clairette ; mais
« si j'avais prévu que cela dût être si long, j'au-
« rais descendu mon petit chien. — Ah, madame,
« qu'a-t-il fait ! Ma culotte de casimir noisette,
« que je n'ai pas mise dans mon porte-manteau,
« de peur de la chiffonner... — Ah, monsieur, que
« je vous demande de pardons ! — Hé, madame,

« tous vos pardons me rendront-ils ma culotte? »

Pendant que le petit chien et la culotte de casimir font une révolution dans l'intérieur de la voiture, je jouis sur mon impériale de la plénitude du repos. J'en jouis au point de ne pas m'occuper de la manière dont on me descendra.

Oh, cela fut bien plus facile. La grande échelle double du jardin, la corde et la poulie du puits, un lit de sangle, firent l'affaire. La poulie fut fixée au haut de l'échelle, le lit de sangle monté au niveau de l'impériale, votre serviteur placé dessus, descendu sur la pelouse, et enlevé par trois hommes, comme un malade qu'on porte à l'Hôtel-Dieu.

Telle fut mon entrée au château d'Ermeuil. Elle n'annonçait pas un homme aimé, fêté des belles, et en vérité je n'en avais pas l'air. Ma culotte de peau et ma veste de nankin ne contribuaient pas à rendre mon extérieur plus recommandable. Aussi le concierge, qui ne m'avait jamais vu, trouva très-mauvais qu'on lui eût emprunté une échelle et des cordes, pour un homme comme moi. Il ne voulait pas me recevoir. Je lui disais que je suis l'ami particulier de madame d'Ermeuil; il haussait les épaules, et ne me répondait rien. Il ne manquait plus, pour compléter les mille et une infortunes de ce voyage, que de rester à la porte du château, étendu sur un lit de sangle, livré à la curiosité, et peut-être aux railleries des passans.

Cependant la résistance du concierge ne me faisait pas oublier ce que je devais à ceux qui m'avaient si adroitement monté et descendu. Je tirai ma bourse, et je les payai en grand seigneur. Ce procédé opéra un changement subit sur la physionomie de mon cerbère. Elle se dérida, elle s'épanouit, je vis mon homme sourire.

> L'or, même à la laideur, donne un teint de beauté,
> Et tout devient affreux avec la pauvreté.

Ce que c'est qu'avoir lu! on se sert de l'esprit des autres, on cite à propos, on peut au besoin faire un journal; mais, je le répète, on ne sait pas mettre un paralytique sur une impériale.

CHAPITRE VIII.

La sauce piquante.

Je n'avais pas de prétexte pour donner de l'argent au concierge; je ne voulais pas avoir l'air de payer son sourire, ni des services qu'il ne m'avait pas encore rendus. Je sentais cependant qu'un louis ou deux lui feraient grand plaisir, et que je me trouverais très-bien de les avoir donnés. Je ne savais comment m'y prendre, lorsqu'une petite fille de sept à huit ans, assez mal bâtie, assez laide, assez maussade, concilia mes scrupules et le goût dominant du papa. Elle vint me regarder d'un air bête, et elle me donna un

coup de houssine sur les jambes. « Oh, l'aimable
« enfant, m'écriai-je, qu'elle est espiègle ! que cela
« annonce d'esprit ! Monsieur, voilà une petite
« demoiselle qui vous fera honneur un jour. Per-
« mettez-moi de lui offrir de quoi acheter une
« belle poupée. » Oh, dès ce moment, il n'y eut
plus de bornes à la considération, aux égards,
aux soins, aux prévenances. « Où sont-ils donc
« tous ? Comment, ils ne savent pas encore qu'il
« vient d'arriver un bon monsieur qui s'écorche
« les fesses, et qui donne des poupées aux petites
« filles ! Va donc, Javotte, va donc chercher ta
« mère, la fille de basse-cour, les jardiniers. Mon-
« sieur, un doigt de vin vous ferait peut-être
« plaisir. — Oui, monsieur, grand plaisir. — Mais
« comment vous laisser seul sous ce péristyle ? —
« Oh, je ne m'y trouve pas mal. — Mais le respect
« que je dois à monsieur... — J'ai plus besoin de
« restaurans que de respects. — Ah, j'entends. Si
« j'osais offrir à monsieur... — Quoi ? — Un bon
« morceau de pâté froid. — Osez, monsieur, osez.
« — Vous me permettrez donc de vous quitter un
« moment ? — Je vous en prie. »

Et voilà la grosse concierge, que l'aspect d'un
couple de louis a rendue légère, qui accourt, et
fait résonner le pavé sous ses jambes volumineu-
ses. La voilà grondant, excitant sa fille de basse-
cour et autres, qui n'ayant rien reçu, n'ont pas
de motif de courir comme elle. En un instant, je
suis entouré, fatigué, excédé de complaisances,

de politesses qui ne menaient à rien. « Le vin, le
« pâté, leur criai-je. Me voilà, me voilà, dit le
« concierge, qui n'avait pas voulu me servir, sans
« avoir pris sa belle perruque, celle qu'il mettait
« pour chanter le dimanche au lutrin. — Com-
« ment, monsieur La Roche, monsieur se rafraî-
« chirait sous ce péristyle ! quelle idée aurait-il
« de nous ? Javotte, va me chercher les clés, que
« je couvre le meilleur lit, le lit de madame la
« comtesse. — Un moment, madame La Roche,
« madame la comtesse me suit. — Elle arrive,
« monsieur ! — Avec cinq ou six personnes. —
« Ah, que n'est-elle arrivée hier ! avec quel plaisir
« nos paysans lui auraient planté des *mais !* —
« Elle a décidé que cette année le premier mai
« serait le deux. — Comme c'est ingénieux ! —
« Ainsi vous lui planterez ce soir tout ce que vous
« voudrez ; pour moi, je ne planterai rien. Hé,
« voyons donc ce vin, ce pâté. — Mais, monsieur,
« permettez qu'on vous mette chez vous. — Je
« veux boire et manger ici, à l'instant. — Allons,
« monsieur La Roche, servez, servez donc. Moi,
« je vais loger monsieur... Ah !... permettez que
« je vous... que je vous fasse une question... Je
« vous demande pardon, monsieur, mais je vous
« prie de me dire si vous êtes titré. — Hé, laissez-
« moi manger. — C'est qu'il y a ici, comme dans
« toutes les grandes maisons, une étiquette dont
« je ne peux m'écarter. Monsieur est-il qualifié ?
« — Non. — Monsieur a sans doute une charge à

« la cour? — Non. — Monsieur est au service,
« peut-être? — Non, non. — Monsieur est au
« moins attaché à quelque cour souveraine? —
» Non, non, non, de par tous les diables, non.
« — N'importe, monsieur a les manières d'un
« prince, et il sera bien couché. »

J'étais toujours sur mon lit de sangle. J'avais sous le nez ma bouteille et mon pâté, que je travaillais sans relâche : de tous les cuisiniers, le meilleur est un bon appétit. Mais comme il y a un terme au plaisir, comme à la peine, je m'arrêtai, et je permis à Monsieur La Roche de me faire porter chez moi. On m'enlève de nouveau; on monte, on monte, je crus qu'on ne cesserait pas de monter. On m'installe enfin sous les combles, dans une petite chambre, assez mesquinement meublée; mais dont le lit paraissait arrangé par la bienveillance même. Monsieur La Roche, en dépit de ma qualité de roturier, ne dédaigna pas de me servir de valet de chambre. Il fallut bien le laisser faire, quoiqu'il n'en finît pas, puisque je ne pouvais m'aider moi-même. Je me trouvai enfin dans un lit excellent, et je priai qu'on me laissât digérer en paix.

Digérer en paix! Hé, ne faut-il pas que je sois alternativement tourmenté de toutes les manières? A peine monsieur et madame La Roche venaient de sortir, qu'ils rentrèrent avec un homme d'assez piètre mine, qui, dans les intervalles de cinq à six révérences, débuta par m'apprendre qu'il était

le médecin, le chirurgien et l'apothicaire du lieu.
« Je vous en fais mon compliment, monsieur,
« mais je n'ai besoin de personne. — Pardonnez-
« moi, monsieur, et il est de mon devoir de vous
« rendre des soins. — Je n'en veux pas. — D'après
« les renseignemens que j'ai recueillis, vous êtes
« atteint d'une attaque de paralysie, à moins ce-
« pendant que ce ne soit d'une sciatique. — Ni
« l'une, ni l'autre, monsieur. Je suis atteint de
« deux écorchures au derrière, grandes chacune
« comme la forme de votre chapeau. — Par con-
« séquent, douleur dans tous les membres. — Oui,
« monsieur. — Insupportable dans la clavicule. —
« Et même dans les épaules. — Il doit en résulter
« un mouvement fébrile. — Non, monsieur. —
« Vous vous trompez, monsieur. Vous avez la
« fièvre. — Je vous dis, ventrebleu... — Permettez
« que je vous tâte le pouls. — Hé, allez vous
« faire... — Oh, oh, la fièvre doit être violente;
« il y a déja transport au cerveau. Monsieur La
« Roche, il serait prudent de prendre des précau-
« tions. — Oh, les malheureux vont me lier. —
« Oui, monsieur, pour votre plus grand bien. —
« Il faut en finir : prenez mon pouls, prenez mon...
« prenez tout ce que vous voudrez. — Le pouls
« n'indique rien d'alarmant. — Je vous le disais
« bien. — Mais les blessures sont considérables,
« et il y a inflammation. Monsieur a les fesses
« rouges, comme les joues de madame La Roche.
« Il y aura accès de fièvre cette nuit. — He bien;

« je boirai de l'eau. — Des crudités! Non, mon-
« sieur. Vous boirez une infusion de chiendent et
« de bourrache. Ce remède a la double vertu de
« rafraîchir et de pousser à la peau. — Avez-vous
« fini? — Je n'ai pas commencé. — Ah, mon Dieu!
« — Raisonnons maintenant sur la manière de
« traiter vos blessures. J'ai deux moyens curatifs.
« Le premier est par le cérat. Mais les corps grais-
« seux cavent quelquefois, et agissent toujours
« lentement. — Passons au second. — C'est tout
« simplement la sauce piquante, qui demain vous
« aura remis sur vos pieds. Vous voyez, mon-
« sieur, comme j'exerce mon ministère en homme
« désintéressé. — Appliquez donc votre sauce pi-
« quante.

« Aïe, aïe!... Je n'y tiens pas... C'est un sup-
« plice épouvantable... Quel remède infernal m'a-
« vez-vous mis là? — C'est un remède de bonne
« femme, un remède tout-à-fait innocent, du vi-
« naigre, du sel et du poivre. — Que le diable te
« confonde, empirique effronté! — Comment,
« des injures!... Comment, vous arrachez les com-
« presses! Madame La Roche, prêtez-nous vos
« jarretières. Allons, ferme, monsieur La Roche,
« saisissons chacun une main, passons le nœud
« coulant... Ah, ah, ah, j'en ai vu bien d'autres,
« et je vous guérirai malgré vous. »

La crainte d'une seconde application du remède de bonne femme rend quelque souplesse à
mes membres engourdis. Je dégage mes mains,

je me lève, je saute sur le balai de madame La Roche, je tombe sur le concierge et sur le docteur. Le docteur tombe, le nez devant, dans la sauce piquante, et sent aux yeux la douleur qu'il m'a fait éprouver plus bas; le concierge tombe sur la croisée, sa tête passe à travers un carreau, il se taillade la figure; le sang l'aveugle, il n'y voit pas plus que le docteur. Tous deux, courant, trépignant par la chambre, se rencontrent, se heurtent estomac contre estomac, et tombent sur le derrière, à quatre pas l'un de l'autre. Madame La Roche s'empresse de relever son mari, et moi de sortir de cette chambre maudite. Ma culotte sous un bras, les draps de mon lit sous l'autre, et mon balai à la main, je traverse le champ de bataille; je sors, je ferme la porte à double tour; je laisse mes champions s'arranger comme ils le voudront, j'entre dans une autre chambre, je m'y enferme, je fais le lit tant bien que mal, je me mets dedans, et je ferme les yeux en attendant le sommeil.

Je sentais son baume bienfaisant couler dans mon corps brisé, lorsque deux, dix, vingt, trente coups de fusil me rappelèrent à moi-même, et à mes souffrances. J'imaginai qu'on m'avait dépeint aux paysans comme un enragé dont il fallait absolument se rendre maître, et qu'on cherchait à m'effrayer en déployant un appareil militaire. Déjà je croyais entendre un ou deux charpentiers, protégés par l'infanterie villageoise, mettre la hache dans ma porte. Je me voyais lié, garrotté, sans défense. Je sentais par anticipation l'effet de la sauce diabolique. Le docteur, sourd à mes cris, insensible à ma douleur, riait d'un rire méchant, comme Satan, quand il a le bonheur de damner une ame. Ces idées me montèrent la tête de nouveau, et, appuyé sur mon balai, je fus ouvrir ma croisée, et voir si je ne pourrais pas battre en retraite, à la manière des chats. On ne pensait pas plus à moi qu'au Grand-Mogol. Je vis dans la cour les voitures de nos dames, les petites filles qui leur présentaient des bouquets, et les jeunes gens qui brûlaient leur poudre pour leur faire honneur. « Ah, dis-je, avec un soupir « d'allègement, me voilà sauvé. »

CHAPITRE XI.

Irrésolutions, combats, faiblesse.

« Où est-il? » est le premier mot qui frappa mon oreille. « Qui? La Roche? » répondit la comtesse d'Ermeuil. « — Hé, non. Mon ami. — Bap- « tiste, appelez La Roche. Il est bien extraordi- « naire qu'il ne soit pas à la tête de ces bons « villageois. — Laissons La Roche, madame la « comtesse, et occupons-nous de ce malheureux, « qui ne peut se soutenir. — Mais, ma chère amie, « La Roche seul peut nous en donner des nou- « velles. — Allons, Baptiste, cherchez donc La

« Roche, et ne perdez pas un moment. » Je m'empresse, je m'élance vers ma porte. Je ne trouve plus la clé, que, dans le trouble inséparable d'une retraite précipitée, j'ai jetée je ne sais où.

La Roche, sa femme et le docteur enrageaient de ne s'être pas trouvés à l'arrivée de madame. La Roche était en possession de lui présenter la main à sa descente de voiture, et le docteur lui adressait un assez plat compliment, qui lui valait un dîner pour le lendemain. Ils frappaient, ils criaient, ils appelaient. Baptiste, guidé par ces vociférations, monte, ouvre la porte, et recule à l'aspect du docteur, qui lui présente des yeux, rouges comme des écrevisses, et gros comme le poing. Il reste stupéfait, en voyant La Roche balafré dans tous les sens, et sa chère épouse les mains ensanglantées. Il se remit un peu, lorsqu'il se fut assuré que ces messieurs étaient sans armes, et il tira bravement son couteau de chasse, afin de pouvoir parler et entendre, en toute sécurité.

Il apprit qu'un fou, un forcené, un diable avait causé tout ce désordre, et s'était enfui à la cave ou sur les toits. Il était indubitable qu'il s'était échappé de Charenton, où il fallait se hâter de le reconduire, si pourtant on pouvait se saisir de lui, ce qui paraissait très-difficile, car il frappait comme un sourd, et il était fort comme Samson, quoiqu'il eût les cheveux à la *Titus*.

Baptiste, qui ne comprend rien à ce galimatias, va rendre à sa maîtresse les contes qu'on lui a faits. On le presse de questions, auxquelles il lui est impossible de répondre. Sophie et madame d'Ermeuil, impatientes et impatientées, montent et furètent partout, chacune de leur côté. Fanchette courait en avant. Une femme de chambre attentive vole, pour épargner quelques pas à sa maîtresse : tel était le prétexte du moment, que j'appréciais à sa juste valeur. Elle ouvrait toutes les chambres; elle allait, elle revenait, elle m'appelait. Je ne répondais point : je ne voulais pas que Fanchette pût m'adresser quatre mots en particulier.

Madame La Roche et ses deux chevaliers auraient été désespérés de paraître dans l'état où je les avais mis. Ils avaient pris un escalier dérobé, et étaient descendus à la conciergerie. Madame La Roche lavait son sein et ses vêtemens ensanglantés. Une terrine d'eau fraîche et l'éponge de l'écurie servaient alternativement aux deux blessés à calmer l'inflammation des parties malades.

Fanchette entre dans cette chambre, théâtre de mes brillans exploits. Les meubles sont renversés; le carreau est marqué de sang; la perruque des dimanches de La Roche est tombée dans la sauce piquante et a été foulée aux pieds; le fourreau du couteau de chasse de Baptiste s'est détaché au moment où il a tiré l'arme toujours vierge... Fanchette s'écrie qu'on m'a assassiné. Elle montre mon sang, la gaîne du couteau dont on s'est servi, la perruque d'un des assassins, que je lui ai arrachée en me défendant, et l'aimable fille fond en larmes.

Je les entends ces sanglots, ils vont jusqu'à mon cœur, ils le froissent. Je tremble que l'erreur de Fanchette se propage, et soit fatale à deux personnes à la fois. J'ouvre ma porte, à peu près comme Alexande dénoua le nœud gordien. A coups redoublés du manche de mon balai je fais sauter le panneau d'en-bas; je me traîne, je me présente; Sophie se précipite dans mes bras. A cet aspect, Fanchette s'évanouit.

« Tous ceux qui s'intéressent à vous me sont « chers, me dit madame de Mirville. Cette fille a « le cœur excellent. » Elle me quitte, elle soulève la tête de celle... elle lui fait respirer des sels, elle la rappelle à la vie. Je vois ses yeux se rouvrir, ses regards errer autour d'elle, me chercher, et le sourire reparaître sur ses lèvres quand elle m'a retrouvé.

Oh, qu'il est doux d'être aimé ainsi!... Me voilà immobile, muet, entre deux femmes... avec quelle vivacité j'eusse exprimé ma reconnaissance à Fanchette, si elle eût pu se contenter d'un sentiment si froid! mais pourquoi tous ces ménagemens pour Fanchette! Est-elle plus sensible que madame de Mirville? Madame de Mirville est plus calme, parce qu'elle jouit de la plénitude du bonheur auquel elle aspire; mais elle aime autant qu'il est possible d'aimer. Cependant Fanchette, qui souffre, qui souffre par moi, n'a-t-elle pas droit à des consolations? Je lui en dois, je ne peux me le dissimuler, et je suis perdu, si je lui parle... Non, je ne lui parlerai pas, et qu'aurais-je à me reprocher? ai-je cherché à lui inspirer de l'amour? suis-je coupable de sa faiblesse?... Sophie, toujours Sophie! je suis, je veux être tout à elle... insensé! sais-tu bien même ce que tu veux!

La Roche, sa femme et le docteur parurent enfin. Ici on commença à s'expliquer, à s'entendre, et ce qui semblait, un instant avant, pouvoir fournir un nouvel article à l'auteur des Causes célèbres, ne fut plus qu'un incident, comique pour l'auditoire, fâcheux pour le médecin et La Roche, et assez désagréable pour moi.

Ces deux pauvres diables s'attendaient à inspirer au moins de la pitié. Ils furent tancés pour m'avoir logé dans les combles. Ils objectèrent en vain que tout autre eût pu se méprendre, comme eux, à ma culotte de peau, à ma veste de nankin, et que mes réponses évasives aux questions de madame La Roche ne prévenaient pas en ma faveur. Leurs procédés furent blâmés avec aigreur. Seul je soutins qu'ils n'avaient pas tort; qu'il faut bien juger un inconnu d'après son extérieur, et que tel cependant, qui est couvert d'argent ou d'or, pourrait bien n'être pas déplacé dans les combles.

Je fus conduit à un appartement complet. Là,

passé, par M. Baptiste, dans du linge blanc et dans une belle robe de chambre, qui probablement avait appartenu au général d'Ermeuil, placé, un peu de côté, sur des coussins d'édredon, je reçus la visite, les complimens de condoléance, et les traits plaisans de nos compagnons de voyage; du Reynel ne me fit qu'une question : « Ce mal-« là ôte-t-il l'appétit ? — Je crois au contraire « qu'il en donne. — Vous entendez, madame la « comtesse. — Et je comprends, mon cher du « Reynel. Descendez à l'office, et faites les dis-« positions du dîner. »

Il trouvait des jambes, quand il s'agissait de cuisine. Il partit comme un trait. Madame d'Ermeuil proposa à mon amie d'aller prendre l'air dans le parc. Sophie répondit qu'elle avait besoin de repos. Soulanges offrit son bras, cela était tout simple; il fut accepté, ce qui était tout simple encore.

Me voilà seul avec la plus aimante, la plus aimée des femmes. Elle tire un fauteuil près de l'ottomane sur laquelle je repose. Elle s'assied; elle me regarde d'un air si touchant, si doux, si expressif!... C'est l'innocence qui caresse la rose; et qui ne soupçonne pas l'épine.

La rose! La comparaison n'annonce-t-elle pas de la fatuité?... Hé, la robe de chambre du général ne me va pas mal; un peu de hâle a corrigé ce que le teint a d'efféminé; ma pose n'est pas sans grace, et une glace qui est là, vis-à-vis de moi, me dit que je suis fort bien.

Nous ne nous verrons plus qu'en public, avait dit madame de Mirville, lorsqu'on nous tira tous deux de notre calèche brisée. Mais alors j'étais encore agile, agissant. Je ne peux maintenant remuer aucun de mes membres, ce qui est très-malheureux pour moi, et très-rassurant pour elle. Pleine de confiance, elle me fait lire dans son cœur, et je lui ouvre le mien... à quelque petite chose exceptée. Cette petite chose-là, je l'oublie auprès d'elle. Tout entier au plaisir de la regarder, de l'entendre, de lui répondre, je lui parle cette langue douce, naïve, brûlante, qu'on n'apprend pas, que l'amour inspire, et qui a tant de puissance sur celle qui nous aime. Penchée sur moi, rouge de tendresse et de pudeur, elle approche sa bouche de la mienne; elle semble craindre de perdre un mot, une inflexion. Oh, combien elle est belle, séduisante, voluptueuse même! Combien ses caresses *innocentes* ajoutent à mon délire, à mon ivresse! avec quel feu je peins ce que je sens si bien!... Faudra-t-il toujours se borner à peindre!

Je comptais au moins être heureux à la manière de madame de Mirville, pendant quelques heures encore. Mais rien va-t-il jamais au gré de mes désirs? La porte s'ouvre; elle se lève précipitamment, court à la cheminée chercher... ce qu'elle sait bien n'y avoir pas mis. Elle ouvre une croisée; elle chante d'une voix tremblotante; elle joue avec ses cheveux, d'une main mal assurée. Elle ne sait où elle en est... ni moi non plus. Qui croyez-vous qui vienne d'entrer?... Hé, parbleu, c'est mademoiselle Fanchette.

Avant de sortir, madame la comtesse lui a indiqué une armoire de garde-robe. Fanchette s'entend à arranger une robe, à peu près comme moi. N'importe, elle a pris dans cette armoire ce qui lui est tombé sous la main. Elle vient demander des conseils à madame de Mirville; elle s'assied, sans qu'on le lui permette; elle s'assied près de la femme charmante, plus près encore de l'ottomane. Quelle est donc cette fureur de m'obséder ainsi!... Je la battrais, si je suivais mon premier mouvement... Tu la battrais, ingrat! elle t'aime aussi cette Fanchette... et elle est si jolie!

Me voilà embarrassé, muet pour la seconde fois. Parler amour à Sophie, c'est affliger Fanchette, et que pensera Sophie, si le silence succède à ces épanchemens si vifs, si variés, si entraînans? elle pensera... elle pensera que je sacrifie aux convenances, et elle m'en estimera davantage.

Fripon, tu capitules sans cesse avec ta conscience, avec ton cœur! Mais dites-moi donc, monsieur le rigoriste, ce que je dois faire, ce que vous feriez à ma place.

Mais ne peut-on parler qu'amour dans ce

monde? La petite fille qui redoute l'œil vigilant de sa mère; la jeune femme, qui soupçonne qu'il peut exister quelque chose de mieux qu'un vieux mari qui l'obsède, et qui épie jusqu'à sa pensée, n'ont-elles pas l'esprit du moment? n'apprennent-elles pas à parler, avec facilité et même avec grace, de choses tout-à-fait indifférentes? Seras-tu moins rusé, et moins adroit qu'elles? N'y a-t-il pas des spectacles à Paris et des présentations à la cour; des charades dans les journaux, une mode nouvelle? Et puis la pluie, et puis le beau temps... Dissimuler! Oh, que c'est vilain!... Mais peut-on toujours dire tout ce qu'on pense, avouer tout ce qu'on fait? Que celui-là me jette *la première pierre*, qui n'a jamais menti aux autres, ni à lui-même.

S'autoriser de l'exemple d'autrui! Quel aveuglement, ou quelle immoralité! C'est pourtant ainsi qu'on devient faible, vicieux ensuite, criminel peut-être... Ah, mon Dieu, mon Dieu!... Ma foi, puisqu'il faut dissimuler un moment, je veux qu'au moins ma dissimulation soit utile : je vais faire un discours sur nos devoirs publics et privés. Il me servira à moi et aux autres. Je n'ai jamais improvisé : qu'importe? Sophie et Fanchette me trouveront plus éloquent que Bourdaloue. La première se croira au sermon, où elle dort comme tant d'autres; la seconde saisira les applications que je ne manquerai pas de lui adresser. Je commence.

Je commençai en effet, et je disais de très-bonnes choses, dans un style assez décousu, lorsque la cloche de l'église réveilla ma belle amie, qui avait commencé par admirer, et qui s'était assoupie par la force de l'habitude. Elle étendit les bras, se frotta les yeux, s'approcha de mon oreille et me dit : « Je vais demander par-
« don à Dieu des folies que nous avons dites et
« faites. — Quoi, enveloppée dans les draps de
« l'auberge de Chantilly? — Je vais prendre une
« robe de madame d'Ermeuil. — Elle vous ira
« comme un sac. — Pardonnez-moi, monsieur,
« reprend Fanchette qui n'a pas perdu un mot,
« je crois que celle-ci conviendra. — Fanchette,
« passez avec moi dans ce cabinet. »

Au moins elles s'en vont toutes les deux; je puis respirer un moment... oui, un moment; vous verrez que Fanchette reviendra... si elle revient, je me fâche sérieusement.

Hé bien, la voilà qui rentre !... Ah, Sophie est avec elle. « Fanchette, demandez à La Roche une
« Journée du Chrétien et un carreau. — J'y cours,
« madame. — Ma bonne amie? — Mon ange? —
« Fanchette vous suivra avec le livre et le coussin.
« — Ce n'est pas l'usage, mon ami. Baptiste... —
« Non, Fanchette. J'ai besoin de repos, et je re-
« poserai pendant que vous appellerez sur nous
« les bénédictions célestes. — Fanchette, soit.

« Partons, ma petite, le second coup est sonné.
« — Madame veut que je l'accompagne ! hé, qui

7.

« aura soin de monsieur? — Mon ami, elle a rai-
« son. — Mademoiselle, je n'ai besoin de rien.—
« Et cette robe, que madame a eu la bonté de
« bâtir, qui la finira? — Mon ami, elle a raison.
« — Oh, qu'importe à notre comtesse que votre
« robe soit prête un peu plus tôt, ou un peu plus
« tard? — Mon ami, la comtesse est très-vive;
« elle veut être servie à la minute, et Fanchette
« a besoin de se mettre bien dans son esprit. Ma
« petite, appelez Baptiste.—Au moins, mademoi-
« selle Fanchette ira finir ailleurs la robe qu'elle
« a commencée, et... » Fanchette est déja bien
loin, et ne m'a peut-être pas entendu.

Sophie est sortie, elle a tiré ma porte après
elle; me voilà seul, absolument seul... Oh, oui,
Fanchette m'a entendu, puisqu'elle ne revient
pas. Elle est piquée, sans doute... Tant mieux,
j'en suis bien aise. Pourquoi m'aime-t-elle sans
mon aveu, malgré moi?... Hé suis-je maître de la
regarder sans émotion, sans un frémissement...
Et puis est-ce un si grand malheur d'être aimé
d'une jolie fille?...Elle ne vient pas! elle est pourtant la maîtresse de rentrer : son ouvrage, qui
reste là, est un motif... Ah, Fanchette pense
comme moi. Elle combat une inclination qui ne
peut lui causer que des chagrins. Elle fait bien,
Fanchette. Elle devient raisonnable, et je lui en
sais très-bon gré.

Je crois que je terminai cette espèce de mono-
logue avec le ton du dépit. Certain mouvement

d'impatience... Quelle injustice! En vouloir à quelqu'un qui fait ce que nous désirons, ce qu'au moins nous paraissons désirer! oh, mon pauvre cœur, mon pauvre cœur! Je me tournai du côté de la cloison, et je cherchai à m'endormir. Dormir! le moment était bien choisi.

J'entends marcher derrière moi, bien lentement, bien doucement, on touche à peine le parquet... Mais on n'a pas ouvert ma porte. Par où est-elle entrée? Il y a sans doute un escalier qui donne dans le cabinet où elle a habillé madame de Mirville... De quoi m'occupé-je là? je conserverai ma position; j'aurai l'air de reposer; elle craindra de me réveiller, et quand on ne se voit pas, qu'on ne se parle pas, il me semble qu'il n'y a aucun danger.

Oh, oui, c'est elle! J'ai surpris un, deux soupirs qu'elle voulait arrêter. Pauvre petite!... Ah, mon Dieu, l'exclamation m'est échappée; je l'ai prononcée à haute voix; elle l'a entendue, appréciée. Elle croit probablement qu'un songe m'occupe d'elle. Elle a saisi ma main; elle l'a couverte de baisers. N'importe, je suis immobile, je fais toujours semblant de dormir. Oh, que cela est beau!

Je portais au doigt un simple anneau. « Si je l'a- « vais, disait-elle à demi-voix, je le garderais toute « ma vie. » Elle caressait l'anneau; elle le baisait, elle le baisait encore. Je retirai ma main de façon à le laisser dans la sienne. Je ne saurais me reprocher cela. Qu'est-ce qu'un anneau? Il n'a de valeur que par le prix qu'on y attache. Moi, je n'y en mettais aucun.

« Oh! comme il me va, disait-elle! Mais je ne « peux le garder. S'il me l'avait offert, il serait « pour moi d'un prix inestimable. Mais le déro- « ber pendant son sommeil! Non, non, cela ne se « fait pas. Quittons-le, et qu'à son réveil il ne « soupçonne pas qu'il a brillé un moment au doigt « de Fanchette. »

Elle s'incline pour reprendre cette main, que j'ai portée contre la cloison : l'anneau est donné, je ne veux pas le reprendre. Elle le pose en soupirant près de cette main, que je m'obstine à tenir fermée. Elle se relève, et ses lèvres effleurent mon front. Je m'opiniâtre à vouloir dormir. Elle me croit enseveli dans un profond sommeil. Sa bouche, errante, vagabonde, se fixe sur la mienne. « Jamais, dit-elle, il ne recevra de baisers donnés « avec autant d'amour. »

Elle s'enhardissait; les baisers se succédaient avec rapidité. Les vives émotions que je venais d'éprouver auprès de Sophie, se reproduisaient avec une force inexprimable. Des caresses de feu ajoutaient sans relâche au trouble, au délire que déjà il n'était plus en mon pouvoir de maîtriser. Le moyen de feindre plus long-temps de dormir! un ange l'eût essayé, peut-être : il ne me restait pas même la volonté de combattre. Je me tourne vers elle; j'enlace son corps de mes bras; je l'attire sur mon cœur, je l'y presse, je l'y fixe... J'allais... Je le voulais... Ma diable de chemise se détache, s'arrache, vous savez d'où. Une douleur aiguë me rend à moi-même, fait fuir la volupté. Voyez pourtant à quoi tient notre vertu!

Fanchette, interdite, se relève. Elle est debout, à côté de moi. Ses yeux se fixent sur les miens. Timides, incertains, ils cherchent à lire ce qui se passe dans mon ame. Que pouvais-je lui dire? N'avais-je point partagé ses transports? Je tenais encore sa main; j'y passai l'anneau qu'elle avait tant désiré. « Qu'il soit le gage de ma sincère ami-
« tié. — Ah! monsieur, ce n'est point l'amitié qui
« le reçoit. — Tout autre sentiment nous est in-
« terdit. — Il faut donc être une grande dame pour
« oser avoir un cœur? — Il faut au moins en ré-
« gler les mouvemens. — Êtes-vous toujours maî-
« tre du vôtre? — Je fais tout pour cela. — Moi, je
« ne vis que pour aimer. — Fanchette, ces conver-
« sations-là sont bien dangereuses. — Que crai-
« gnez-vous, monsieur? J'aurai toujours la force
« de vous ramener aux convenances, si vous
« pouviez les oublier; je le jure par cet anneau,
« par mon amour. — Hé, n'as-tu pas assez de ta
« jeunesse, de ta figure? As-tu besoin d'y joindre
« le charme de la délicatesse? Ai-je à redouter
« près de toi tous les genres de séduction? — Je
« n'en connais aucun. — Tu sais plaire, cruelle!
« — Ah, monsieur, qu'avez-vous dit?... Se peut-
« il... » Elle veut que je répète, et elle m'ôte de

nouveau la liberté de lui parler. Elle excite, elle rallume un feu dévorant. Je brûle, je me consume; ma tête se perd pour la centième fois.

Cependant je fais un dernier effort. Je cherche à reproduire cette douleur salutaire qui ramène la raison. Je m'agite en tous les sens, je la provoque en vain : je ne trouve que Fanchette et l'amour.

C'én était fait, si des éclats bruyans ne nous eussent rendus à nous-mêmes. Fanchette courut à son ouvrage, rouge comme le désir, belle comme la volupté.

CHAPITRE X.

Tout ce qui brille n'est pas or.

C'étaient mesdames d'Allival et Valport, que m'amenait le gros du Reynel. Elles entrent, suivies des deux hommes avec qui je les ai trouvées, à certaine maison de poste... ils ont l'air interdit; ils regardent tout avec étonnement. Ah, peut-être ont-ils cru, en rencontrant deux femmes enveloppées dans des draps et des serviettes, avoir affaire à deux folles. Il y a bien quelque chose de cela, et à deux folles avec qui on peut tout se permettre, ce qui est vrai encore, et ce que semble démentir la somptuosité qui nous environne. Ces messieurs ressemblent peut-être à ce bon paysan, qui demandait, avec naïveté, si une princesse a des organes comme sa femme, et vous remarquerez que le mot *organe* n'est pas celui qu'il employa. Au reste, nous saurons qui sont ces messieurs.

Il fallut commencer par essuyer une mercuriale, que m'adressèrent très-sérieusement ces dames, sur l'incivilité avec laquelle je les avais abordées, dans cette auberge, sur le peu d'attentions que je leur avais accordé, sur la brusquerie avec laquelle je les avais quittées. Je me gardai bien de communiquer mes motifs, et je passai condamnation sur tous les points : c'est un moyen sûr d'abréger. Je sollicitai un pardon qui me fut aisément accordé. Les bonnes femmes ! et je regardai leurs nouveaux compagnons de voyage, de cet air qui équivaut à une interrogation. « Le hasard « nous a bien servies, dit madame de Valport. » Dans les circonstances difficiles c'est toujours elle qui porte la parole, pour elle et la compagne de ses *distractions*. « Je conçois, mesdames, répon-« dis-je, combien il peut être agréable de rencon-« trer ces messieurs. — Indépendamment de leurs « qualités personnelles, ils ont près de nous des « titres qui leur assurent, de la part de madame « d'Ermeuil, la plus amicale réception. L'un est « mon beau-frère, l'autre est le cousin-germain « de madame d'Allival. » Et moi d'examiner les deux parens jusqu'au fond de l'ame, en leur adressant une profonde inclination.

Je vis de l'embarras, beaucoup d'embarras dans

le maintien de ces messieurs, et dans la manière dont ils répondirent à quelques mots polis, qu'on donne à l'usage, et qui par cela même ne signifient rien.

Du Reynel aimait à jouir par anticipation, et cette jouissance-là était, pour lui, à l'office, et lieux circonvoisins. S'il fût resté, je me serais défié de lui : je le savais causeur, comme tous les gens sans passion, qui n'ont rien à dissimuler, rien à prévoir, et qui ne se donnent pas même la peine de réfléchir. En son absence, je ne voyais pas d'inconvénient à m'amuser du beau-frère, du cousin, et de leurs dignes parentes, qui, en arrivant, avaient joué avec moi les grands airs, sans doute pour que je ne soupçonnasse pas le plaisir que je leur avais fait, en les laissant libres d'arranger cette troisième partie : je suis si borné !

Je connaissais assez superficiellement les deux dames, et rien du tout de leur parenté. Il ne m'était donc pas possible de faire une question fondée ; mais répondre affirmativement sur un être idéal, n'est-ce pas se démasquer tout-à-fait ? Je débutai par demander au beau-frère des nouvelles de son oncle le président. Il me répondit qu'il se portait à merveille. Je demandai au cousin si madame son épouse était tout-à-fait rétablie des suites de l'opération césarienne. Il me dit, d'un petit ton, assez intéressant, qu'elle était encore languissante. Je regardai ces dames : elles étaient rouges, non de celui qui sied si bien à

Fanchette; elles étaient rouges de colère. Elles se mordaient les lèvres ; elles m'auraient arraché les yeux... si j'avais voulu le permettre.

Je parlai ensuite d'un interminable procès, d'un duel au bois de Boulogne, d'un poëme épiqué, intitulé le *Menteur*, composé par M. d'Allival, par M. d'Allival, qui n'est qu'un seigneur de paroisse, et dont, selon moi, on faisait l'éloge dans tous les cercles de Paris. Le beau-frère et le cousin répondaient à tout, comme des gens qui ont vu et entendu. Le cousin cependant avoua avec franchise qu'il ne connaissait que le titre du poëme. Aussitôt je lui citai trente à quarante vers de la Henriade, que j'assurai être les plus marquans de l'ouvrage. Mon homme s'écria qu'il était loin de croire un tel génie à son cousin, et qu'il ne manquerait pas de se procurer le poëme à son retour à Paris. Pour entretenir d'aussi favorables dispositions, j'entrepris de lui faire un extrait verbal du *Menteur*.

« Un aventurier s'est donné pour un prince
« étranger. Il s'est introduit chez un grand sei-
« gneur, à l'aide d'une femme, qui ment aussi fa-
« cilement qu'elle parle. L'intrigue se consolide
« chez le grand seigneur. La femme, qui n'aime
« pas l'aventurier, couche avec lui pour faire quel-
« que chose, ou peut-être par *distraction*. Un
« commensal du château découvre tout, sans
« peine, et même sans finesse. Il avertit le grand

« seigneur, qui fait chasser le prince étranger
« par ses valets.

« Vous voyez, messieurs, qu'il y a ici tout ce
« qui constitue une action dramatique; supposi-
« tion de personnages, *quiproquos* en consé-
« quence, un semblant d'amour, une reconnais-
« sance et un dénoûment imprévu. »

Il fallait voir ces dames! elles ne tenaient plus
sur leurs siéges; elles ne savaient où mettre leurs
mains, que faire de leurs figures. Les hommes,
de très-bonne foi sur tout ce que je leur disais,
n'étaient occupés qu'à soutenir un personnage
qui devenait plus embarrassant à chaque minute.

J'avais détruit toute apparence de parenté, et
ces deux hommes étaient évidemment deux sots;
mais qu'étaient-ils d'ailleurs? C'est ce que je gril-
lais de savoir, et ce que peut-être ces dames ne
savaient pas plus que moi. Il serait bien plaisant
que j'eusse peint tout le monde dans mon extrait sommaire du poëme du cousin d'Allival!

M. Baptiste donna un peu de relâche à mes
victimes. Il venait dire à Soulanges que l'exprès
qu'il avait demandé était parti pour Paris. Il était
chargé, pour une amie de la comtesse, d'une
lettre, par laquelle on la priait de remplacer
sans délai les deux demoiselles qui vont, en Espagne, soigner les valises exiguës de deux sous-
lieutenans de hussards.

Baptiste n'a donc pas porté le livre et le coussin de madame de Mirville? Vous verrez qu'il en aura chargé son camarade, uniquement pour épier l'instant où Fanchette sortirait de ma chambre. Ce Baptiste me déplaît. Il ne peut rencontrer Fanchette sans lui adresser de ces œillades... et il trouve toujours quelque moyen de la rencontrer!... Si Fanchette n'adopte pas les vues que j'ai sur elle, j'enlèverai Baptiste de cette maison, je le prendrai à mon service, et je réglerai l'emploi de son temps de manière que le drôle ne puisse disposer d'une heure.

Fanchette s'aperçut que j'étais livré à des idées peu agréables. Elle me présenta un verre de limonade, et pendant que je le prenais : « Qu'avez-« vous, monsieur ! — Rien, Fanchette. — Vous « paraissez préoccupé. — Non, Fanchette. — Vous « ai-je déplu, monsieur ? — Hé, non, c'est cet « animal... — Il me déplaît plus qu'à vous. — Vrai-« ment, Fanchette ? — Il n'est qu'un homme pour « celle qui aime bien. — Que deviennent les au-« tres ? — Importuns ou indifférens. »

Mais je ne m'aperçois pas que cette Fanchette prend sur moi un ascendant réel, que j'ai la faiblesse de lui marquer de la jalousie... qu'en pensera-t-elle? Qu'on n'est pas jaloux sans amour... Et cet amour-là, ne le lui ai-je pas à peu près déclaré?... Que fera-t-elle de cet aveu? Elle m'obsèdera, me subjuguera, me réduira... Je lui échapperai; je partirai demain; oui, demain à la pointe du jour. Je veux être sage, je veux être tout à Sophie... pauvre Sophie !

Très-heureusement ces dames n'avaient pu ni entendre notre conversation, ni observer le trouble nouveau qui m'avait agité. Elles avaient saisi le moment où je causais avec Fanchette, pour tirer dans l'embrasure d'une croisée les parens de *rencontre*, auxquels, sans doute, elles faisaient une nouvelle leçon.

Les portes s'ouvrent tout à coup... c'est madame de Mirville et le curé du village, madame d'Ermeuil et Soulanges; c'est du Reynel qui crie qu'on ne se promène pas, qu'on ne va pas à l'église à l'heure du dîner. Le curé fronce un peu le sourcil, et ne dit mot, parce qu'il est d'usage qu'un curé de campagne n'ait pas d'avis à lui, quand il est chez son seigneur. Il se place à côté du petit propriétaire voisin, qu'on admet les jours de grande fête, ou d'ouverture de chasse. Ils parlent peu, parce qu'ils ont bon appétit, et quand ils parlent, ils parlent bas. Ils répondent par *oui* et *non*, quand on les interroge, et la réponse est toujours accompagnée d'une légère inclination et d'un sourire qui signifie : Je vous remercie de vouloir bien vous apercevoir que je suis là.

Mesdames d'Allival et de Valport avaient pris chacune la main de leurs parens, et s'avançaient pour les présenter à madame d'Ermeuil. J'étais impatient de savoir si elles auraient le courage de répéter la ridicule histoire qu'elles m'avaient contée, ou l'impudence d'en faire une autre devant moi. Soulanges, en les humiliant plus que jamais à mes yeux, arrangea tout, sans se douter de rien. « Parbleu, s'écria-t-il, avant qu'elles « aient eu le temps de proférer une syllabe, on « a raison de dire que les femmes ont toujours « l'esprit du moment. Il n'était pas possible, dans « la circonstance actuelle, de faire une plus heu-« reuse rencontre, et nous devons des remercî-« mens à ces dames, qui ont eu l'adresse de nous « amener deux hommes, qu'on n'a pas quand on « veut, même en les payant très-cher. »

Vous présumez qu'à ces derniers mots la cousine et la belle-sœur quittèrent les mains de leurs chers parens : une femme d'un certain état ne peut descendre, *en public*, jusqu'à l'homme qu'on paie, n'importe comment et pourquoi.

« Vous êtes, poursuivit Soulanges, sans coutu-« rière et sans femme de chambre. Celui-ci est le « tailleur de la duchesse d'Égreville, qui donne « le ton à la cour ; celui-là est le premier coiffeur « de l'Europe. Allez, messieurs, allez vous reposer « à l'office, et après le dîner, on utilisera vos ta-« lens. »

Les deux femmes me regardèrent d'un air si humble, si suppliant, que la pitié succéda à une envie de rire immodérée. Cependant je crus devoir profiter de cet incident, pour exécuter un dessein conçu de la veille, et auquel on ne devait pas opposer de résistance. Un clin-d'œil, presque imperceptible, fut saisi par madame de Valport, qui s'approcha de moi, pendant que Soulanges faisait un long et pompeux éloge du perruquier et du tailleur, qui sortirent à reculons, le nez incliné vers la terre. Cet acte d'humilité était plutôt l'effet de l'embarras que d'une véritable modestie, car rien n'est plus sotement orgueilleux que ces gens, dont Paris abonde, qui ne sont d'aucune utilité, et qui vivent sous différentes dénominations aux dépens des pères, des maris et des femmelettes à qui ils ont persuadé qu'ils sont des personnages.

« Le monde est indulgent, dis-je à madame de
« Valport, et ferme les yeux sur une faiblesse,
« que couvre le voile de la décence. Il juge rigou-
« reusement les femmes qui affectent le mépris
« des mœurs, et la sévérité s'étend jusque sur
« celles qui les fréquentent. Je n'abuserai pas de
« la position où vous vous êtes mise; mais j'es-
« père que vous vous ferez justice. Vous sentez
« qu'il n'est pas convenable que vous restiez ici
« plus long-temps. Trouvez un prétexte pour
« partir demain matin, et... — Mais, monsieur...
« — Mais, madame, c'est le seul moyen de m'en-
« gager au silence, et réfléchissez que si je parle,
« vous partirez également à la suite d'un affront,
« que je veux vous épargner. — Comment, parce
« que nous avons voulu vous mystifier un mo-
« ment, vous tirez des conséquences... — La nuit

« dernière, vous avez aussi *mystifié* Préval et Mau-
« tort : j'ai vu et entendu comme eux, et décidé-
« ment j'exige que vous établissiez ailleurs le théâtre
« de vos *mystifications*. Si dans une heure vous n'a-
« vez pas pris votre parti, j'éclate devant tout le
« monde, et je ne crains pas que vous me démen-
« tiez : j'ai des témoins irrécusables. Je suis d'ail-
« leurs de ces hommes qu'on croit sur leur pa-
« role. »

Elle s'éloigna, sans ajouter un mot. Sophie s'approcha à son tour. Trop pure pour rien soupçonner, elle me demanda de quoi je parlais à madame de Valport. Je pensai que le danger est souvent dans l'imprévoyance, et que dans ce siècle-ci, l'innocence a besoin d'être éclairée, dussent les lumières la dépouiller d'une partie de sa candeur. Je lui dis ce que je savais, et tel était son éloignement à croire ce dont elle était incapable, qu'elle me fit répéter. Je lui demandai le secret; elle me le promit; mais elle ajouta qu'aucune considération ne la déterminerait à parler désormais à ces femmes, ni même à les approcher. Je souris, avec tendresse, à l'expression de ces sentimens, qui ne sont pas communs aujourd'hui, et qu'il est si doux de trouver dans celle en qui on a placé ses plus chères espérances.

Il me semble que je m'exprime froidement. Madame de Mirville n'occuperait-elle plus la première place dans mon cœur?... Elle lui appartient... Elle la conservera toujours... C'est que cette Fanchette... Oh, comme elle me regarde! Il faut la fuir, il le faut absolument.

CHAPITRE XI.

Encore une nuit épouvantable.

« Que faites-vous ici? n'avez-vous pas entendu « la cloche? Descendez, descendez donc. Il est « cruel pour moi de voir refroidir le plus joli dî- « ner. » Il est clair que c'est du Reynel qui parle. « Aimable comtesse, faites-moi servir ici : je tien- « drai compagnie à mon ami. » Vous devinez que ce désir, si flatteur pour moi, est exprimé par ma charmante Sophie. « Descendez, madame; je « veillerai à ce que monsieur ne manque de rien. » Sans doute vous reconnaissez Fanchette.

Sophie insista. La position où se trouvait Fanchette lui imposait l'obligation de céder. Mais il fallait quelqu'un pour nous servir, et rien ne la forçait de renoncer à cette satisfaction. Elle était toujours là. Toujours attentive, elle prévoyait, elle devinait tout; et la moindre chose était faite avec une aisance, une prestesse, une grace!... Oh, comme l'amour sert, quand il veut s'en donner la peine!

Je ne pouvais rien dire de particulier à Sophie : je lui parlai raison, et la sienne m'étonna. Un sens droit, un jugement sain, des connaissances sans prétention ajoutèrent la considération aux sentimens qu'elle m'inspirait déja. Oh! pensai-je, quelle somme de bonheur une telle épouse répandrait sur ma vie!

Fanchette écoute attentivement. Sans doute, elle n'a pas rassemblé encore un grand nombre d'idées, et cependant elle paraît entendre. Aurait-elle aussi de l'esprit? Hé, pourquoi n'en aurait-elle pas cette pauvre Fanchette, par la raison même que tant de grands seigneurs n'en ont point?

Ces réflexions m'occupaient malgré moi. J'étais distrait, je n'entendais plus ce que me disait madame de Mirville. Je ne sais ce que je lui répondais... « A-t-on jamais vu pareille extravagance, « s'écria madame d'Ermeuil, en remontant fort à « propos? Elle est inexplicable, répondait Sou-« langes. Et ne donner que les prétextes les plus « frivoles, ajoutait la comtesse. Ces femmes-là ne « font rien comme personne, répliquait Soulanges. « Ma foi, madame, poursuivit du Reynel, votre « terre, pour être charmante, n'est pas la terre « promise, et nous ne serons pas plus mal servis, « parce que vous aurez deux convives de moins. » Je compris que la cousine et la belle-sœur s'étaient exécutées, et je ne daignai pas même demander comment elles avaient coloré ce brusque départ.

Encore Baptiste! Oh, le vilain homme! qu'a-t-il imaginé de nouveau qui l'autorise à entrer où est Fanchette? « Madame la comtesse ne doit plus

« compter sur le tailleur et le perruquier. — Com-
« ment cela, Baptiste? — Ils prétendent avoir des
« affaires pressantes à Paris... » Ils *prétendent!* Le
drôle est-il fin? « Ils ont envoyé chercher des
« chevaux, et sont partis avec ces dames. Mon
« ami, vous les avez bien jugées, me dit tout bas
« la femme charmante. »

Il y a dans toutes les affaires un bon et un mauvais côté. On perdait à la vérité deux hommes du *premier mérite*; mais il n'y a plus qu'une robe à faire; madame de Mirville n'est pas exigeante, et Fanchette a tant de zèle! elle reprend son ouvrage et sa place, en me regardant en dessous d'un air qui veut dire : Je me trouve si bien ici!

M. Baptiste arrange une table de boston. Il va, vient, tourne, retourne. Il a un œil à ses jetons, et l'autre se porte à la dérobée sur Fanchette... voyez si ce faquin finira... ah, le voilà pourtant sorti.

Au fond, je ne vois pas de quoi je m'inquiéterais : Fanchette n'est plus cette petite fille d'auberge qu'on pouvait impunément poursuivre de la cave au grenier. C'est la femme de chambre de madame, qu'on doit respecter en elle, et qui sans doute la fait coucher à portée de son appartement.

Mais pourquoi tous ces calculs? N'ai-je pas un moyen sûr de me défaire de ce Baptiste? Il suffit, pour cela, de raconter à madame d'Ermeuil la scène de nuit qui s'est passée à l'Aigle impérial...

Oh, le trait sera noir! je rougis d'en avoir eu l'idée. Haïr, persécuter un homme, parce qu'il a des yeux et un cœur! non, non, je ne hais, je ne haïrai jamais personne.

C'est un jeu bien heureusement imaginé que le boston. Il tire les êtres les plus froids de leur apathie ordinaire. Il remue les humeurs pendant deux heures au moins. La simple, la douce Sophie se fâchait, comme une autre, contre la comtesse, Soulanges et du Reynel. Fatigué d'entendre discuter sans cesse sur un petit morceau de carton, barbouillé de rouge ou de noir, je pris le parti de dormir; c'est ce qu'on a de mieux à faire, quand on est obligé de se taire, et qu'on veut échapper à ses propres pensées.

Il était assez tard quand je me réveillai. Les *bostoniens* avaient quitté ma chambre... Fanchette aussi était sortie. Où peut-elle être allée cette Fanchette?... Que m'importe, après tout?

Je me frottai les yeux... Non, elle n'est plus ici. Je suis seul, absolument seul. Ah, ah! mon lit est fait : je vais m'y mettre et continuer la nuit, que j'ai commencée à six heures du soir. Je la pousserai jusqu'à huit heures du matin, et une nuit de quatorze heures n'est pas trop longue, après les fatigues de tout genre que j'ai soutenues.

Au premier mouvement que je fis, je vis paraître M. Baptiste, qui portait deux bougies, et qui offrit de me servir de valet de chambre. Je le laissai faire, pour le punir, pour l'humilier.

J'étais bien aise qu'il se souvînt près de moi qu'il n'est qu'un valet, ce Baptiste, qui se donne les airs d'aimer... Oh, encore de l'égoïsme!

Je lui demandai où étaient ces dames et ces messieurs. « Ils ont profité du moment où vous « reposiez, pour aller prendre l'air dans le parc. » Je n'osai lui demander où était Fanchette.

Il plaça sur ma table de nuit une carafe de limonade, du sucre et de l'eau, et me souhaita le bonsoir. Je l'entendis fermer ma porte à double tour et ôter la clé de la serrure. A quoi pense donc ce coquin-là ? pourquoi me mettre dans l'impossibilité de sortir, ou de recevoir personne sans son agrément? Je sonnai à briser la sonnette. « Que veut monsieur ? — Pourquoi m'enfermez- « vous ? — Pour qu'on ne vous dérange point. — « Je veux être dérangé, moi. — Ce sera comme il « vous plaira. — Je le crois bien, parbleu. Mettez « la clé sur ma table de nuit, et contentez-vous « de tirer la porte. »

Ce drôle-là serait-il aussi jaloux de moi ? Si je croyais qu'il eût cette impudence... Hé bien, qu'en arrivera-t-il ? Ma foi, rien du tout. N'est-il pas permis, quand on aime, d'envier l'amant favorisé, et même d'avoir contre lui un peu d'humeur ? Mais Baptiste en concurrence avec moi!... Et ne m'y mettrais-je pas avec un souverain qui aimerait Sophie... et même Fanchette? Baptiste fait bien de suivre l'impulsion de son cœur; mais, morbleu, j'ai raison de ne vouloir pas être sous la dépendance de Baptiste... Cependant cette porte fermée me mettait à l'abri de tout danger. Point de visite de la part de certain objet, point d'entreprise de la mienne. J'aurais été sage... Oh! bien certainement; mais je l'aurais été malgré moi, et a-t-on la gloire de vaincre, quand on n'a pas combattu?

Allons, allons, soyons de bonne foi. Non, je ne suis pas sûr de moi; non, je ne m'exposerai pas à une défaite presque certaine. Oui, je serai sage, je le dois, je me le suis promis, je ne fausserai pas mon serment.

Je sonne une seconde fois; Baptiste rentre. « Je « pense, comme vous, qu'on pourrait me déranger. « Fermez ma porte, emportez la clé. Vous viendrez « demain quand je sonnerai. »

Lorsqu'on redoute sa faiblesse, n'y a-t-il pas une sorte de vertu à se garantir de la chute, et même de l'envie de faillir? Cette victoire, que je remportai sur moi-même, m'inspira une satisfaction inexprimable. Je me crus un homme au-dessus du vulgaire, un homme d'une moralité à servir d'exemple... Toujours le chien d'amour-propre!

« Pourquoi cette porte est-elle fermée à clé? — « Je l'ignore, madame. — Il peut se trouver in- « commodé cette nuit. — Sans doute. — Ne pou- « voir pas sonner. — Et périr, faute de secours. « — Je ne me retirerai pas sans savoir si on lui a « donné ce qu'il lui faut, sans lui souhaiter le

« bonsoir. Cherchez donc Baptiste, mademoiselle.
« — Madame, j'y cours. »

Ce sont elles, les deux objets les plus redoutables pour moi, dont je me suis séparé autant que je l'ai pu, qui vont franchir la faible barrière que j'ai mise entre elles et moi... Je suis las de combattre, je m'abandonne aux circonstances, et je deviendrai... ce qu'il plaira à l'amour.

On a trouvé Baptiste. J'entends tourner la clé, la porte s'ouvre, les voilà toutes les deux. Sophie vient à moi, et Fanchette se retire dans un coin, d'où elle verra tout, d'où elle ne perdra pas un mot. Ma bonne Sophie, contrainte pendant toute cette journée, ne pense pas que nous avons là un témoin redoutable. Elle se livre, sans réserve, à cette candeur, à cet abandon auxquels il est impossible de résister. Elle a été à la promenade, uniquement pour ne pas se rendre ridicule. Son cœur est resté avec moi. M'en suis-je aperçu? Ai-je senti qu'elle ne formait qu'un vœu, celui d'être sans cesse auprès de moi; d'adoucir l'ennui inséparable de ma situation; de répondre aux accens de l'amour, par ce que l'amour a de plus tendre? Et elle me prodiguait ces caresses innocentes qu'elle m'avait promises, et qui, depuis, lui avaient paru si dangereuses. Et j'oubliai Fanchette et les ménagemens que je croyais lui devoir. Je retombai dans ce délire si poignant, si plein de charmes, que je ne pouvais supporter, et qui faisait le bonheur de ma vie. Ivre comme moi, Sophie ne se ressouvenait plus qu'elle s'était restreinte à la douce, à la simple amitié. Heureusement, Fanchette veillait pour elle. « Voilà ma« dame d'Ermeuil », dit-elle d'une voix altérée, qui me frappa, et me rendit à moi-même. Sophie, interdite, vit Fanchette, rougit, pâlit, balbutia, et dit enfin, avec calme et sérénité : « L'amour « sincère n'est pas un vice. — C'est ce que j'ai « toujours pensé, madame. — C'est le don le plus « précieux que le ciel puisse nous faire, quand il « est justifié par les qualités de l'homme que nous « avons choisi. Fanchette, vous avez le secret de « mon cœur : vous n'en abuserez pas, si le vôtre « est sensible. »

Fanchette prit sa main, et la baisa. « Vous « pleurez, mon enfant ! Ah, vous aimez aussi, et « cette scène de tendresse a rouvert une plaie mal « cicatrisée encore. — Oui, madame, oui, j'aime « de l'amour le plus malheureux. — Demain, nous « parlerons de cela, Fanchette. Peut-être puis-je « vous être utile. — Non, madame, non, vous ne « pouvez rien pour moi. — Pardonnez-moi, ma « petite. Avec de la considération et de la fortune, « on aplanit bien des obstacles. Je vous rendrai « plus heureuse encore que je l'étais il y a un « moment. Votre amant sera votre époux. — Ja« mais, madame, jamais. — Il le sera, vous dis-je. « Espérez et remettez-vous. »

Elle fit un tour par la chambre, s'assura que

j'avais ce qui m'était nécessaire, me donna un baiser sur le front, emmena Fanchette, et me laissa.

J'entendis ôter la clé; mais on n'avait pas fermé ma porte. Que voulait-on? que projetait-on? Je le répète, je ne suis pas un ange; je n'ai plus de force, plus de volonté, je me livre à la fortune.

Le plus profond silence régnait autour de moi. L'horloge du château avait sonné onze heures, et je ne dormais pas. Tourmenté, par mille pensées affligeantes et voluptueuses, j'appelais le jour qui devait m'en distraire, et, quelque position que je prisse, je me sentais accablé par mon cœur.

Cet état était cruel. Je ne pouvais le supporter davantage. J'étais prêt à me lever, à aller chercher dans le parc la fraîcheur et le repos, lorsque mes yeux se portèrent sur la carafe de limonade. Je la vidai en deux fois. Bientôt je me sentis plus calme, et, de tous les sentimens qui se combattaient en moi, il ne me resta que celui de ma duplicité envers Sophie.

Ce sentiment m'oppressait. Mais sa violence même annonçait l'absence momentanée des passions : quand elles nous obsèdent, nous sommes incapables de réflexion et de raisonnement.

Réfléchir péniblement et raisonner contre soi-même, est encore un état auquel on cherche naturellement à se soustraire, et que de raisons bonnes ou mauvaises n'avais-je pas à m'opposer?

Je les saisissais toutes, je me laissais bercer par ma conscience rassurée, et je m'endormis, persuadé que je n'avais rien à me reprocher.

Mon sommeil était fatigant, comme certaines des sensations qui l'avaient précédé. Des rêves tourmentans se succédaient sans interruption. Je m'éveillai, couvert de sueur, et m'estimant heureux d'échapper aux images qui me poursuivaient.

Un bruit singulier me frappa. Il se faisait dans ma chambre, et je ne pouvais le définir. Je regardai autour de moi, et je distinguai, à la lueur de ma bougie, quelque chose de blanc, qui ressemblait assez à ce qu'on appelle un fantôme. En fixant cet objet, je reconnus une femme, et dans cette femme, la trop intéressante Fanchette.

Elle était assise au pied de mon lit. Ses yeux étaient fixés sur moi; ses mains étaient croisées sur sa poitrine. Le froid l'avait saisie. Ses mains étaient bleues; ses dents se choquaient avec force, et produisaient ce bruit qui m'avait étonné à mon réveil.

« Fanchette, m'écriai-je, Fanchette, que faites-
« vous là? — Je vous regarde, monsieur, me ré-
« pondit-elle doucement. — Mais le froid vous tue.
« — N'importe, je vous vois. — Par grace, Fan-
« chette, retirez-vous. — Je ne le puis, monsieur;
« toutes les communications sont fermées. — Vous
« allez donc mourir là! — Qu'importe où, et com-
« ment je meure, si mourir est un bien pour moi?
« — Que dites-vous, Fanchette! — Souffrez que

« je demeure, monsieur. Vous n'avez à redouter,
« près de moi, aucun genre de séduction. Non,
« je n'ai pas su vous plaire. Vous l'avez cru ce-
« pendant, vous me l'avez dit; la présence de ma-
« dame de Mirville nous a éclairés tous deux, sur
« vos véritables sentimens. C'est elle que vous ai-
« mez, elle le mérite, je ne me plains pas. Mais
« permettez que je vous voie cette nuit, demain,
« tous les jours, jusqu'au moment où mon amour
« s'éteindra avec moi. — Fanchette, vous m'affli-
« gez. — Ah, monsieur, n'ajoutez pas à ce que je
« souffre : j'ai déja trop de ma douleur. »

Un long silence succéda à ce court, mais pénétrant entretien. Elle me regardait, et je faisais de
vains efforts pour détourner mes yeux des siens.
Une force irrésistible me ramenait à cet objet dangereux. « Oh, regardez-moi, que craignez-vous ?
« Regardez-moi, me dit-elle en pleurant. » Elle
tomba à genoux devant mon lit; elle prit ma
main : la sienne était glacée. « Fanchette, ma
« chère Fanchette, vous ne passerez pas ainsi le
« reste de la nuit. Je vais me lever, et vous vien-
« drez vous ranimer ici. — Vous lever! Vous êtes
« mouillé de sueur. Pensez-vous aux suites... — Je
« ne pense qu'à vous. — Non, monsieur, vous ne
« vous lèverez pas. » Elle me tenait avec force, et
j'essayai à rendre un peu de chaleur à ses mains.

Ses mains... ses bras... sa joue... que sais-je ?
Étais-je à moi? Puis-je dire par quels degrés... Elle
est heureuse encore, dit-elle. Voilà les seules pa-

roles que j'entendis, et j'ignore si j'eus le temps d'en articuler une.

Quelle nuit, oh quelle nuit ! J'aurais donné la moitié de ma vie pour convertir l'autre en une nuit semblable, en une nuit de vingt ans, s'il m'eût été possible d'accorder le plaisir et les mœurs.

CHAPITRE XII.

Les compensations.

Elle m'a quitté aux premiers rayons du jour. Elle a disparu comme une ombre fugitive. Où s'est-elle retirée, si les communications ne sont pas libres ? Si elles le sont, pourquoi m'a-t-elle trompé ? Ingrat, trompe-t-on l'homme qu'on rend heureux, parfaitement heureux ?

Telles furent mes premières réflexions : c'étaient les derniers accens de la volupté mourante. A mesure que le soleil éclairait les objets, le prestige se dissipait. Mais différent des songes, dont la lumière dissipe jusqu'au souvenir, le passé prenait une teinte sombre, le regret se faisait sentir. « Ah, m'écriai-je, tu ne l'as pas séduite, il est « vrai, mais tu l'as rendue indigne des vœux d'un « honnête homme. »

Je résolus d'échapper à ces tristes pensées. Je m'habillai avec assez de peine, et je voulus descendre dans le parc. Toutes les portes étaient fermées. Je vis qu'elle m'avait dit la vérité, et j'éprouvai quelque satisfaction à ne lui trouver d'autre tort que son amour.

Je marchais sur la pointe des pieds, comme un homme qui s'échappe furtivement. Craignais-je qu'on lût la vérité sur mon visage? Oh, pourquoi n'est-elle pas écrite là? que de fautes secrètes ne seraient jamais commises!

De porte en porte, de corridor en corridor, j'arrivai à la cuisine. J'y trouvai une petite fille, enveloppée dans son tablier, dormant auprès d'un reste de feu. Je voulais ménager son sommeil; mais un malheureux verrou cria malgré moi, et réveilla la petite. « Que faites-vous ici, « mon enfant? — J'aide à la cuisine, monsieur. — « Et vous ne vous êtes pas couchée? — J'ai tra- « vaillé jusqu'à minuit, et je vais me remettre au « travail. » Il faut donc que la pauvre petite sacrifie jusqu'à son repos, pour obtenir le nécessaire, et j'ai du superflu, moi, qui ne fais que des sottises! Pauvre aussi, je travaillerais sans relâche, et je n'aurais pas le temps de m'occuper de mon cœur. Oh, je le sens, la pauvreté est bonne à quelque chose... Oui, mais l'indigence!

Cette dernière idée m'attendrit, et me procura quelques distractions. Si l'égalité, pensai-je, est une chimère, l'inégalité absolue est une monstruosité. Voyons s'il est possible de rapprocher un peu les distances. « Combien gagnez-vous par jour, « mon enfant? — Dix sous et ma nourriture, mon- « sieur. — Que faites-vous de ces dix sous-là? —

« Je les porte à mon père et à ma mère. — Que
« fait votre père? — Il est journalier. — Et votre
« mère? — Elle soigne mes frères et ma petite
« sœur. — Ah, elle a encore des petits enfans. —
« Nous sommes cinq, monsieur, et je suis l'aînée.
« — Vous êtes cependant bien jeune. — J'ai quinze
« ans, monsieur. » Et elle se rengorgeait en parlant de ses quinze ans, elle avait un air tellement satisfait... Je ne prévoyais point pourquoi une petite fille est si aise d'avoir quinze ans.

« Pourquoi donc, mon enfant, vos quinze ans
« vous font-ils tant de plaisir? — Oh, monsieur,
« c'est que... c'est que... — Parlez, ma petite. » Et
je pris sa main, qui n'était ni belle, ni bien
propre; mais je voyais qu'elle avait besoin d'être
encouragée. « Eh bien, c'est que... — C'est qu'on
« dit qu'à quinze ans on peut entrer en ménage.
« — Et vous avez envie d'être mariée? — Oui, mon-
« sieur, et mon amoureux aussi. — Ah, vous avez
« un amoureux? — Depuis deux ans, monsieur.
« — Vous n'avez pas perdu de temps, ma petite.
« — Ma mère dit qu'il n'en faut pas perdre. — Ce
« n'est pas dans ce sens-là qu'elle le dit. — Croyez-
« vous cela, monsieur? — Je vous en réponds. Et
« quel âge a votre amoureux? — Dix-sept ans,
« monsieur. — Vous aime-t-il bien? — Autant que
« je l'aime. — Et vous l'aimez beaucoup? — De
« toutes mes forces. — Quand vous dites-vous que
« vous vous aimez? — Tous les soirs, quand je
« travaille chez ma mère. — Tous les soirs! — Et

« le dimanche toute la journée. — Et quand vous
« vous êtes répété cela? — Il me cueille un bar-
« beau, un coquelicot.—Après?—Je lui en cueille
« un autre.— Après?—Je lui donne une tape sur
« l'épaule. — Pourquoi cela ? — Pour qu'il coure
« après moi. — Et quand il vous a attrapée?— Il
« m'embrasse.—Et vous êtes bien aise?—Oh, oui,
« monsieur.— Et après? — Nous recommençons.
« Et après? — Nous recommençons encore. Mais,
« monsieur, vous me parlez comme monsieur le
« curé quand il me confesse.— Et je finirai comme
« lui, ma petite; je vous donnerai une pénitence.
« —Oh, monsieur n'est pas prêtre.—Qu'importe,
« si la pénitence vous plaît? »

Elle est sage encore, mais elle pourrait bien ne pas l'être long-temps, avec ses coquelicots, ses tapes sur l'épaule et ses embrassades. L'amour ressemble à une traînée de poudre à canon. Si le feu prend au premier grain, il se communique avec rapidité : il brûle, il consume tout, et, de ce météore brillant, il ne reste qu'une noire et désagréable fumée. Que de filles perdues pour s'être laissé baiser le bout du petit doigt! Poursuivons.

« Dites-moi, petite, pourquoi ne vous marie-
« t-on pas? — C'est que le père d'Eustache est
« riche. — Ah, ah! et qu'a-t-il donc?— Deux bons
« arpens de terre, plantés en bons pommiers. —
« Diable, c'est une fortune. — Hélas! oui, mon-
« sieur. » Et des larmes mouillèrent les joues de la pauvre enfant.

« Comment vous nomme-t-on, ma petite? —
« Claire, monsieur. — Claire? Claire qui? —
« Claire Servent, monsieur. — Et le père d'Eus-
« tache? — Tachard, monsieur. — En voilà assez,
« Claire. Reprenez votre travail. — Ah, monsieur,
« j'ai tout le jour pour travailler, et je n'avais que
« ce moment pour parler d'Eustache. — Je vous
« ai donc fait plaisir? — Oh, beaucoup, monsieur.
« — C'est le commencement de la pénitence que
« je vous ferai faire. »

Cette petite fille, pensai-je, en me jetant dans le parc, travaille jour et nuit, et trouve encore le temps d'aimer! N'envions plus sa pauvreté, restons ce que nous sommes, et tâchons d'adoucir son sort. Marier une fille n'est pas réparer le tort qu'on a fait à une autre. Je ne crois pas même qu'il y ait compensation. N'importe, faisons un peu de bien. Ce souvenir-là, plus tard, en compensera d'autres.

Je vis une vingtaine de paysans qui travaillaient à planter des *maïs*. On en plante partout, dans le château, dans le parc, dans ces chaumières... Et la petite Claire aussi, qui voudrait... Il faut que cela soit bien naturel... Ce qui est dans la nature est-il un mal?... Oui, oui, quand les circonstances le rendent tel, et c'est ce qui m'arrive à moi.

Mais comment se fait-il que la belle, la vertueuse, la tant aimante Sophie soit toujours oubliée, quand cette petite Fanchette paraît? Ah, c'est que l'une ne donne que des espérances, et l'autre du plaisir. Mais le plaisir n'use-t-il pas l'amour plus vite que l'espérance? Ah, si le mien pouvait être usé!

Serait-il vrai que donner du plaisir est un moyen certain de l'emporter sur sa rivale? Beaucoup de femmes se servent de ce moyen-là. S'en trouvent-elles bien? j'en doute. Celle qu'il faut aimer par-dessus tout, est celle qui se rend constamment respectable. Mais cela est-il ainsi?

Comment se fait-il encore qu'on puisse aimer deux femmes à la fois? c'est ce que je n'ai vu dans aucun roman, et c'est ce qui est dans mon cœur. Pauvre cœur! comme il se consume! qu'en restera-t-il dans dix ans? un glaçon.

Mais aussi, dans dix ans, s'il est incapable d'aimer, je ne serai plus exposé à ces combats qui inquiètent, qui affligent l'amour. Ici, par exemple, je trouve une véritable compensation.

En suivant le fil de mes pensées, j'arrivai auprès des planteurs de *maïs*. Un jeune garçon de bonne mine me salua d'un air ouvert. Je désirai que ce fût Eustache. En effet, c'était lui.

Je lui demandai où était son père. Il me montra sa chaumière du doigt. Je marchai de ce côté, je sortis du parc, et plus j'approchais de la chaumière, plus je m'étonnais qu'on pût s'enorgueillir d'une semblable propriété. Ah, tout est relatif. Celui qui n'a qu'une chaumière est riche, en comparaison de celui qui n'a rien.

Je passai devant l'église, et je m'amusai à lire

quelques affiches. Si la porte eût été ouverte, j'aurais été lire des épitaphes. J'aime beaucoup les épitaphes, surtout quand j'en trouve une fastueuse à côté d'une autre très-simple. Cela force à penser. Ces écussons, ces grands mots ne couvrent que de la poussière, comme l'humble pierre, surmontée d'une petite croix. Cette conformité n'échappe point à l'homme obscur. Elle le dédommage, elle le console. Elle afflige celui qui l'éblouit, qui le dédaigne, et ici encore il y a compensation.

Parmi ces affiches, j'en remarquai une qui annonçait la mise en vente d'une maison et d'un jardin situés dans le village même. Parbleu, me dis-je, voilà qui pourrait arranger ma petite Claire. Voyons le notaire du lieu, et si cela n'est pas trop cher...

Voilà monsieur le notaire sur sa porte, en veste, en sabots, le bonnet de coton sur l'oreille, fumant sa pipe avec la gravité d'un sultan. Point d'odalisques pour la soutenir, pour chasser les mouches, pour lui chatouiller la plante des pieds. Un gros chien, couché près de lui, lui lèche la main, en veillant sur sa personne, et cet ami-là vaut toutes les odalisques du monde : il ne séduit, il ne trompe, il ne manque jamais...

J'appris que la maison à vendre était toute neuve, que le jardin était en plein rapport, et chaque fois que le notaire vantait une cloison, un grenier, je tremblais que le prix fût au-dessus de mes moyens. Après un long et pompeux détail des lieux, je sus qu'on voulait de tout quinze cents francs. La chute n'était pas alarmante; mais je n'avais que la moitié de la somme, et j'éprouvais de la répugnance à emprunter au château. Cependant je pouvais rendre Claire si heureuse! et puis ces coquelicots, ces tapes sur l'épaule, ces embrassades me revenaient toujours à l'esprit. Les dimanches sont bien longs, un faux pas est bientôt fait, et si, après, Eustache allait changer... encore une fille perdue. Voilà qui est fort bien. Mais je ne puis marier toutes les filles qui s'exposent à se perdre, et ce que je viens de dépenser pour Fanchette... Je serais gêné pendant plusieurs mois. Pauvre petite Claire!... allons, allons, je me gênerai, et Claire sera mariée.

Le notaire et son chien m'accompagnèrent à cette maison, qu'il était naturel que je visse. Elle était neuve à la vérité, mais si petite, si frêlement bâtie! Et que faut-il, après tout, à un couple qui s'aime? un lit, une table et deux chaises. Il restera plus de place qu'il ne faut pour la barcelonnette.

La construction est légère; mais la maison durera autant qu'eux, et, ma foi, les enfans la rebâtiront.

Le jardin est assez grand, bien planté, bien tenu. Eustache recueillera des légumes et des fruits, qu'il ira vendre à Beauvais. Claire filera, et ils vivront. J'offris cinquante louis du premier mot. Le notaire et mon vendeur se regardèrent. C'était peut-être plus que la chose valait... Bah! cent francs ne sont rien pour moi... c'est beaucoup pour cet homme.

On demanda quatorze cents francs, selon l'usage, puis treize cents francs. Enfin on me frappa dans la main à douze, et bon gré, mal gré, il fallut boire le vin du marché.

Me voilà au cabaret à présent! qu'est-ce donc que cette vie, où on ne fait jamais ce qu'on veut, où on n'est jamais ce qu'on devrait être?

CHAPITRE XIII.

Le vilain péché d'orgueil.

« Monsieur le notaire, vous dresserez le contrat
« de vente, et un contrat de mariage. La future
« apporte, en dot, cette maison et ce jardin. Le
« futur n'apporte rien. Vous laisserez les noms
« en blanc. Allez, et que tout cela soit prêt dans
« deux heures. »

Ah, M. Tachard, vous êtes fier, parce que vous avez deux arpens de terre! nous sommes plus fiers que vous encore : nous voulons faire la fortune de votre fils.

Qu'est-ce donc que je vois là-bas, tout au haut du village? oh! comme cela ressemble à Fanchette!... Ah, mon Dieu, mon Dieu, c'est elle! je ne la vois jamais sans effroi... et sans plaisir.

Mais je suis fort ici, au milieu d'une rue, des habitans, qui vont et viennent. Je vais l'aborder bravement.

Elle m'avait vu, elle m'attendait, le sourire sur les lèvres, la satisfaction dans les yeux. Je ne savais que lui dire, car je ne voulais point parler amour, et il est des femmes à qui on ne peut parler que cela, parce que c'est toujours cela qu'elles inspirent.

Voyons, que lui dirai-je?... « D'où venez-vous « donc, Fanchette? — Madame m'a ordonné hier « de lui trouver une femme qui sache faire les « fromages à la crême. — Et avez-vous trouvé « cette femme? — J'en ai arrêté une qui n'y en- « tend rien. — Plaisantez-vous? — Je me suis « adressée à la petite qui est à la cuisine. Elle « m'a parlé d'une mère et de cinq enfans, de pain « noir et de lentilles, et c'est cette mère que j'ai « prise. — Et qui fera les fromages? — Je la gui- « derai, je les ferai pour elle, s'il le faut. — Ah, « Fanchette, Fanchette! ne rien avoir et donner « son temps et sa peine! — C'est ne rien donner, « quand on ne manque de rien. — Fille géné- « reuse, excellente fille, comment ne pas t'aimer! » Et à propos de fromages, je recommençai à extravaguer. Je n'étais plus dans la rue, je ne voyais plus les habitans. J'avais pris la main de Fanchette, je l'avais passée à mon bras, je l'entraînais... je ne sais où. Je n'avais pas de projets; mais je l'entraînais. « Prenez garde, monsieur, on

« nous remarque; nous pouvons être vus de quel-
« qu'un du château. » Ces derniers mots me firent
frissonner. Je crus être en présence de Sophie.
Une sueur froide coula de tous mes membres.

Je serai donc toujours entre ces deux amours-
là ! Ils feront donc toujours le tourment et le
charme de ma vie ! Quelle est donc cette Fanchette que je veux fuir, que je trouve sans cesse
sur mes pas, et en qui je découvre des qualités
nouvelles ? Est-ce un ange, qui s'est chargé du
soin de mon bonheur ? Est-ce un malin génie,
qui me poursuit, qui m'obsède ?

J'avais laissé sa main. J'étais debout, appuyé
contre un tilleul, cherchant à classer mes idées,
à lire dans mon cœur; je n'y trouvais que le chaos.

« Éloignez-vous, éloignez-vous », lui criai-je
d'une voix forte, et elle s'éloigna sans me répondre un mot. « Oh, reviens, reviens, lui dis-je
« d'une voix suppliante. Je suis un barbare : par-
« donne-moi. » Elle revient et me regarde d'un air
si doux ! L'offense n'a pu pénétrer jusqu'à son
cœur : il n'y a de place que pour l'amour.

« Fanchette, soyons raisonnables. — Ordonnez,
« monsieur. — Il faut nous séparer. — Pour tou-
« jours ! — Au moins pour quelques heures. —
« Adieu, monsieur. — Adieu, Fanchette... Fan-
« chette ? — Monsieur ? » — Que vais-je lui dire
encore ? Je ne sais ; mais je cède au besoin de lui
parler. « A la suite de cette nuit si cruelle et si
« douce, où vous êtes-vous retirée ? — Dans le

« jardin, monsieur. — Comment, vous vous êtes
« laissée glisser le long des espaliers, au risque de
« vous tuer? — Je serais morte au sein du plaisir.
« Il me semblait vous tenir encore dans mes bras,
« respirer votre haleine enflammée... Que faites-
« vous, monsieur! Vous m'effrayez, vous oubliez
« où vous êtes?... »

Et c'est elle qui maintenant est obligée de veiller sur moi! Non, il ne faut ni la voir, ni lui parler, puisqu'un fromage, un espalier, une mouche, un brin d'herbe, tout ramène des transports que je ne saurais maîtriser... Elle me quitte! Elle a raison, elle a pitié de moi. Moi, avoir besoin de la pitié de Fanchette!

Une rue se présenta, et je la suivis ; elle donnait sur les champs, et je fus m'y cacher aux autres et à moi-même. Je m'assis; je me couchai sous un arbre, et je m'efforçai d'oublier Fanchette et moi : je ne pouvais oublier ni l'un ni l'autre.

Mais la solitude, la fraîcheur de l'ombrage, un paysage varié me calmèrent insensiblement. Je me levai; j'entrai chez le père Tachard, assez tranquille pour suivre mon affaire, et trop heureux d'en avoir une qui pût éloigner pendant quelques heures des idées !...

« Bon jour, père Tachard. — Ah, monsieur sait
« mon nom ! — Cela n'est pas étonnant; un pro-
« priétaire comme vous... — Oui, parbleu, je le
« suis. J'ai, de plus, une bonne femme... — Et

« un fils joli garçon, dont vous ne parlez pas. —
« Joli garçon, j'en conviens; mais cela ne signifie
« pas grand'chose. — Allons, allons, père Tachard,
« vous avez été fort bien, et vous n'en étiez pas
« fâché. — A la bonne heure, monsieur; mais
« l'essentiel est d'être probe, laborieux, économe,
« et notre Eustache est tout cela. — Il a toutes les
« qualités requises pour faire, comme vous, un
« bon mari. — Oh, monsieur, ne parlons pas de
« cela. — Pourquoi ? ne seriez-vous pas bien aise
« de vous voir renaître dans un petit-fils; de le
« faire sauter sur vos genoux; de lui apprendre à
« articuler le premier mot; de recueillir son pre-
« mier sourire; de sourire vous-même à ses petits
« contes, à ses espiégleries ? — J'en serais en-
« chanté, monsieur, mais cela ne se peut pas. —
« Et la raison, père Tachard ? — Eustache s'est
« amouraché d'une petite fille du village, qui ne
« lui convient pas. — Qui ne lui convient pas !
« Ah, elle n'est pas sage. — Oh, à cet égard-là,
« je n'ai rien à lui reprocher. — Ses parens man-
« quent de probité ? — Hé, non, c'est pauvre,
« mais honnête. — C'est donc leur pauvreté qui
« vous arrête ? — Hé, croyez-vous que ce ne soit
« rien, monsieur ? Vit-on d'amour en ménage ?
« D'ailleurs, irai-je, moi, propriétaire, donner à
« mon fils un journalier pour beau-père ? — Vous
« avez raison, père Tachard : la distinction des
« rangs n'est point une chimère. Mais à propos
« de mariage, que dites-vous de la maison du

« père Firmin ? — Elle est, ma foi, jolie. — Et
« son jardin ? — Oh, cela, c'est du bon bien, et
« c'est à vendre depuis trois jours. — C'est vendu,
« père Tachard. — Et à qui donc ? — A une jolie
« fille, très-disposée à épouser Eustache, et qui
« ne vous demandera rien.

« — Diable ! voilà une excellente affaire. Mais
« prenez garde, monsieur. Une jeune fille, qui
« achète une maison et un jardin, doit quelque-
« fois ses ressources à des moyens... — Vous êtes
« un brave homme, père Tachard, et cette fierté-
« là vaut mieux que celle qu'inspire la distinction
« des rangs. Mais je vous réponds que la jeune
« fille que je vous propose... — Hé, qui me ré-
« pondra de vous ? — Madame la comtesse d'Er-
« meuil. — C'est fort bien. Mais Eustache est si
« entêté de sa petite Claire... — Eustache épousera
« la fille, la maison et le jardin, je vous le cer-
« tifie. — Mais encore, monsieur, faudrait-il me
« nommer la future. — Trouvez-vous à midi chez
« le notaire du village avec votre femme et votre
« fils : vous l'y verrez. — Après tout, je ne m'en-
« gage à rien, et si la fille ne me convient pas...
« — Il n'y aura rien de fait, père Tachard.

« — Je n'ai plus qu'une objection à vous faire.
« — Et laquelle ? — Tout le monde ici a la manie
« de marier Eustache, et il ne peut épouser
« qu'une femme à la fois. — Que voulez-vous
« dire ? — Une jeune dame sort de chez nous, et
« propose aussi une fille sage, douce, qui aime

« beaucoup Eustache, et qui est propriétaire de
« deux arpens de pré qui ont été mis en vente
« avec la maison et le jardin. Elle a, comme vous,
« un style entortillé, où je ne comprends rien, et
« au moment de choisir entre deux brus, je n'en
« connais pas une. — Dites-moi, dites-moi donc,
« quel âge a la jeune dame? — Mais dix-huit à
« vingt ans. — Petite? — Mais si bien faite! —
« Jolie? — Comme un ange. — Le pied mignon?
« — Mais je crois qu'oui. — La jambe moulée? —
« Oh, je n'y ai pas regardé. — Ni moi non plus.
« Mais dans la forêt de Chantilly, une peur, un
« buisson, une jarretière... »

Oh, c'est elle, c'est elle! Comme son cœur est d'accord avec le mien! Quel mouvement sympathique nous a entraînés tous les trois! Elle et moi donnons un peu d'argent, et Fanchette, qui n'en a pas, fera les fromages à la crème! Chère Fanchette! chère Sophie! quelle journée! que d'heureux à la fois! Claire, Eustache, les Tachard, les Servent et nous trois! Et en me parlant ainsi, j'avais sauté la porte coupée du père Tachard, qui me suivait des yeux, la bouche ouverte, les bras pendans, et qui, sans doute, me prenait pour un fou. Je courais par le village; je demandais la maison de Claire, et je courais de plus belle. Je me jetai enfin dans sa triste bicoque, qu'un coup d'œil transforma en un temple, oui en un temple magnifique. Sophie, assise sur une escabelle, avait tout changé autour d'elle. Sa figure céleste rayonnait d'une joie douce, de cette joie pure qui embellirait la laideur, et qui ajoute, à la beauté, un charme irrésistible.

La voir, tomber à ses pieds, adorer la divinité qui vivifiait cette cabane, qui y apportait le bonheur, fut l'affaire d'une seconde. Elle m'avait relevé, j'étais dans ses bras, je la pressais sur mon cœur, avant qu'elle et moi ayons pu réfléchir à ce que nous faisions. « Cher ami, chère Sophie, « nous écriâmes-nous à la fois ! — Vous m'avez « devinée ? — Tachard m'a tout dit. — Le notaire « m'a aussi parlé de vous. Ah, je vous aimerais « davantage, s'il était possible d'aimer plus. — « Chère Sophie ! — Cher ami ! »

Servent était là. Il nous regardait, comme Tachard m'avait regardé, lorsque je m'étais élancé par-dessus sa porte coupée. Il n'était plus amoureux, le bon Servent, et transports d'amour n'étaient pour lui qu'extravagances. Ses quatre enfans nous entouraient, ne comprenaient rien à ce qui se passait, et se dépêchaient de croquer quelques dragées que Sophie leur avait données en entrant.

Je vis sur la figure de Servent qu'il ne savait rien encore. Il ne prenait d'autre part à ce qui se passait, que celle de la curiosité et de l'étonnement. Un mot le mettait en scène, et pouvait le faire extravaguer comme nous. Je différai de le dire. Je pris la main de Sophie et je l'engageai à sortir avec moi.

« Nous marions Claire, chère Sophie. — Dieu
« en soit loué, cher ami. — Nous la rendons ri-
« che pour une fille de son état. — Que de béné-
« dictions nous allons recevoir! — Mais l'enthou-
« siasme du moment ne nous égare-t-il point?
« Sommes-nous justes envers tout le monde? —
« Je ne vous entends pas. — Il y a dans cette ca-
« bane un père, une mère, quatre enfans. — J'y
« suis, j'y suis. Que la fièvre entre là, — qu'elle
« frappe le père ou la mère... — la misère s'y
« fixe, — s'attache à ces malheureux, — les ronge
« insensiblement. Sophie? — Mon ami? — Claire
« a assez de la maison et du jardin. — Cela peut
« être; mais j'ai donné le pré. — Il faut changer
« quelque chose à vos dispositions. — Oh, non,
« mon ami. J'ai eu tant de plaisir à donner ce pré!
« — Assurez-en du moins la jouissance au père
« et à la mère. — Claire alors n'est plus aux yeux
« de Tachard un excellent parti. C'est un grand
« péché que l'orgueil; mais j'ai celui d'humilier
« un peu cet homme, qui a dédaigné les pauvres
« Servent. — Et pour le plaisir de commettre ce
« gros vilain péché-là, vous les exposez à mourir
« de faim. — Vous me faites trembler, mon ami.
« — Donnez-leur donc la jouissance du pré. —
« Oh, non, non, tout pour Claire. Mais cher-
« chons quelque moyen. — Chère amie, je n'en
« vois point. — Ah, m'y voilà. — Qu'est-ce? —
« Mautort a une filature de coton... — Excellent,
« admirable! — Il faut qu'il prenne les quatre

« enfans. — Sans doute. — Je lui écrirai. — Au-
« jourd'hui. — Tout de suite. — Mais le père et
« la mère? — Ceci est plus difficile à arranger. —
« — Mon ami, m'y voilà encore. — Voyons. —
« Vous faites bâtir à la Chaussée d'Antin. — Eh
« bien? — Il vous faudra un portier. — Ma chère
« amie, je ne veux pas faire un suisse de Ser-
« vent. — Pourquoi non? Le juge Dandin en a
« bien fait un de Petit-Jean. Vous n'aurez pas de
« locataire de six mois; Servent aura le temps de
« se décrasser, et aura la satisfaction de voir ses
« enfans et de les surveiller. Je vous demande
« votre porte, monsieur. — Je vous la donne,
« madame.

« A propos, chère Sophie, avez-vous de l'ar-
« gent? — Non, et vous? — J'allais vous en de-
« mander. — Ah, mon Dieu, comment paierai-je
« mon pré? — Et moi ma maison et mon jardin?
« — Voilà qui est embarrassant. — Nous parle-
« rons à madame d'Ermeuil, à Soulanges, à du
« Reynel. — Y pensez-vous, mon ami? Nous som-
« mes partis de Paris comme des fous, avec ce
« que nous avions dans la poche. — Il serait bien
« dur cependant d'être obligés de demander du
« temps. — Ce sera la punition de ce péché d'or-
« gueil, auquel je tiens tant. — D'ailleurs on sait
« bien qu'on ne porte pas sur soi de quoi payer
« une maison et des terres, auxquelles on ne
« pensait pas. — Et puis il ne faut que deux jours
« pour qu'un courrier aille à Paris et en re-

« vienne. — Nous y enverrons Baptiste. — Bap-
« tiste, le premier qui se trouvera. — Baptiste,
« ma chère amie, Baptiste. C'est un garçon in-
« telligent. — Baptiste soit, mon ami. Rentrons
« chez Servent. »

J'avais une envie de porter la parole, mais
une envie ! Il est si bon d'acquérir des cœurs ;
mais si naturel de vouloir jouir du bienfait !... Je
crains beaucoup que cette jouissance soit encore
fille de l'orgueil... Mais je crois aussi qu'on peut
être assez honnête homme, et commettre, par-
ci, par-là, un des sept péchés capitaux.

Je lisais dans les yeux de ma Sophie le désir
bien exprimé d'annoncer les heureuses nouvelles. Dévote pleine de bonté, pécheresse charmante ! Elle me ferait aimer Orosmane et Arimane.
Qui de nous sera le plus endurci ? Laissons-la
se damner, puisqu'elle le veut, et damnons-nous
avec elle, en mettant encore de l'orgueil à céder
à la faiblesse... à la faiblesse ! C'est à l'amour que
je me rends. C'est lui qui me souffle bien bas :
Tu ne fais rien pour elle, qui n'ajoute à tes
droits sur son cœur.

CHAPITRE XIV.

Le contrat de mariage.

Elle me regardait d'un air indécis ; elle brû-
lait de parler ; elle tremblait que je parlasse. Je

la poussai doucement, je la portai en avant, et je lui souris d'une manière, qui sans doute voulait dire : Je t'ai devinée; jouis.

Il fallait bien que ma mine signifiât quelque chose comme cela, car elle me serra la main, et la sienne me disait : Je t'entends et je te remercie.

Comme elle sait amener une surprise! avec quelle délicatesse elle s'exprima! à travers quelles nuances variées de sensibilité, de douceur, de gaieté, elle fit arriver au cœur du bon Servent ce beaume consolateur, qui efface le souvenir du passé, qui nous fait renaître à l'espérance. Oh, que je me sais gré de lui avoir cédé! Je me serais exprimé comme un homme : j'aurais mis le bienfait à nu. Elle le parait de ces couleurs séduisantes, qui lui donnent un nouveau prix. Servent, à ses pieds, se rendait au charme inexprimable qu'une femme sensible répand sur tout ce qu'elle dit, sur tout ce qu'elle fait. Les enfans ne savaient ce que c'est qu'être suisse; ils n'avaient aucune idée d'une filature de coton; à peine entendaient-ils les mots aisance, pauvreté : leur cabane, jusqu'alors, avait été leur univers. Mais leur père pleurait; il pleurait de joie, d'attendrissement, de reconnaissance; ces enfans ne pouvaient rien définir; mais ils sentaient que les larmes de leur père étaient celles du plaisir, et sans pouvoir se rendre compte de l'impression qui les entraînait, ils tombèrent à genoux avec lui; ils pleurèrent comme lui, ils baisaient la robe, les pieds, les mains de l'heureuse Sophie. Ils ignoraient encore ce que c'est que bénir, et ils balbutient des bénédictions.

Seul, dans un coin de la cabane, je saisissais l'ensemble du tableau. Et moi aussi je trouvai des larmes. Oh! j'en verserai encore de ces larmes-là : j'aurai toujours cinquante louis dans ma poche.

Nous avions beaucoup fait, il nous restait beaucoup à faire. Après avoir donné rendez-vous, chez le notaire, à la famille Servent, nous sortîmes pour aller annoncer à Claire et à Eustache la fin de leurs anxiétés et de leurs privations. Je marchais à côté de Sophie, et je la regardais. Son cœur tout entier se développait sur sa figure, et lui donnait une expression que je ne lui avais pas vue encore; son œil, tourné vers le ciel, était pur comme la vertu. Elle ne parlait pas; mais son sein annonçait par ses mouvemens doux et réguliers qu'il renfermait la somme de bonheur à laquelle une mortelle peut prétendre. Vous le dirai-je? saisi de respect, je m'éloignai d'elle; je me tenais à deux pas de distance; je ne me croyais pas digne de l'approcher.

Tout passe, et malheureusement les sensations agréables se dissipent plus promptement que les autres. Sophie sortit de son extase. Cet œil recueilli, attaché au firmament, redescendit sur la terre, et me chercha. Un doux sourire me rappela, et la dépouilla de son auréole. La divinité disparut, je retrouvai la femme aimante, et, ma foi, celle-ci vaut bien l'autre.

Un violon aigre, un mauvais tambour, et quelques coups de fusil nous annoncèrent la fête du *mai*. Elle s'attacha à mon bras, et nous courûmes de toutes nos forces : le spectacle de la gaieté franche n'est pas commun, et fait toujours plaisir.

Assis sous les tilleuls, M. La Roche faisait gravement les honneurs d'un buffet chargé de viandes froides et de fruits secs. Madame La Roche veillait à ce qu'on ne vidât pas, trop promptement, une pièce de vin, livrée à la bande joyeuse. Les jeunes filles et les jeunes gens dansaient. A la fin de la contre-danse, la fusillade recommençait, le broc circulait, puis les baisers pris ou rendus, puis les tapes sur l'épaule, puis la course sur le gazon... Les tapes sur l'épaule! quel dommage de ne pouvoir marier toutes ces filles-là!

Mais où sont donc Claire et Eustache? pourquoi ne profitent-ils point d'une occasion aussi naturelle de se rapprocher?... Non, ils ne sont pas ici. Il y a là-dessous quelque chose que je ne comprends point.

Je cours aux cuisines, et je vois la petite sur la porte. Ses yeux sont rouges; elle a pleuré. « Quoi, seule ici, mon enfant, lorsque vos com-« pagnes dansent et folâtrent ! — Monsieur le chef « ne m'a point permis d'aller prendre mon bon-« net plissé et mon corset des dimanches. — Et

« je conviens que vous ne pouviez vous présen-
« ter comme vous voilà. Quel est donc ce chef
« qui empêche les jeunes filles de danser? —
« C'est un aubergiste du village, qui travaille ici,
« quand madame n'amène pas sa maison.—Il est
« plaisant ce monsieur-là. En dépit de lui, vous
« danserez, petite Claire. — Ah, monsieur, je ne
« m'en soucie plus.— Comment cela? — Eustache
« est retourné chez lui. — Et pourquoi? — Il ne
« danse point, quand je ne danse pas avec lui.
« — Vous danserez ensemble, et avant deux heu-
« res, ce chef, qui effarouche les amours, sera
« votre très-humble serviteur. — Je n'entends pas
« bien ce que me dit monsieur. — Allez mettre
« votre bonnet plissé, et votre corset des diman-
« ches. — Oh, monsieur, je n'oserais. — Je prends
« tout sur moi. — Mais, ma place à la cuisine...
« — Vous n'en avez plus besoin. — Si monsieur
« voulait m'expliquer... — Votre père vous dira le
« reste; vous conterez cela à Eustache, qui ai-
« mera mieux l'apprendre de cette petite bouche-
« là que de toute autre. Mais surtout que ceci soit
« un secret pour le père Tachard. Partez, partez
« donc... vous m'impatientez, mademoiselle. »

Elle me regardait; elle jetait un coup d'œil
furtif dans la cuisine. J'avais piqué sa curiosité;
mais elle craignait monsieur le chef. « Claire,
« Claire, cria-t-il d'un ton dur. — Je l'envoie en
« commission pour madame la comtesse; elle sera
« de retour dans une heure. » Il n'y avait pas le

mot à répondre à cela, et la petite, forte du silence de monsieur le chef, prit sa course et disparut.

« Ah, méchant, vous m'avez ravi cette jouis-« sance-ci. » C'est Sophie, qui a cherché Eustache dans les groupes des villageois, et qui vient de me retrouver. « Non, mon aimable amie, Claire « ne sait rien encore. Je n'ai pas, comme vous, « l'art d'ajouter au bonheur, par la manière de « l'annoncer. D'ailleurs il m'a paru naturel et juste « de laisser cette satisfaction au père Servent. — « Et la mère ? — Elle est toujours là. — Ah, par « exemple, monsieur, c'est à mon tour de parler. « — Et vous le faites si bien ! — J'entre. »

De quel poids elle m'a déchargé! Il faut que la mère Servent aille aussi prendre ses beaux habits, et je ne pouvais me résoudre à entrer dans ces cuisines... c'est là que se font les fromages à la crème.

Je montai aux appartemens. On y parlait de notre promenade matinale; on interprétait; on plaisantait légèrement, avec grace. Les gens du grand monde sont heureux dans le choix des mots : mais le trait acéré perce, et il faut avoir l'air de ne pas le sentir, à peine de se donner un ridicule. J'étais bien aise qu'on ne s'étendît pas trop là-dessus : je me sentais rougir, en pensant que Fanchette... Je rompis la conversation en annonçant le mariage ébauché. Il ne manquait pour l'achever que de l'argent, et j'avouai franchement que je ne savais où en prendre.

Tout sert d'aliment à la frivolité. On oublia notre promenade, et on exigea que j'entrasse dans les moindres détails. A mesure que je parlais, je voyais croître l'intérêt que j'inspirais en faveur de Claire et d'Eustache. Les gens dissipés retrouvent quelquefois leur cœur. Ils ne vont pas au-devant du bien ; ils le font avec plaisir, quand l'occasion s'offre d'elle-même. C'était à qui contribuerait au bonheur de mes petits protégés ; chacun voulait être admis à la cotisation. Moi, je voulais donner ma maison et mon jardin en entier, et Sophie, qui venait de rentrer, n'entendait partager avec personne la satisfaction d'offrir son pré.

La comtesse éclata de rire, et je ne savais comment interpréter cette lubie. « Il est plaisant, dit-« elle, qu'on se dispute à qui donnera ce que tous « ensemble nous ne pouvons payer. J'ai dix louis, « à peu près. J'en ai sept, dit Soulanges ; et moi « quinze, dit du Reynel. » Sophie vide sa bourse sur ses genoux ; je vide la mienne sur les genoux de Sophie, et il me semble qu'en ce moment j'établis entre nous une sorte de communauté. La même idée la frappe aussi : un coup d'œil a parlé. Honneur à qui le premier donna pour nourrices à l'amour, l'illusion et l'espérance.

Cependant entre nous tous nous possédions une soixantaine de louis, et avec cela on ne paie point mille écus ; d'ailleurs, Soulanges, la comtesse et du Reynel ne voulaient donner leur argent qu'à condition qu'il ne leur serait pas rendu. Sophie se dépitait, et moi aussi. Je proposai d'envoyer Baptiste à Paris; on répondit qu'on n'avait pas trop de deux domestiques. Je voulus sortir pour aller chercher un homme dans le village : on fit un signe à ce coquin de Baptiste, et je compris qu'il allait prendre les devans et s'arranger de manière à ce que je ne trouvasse personne. La douce, la timide Sophie éclata à la fin. « Il est « affreux, dit-elle, d'aller ainsi sur les brisées des « autres. Quel droit avez-vous de concourir, avec « nous, au mariage de ces enfans? êtes-vous les « inventeurs du projet? en avez-vous seulement « eu la moindre idée? S'il vous arrive d'en avoir « une semblable, irai-je me mettre en tiers, et « vous priver du plaisir de l'exécution? de quel « œil verriez-vous une semblable présomption? « Je veux donner mon pré; j'entends le donner « seule, et je déclare que je me brouille avec qui- « conque m'opposera la moindre prétention.

« Elle a raison, dit madame d'Ermeuil. Elle a « raison, répétèrent Soulanges et du Reynel. Re- « tirons-nous modestement, et ne nous mêlons « plus de cette affaire-là... que pour nous faire « avoir de l'argent, m'écriai-je.

« Mais, mon beau monsieur, me dit la com- « tesse, avec votre noble chaleur, et vous, ma- « dame de Mirville, avec votre exquise sensibilité, « vous êtes des étourdis. — Et en quoi donc? — « Vous donnez une maison, c'est fort bien; mais

« où coucheront vos mariés ? A terre, dit Sou-
« langes. Et la huche, et la table, et les chaises,
« reprit du Reynel ? — Et l'armoire au linge ? —
« Et le trousseau de la mariée ? — Et la pièce de
« vin à la cave ? — Et le sac de blé au grenier ?
« — Et le quartier de lard à la cheminée ? — Et
« les instrumens aratoires ? — Et l'âne qui doit
« porter les fruits à Beauvais ? — Ces enfans s'ai-
« ment, il faut les marier. Ils ne peuvent faire
« l'amour en public; voilà une maison où per-
« sonne ne les verra, quand ils auront fermé
« porte et fenêtres. Du reste, ils manqueront de
« tout, en attendant le foin et les légumes. — Le
« joli plan qu'ont trouvé là madame et monsieur.
« — Il fallait être deux pour aller aussi loin. »

Nous nous regardions, Sophie et moi, un peu honteux, et piqués d'une suite de plaisanteries, dont cependant nous sentions la justesse. Et le moyen d'y mettre fin ? Il fallait de l'argent pour faire taire les railleurs, et nous n'en pouvions avoir que par l'entremise de madame d'Ermeuil.

« Madame de Mirville, dit-elle, quand il me
« vient une bonne idée, vous vous gardez bien
« de vous mettre en tiers, et de me priver du
« plaisir de l'exécution. De quel œil verrai-je une
« prétention semblable ? Vous donnerez à vous
« seuls le pré, la maison, le jardin; mais rien de
« plus, et, moins égoïste que vous, je consens
« que ces messieurs concourent avec moi à four-

« nir ce que vous avez si complètement oublié.
« Baptiste, faites venir La Roche.

« ... Monsieur La Roche, il me faut quatre mille
« francs dans une heure. — Madame, je tâcherai
« de vous les trouver. — Vous les avez, ou vous
« devez les avoir. — Vos fermiers paient difficile-
« ment. — Vous entendez les affaires, et on m'a
« appris à conduire les miennes. Je suis lasse de
« m'emprunter à moi-même, et à des intérêts as-
« sez hauts. — Comment, madame la comtesse
« penserait-elle?... — Monsieur La Roche, quatre
« mille francs dans une heure, ou remplacé dans
« huit jours.

« Mesdames et messieurs, dit du Reynel, que
« l'amour du prochain ne nous fasse pas oublier
« ce que nous nous devons à nous-mêmes. Pen-
« dant que La Roche va faire semblant de cher-
« cher ce qu'il a dans sa caisse, occupons-nous
« du déjeuner. » A peine avait-il parlé que la cloche
se fit entendre. J'en fus fort aise : les courses du
matin m'avaient donné un appétit dévorant. J'offris la main à ma charmante Sophie, et nous ga-
gnâmes la salle à manger, en riant, en chantant,
en folâtrant, gais de nos projets, étrangers à toute
autre chose. Je crois que si on passait la vie comme
je venais d'employer deux heures de la mienne,
on aurait bien plus d'empire sur ses passions...
Oui, mais que serait la vie sans amour?

Femmes jolies, femmes aimables, femmes aimantes, qui ne faites qu'un éclair d'un jour, d'une semaine, d'un mois, d'une année, faut-il donc renoncer à vous ? Pour qui ces charmes séduisans, ces caresses délectables, si celui-là y renonce, qui est tout yeux pour vous voir, tout cœur pour vous aimer ?

En pensant cette dernière phrase, je me tournai vers Sophie. Elle me regardait avec une complaisance!... Ses lèvres, ses yeux, son sein avaient une expression!... Le coup électrique passa dans mes veines. Ah ! me dis-je, l'homme est fait pour aimer, comme le ruisseau pour caresser ses rives : il faut remplir sa destinée.

L'arrivée des fromages à la crème me tira de la plus douce rêverie. Que de souvenirs venaient avec ces fromages ! Je voyais la trace de la main qui les avait pétris. Là, s'était fixé cet œil, alternativement si vif et si langoureux; une gorge divine s'était inclinée vers le vase; sa bouche avait peut-être soupiré le mot amour, en façonnant ces cœurs si blancs et si froids, et cette bouche, cette gorge, cette main, tout, tout fut à moi, peut-être à moi encore... Quelle pensée ! Et c'est auprès de Sophie, au moment où mon genou vient d'imprimer doucement sur le sien serment d'aimer toute la vie, où son genou vient de répéter le serment, que j'ose... Oh, je m'en punirai; je ne toucherai point à ces fromages, qui font sur moi l'effet que produisait sur les Dieux l'ambroisie servie par Hébé.

Qu'ils sont jolis ces fromages! qu'ils sont appétissans!... Non, je n'y toucherai pas. O Sophie, reçois ce léger sacrifice. Je te l'offre en expiation de mes fautes.

Cependant du Reynel avait défiguré ces cœurs arrondis par Fanchette. Les arcs, les carquois étaient disparus sous la main du vandale : ce n'était plus que du laitage. Tout le monde était servi : j'avais courageusement refusé.

« Voilà de mauvais fromages, dit madame d'Er-
« meuil; qu'en pense madame de Mirville? — Ils
« ne sont pas excellens. Détestables, s'écria du
« Reynel. Ma foi, continua Soulanges, j'en pense
« ce que disait Charles XII du morceau de pain
« moisi : Cela n'est pas bon, mais peut se man-
« ger. »

Quoi, ces fromages ne vaudraient rien! Quoi, Fanchette peut mal faire quelque chose! J'en pris un peu au bout de mon couteau... Non, ils ne sont pas bons; mais Fanchette est-elle obligée de tout savoir? N'est-ce pas pour être utile à cette pauvre mère Servent, qu'elle s'est avisée de ce qu'elle n'entend pas? Ne connais-je pas son motif? Ne dois-je pas récompenser l'intention? Bonne Fanchette, je veux t'épargner le reproche, toujours cruel pour un cœur sensible; je veux trouver tes fromages délicieux. J'en fis l'éloge le plus complet, et j'en chargeai mon assiette. Je la vidai, je la remplis, et à chaque cuillerée, je retrouvais cette main, cette gorge, ces yeux... Ils donnaient vraiment un gout admirable au fromage.

Je ne laissai rien dans le compotier, et je me dis en finissant : J'ai vengé Fanchette, et je l'ai justifiée.

« Mon ami, me dit du Reynel, vous avez des
« goûts bien bizarres : jamais je ne ferai de vous
« un gastronome. » Il tira son Cuisinier impérial de sa poche, et il allait me faire une longue énumération des fautes de l'ignorante fromagère, lorsqu'un bruit imprévu fit oublier le livre, les fromages et Fanchette.

C'étaient le père et la mère Servent ; c'étaient les quatre marmots ; c'était Claire, palpitante de joie, conduite par son Eustache, rayonnant de plaisir ; c'était enfin le père Tachard, que je n'attendais pas, qui ne devait pas être là, mais avec qui le bon Eustache n'avait pas eu la force de dissimuler. « Allons, allons, dis-je à Sophie, par-
« donnons à ce jeune homme. A quoi nous eût
« menés sa discrétion ? A aigrir des gens qui dé-
« sormais doivent s'aimer. Eustache s'est conduit
« en enfant sensible et soumis ; il s'est empressé
« de partager son bonheur avec son père, et ce-
« lui qui se montre bon fils doit être bon époux. »

On était dans ses grands atours. Tachard et son Eustache ont, ma foi, l'habit de drap d'Elbeuf et le bas de coton blanc. Le pauvre Servent n'a qu'une veste, encore est-elle éraillée au coude. La petite Claire cache ses charmes naissans sous le juste de moleton, le jupon de cotonade rouge, et le fichu de grosse mousseline. C'est bien peu de chose; mais cela suffit à qui est parée de ses quinze ans. Ah, diable, il y a un trou au fichu ! Sans doute elle n'a pas eu le temps de le boucher. Eustache ne lui en parlera pas. Trou perfide, qui trahit les secrets de la pudeur, qui laisse entrevoir le plus joli bouton... Eh bien, ne vais-je pas encore m'occuper de celui-là?... Oh, quel homme, quel vilain homme je suis !... Baissez les yeux, monsieur.

Servent paraît gêné dans sa veste, propre, mais usée. Son amour-propre souffre... Morbleu, je le mettrai à son aise, et, le jour de la noce, il aura aussi l'habit de drap d'Elbeuf sur le corps, et le demi-castor sur l'oreille.

Les deux pères s'observaient. Servent semblait craindre le propriétaire Tachard; Tachard ne savait comment se rapprocher des Servent. Je pris la main de Claire. « Venez, ma belle petite, em-
« brassez votre beau-père, et demandez-lui sa bé-
« nédiction. »

Tachard s'exécuta franchement: « Claire, dit-
« il, je t'ai toujours estimée, toi et tes parens :
« j'en appelle à monsieur. Mais un homme raison-
« nable ne marie ses enfans qu'après avoir pourvu
« à leur subsistance. Tu n'avais rien ; je ne pou-
« vais rien donner ; le ciel a jeté sur nous un re-
« gard de bonté : sois heureuse mère, comme tu
« vas être heureuse épouse. »

Les deux jeunes gens s'inclinèrent, et leurs parens les bénirent. Je l'ai dit quelque part : je ne sais si cette bénédiction est bonne à quelque chose, mais j'aime les enfans qui la reçoivent avec respect.

Tous les nuages étaient dissipés; une joie pure brillait dans tous les yeux. Tachard et Servent s'embrassèrent cordialement, et baisers de plaisir et de reconnaissance circulèrent dans la salle. Personne ne fut oublié. Je reçus aussi un baiser de la petite Claire, et ce diable de trou... obligé de me baisser, pouvais-je ne pas le voir?

Qui frappe si doucement à la porte!... Ah, c'est le notaire. Il a su que ses acquéreurs sont commensaux du château d'Ermeuil, et il a pris l'habit gris et le dessous noir. Il accourt, les contrats d'une main, et l'écritoire de poche de l'autre. Il serait désespéré que nous prissions la peine d'aller chez lui... En était-ce une, lorsque, ce matin, je rencontrai, je pressai dans mes bras... celle... Oh, Sophie, pardon; pardon, chère Sophie.

La porte s'ouvre encore... C'est le bon curé qui vient nous féliciter tous. « Que la providence « accorde ses biens à ceux qui font des leurs un « si digne usage. » J'étais vraiment honteux de recevoir tant, et d'avoir si peu donné. Madame d'Ermeuil et le léger Soulanges même paraissaient nous porter envie. Leurs cœurs vibraient à l'unisson des nôtres. Je vis une larme se fondre sur la joue de la comtesse, et cela me fit plaisir.

Nous voilà tous attendris; voilà une scène touchante, qui fait du bien à tout le monde, et cela parce qu'une petite fille, qui a un fichu troué, s'est endormie sur une chaise de cuisine.

Grands effets, petites causes : on ne voit que cela dans le monde. Qui peut répondre, en sortant de chez lui, de ce qu'il fera dans la journée? L'homme, de sa naissance à sa mort, est le très-humble serviteur des circonstances.

Une gaieté douce succède bientôt au pathétique. « Vous venez à propos, monsieur le curé, « dit la comtesse. Madame de Mirville et monsieur « vont signer les contrats de vente et de mariage. « Nous allons, nous, nous occuper d'autre chose; « et comme un pasteur vigilant ne doit jamais être « oisif, vous procéderez aux fiançailles : cette cé- « rémonie n'est pas étrangère à la fête du *mai*. « Répondons au vœu de ces enfans : lions-les au- « tant que la loi le permet. Oh, liez-nous, dit « Eustache. Et bien fort, répondit Claire. »

Qui diable vient encore? « Allons donc, mère « Servent, allons donc, petite Claire. Tout est à « faire là-bas, et je vous cherche partout. Je vous « renverrai, si vous n'êtes pas plus exactes. » C'est monsieur le chef de cuisine, tyran en sous-ordre, et ceux-là ne sont pas les moins exigeans. Il n'ose montrer que le bout de son nez. Il l'a long : il dépasse l'ouverture de la porte entrebâillée. Oh, celui-ci paiera pour le père Tachard : il me faut une victime... Ne soyons pas trop dur cependant.

« Monsieur le chef, la mère Servent et sa fille
« sont de fête aujourd'hui. Madame la comtesse
« va faire l'inauguration de la maison du père Fir-
« min, qui appartient à Claire. Vous avez raison,
« dit madame d'Ermeuil. Rapprochons-nous un
« peu de la nature. — Vous avez entendu, mon-
« sieur le chef? Distinguez-vous, je vous en prie.
« Songez que vous allez travailler pour une jolie
« fille, et surtout pour une fille sage. »

Ah, mon Dieu, mon Dieu, qu'ai-je dit! Je n'ai
pas vu Fanchette debout derrière un fauteuil, re-
cueillant mes paroles, comme la fleur printanière
pompe la rosée du matin. Quel coup je lui ai
porté! j'ai froissé son cœur... Pauvre cœur! et je
ne puis le soulager!... Fanchette, ne me regarde
pas ainsi... Veux-tu que je tombe à tes pieds,
dans tes bras, en présence de vingt personnes!

Ah, bon, voilà La Roche et ses sacs; on va
agir : jamais je n'eus tant de besoin de m'occuper.
Je saute sur un sac, je le vide sur le parquet; je
mets les écus en piles. Ma charmante Sophie prend
le second sac, et compte, sans ménagement pour
les plus jolis petits doigts! Bientôt cette main
délicate ressemble à celle d'une marchande de
cerneaux. Elle en fit l'observation en riant. « Ja-
« mais, lui dis-je, Claire et Eustache ne la trou-
« veront plus belle, et pour moi, cette main est
« toujours celle de Sophie. »

Nous prenons ce qu'il nous faut. Nous dépo-
sons la somme sur le bureau devant lequel s'est

placé le notaire. Il nous lit ses contrats, remplit les noms, qui étaient encore en blanc, et nous communique le certificat du conservateur des hypothèques, qui atteste que les biens acquis ne sont grevés d'aucune charge... C'est un homme entendu, un brave homme que ce notaire-là. Je ne pensais pas à demander des sûretés : ma tête et mon cœur étaient à cent lieues du bureau des hypothèques. C'est le notaire aux sabots et au bonnet de coton qui recevra mon testament mystique, si jamais j'en fais un.

Voilà le premier de ces momens précieux, à travers lesquels Eustache et Claire arriveront à la célébration du mariage, le moment de la signature des contrats. Les futurs époux et les parens déclarent ne savoir signer, parce que leurs pères avaient jugé inutile que leurs enfans en sussent plus qu'eux.

Comme cette bonne petite Claire tremblait en faisant sa *croix!* Comme elle était rouge! C'est une si terrible chose que le mariage! Fillette naïve tremble toujours en pensant à cela, et cependant elle n'en parle jamais sans sourire.

Eustache se présenta d'un air décidé. Il écrasa sa plume en formant ses deux traits, et il regarda Claire d'un air qui voulait dire : je briserai tout comme cette plume. Je ne sais si la petite l'entendit ; mais elle baissa les yeux, et rougit plus fort. Comme elle me parut gentille! C'est que le fard de la nature sied toujours si bien!

Le tour des donateurs vint ensuite. Je plaçai mon nom à côté de celui de Sophie, et un même parafe les entoura et les unit.

Madame d'Ermeuil, Soulanges et du Reynel signèrent aussi au contrat de mariage. Tachard nous assura que la signature de gens respectables porte toujours bonheur. Le vrai bonheur est de signer pour soi. Ah, Sophie, Sophie, si ce tableau si intéressant, si naïf, si la force de l'exemple... Non, non, le moment n'est pas venu encore... Laissons mûrir pensers d'amour.

CHAPITRE XV.

Défiez-vous des ânes.

On était allé à la municipalité inscrire Claire et Eustache. Le curé avait envoyé chercher son aube, son étole et son rituel. Madame d'Ermeuil dictait à Soulanges, son secrétaire sur plus d'un article, l'état des choses qu'elle voulait donner ou acheter. Du Reynel était allé tourmenter monsieur le chef. Moi, je causais avec Sophie. Notre conversation était extraordinairement animée, et cependant nous ne disions rien : je tenais sa main, et je regardais Eustache ; elle serrait la mienne, et regardait Claire... Elle est dévote, elle est craintive ; mais elle est femme... Pensers d'amours mûriraient-ils ?

La cérémonie commence. Claire et Eustache sont à genoux. Fanchette aussi prie avec ferveur.

Quel intérêt porterait-elle à Claire?... Peut-être rien de ce qui me touche ne lui peut être indifférent. Peut-être encore prie-t-elle que la grace accordée à Claire s'étende jusque sur... Cela ne sera jamais.

Le bon curé termina les fiançailles par une exhortation pastorale. Il parla de la dignité, des devoirs et des douceurs du mariage, et il ne s'en tira pas trop mal. Il finit en disant, aux futurs époux, que leurs promesses mutuelles étaient déja écrites dans le ciel; que des motifs de la plus haute importance pouvaient seuls les annuller, et qu'ils devaient dès ce moment se considérer comme irrévocablement unis. *Amen*, dit Eustache en faisant une gambade, et en embrassant Claire.

Que veut-il dire avec son *amen?* Cet *amen*-là ne me paraît pas du tout placé à propos... Ah, le trouble, la joie... Et puis on peut fort bien être très-amoureux, et ne pas connaître l'acception de ce mot-là.

Madame d'Ermeuil a remis sa liste à Fanchette. Fanchette vole, Baptiste et son camarade courent; tout le monde est en mouvement. On monte, on descend, on prend, on apporte. Un ameublement bien simple, mais bien solide, arrive, par parties, des combles dans la salle à manger. Claire et Eustache ouvraient des yeux!... « Oh, si nous en « avions autant, disait Eustache à Claire! » Et il regardait le lit, il le regardait!... C'est un égrillard, cet Eustache... Hé, ne l'est pas qui veut.

« Mon ami, lui dit madame d'Ermeuil, va cher-
« cher le cheval et la charrette de ton père. —
« Pourquoi faire, madame la comtesse ? — Pour
« porter tout cela chez toi. »

Voilà qui est clair. Eustache rougit, pâlit, tremble, saute, prend sa fiancée dans ses bras, la baise,
la rebaise... Oh, comme il aime à baiser! Baisers
d'amour sont si doux! hélas, j'en sais quelque
chose.

Il part comme un trait. Claire s'accroche à la
basque de sa veste, et le suit. Je suis sûr que
dans cinq minutes la charrette sera ici. Ce que
c'est que le sentiment de la propriété, que celui
d'une jouissance inattendue!

Madame d'Ermeuil profite de leur absence. Elle
retourne ses armoires, aidée de Sophie et de Fanchette. Chemises de femme, chemises du général,
draps de lit, serviettes, fichus, cravattes, bas,
mouchoirs, tout cela s'arrange par demi-douzaines.
Tout cela est trop fin; mais les jeunes gens en
gagneront d'autres, et puis cela ne coûte rien,
ce qui est à considérer.

Une robe de taffetas gris sera convertie en jupon et en corset pour la petite mariée. On tirera
du manteau du général, habit, veste et culotte
bien longs, bien larges, et doublés de même,
comme l'habit complet de l'avocat Patelin.

On met de côté un paquet de rubans, encore
assez passables, et qui paraîtront neufs quand
Fanchette les aura repassés. Bonne Fanchette!

quelle ardeur, quelle intelligence elle met à ces apprêts. Elle n'oublie rien, elle indique tout à la comtesse. L'étonnante chose que des préparatifs de noces! Comme ils éveillent, agitent, occupent agréablement ceux qui en sont chargés, les petites filles surtout! C'est qu'une petite fille a l'imagination si alerte!

Baptiste court chez le tailleur du village, André chez la couturière. Il faut qu'ils quittent tout, qu'ils oublient tout, qu'ils arrivent à la minute, à la seconde. Et nous aussi nous sommes en l'air. Je vais acheter la pièce de vin, Soulanges le sac de blé. Le gastronome du Reynel choisira le quartier de lard : ceci le concerne spécialement.

Où diable est donc ce gros garçon? je le croyais à la cuisine, et monsieur le chef ne l'a pas vu. Un dîner dont du Reynel n'a pas réglé le menu! cela est étonnant, incroyable.

Soulanges part de son côté et moi du mien. Déja Tachard et les Servent ont publié partout l'heureux événement. Déja les groupes se forment aux coins des rues. Les uns applaudissent au bonheur de Claire, d'autres semblent y porter envie; tous conviennent franchement que la comtesse et ses amis sont dignes d'être riches. Nous traversons une première rue au bruit des *bravo* répétés.

J'aime à mériter les *bravo*, et non à les entendre. Je sais qu'il n'est personne qui ne trouve des flatteurs : Néron aussi avait les siens. Je me réfugiai dans un cellier dont la porte était ouverte, et dont le propriétaire se présenta aussitôt. Il débuta par des félicitations, des éloges. « Ce n'est « pas de cela qu'il s'agit, mon cher; mais d'une « pièce de vin. — Monsieur, j'en ai de trois qua- « lités. — Combien le meilleur? — Cinquante « francs. — Les voilà. Roulez tout de suite la pièce « chez le père Firmin. — Monsieur veut dire chez « Eustache Tachard. Oh, je sais tout. Braves, « honnêtes gens, soyez bénis. »

Que de bénédictions! Je n'avais plus un cheveu qui ne dût faire des miracles. Je me sauve, j'échappe à ce dernier *bénisseur;* je retrouve le tilleul contre lequel je m'étais appuyé le matin, lorsque Fanchette... Je reconnais la rue qui conduit aux champs, à cet arbre sous lequel j'aurais voulu étouffer mon cœur. Pourquoi chercher ce qui rappelle des idées pénibles? Remords d'amour seraient-ils du plaisir? Il faut bien que cela soit, car je m'approchai du tilleul. Je m'y appuyai comme je l'étais précisément le matin, quand elle me disait avec tant d'expression... Il me semble la voir, l'entendre...

Cependant je ne peux rester là, planté comme un piquet. Sans réflexion, sans projet, peut-être sans savoir ce que je fais, je prends cette rue qui mène aux champs, je marche, tout entier à mes idées, ou plutôt tout à Fanchette. Oh, comme je l'aimerais cette Fanchette, s'il n'existait pas une Sophie!

Un spectacle nouveau me frappe, et m'arrache à ma rêverie. Quelle est cette apparition ? Un homme de haute stature, monté sur un superbe cheval. L'un et l'autre sont bardés de fer. La pique, la lance, le casque, des timbales, je distingue tout, et je ne devine pas l'objet de cette mascarade. Le carnaval est fini, et il n'y a plus de chevaliers errans.

Je m'avance hardiment, la tête haute, dussé-je être le géant à pourfendre, et à mesure que le chevalier s'approche de moi, il perd de sa taille et de sa considération. Quelle fable que celle des bâtons flottans sur l'onde, et que de grands ne sont que des bâtons !

Bientôt le coursier fougueux, qui couvre son mors d'écume, n'est plus qu'un âne qui marche la tête basse et les oreilles penchées horizontalement ; les timbales sont deux paniers attachés au bât ; la pique se change en bêche, la lance en râteau, le bouclier en une paire d'arrosoirs, et le casque est tout simplement une marmite de terre, dont le chevalier s'est coiffé, probablement parce qu'il n'y a plus de place dans ses paniers.

Oh, qu'il est rond, ce chevalier ! quel embonpoint, quel ventre !... Serait-ce... Oui, parbleu... Hé non... C'est lui, c'est lui-même. Le gros du Reynel est allé chercher au village voisin ce qu'il n'a pas trouvé dans celui-ci, et il est tout simple de voyager comme Sancho, quand on est taillé comme lui.

Voyons s'il est aussi brave que le plaisant personnage qu'il me rappelle. Je me jette dans une pièce de vignes, je m'y tapis, et j'attends mon homme au passage. Lorsqu'il est vis-à-vis moi, je me lève tout à coup, je pousse un grand cri, je frappe dans mes mains, et je fais la grimace. Du Reynel me reconnaît, et sourit. Mais le grison, qui sans doute n'est pas habitué aux grimaces, et qui n'aime pas qu'on lui crie dans les oreilles, les dresse, s'effraie, saute en dépit de son cavalier, rue, et fait tant qu'il opère une séparation de corps. Il se lance dans les vignes, accroche un panier là et l'autre ici, brise dix échalas, en arrache trente; laisse le fond d'un panier à droite, la moitié du second à gauche, casse, brise tout, et continue ses caracoles.

Je vais à du Reynel. Il est tombé assez mollement sur la poussière; mais il en est chargé; son double menton, son front toujours moites, en ont retenu une couche épaisse. J'allais rire de la plaisante figure de mon *redresseur de torts*, lorsque j'entends les vociférations de trois ou quatre paysans qui travaillaient dans la vigne. Ils tempêtent, ils jurent contre nous, et, armés de leur redoutable *tournée*, ils se mettent à la poursuite de l'âne qui dévaste tout. Je cours aux paysans pour les calmer; ils semblent avoir des ailes et ce chien d'âne aussi.

Outrés de ne pouvoir le joindre, ils se tournent contre moi, et je me vois, sans moyen de défense, exposé à combattre des gens armés d'instrumens lourds et tranchans, et cela, parce que j'ai fait la grimace à un âne.

Je commence un assez beau discours sur la nécessité de la modération, et je m'aperçois dès les premières phrases que mes adversaires sont insensibles aux charmes de l'éloquence. Ils avancent toujours d'un air menaçant, et, nouveau Xénophon, orateur par goût, guerrier par circonstance, je m'arme d'un échalas pour parer les coups, et tâcher de faire une retraite égale à celle des *dix mille.*

Vaine espérance! présomption déplacée! je suis cerné, je ne peux m'échapper, et toute capitulation est impossible avec des ennemis qui ne veulent rien entendre. Les coups vont tomber sur moi comme la grêle; les bras sont levés; deux toises à parcourir encore, et le chirurgien du village aura de l'occupation pour quinze jours...

Bonheur inattendu! ressource inespérée! une femme se jette au milieu des deux partis. Semblable à ces Sabines, qui firent tomber les armes des mains de leurs maris et de leurs amans, celle-ci fait parler dans son jargon barbare tous les genres d'amour possibles, le conjugal, le paternel, celui de l'humanité, et l'œil oblique de la justice est le sujet de sa péroraison.

Un baiser donné à propos à son homme, un bambin de trois ans, qu'elle lui met dans les bras, font tomber la redoutable *tournée.* Cependant il existait un reste de rancune, qui se manifestait par des mots entrecoupés et des menaces très-directes. « N'serait-il pas indigne, Jacques, re-« prend la bonne femme, d'maltraiter un ami « d'not'oncle Antoine? — D'l'oncle Antoine, Ca-« therine, et d'où sais-tu ça? — Je venons de « l'rencontrer. Allez vite, m'a-t-il dit, au secours « de c't ami qu'i's allont assommer, parce qu'i' « court après mon âne, qui vient de m'culbuter. « — V'là qui change la face d'l'affaire. Touchez-« là, monsieur. Pis qu'os êtes l'ami d'l'oncle An-« toine, tout est oublié. »

Jamais, je crois, je ne touchai la main d'un homme d'aussi bon cœur. Qu'on vienne à présent, pensai-je, qu'on vienne me dire que les femmes n'ont pas toujours l'esprit du moment. Celle-ci n'ignore pas, dans sa simplicité, que gagner du temps, c'est tout gagner sur un homme en colère. « Mais, Catherine, d'après la let'd'l'on-« cle Antoine, i' n'devait arriver que c'soir. — « Tredame, Jacques, quand on est monté sur un « âne comme stilà!... — Oh, c'est eune fameuse « bête! Et ous que tu l'as laissé l'oncle Antoine? « — Là bas, sur l'chemin. Oh, il est gros, il est « gros, à n'pas le reconnaître. — Écoute donc, « femme, on change en quinze ans. »

Elle est adroite, cette Catherine. Au village, comme à la ville, les femmes font tout croire à leurs maris. Nous avons deux cents pas à faire encore, et qui prendront un quart d'heure au moins sur la colère de Jacques, car je vais l'amuser à chaque brin d'herbe. Je lui parlai de ce ton caressant, qu'on prend toujours envers l'homme qu'on veut apaiser. Je louai son amour du travail, la manière dont il cultivait sa vigne, quoique je n'y entendisse rien. Je perdais mon temps et mes phrases; Jacques ne m'écoutait pas. Il passait sa veste, il reprenait ses sabots; il envoyait un de ses journaliers après l'âne et les effets dispersés dans sa vigne; en agissant, en ordonnant, il marchait toujours, je ne pouvais l'arrêter, et je pressentais que s'il ne voulait pas reconnaître l'oncle Antoine, sa colère allait se ranimer, et que l'innocente supercherie de sa femme la rendrait peut-être plus violente.

Je me décidai à le devancer; et cela ne me fut pas difficile : j'étais, moi, très-légèrement chaussé. Je vis bientôt que je pouvais m'échapper. Mais abandonner du Reynel, qui ne marchait qu'avec une peine extrême, c'est ce que j'étais incapable de faire, toutes les *tournées* du village eussent-elles été levées sur ma tête.

« Mon ami, lui dis-je, persuadez au vigneron, « qui me suit avec ses gens, que vous êtes un « certain oncle Antoine, ou ils nous feront un « très-mauvais parti. — Qu'est-ce que c'est que « cet oncle Antoine? — Ma foi, tout ce que j'en « sais, c'est qu'il y a quinze ans qu'on ne l'a vu. « — Comment se nomme le vigneron?— Jacques! « — Jacques! et sa femme? — Catherine. — Un

« oncle Antoine, Jacques, Catherine ! me voilà
« bien instruit! que diable voulez-vous que je dise?
« — Catherine vous mettra sur la voie. Elle est
« disposée en notre faveur. »

Il fallut se taire : Jacques arrivait. Il sauta au cou de du Reynel, sans trop le regarder. Catherine l'embrassa à son tour, et lui fit baiser le visage crasseux du petit bambin. Du Reynel se prêta de bonne grace à toutes ses accolades, et jusque-là les choses allaient assez bien. « Parbleu,
« not'oncle, dit Jacques, c'ment s'fait-i' qu'ous
« soyez venu de Nevers ici avec la farine d'vot'
« moulin sus l'corps et sus le visage? — J'avions
« pris not'habit des dimanches, neveu Jacques,
« et j'nous étions débarbouillé ; mais c'diable
« d'âne... — C'ment, not'oncle, reprend Cathe-
« rine, c'est de la poussière, tout ça ? » Et la voilà qui secoue les habits de l'oncle Antoine, et qui lui essuie le visage avec son tablier. Elle perd la tête, pensai-je. Pourquoi donc lui mettre la figure à découvert ?

« Mordienne, not'oncle, dit Jacques, savez-vous
« bien qu'ailleurs qu'ici je n'vous aurions pas re-
« connu? Oui, continue Catherine, ous aviez un
« nez qui n'finissait pas. » La sotte observation! Comment du Reynel se tirera-t-il de là ? il est camard comme un carlin.

« Ah; m's enfans, répondit-il, un pouce d'nez
« d'pus ou d'moins n'tient pas à grand'chose. I'y
« a dix ans j'ons fourré l'not' trop près d'la lan-

« terne, et j'en ons laissé la moitié dans l'enger-
« nage. — Comme ça vous change un homme,
« oncle Antoine. — Et c'te graisse qu'est venue
« par là-dessus? — Enfin Dieu soit loué qu'la
« tête n'soit pas restée avé l'nez. — Et c'te tante,
« c'ment s'porte-t-elle? » Allons, voilà Catherine
qui va lui faire subir un interrogatoire. Je n'y
comprends plus rien.

« Toujours un peu grondeuse, not'femme, à ça
« près, bonne personne. — Et l'cousin Philippe?
« — Oh, c'est un maît' gars', nièce Catherine.
« C'est fort comme un Turc; ça s'bat comme un
« diable; ça casse des vitres, c'est un plaisir; ça
« baisotte les fillettes, faut voir, et ça joue du
« violon à faire danser à la grand'pinte à Paris. »

Je tirais Catherine par sa cotte; je la regardais
d'un air suppliant : il était impossible que du
Reynel ne dît pas bientôt quelque balourdise.
« Quoi donc qu'i' m'veut, c'monsieur-là? » dit-elle
brusquement. Il est clair que j'ai fait à Catherine plus d'honneur qu'elle ne mérite, et qu'elle
croit vraiment à la présence de l'oncle Antoine.

« C'monsieur-là, nièce Catherine, c'est not'
« premier garde-moulin. » Ma veste de nankin rendait la supposition vraisemblable. « I' n'hait pas
« l'bouchon, et i'veut vous dire qu'il aimerait
« mieux boire un coup qu'causer. — Dame, c'est
« vrai not' femme : on s'amuse à jaser, et on n'a-
« vance pas. Ah, not' oncle, v'là vot'âne qu'Gustin
« ramène. »

L'âne, fatigué de courir, s'était amusé à croquer des bourgeons de vigne, et Gustin, ou Augustin, comme il vous plaira, avait enfin saisi le licou. Il avait retrouvé le bât, un peu fracassé, mais susceptible d'être rétabli ; il avait disputé et arraché au chien du neveu Jacques le reste du quartier de lard ; pour la vaisselle, il n'en rapportait que les débris. Il avait entassé le tout dans les paniers, rapetassés tant bien que mal avec des brins d'osier, destinés à fixer les ceps aux échalas.

Chacun aide à remettre l'oncle Antoine sur sa monture, et on me promet chopine du meilleur crû, quand nous serons arrivés au hameau, qu'on me montre du doigt, là-bas, à mi-côte. Nous tournons le dos au château d'Ermeuil, et je ne prévois pas le moment où il nous sera permis d'y retourner. Chien d'âne ! maudit âne !

Je craignais que Catherine reprît la suite de ses interrogations, et probablement elle y était assez disposée. Je tâchai de fixer son attention sur d'autres objets, et je parlai, d'un ton affecté, de l'accident qui privait l'oncle Antoine de la satisfaction d'offrir à sa nièce le plus bel assortiment de faïence de Nevers. Je regardais tristement ce quartier de lard mâchonné, naguère si appétissant, et dont Jacques eût mangé une grillade avec tant de plaisir en revenant de sa vigne.

Rien ne dispose à la confiance comme un cadeau, et un cadeau de cette *importance* eût dissipé tous les doutes, si du Reynel en avait inspiré. A la vérité, tout est en pièces; mais l'intention est évidente, et elle est toujours comptée pour quelque chose. Catherine sourit à l'intention, et la paie d'un baiser à pleines joues, dont du Reynel se serait bien passé.

En continuant de marcher, Catherine retournait le morceau de lard; elle rapprochait les tessons d'une assiette, d'un plat, d'une casserolle; elle remarqua avec complaisance que la plupart des pièces étaient susceptibles d'être recousues; et comme la gueule d'un chien est très-saine, elle comptait faire d'excellente soupe avec ce qui restait du quartier de lard. Je la contredisais pour soutenir la conversation. Nous approchions du hameau, en parlant de choses qui ne pouvaient compromettre notre identité. Antoine la maintenait, en caressant avec assez de naturel le petit bambin, qui n'avait pas manqué de vouloir monter sur l'âne, et qui faisait au cher oncle une pièce d'estomac qui le suffoquait.

Cependant Jacques et ses trois journaliers serraient du Reynel de très-près, le premier pour lui faire amitié, les autres pour lui faire honneur. Le plus mince des quatre était de force à assommer un homme ordinaire d'un coup de poing. Je n'étais pas à mon aise. Je sentais la nécessité d'abréger cette scène, en éloignant de pareils surveillans, et quelque fougueux que paraisse Jacques, je lui ferai peut-être entendre raison, quand je n'aurai affaire qu'à lui seul.

Ah, la bonne, l'excellente idée! « Dites donc, « not' maître, M. Gustin a rapporté bien d's affai- « res. Mais dans tout ça, je n'voyons pas vot' pa- « quet. 'Ous n'aurez pas d'main eune chemise à « mettre. » Personne n'avait encore pensé qu'on ne vient pas de Nevers à Beauvais sans une petite valise. On pouvait en faire l'observation, et il n'était pas maladroit de la prévenir.

« Ah, mon Dieu, reprend du Reynel, qui saisit « ma pensée, mon pauvre sac-à-peau! Quatre « chemises fines, nièce Catherine, un gilet d'basin, « une paire de souliers neu', mon rasoir d'Lan- « gres, et un polichinelle de quinze sous que j'ap- « portons à ton fieu! envoie donc, Jacques, en- « voie tes gens après mon sac. I' sera tumbé dans « queuque trou. »

Du Reynel n'avait pas fini, que le petit garçon se débattit des bras et des jambes, et se mit à crier comme un enragé. Il voulait son polichinelle à l'instant, à la minute. Jacques en débarrassa l'oncle Antoine, qu'il incommodait beaucoup; Gustin le prit dans ses bras, les deux camarades suivirent, et tous trois reprirent le chemin de la vigne.

Je commençai à respirer, et je mesurai Jacques des yeux. Cet examen me persuadait de plus en plus du danger des voies de fait. Cependant du

Reynel ne pouvait pas toujours être meunier et moi garde-moulin. Il fallait prendre un parti, et avant que je fusse décidé à quelque chose, nous entrâmes chez le cher neveu.

Il débuta par nous verser rasade. Moi, je me fais assez volontiers à tout, même au vin du crû ; mais le gourmet du Reynel fit une grimace épouvantable. « Dame, not'oncle, l'vin d'Beauvais ne « vaut pas stila d'Nevers, mais tel qu'il est, je « vous l'offrons de bon cœur. » Jacques sort tout à coup, après avoir prononcé ces paroles affectueuses. Catherine nous verse un second coup, prend son grand couteau et disparaît. Sans doute elle va couper le cou à quelque volaille, cueillir quelques légumes, que sais-je ? Ce qu'il y a de certain, c'est que nous voilà maîtres de nos actions, et que nous n'avons rien de mieux à faire que de déloger sans bruit. Je communique ma pensée à du Reynel ; il se lève, il me suit ; nous cherchons notre âne ; nous le trouvons dans la paille jusqu'au ventre, et la tête dans un boisseau de son. Il faut convenir qu'on est bien traité chez le neveu Jacques. Cependant détalons lestement et enfilons le premier chemin creux qui s'offrira.

J'ai mis un genou en terre ; je présente l'autre à du Reynel. Il prend sa jambe gauche à deux mains, et parvient à la monter sur ma cuisse ; il se crampoune au bât ; je le pousse de ma tête, fixée à son postérieur : encore un effort, et il sera en selle. « Oncle Antoine, oncle Antoine,

« oùs donc qu'o's êtes ? » C'est la voix terrifiante de Jacques.

Du Reynel veut sauter à terre, et tombe dans la litière; il m'entraîne avec lui, il roule sur moi; je crie aussi fort que le permet le fardeau qui m'écrase. Jacques accourt à l'écurie; il s'imagine que le garde-moulin rosse le meunier, et ne parle de rien moins que de m'assommer. Il a avec lui une demi-douzaine de paysans, qui ne demandent pas mieux que de lui aider. Fort heureusement du Reynel n'a pas perdu la parole. Il jure énergiquement contre son âne, qui nous a, dit-il, culbutés d'une ruade. Je me plains d'un mal violent aux os de l'estomac, qui, en effet, a été produit par l'excessive pesanteur de du Reynel.

On nous relève; on conseille à l'oncle Antoine de se défaire d'une bête qui finira par le tuer. Jacques lui présente ensuite son cousin, son compère, son bon ami, son tonnelier, et un bon convive qui sait plus d'une chanson gaillarde. Du Reynel est obligé de frapper dans la main à tous ses gens-là, et de leur prêter sa grosse face. On nous reconduit à la maison, et au lieu de quatre adversaires nous en avons six.

Dame Catherine a déjà plumé une poule et deux canards. Elle racle un demi-cent de carottes, qui vont cuire avec une tranche, proprement coupée, du lard que nous avons apporté. Il est clair qu'on veut fêter l'oncle Antoine, et que nous ne trouverons plus l'occasion de nous échapper.

Tout cela me tourmente, me fatigue; je veux retourner au château. Quelque violent que soit Jacques, je le calmerai probablement en lui payant dix fois la valeur de ses échalas... Oui, mais Jacques paraît à son aise : s'il tient plus à la vengeance qu'à quelques écus?... Il y a un milieu entre tous les extrêmes; je l'ai trouvé, et je vais le prendre.

En ma qualité de garde-moulin, je suis un homme sans conséquence, et je puis aller et venir sans être remarqué. Je sors, je prends mon crayon, j'écris à Soulanges quatre lignes, assez pressantes pour le faire accourir, et assez obscures pour qu'on n'en puisse rien conclure de positif, si le billet est intercepté par Jacques ou sa femme. Je vois une maison; j'y vais, j'y entre; j'expédie, pour le château d'Ermeuil, un jeune garçon que je paie bien, et à qui je fais entendre que la lettre est pour un de mes parens, valet de chambre de la comtesse d'Ermeuil.

On n'a pas une minute à soi avec ces neveux-là. C'est maintenant Catherine, qui craint que je ne me trouve mal des suites de la ruade, qui court après moi, qui me cherche de tous les côtés, qui me prend sous le bras, qui me ramène chez elle, et qui me force à boire un litre de vin chauffé avec du miel, remède infaillible, dit-elle, contre tous les coups de pied possibles.

Le vin, et la certitude de notre prochaine délivrance me mettent en belle humeur. J'entonne la fameuse chanson du menuisier de Nevers : *Aussitôt que la lumière*, etc. Tous les auditeurs s'extasient sur ma voix, et jurent qu'il n'y a pas en France un garde-moulin capable de me *dégoter*. L'oncle Antoine leur conte, avec un grand sérieux, que j'ai appris la chanson de maître Adam lui-même; il raconte cent anecdotes, vraies ou fausses, du poète au rabot; on ne pense plus à nous faire de questions; on rit, on cause, on boit surtout, et plus on trouve l'oncle Antoine aimable, plus on lui verse, et plus on ajoute à son dégoût.

Malgré les instances réitérées de Jacques, nous nous ménageons, autant que le permettait l'esprit de nos rôles; mais les amis du neveu boivent sans interruption. Les têtes s'échauffent, et il est décidé que les hommes ne jouiront pas seuls du plaisir de voir l'oncle Antoine et de trinquer avec lui. Chacun est prié d'aller chercher sa ménagère, et Catherine, qui veut faire noblement les choses, ajoute, à ses apprêts, une chaudronnée de pommes de terre, que Jacques, d'un bras nerveux, accroche à la crémaillère. Quel bras il a ce neveu Jacques!

« Allons, not' femme, pendant que nous v'là
« seuls, arrangeons la couchée. P't-êt' que ce soir,
« j'serons, comme j'étions dimanche, pas capab'
« de rien. J'donnons not'lit à l'oncle Antoine. —
« Non, neveu, je n'souffrirons pas... — Vous
« l'souffrirez, ou je n'nous appelons pas Jacques.

« Catherine, des draps au lit. Pour c'qu'est du « garde-moulin, eune bonne couverture et l'gre-« nier à foin, v'là son affaire. » Encore un grenier à foin!... Le triste gîte, quand on y est seul! Quel lit, quand on y est deux!

Mais il semble que le neveu Jacques a l'intention de nous garder huit, quinze jours, un mois. C'est un bon diable que ce neveu Jacques. Si je m'expliquais franchement avec lui?... Mais ses échalas rompus, ses ceps arrachés, sa bonne foi trompée, son vin bu, ses canards saignés, et ses bras, ses bras!... Attendons Soulanges.

« Un moment, un moment, nièce Catherine, c' « n'est pas comme ça qu'on arrange des canards. » Et voilà l'oncle Antoine qui détache le tablier de la nièce, qui s'en accommode, qui tire de sa poche son Cuisinier impérial, qui l'ouvre à l'article *Canards aux navets*, et qui dit gravement au neveu Jacques : « Vois-tu c'livre-là, c'est l'premier « livre du monde. C'est l'menuisier d'Nevers qui « l'a composé, et c't'ouvrage-là lui vaudra l'ein-« mortalité. Diable, disait Jacques! Ouais, disait « Catherine? C'est pourtant vrai, disais-je.»

L'oncle Antoine cherchait dans l'immortel ouvrage l'article *vieille poule dure* et ne le trouvait pas. « Not'maître, lui dis-je, rendez-la tendre, et « vous serez au courant. T'as raison, mon gars. » Et l'oncle Antoine prend un manche à balai, et bat la poule, jusqu'à dissolution des parties. »

Catherine faisait le lit; Jacques fumait dans la

cour. « Comment tout cela finira-t-il, me demanda
« du Reynel? — Bien, mon ami, Soulanges va
« venir : je lui ai écrit. — Si à toute force il faut
« dîner ici, mangeons au moins des choses sup-
« portables. C'est bien assez d'être condamnés à
« boire du vinaigre. »

Quel brouhaha frappe mon oreille? Ce ne peut
être Soulanges. D'après mon calcul, il s'écoulera
deux heures encore avant qu'il soit ici. Ah, c'est
le cousin, le compère et compagnie qui arrivent,
bras dessus, bras dessous, avec leurs femmes, en
chantant et en sautant. Comment donc, ces dames sont parées, et en voilà une qui n'est pas
trop mal. Elles ont toutes le bouquet au côté, et
un autre à la main : encore un hommage à l'oncle
Antoine.

La bande joyeuse entre, et le tonnelier, homme
d'esprit, à ce qu'il croit, à ce qu'il fait croire,
comme tant d'autres, sans qu'on sache pourquoi,
le tonnelier adresse à l'oncle Antoine, au nom
des habitans du hameau, un compliment où il
ne comprend rien, ni nous non plus. L'oncle
Antoine a quitté son tablier; il s'est assis dans le
grand fauteuil de bois du neveu Jacques, et il reçoit, d'un air tout-à-fait aimable, un bouquet et
deux gros baisers de chacune de ces dames.

Debout, derrière le fauteuil de mon meunier,
je prenais gravement les bouquets, qu'il me passait à mesure qu'il les recevait, et je les jetais
dans une terrine de terre cuite, que Catherine

avait été remplir à la mare, dès qu'elle avait aperçu le cortége.

« Ah, sacrebleu, nièce Catherine, mes navets « brûlent! » En disant ces mots, l'oncle Antoine se lève vivement, lourdement, maladroitement. Il met un pied dans la terrine et la défonce. L'eau boueuse roule sous le jupon de cotonade rouge de la tonnelière. Elle fait un saut en arrière, et tombe sur le cousin; le cousin sur la commère; la commère sur le tonnelier; le tonnelier sur Catherine; Catherine sur l'oncle Antoine; l'oncle Antoine sur Jacques; Jacques sur la chaudière aux pommes de terre, l'eau de la chaudière inonde les canards aux navets; le chien profite de la bagarre, il emporte la poule.

Les bras, les jambes se mêlent, s'embarrassent; on roule, on est roulé. Un malheureux chat se trouve sous les jupons de la tonnelière, la plus gentille de ces femmes, celle que j'ai remarquée. Il veut se dégager, et lui imprime ses quatre griffes, vous savez... La pauvre petite pousse des cris affreux. Je me tire de la mêlée, je cours à l'aide de la tonnelière et je la délivre de son impitoyable adversaire. Le tonnelier voit mes mains agir avec activité; il s'indigne, il s'irrite. Retenu lui-même sous le cousin et l'oncle Antoine, il m'allonge d'assez loin un coup de poing et un coup de pied. Le coup de poing tombe sur l'oreille de Jacques; le coup de pied dans le derrière de Catherine. Jacques enlève, écarte tout ce qui gêne ses mouvemens; le voilà debout. Il va venger sa femme et lui... Il marche sur la patte du chat, qui lui enfonce les trois autres dans le gras de jambe. Jacques rugit de fureur; le chat miaule d'une manière épouvantable. Pour la seconde fois, j'attaque le matou; je le saisis à travers le corps, je l'enlève au plafond, et je l'étouffe dans mes mains, comme... comme Hercule étouffa Antée. La comparaison est riche, si elle n'est pas juste.

Jacques me serre la main en signe de reconnaissance, et la colère tombe, où commence un sentiment doux. On s'entr'aide, on se relève, on se parle. Il devient évident que je n'ai pas attenté à l'honneur de la tonnelière; mais que je lui ai rendu un service signalé. Son mari n'en saurait douter, puisque c'est elle qui le dit, et elle me regarde du coin de l'œil. Que veut dire cette œillade? Elle espère peut-être qu'il y a un second chat dans la maison.

On est chiffonné, crotté, mais on rit. L'oncle Antoine seul a de l'humeur : la poule est croquée, les canards nagent dans l'eau, et il est trop tard pour refaire un dîner. « Allons, allons, « not'oncle, ap'tit manger, bien boire. — Oui, « bien boire, ça vous est aisé à dire. — La chanson « avec ça, et je ne penserons p'us à rien. Pas « vrai, garde-moulin? » Et le neveu Jacques, en finissant sa phrase, m'applique d'amitié sur l'épaule une tape à me démonter un bras.

Chacun se mêle de la cuisine. Les uns épluchent les pommes de terre; les autres tirent du pot les carottes et le lard. Le beurre frais, les herbes fines foisonnent partout. Une nappe, bien grosse, mais bien blanche, couvre une table de dix-huit pouces de large sur deux toises de long. Les fourchettes sont de fer, mais claires comme l'acier poli. La miche de pain de seigle figure entre les deux plats. Jacques roule dans la chambre une pièce de vin, qu'il met debout, et qu'il défonce par le haut. Les pots, les bouteilles sont remplis à l'instant; la table en est chargée. Je prévois que l'action sera chaude.

Le fauteuil est porté à la place d'honneur. L'oncle Antoine est assis, et chacun se range à son gré. Un garde-moulin doit être modeste, et je me mets au bas-bout de la table. Mais j'y ai vu la petite tonnelière, qui, d'après la règle de probabilité, devait m'attendre là. On pouvait lui appliquer les paroles de l'écriture : *Nigra sum, sed formosa*, et ma foi, *faute de grives, on mange des merles*.

L'oncle Antoine paraissait résigné à se contenter de deux plats simples, mais ragoûtans. La gaieté, la franchise s'établissaient de proche en proche. Je faisais des contes à ma voisine. Elle ne répondait rien, mais elle souriait à propos.

Le vin circulait avec abondance, et bientôt les chansons commencèrent. Le chanteur par excellence du hameau nous donna une ronde, dont le refrain finissait par une embrassade, et qui avait cinquante-trois couplets. Ma voisine se prêtait de fort bonne grace, et je commençais à trouver le jeu assez drôle, lorsque Gustin rentra, suivi de ses deux camarades, et portant toujours le petit bambin, qui criait plus haut que jamais qu'il voulait son polichinelle, qu'on n'avait pas trouvé, ainsi que vous pouvez le croire.

Trois hommes de plus ou de moins ne faisaient rien dans la circonstance présente. Mais ce qui me donna l'éveil, et d'une terrible manière, c'est que Gustin annonça un imposteur, un malintentionné, qui disait être l'oncle Antoine, et qui persistait à suivre son chemin, quoiqu'on lui eût déclaré qu'on ne serait pas sa dupe, et que le véritable oncle Antoine était au sein de sa famille.

J'avais oublié, moi, que cet oncle avait écrit qu'il arrivait le soir. Le trouble, le mouvement, les incidens multipliés ne m'avaient permis que de m'occuper du moment. Je regardai du Reynel; il était blanc comme la nappe, et je n'étais pas plus à mon aise que lui. Je regardai Jacques; son œil étincelait. Le plus profond silence régnait dans la chambre. Chacun semblait attendre la détermination du maître.

Je me rappelai la manière dont Mercure chassa Sosie de chez lui, situation retournée de toutes les manières, et que j'avais le droit de reproduire tout comme un membre de l'Institut. « Cet « homme, m'écriai-je, est un fripon, qui voulait

« s'établir chez vous, pour vous voler pendant la
« nuit. — L'garde-moulin a raison, répondit
« Jacques, avec un mouvement terrible. Gustin,
« apporte ici toutes nos longes; j'garrotterons l'vo-
« leur, et si' résiste, j'lui fens la tête avec c'cou-
« pret. » Il se lève aussitôt, et chacun se dispose
à le seconder. Je ne sais ce que peignait alors ma
physionomie; mais la petite tonnelière me dit à
l'oreille : « Beau garde-moulin, si 'ous craignez
« queuque chose, esquivez-vous, pendant qui
« s'expliqueront; suivez-moi, et j'vous cacherons
« dans not'grenier à foin... » Toujours des greniers
à foin!... J'aurais accepté sans doute, si j'avais
été seul; mais du Reynel, ce pauvre du Reynel!...

J'entendais distinctement le roulement d'une
charrette qui entrait dans la cour. Jacques ouvre
la porte, le bras gauche chargé de cordes; le
couperet à la main droite. « Ah, ah, il arrive en
« carriole! Il est callé c'voleur-là. Ouais, il a eune
« femme avec lui! C'est pour donner d'la con-
« fiance. 'Ous verrez, repris-je, qu'i va vous dire
« qu' c'est vot' tante. — Parbleu, mon homme,
« j'nous y attendons bien. J'allons l'i parler à la
« tante. »

Cependant le véritable oncle Antoine était descendu de sa carriole, et paraissait étonné de la
manière dont on le recevait. « Voyez-vous, di-
« sais-je, voyez-vous son embarras? I' voit qu'vous
« êtes sur vos gardes. J'suis sûr qu'i' voudrait êt'
« loin.

« Mais, reprit Catherine, i' m'semble qu'il a « queuque chose d'l'oncle Antoine, tel que j'l'a- « vons vu i'a quinze ans. Bah, continuai-je, i'a « tant d'figures qui se ressemblont! N'm'a-t-on « pas pris à Paris pour l'prince d'Transylvanie « qui courait les rues *incoginito?*

« Ah, mon Dieu, mon Dieu! c'est not' tante, « c'est elle. J'la reconnaîtrons toujours s'tel'la qui « nous a élevée. » A ces mots de Catherine, mon audace m'abandonna. Je regardai autour de moi; l'orage se formait, mais je ne voyais plus du Reynel. Puisqu'il a pu s'échapper, pensai-je, je suis décidé; je vais suivre la tonnelière... Il n'était plus temps. J'étais observé.

Je me rapprochai insensiblement de la table, et le cercle se serrait autour de moi. Je saisis un grand couteau, déterminé à me défendre et à périr, plutôt que de souffrir la moindre indignité. « Écoutez-moi, criai-je à Jacques. — Je n'voulons « rien entendre : la justice en décidera. — Hé bien, « je vous suivrai, mais libre. — Garrotté. — Ja- « mais.

« J'vous prenons tous à témoin qu'i' nous force « à l'tuer. » Et il s'avance, le couperet levé. Je pouvais me fendre sur lui, et lui enfoncer le couteau dans la poitrine. Je n'en eus pas le courage, ou plutôt la cruauté. Je pris la table à deux mains, et je la lui jetai sur les deux jambes. Elle le renversa, avec trois ou quatre de ceux qui me serraient de plus près. Je saute par-dessus la table;

je ramasse le couperet, que Jacques a lâché en tombant; je m'élance par la fenêtre, et je me trouve dans les bras de Gustin, qui seul ose entreprendre de m'arrêter. Je lui assène un coup terrible du manche du couperet dans le creux de l'estomac; et je le jette à quatre pas de là, le derrière dans la mare. Je veux gagner la porte de la rue; Jacques et ses amis se sont relevés, sont sortis de la maison par une issue voisine de cette porte, et me barrent le chemin. Je me retranche derrière la carriole d'Antoine, et je menace les plus intrépides du couteau et du couperet.

« La pelle et l'crochet du four, s'écrie Jacques. « J'l'assommeront d' six pas, p'is qu' j' n' pouvons « le prendre au corps. » Gustin, que j'ai le plus maltraité, est aussi le plus prompt à exécuter l'ordre de Jacques. Il vole, il revient. Je vois déja le croc de fer qui menace ma tête, mes armes me deviennent inutiles; il ne me reste plus d'espoir.

Tout à coup je distingue le bruit de plusieurs chevaux au galop; la vie rentre dans mon cœur flétri. « Tremblez, m'écriai-je; il m'arrive du se- « cours. »

Soulanges, les gardes-chasse de la comtesse, Eustache, Baptiste, André, entrent ventre à terre dans la cour, et sont armés jusqu'aux dents. La scène change de face. Mes adversaires s'arrêtent, incertains, irrésolus. L'intrépide Jacques, lui-même, laisse tomber de ses mains le redoutable croc.

Eustache, indigné qu'on ait osé menacer celui à qui il doit sa petite Claire, saute à terre, et se lance sur Jacques, tête baissée. Par un mouvement de générosité louable, quoiqu'elle soit peut-être dans la nature, il avait remis ses pistolets à Baptiste : il voulait combattre sans avantage. Par un autre mouvement, plus prompt que la réflexion, je me jette entre Jacques et Eustache. Je les sépare, et le proscrit prend le rôle de médiateur. Que de fois, dans la vie, on change de rôle et de position, au moment où on s'y attend le moins.

Jacques ne comprend plus rien à ce qui s'est passé, à ce qu'il voit, à ce qu'il entend. « 'Ous « n'êtes donc pas, me dit-il, deux chefs d'voleurs, « et c'n'est donc pas là l' reste de vot' bande? »

Enfin la vérité peut se dire, sans danger pour personne. Je raconte ce qui est arrivé à Soulanges et à Jacques. A mesure que je parle, les figures se dilatent, le sourire naît, les éclats se font entendre. Jacques se promet de n'être plus si violent à l'avenir, et il proteste que du Reynel et moi nous jouons la comédie d'une manière digne du théâtre de la Gaieté, où il a pleuré pendant toute une soirée.

Le véritable Antoine et la tante Antoinette sont maintenus dans tous leurs droits. Les deux partis se mêlent, se parlent affectueusement. Jacques n'invite pas Soulanges et son monde à dîner, parce que le chien a fait son profit de tout ce que j'ai renversé; mais il proteste que de braves gens, comme nous, ne se quitteront pas sans trinquer ensemble. Il n'était pas possible de se refuser à cette invitation. Il fallait, d'ailleurs, retrouver du Reynel. On rentre dans la chambre; on rétablit l'ordre, en quatre tours de main; mais il ne restait d'entier, à la maison, que deux verres et une bouteille de grès. Jacques la prend, et va l'emplir à la pièce. Il trouve de la résistance, il regarde, et il laisse tomber sa dernière bouteille en éclatant de rire.

Il ne cessait pas; il se tenait les côtés. Je m'approche et j'éclate à mon tour. Soulanges ne peut deviner la cause de ces éclats; il vient à la pièce, voit, et rit avec nous. Bientôt tous les spectateurs deviennent acteurs; on devait nous entendre du grand chemin. D'où vient donc ce rire inextinguible?... Du Reynel s'est glissé dans la pièce de vin; il s'y est placé, comme l'embryon dans son étui; le poids de son corps l'a affaissé sur lui-même; il ne peut faire le moindre mouvement, et il est dans le vin jusqu'au menton.

Comme la frayeur influe sur notre organisation! Du Reynel, de sang-froid, ne descendrait dans un tonneau qu'à l'aide d'une échelle double, et il a sauté dans celui-ci, lorsque le bruit de la carriole nous a tous attirés à la porte et à la fenêtre.

Il est impossible de le tirer de là. Jacques fera-t-il un dernier sacrifice? Perdra-t-il sa pièce, fût et jus? A son irritabilité près, c'est vraiment un excellent homme; mais il croit qu'il vaut mieux boire le vin qu'en laver le carreau. Il était de toute justice de le dédommager. Nous lui fîmes entre nous une dizaine de louis, qui le déterminèrent tout-à-fait, et qui achevèrent de nous concilier son affection. Il fit sauter ses cerceaux, aussi gaiement qu'il nous eût versé à boire.

On déshabille du Reynel. On le lave, on l'essuie avec du linge bien chaud; on le change de la tête aux pieds. Il est assez mal fagoté, mais très-satisfait de voir la fin de cette aventure. On le met sur son âne, on attache les arrosoirs, la bêche et le râteau à la selle du cheval d'Eustache, et nous reprenons tous ensemble le chemin du château.

CHAPITRE XVI.

L'inauguration.

J'estime Eustache. Ce qu'il a fait pour moi prouve sa reconnaissance, et n'a point été raisonné, car Jacques est de force à l'étouffer, aussi facilement que j'ai étranglé le matou. Age heureux, où le cœur s'ouvre naturellement à tout ce qui est bien! Ce bon Eustache, puisse-t-il être le même dans trente ans! Il aura beaucoup souffert: la malignité, l'envie, la calomnie, besoins des ames basses, s'attachent aux bonnes gens, parce qu'on ne les redoute point; mais les bonnes gens sont toujours bien avec eux-mêmes, et cela console de tout.

Je ne pouvais m'empêcher de rire en regardant du Reynel, et je sentais que j'avais tort : est-on obligé d'être brave, quand on sent sa faiblesse? L'huître attaquée ferme sa coquille; le limaçon rentre dans la sienne; le hérisson se pelotonne; celui qui se dit le roi des animaux, naît, vit et meurt sans défense. Il n'est rien que par ce qui l'environne, et si nous descendions en nous-mêmes, si nous mettions, d'un côté, ce qui nous est propre, de l'autre ce que nous devons à l'état social, cette suprême intelligence, dont nous nous targuons, se réduirait à bien peu de chose, et tel homme dont on vante le génie, serait peut-être au-dessous de son chien.

Hé bien, ne vais-je pas, à propos de du Reynel, me jeter dans les idées abstraites! Me voilà déjà à cent lieues de mon sujet. Quel rapport entre une pièce de mauvais vin et la métaphysique? Quel rapport? le voici. La manie de montrer de l'érudition, de l'esprit, s'adapte à tout. Tout sujet convient à la vanité, parce que la vanité croit tirer parti de tout, lors même qu'elle ne montre qu'une extrême médiocrité.

Vous saurez cependant que je ne parlais à mes compagnons, ni d'huîtres, ni de hérissons. Je caressais mes idées, j'en conviens; mais je les renfermais en moi-même, et elles avaient une utilité :

en m'occupant du roi des animaux, je ne pensais plus au saut dans la futaille; je ne riais plus; je n'offensais personne. N'est-ce pas comme cela qu'il faudrait souvent faire de l'esprit ?

Soulanges, qui n'avait pas, au moins en ce moment, la présomption de remonter des effets aux causes, me conta que le billet énigmatique, que je lui avais écrit, avait mis tout en combustion dans le château. On nous croyait tombés dans une embuscade de brigands. Madame d'Ermeuil avait fait chercher partout des chevaux et des armes; madame de Mirville s'était évanouie, et, en revenant à elle, elle était tombée à genoux, et avait prié pour moi.

Bonne, sensible Sophie, j'abrégerai tes souffrances, je tomberai à tes pieds, dans tes bras. Mon cœur pénétré te peindra ce qu'il éprouve. L'amant, que tu crus perdu, va te rendre à la vie et à l'amour. En me parlant ainsi, je poussais une rosse que Jacques m'avait prêtée, animal rebelle, qui ne partageait pas mon impatience; semblable en tout à ce coursier si célèbre qui

> Galopa, dit l'histoire, une fois en sa vie.

Pauvre cheval, cruellement mutilé, qui ne sent plus que les coups qu'on lui porte, peut-il se donner des ailes, parce que je suis amoureux ?

Je fus obligé de le laisser à ses habitudes tranquilles. Le galop, d'ailleurs, eût agi trop vivement sur une partie qui n'avait pas repris encore son état naturel. Mais le moyen d'aller, au pas, joindre, calmer, rassurer ce qu'on aime ! Il était plus avantageux de courir à pied, et c'est ce que je fis. L'homme agité se fatigue moins à courir qu'à s'impatienter.

Je laissai derrière moi Soulanges et ses gens : leurs chevaux, harassés de la course qu'il venaient de faire, n'allaient pas mieux que celui de Jacques. J'aperçus bientôt dans le lointain cinq à six ânes qui venaient à moi au grand trop et que je me promis bien de laisser passer en paix. A mesure qu'ils approchent, je distingue un homme, une, deux, trois femmes... des femmes ! Qui peut-ce être ? nous allons voir.

J'ai le coup d'œil sûr. Je cours toujours; mais je sais déja que les femmes sont bien mises, qu'elles ont de la tournure, même sur un âne. Peut-être sont-elles jolies. Courons plus vite ; je serai plus tôt auprès de Sophie, et je verrai plus tôt ces dames, en passant. Est-il défendu de regarder un bel arbre, parce qu'on a un magnifique jardin.

Hé, mais... c'est Sophie elle-même, c'est Fanchette, qui a pris le devant, c'est madame d'Ermeuil, La Roche, sa femme...

J'ai des ailes aux talons, aux épaules, j'en ai partout. A peine touché-je le sol. Fanchette pousse un cri en me reconnaissant; ces dames averties, pressent le galop. Oh, si la bienséance me permettait de répondre à l'empressement de Fanchette ! Je lui souris en passant. Sa figure se colore, son œil se ranime; elle pousse un soupir d'allégement, soupir que vous devez connaître, si vous avez passé inopinément de la mort à la vie. Il m'en échappe un... d'amour, peut-être; une puissance ennemie m'arrêtait; mais Sophie a sauté à terre pour être plus tôt dans mes bras; avec quelle ardeur je l'y reçois! quelles tendres étreintes de ma part! quelles douces larmes de la sienne! Fanchette est oubliée.

« Où est Soulanges, me demande la comtesse?
« — Il arrive, il est, au plus, à un demi-quart de
« lieue. »

On s'arrête, on s'assied sur le revers d'un fossé, à l'ombre d'un orme, que l'année précédente on a oublié d'ébrancher jusqu'au faîte. Comme tout dégénère dans le monde! On a planté les grandes routes pour procurer un peu d'ombre aux pauvres piétons, et en voyant la feuille tutélaire se développer et s'étendre, le propriétaire compte déja ses fagots.

J'apprends alors de la comtesse ce qui s'est passé au château depuis le départ de Soulanges. Madame de Mirville, en finissant sa prière, me dit:
« Il est écrit, *aidez-vous, et je vous aiderai*. Je veux
« aller à cette caverne, l'en tirer, ou mourir avec
« lui. — Ma chère amie, je suis comme vous sur
« des aiguilles, et cependant je reste. L'opinion
« publique n'excuse une démarche de la nature de
« celle que vous vous proposez, que lorsqu'elle a
« pour objet un époux, un frère, un père. Mais

« courir sur les pas d'un homme qui netient à vous
« que par les liens du cœur!...—Et ce lien-là n'est-il
« pas le plus cher, le premier de tous ? Que m'im-
« porte l'opinion ? n'ai-je pas pour moi ma con-
« science et mon cœur ? Ils se soulèveraient à
« l'instant, si je cédais à de vaines considérations.
« Je veux partir.

« Hé, mesdames, nous dit Fanchette, en pleu-
« rant de notre peine... Elle a bien le meilleur
« cœur, cette Fanchette!... Mesdames, nous dit-
« elle, il y a un moyen de tout concilier : partez
« toutes les deux, je vous accompagnerai. Prenez
« avec vous M. et madame La Roche. Cinq per-
« sonnes vont où elles veulent, sans qu'on s'en
« occupe. Il n'y a pas de poste ici; M. de Sou-
« langes a pris tous les chevaux du village; mais
« il reste des ânes, et je vais en chercher.

« Cette proposition s'accordait beaucoup avec
« ma manière de sentir. Je ne sais cependant ce
« que j'aurais répondu à Fanchette. Mais sans at-
« tendre ma réponse, elle est sortie, elle est des-
« cendue, en quatre sauts, et je la voyais dans la
« cour avant que j'eusse trouvé une idée.

« Je ne connais pas d'activité égale à celle de
« cette aimable fille. En moins d'un quart d'heure
« elle s'était procuré ce qu'il fallait pour monter
« notre petite caravane, et elle était sous les croi-
« sées du château. La voir, sauter l'escalier comme
« elle, monter la première bête qui se présente,
« partir au galop, fut pour madame de Mirville

« l'affaire d'une minute. Je cours sur ses pas; je
« prends en passant La Roche et sa femme; nous
« nous mettons en selle, et nous galopons après
« madame de Mirville, que nous rejoignons à quel-
« ques toises du village.

« Fanchette, que le hasard sans doute avait
« montée beaucoup mieux que nous, était bien
« loin en avant... Madame, dit la petite, moitié
« en riant, moitié en rougissant, quand une femme
« comme vous n'a pas son laquais, la femme de
« chambre doit aller en courrier, et je hâtais ma
« monture pour vous procurer un relais au pro-
« chain village. »

Le prétexte était bien trouvé. Chère Fanchette !
Ce n'est point au hasard que tu dois la vélocité
de ta monture, et tu pensais, en courant, à autre
chose qu'à un relais. On le crut cependant. « Cette
« bonne Fanchette prévoit tout, dit vivement So-
« phie, et elle l'embrassa avec affection... » Fanchette reçut cette marque de faveur, avec un
embarras, qui ressemblait à du respect : on put
au moins s'y méprendre. Mais il me fit un mal,
ce baiser ! Je voyais Sophie dupe de sa bonté;
Fanchette et moi étions coupables de perfidie...
Mais pouvais-je éclairer cette excellente, cette
chère Sophie, détruire sa sécurité, déchirer son
cœur ? Il est des maux purement d'opinion, qui
ne sont rien, quand on ne les connaît pas... raisonnement détestable ! Non, je ne pouvais rien
dire à Sophie; mais j'aurais dû me conduire de

manière à n'être pas forcé de dissimuler avec elle. La dissimulation, quel que soit son motif, est toujours une bassesse de l'ame. J'attends la réponse de mon homme d'affaires, elle terminera tout! Je serai tout à Sophie; je n'aurai plus à rougir de moi, du moins pour l'avenir.

Ces réflexions m'affligeaient, et cependant je les aurais prolongées, si ces dames n'eussent été impatientes de savoir comment nous étions tombés dans les mains des brigands, et comment Soulanges nous en avait tirés.

Je voulus faire le capable, je cherchai à briller; faiblesse pardonnable à celui qui n'a d'intention que celle de plaire, et mon récit ressembla à un mélodrame. Tantôt je m'élevais aux nues, tantôt je descendais aux détails les plus communs. Quelquefois j'inspirais la terreur; quelquefois un comique trivial forçait le rire, et il résulta de ce mélange qu'on n'éprouvait ni intérêt, ni gaieté réelle: *L'esprit qu'on veut avoir gâte celui qu'on a.* Cependant la gaieté prévalut à la fin. Toutes les inquiétudes étaient dissipées, et du Reynel, dans le vin jusqu'au menton, fut le dernier tableau dont on conserva le souvenir. On se leva pour aller au-devant de lui et de Soulanges, en le comparant à ce duc de Clarence, qui, maître de choisir son genre de mort, voulut finir dans une cuve de Malvoisie.

Deux hommes marchent derrière nous d'un air déterminé. Serait-ce encore une aventure?... Non,

non, ce sont les papas Tachard et Servent. Ils arrivent tard, et bien malgré eux, disent-ils ; mais le suisse de la paroisse charriait son engrais, et il a fallu l'attendre pour avoir sa *rouillarde* et sa pique au manche vermoulu. Il n'y avait rien à répondre à d'aussi bonnes raisons.

Bientôt nous joignîmes mes libérateurs. Soulanges et ces dames mirent pied à terre; le duc de Clarence dit qu'il y aurait de la folie à marcher, ayant à sa disposition une monture aussi douce. Sophie voulut absolument que je prisse la sienne, et, ma foi, j'en avais besoin, après mes anxiétés, mes combats, et la course que je venais de fournir. Nous marchâmes, en faisant des contes, assez plaisans pour qu'aucune idée sentimentale ne pût naître. De toutes les positions, c'est la seule qui convienne à un homme toujours prêt à ce déceler.

Nous arrêtâmes à la petite maison d'Eustache. Tout y était dans la désolation. Monsieur le chef, plein de sa douleur, avait bu, par distraction, une bouteille de vieux vin rouge, qui devait entrer dans la composition d'une matelotte, et il avait laissé brûler la plus belle des volailles. Du Reynel jeta les hauts cris. Eustache essuya les larmes de sa petite Claire, tremblante pour lui et pour moi, et je me chargeai de calmer les alarmes de la mère Servent. Elle est vieille, elle est laide; mais pourquoi rejetterait-on ces êtres disgraciés? Ne portent-ils pas, sous une enveloppe rebutante, un cœur sensible, que le dédain humilie, que l'abandon afflige? Ne vieillirons-nous pas aussi, et ne voudrons-nous pas, alors, avoir quelqu'un qui nous entende et nous réponde?

Nous reprîmes les travaux que l'idée de notre danger avait généralement suspendus. Chacun s'amusa à ranger quelque chose de l'ameublement des fiancés. Moi, je montai le lit, et Sophie plaça la courte-pointe d'indienne. « Ah, Sophie, pen- « seriez-vous comme moi?... — Je ne veux pas de « ces questions-là, monsieur, » et un petit coup, sur la joue, me donna le droit de baiser sa jolie main.

Ah, mon Dieu, voilà du Reynel qui monte, rouge et hors d'haleine. Que lui est-il encore arrivé? « Mon ami, la volaille est remplacée. — Je « vous en félicite. — Mais la table, qu'on a don- « née à ces enfans, convient au plus à quatre per- « sonnes, et il y en aura vingt à dîner. — Que « voulez-vous que je fasse à cela? — Quel sang- « froid! Comment, vous ne sentez pas le désagré- « ment de faire un tour à droite ou à gauche, cha- « que fois qu'il faut porter la fourchette à la bou- « che? — Envoyez Baptiste prendre au château une « table de vingt couverts. — Cruel homme que vous « êtes, elle n'entrera pas dans la maison! — Hé « bien, on s'arrangera comme on pourra. — Comme « on pourra! quelle manière de voir! Un dîner « superbe, mangé sans la moindre commodité! « Et pas une bouteille de vin au frais! Si j'étais « aussi leste que vous, j'aurais déjà fait le tour

« du jardin; il me serait venu quelque idée heu-
« reuse... Mais allez donc, monsieur, allez donc,
« le cas est important. — Oui... oui, puisque nous
« fuyons aujourd'hui les lambris dorés, soyons
« tout à la nature. Une fête champêtre... — Cham-
« pêtre, ou non; mais qu'on soit à son aise à
« table. »

Ah, ah! il y a du monde dans ce jardin. Quelqu'un a eu la même idée que moi. Cette jolie petite Fanchette prévoit tout, la comtesse a raison.
Autour d'un vieux noyer, dont les branches s'é-
tendent au loin, elle a fait dresser une vaste table avec des planches prises çà et là; elle a trans-
formé des futailles en tréteaux. Le charron du
village perce des trous dans le pourtour, à un
pied de distance du tronc de l'arbre. A mesure
qu'il en fait un, le jardinier du château y cache
un pot d'œillets, de myrte, de roses; nous aurons un surtout charmant. Servent, Tachard et
leurs amis, terminent un banc circulaire en gazon... avec son dossier, vraiment. Comment donc!
il est décoré de guirlandes de chèvre-feuille et de
lilas! Ah, Fanchette, Fanchette! Allons, ne vais-
je pas m'amuser avec elle? Laissons-la terminer
ses apprêts... Il est pourtant essentiel que je lui
dise un mot. « Fanchette, M. du Reynel aime à
« boire frais. » Elle me prend la main... ce n'est
pas ma faute. Elle m'emmène... Où me conduit-
elle?... « Ah, la jolie source d'eau vive qui s'é-
« chappe de la fente de ce rocher! Une pile de

« bouteilles rafraîchit dans le petit bassin que le
« temps a creusé sous la chute! N'aperçois-je pas
« une grotte dans une des faces de la roche?
« C'est là sans doute que le père Firmin retirait
« ses instrumens de jardinage.—Peut-être, mon-
« sieur, cette grotte a-t-elle servi quelquefois
« d'asile à l'amour,—Ah, Fanchette, Fanchette,
« toujours l'amour!—Je n'ai au monde que mon
« cœur. Laissez-le-moi, monsieur. »

Nous continuions de marcher; nous approchions de cette grotte, et... on appelle Fanchette... Ah, tant mieux. C'est monsieur le chef, qui la prie de faire ranger les plats dans l'ordre convenu entre eux.

Un cri général d'approbation se fit entendre, quand nos dames, Soulanges et du Reynel approchèrent du noyer. On allait me féliciter... Je proclamai Fanchette; je lui laissai les honneurs de l'invention, et j'ajoutai que tout avait été fait par ses soins et sous ses yeux. Il faut être juste envers tout le monde. J'aime surtout à l'être avec Fanchette.

La journée était consacrée à Claire et à Eustache. Ils furent placés au haut bout de la table, fort contens d'eux et des autres. Les grands parens et une vingtaine de paysans et de paysannes se mêlèrent aux belles dames et aux messieurs du château. Point de morgue, point de ton de notre part; point de familiarité déplacée de celle des villageois. Les bienfaiteurs aiment à descendre au niveau de ceux qu'ils ont obligés; il n'y a que ce moyen-là de jouir de leur reconnaissance; il faut approcher un cœur pour y surprendre le sentiment. L'obligé se laisse aller à celui qu'il éprouve; et ce sentiment ajoute toujours quelque chose à la considération qu'inspirent le rang et la fortune.

La comtesse a fort bien fait les choses; elle n'a pas même oublié les vins de dessert. Avec eux circule la gaieté; ils amènent la chansonnette. Ce n'est pas toujours l'esprit qui l'a dictée; mais en faut-il pour entendre : Amour et bonheur?

A la chansonnette, succèdent les tapes sur l'épaule... Les tapes sur l'épaule! il est temps de quitter la table. La comtesse le sentit comme moi. Elle se leva, et nous entendîmes les ménétriers, qui semblaient n'avoir attendu que ce signal.

Oh, cette fois, Claire dansera avec son Eustache, ainsi que je le lui ai promis... Les voilà placés... ils dansent fort mal l'un et l'autre; mais ils se regardent avec tant de plaisir, qu'on en trouve à les voir danser. Et moi aussi je danserai... une valse avec Sophie... si nos râcleurs peuvent en jouer une... Hé, ma foi, oui, c'est cela à peu près... Oh, comme elle valse, ma Sophie! quelle légèreté, quelle grace, quel enjouement voluptueux!... Quelle danse que cette valse! Deux êtres se touchent, s'enlacent, se pressent, comptent les battemens de leurs cœurs, et comme ils battent celui de Sophie et le mien! « Arrêtons-

« nous, mon ami; cette danse ne me vaut rien « avec vous. » Elle m'avait parlé très-bas; je feignis de n'avoir pas entendu. Je l'entraînai à la rencontre de Soulanges et de la comtesse, ivres comme nous, cherchant, comme nous, à dissimuler leur ivresse, et dissimulant aussi maladroitement que nous. Sophie devina mon intention; mais l'exemple n'avait pas plus d'empire sur elle que l'opinion. Elle m'échappa, et alla se jeter sur le banc de gazon, en disant très-haut qu'elle ne pouvait supporter plus long-temps la fatigue et la poussière.

Je la suivis, et je m'assis près d'elle. « Vous me « faites faire des choses inconcevables. Vous me « damnerez, mon ami. — Hé, pourquoi ces scru- « pules, charmante Sophie? quoi de plus inno- « cent que la danse? David ne dansa-t-il pas devant « l'arche? — David ne valsait pas, mon ami. »

Elle a raison. Si quelque jour j'ai une fille, elle ne valsera jamais.

Pourquoi donc Eustache a-t-il toujours quelques mots à dire à l'oreille de Claire? Au point où en sont les choses, ils ne doivent plus avoir de secret. Peut-être avons-nous oublié quelque pièce de l'ameublement. Ils s'en aperçoivent, et craignent de nous le faire entendre. Je reverrai tout, dans le plus grand détail. Ils ne formeront pas un vœu inutile : il en coûte si peu pour les satisfaire!

Ah, Fauchette a fini ses petits arrangemens. La

voilà qui paraît, et nos paysans ne regardent plus qu'elle. Serait-elle plus jolie que madame de Mirville, qui n'obtient pas un regard?... Le pauvre passe devant un château; il s'arrête à la porte d'une chaumière.

On l'invite à danser. Elle refuse avec politesse, et trouve toujours quelque raison qui ménage les amours-propres : on la quitte sans être mécontent... Claire ne danse qu'avec Eustache; peut-être Fanchette... Oh, non, non, je ne la prendrai pas. Que m'importe qu'on ait démêlé, sous ma réserve affectée, l'émotion délirante que j'éprouvais en valsant avec Sophie? La comtesse, Soulanges, du Reynel savent notre amour, et ces bons paysans ne cherchent pas ce qu'on ne juge point à propos de leur dire. Mais si cette émotion allait se reproduire, en touchant, en caressant le bras de Fanchette, en retrouvant sa main... Oui, oui, elle se reproduirait, et on tournerait, contre nous, des circonstances attribuées jusqu'ici à un zèle qui leur est tout-à-fait étranger... Non, je ne la prendrai pas.

Mais une contre-danse bien insignifiante, quoique bien à la mode, *en avant deux*, etc. où on danse avec toutes les femmes, excepté avec sa danseuse... Oui, mais une femme de chambre... Hé, la comtesse n'a-t-elle pas dansé avec Servent, et Soulanges avec la fille du jardinier?... Je vais prendre Fanchette... Je n'ose, en vérité... et j'en ai une envie!

Sophie ne voit que moi. Elle est étrangère à tout ce qui se passe autour d'elle. « Mon ami, « personne n'invite cette pauvre Fanchette, et je « crois qu'elle danserait volontiers... Elle vous « regarde. Quel plaisir vous lui feriez en la pre-« nant!... Allez, mon ami, allez donc. Ayez un « peu de complaisance. »

De la complaisance! Comme nous nous trompons tous sur le sens des choses, sur la valeur des mots!... J'ai fait à peine quatre pas, et sa main est dans la mienne; sa figure a l'expression de l'amour heureux, du désir, de l'espérance à la fois. Que de choses exprime cette figure-là!

Nous sommes placés, et je crains de lever les yeux sur elle. Ai-je besoin de la regarder? Cette main n'est-elle pas là, toujours là, et ne dit-elle pas tout? Quelle situation que la mienne? L'une me craint; je veux fuir l'autre, et nous sommes toujours trois!

On commence. J'ai vis-à-vis de moi une paysanne laide, mal bâtie; bon, bon. Je ne la perdrai pas de vue un instant... La figure se termine par un *balancé*; comment me tirerai-je de là? *Un tour de main!...* Je n'en tenais qu'une; en voilà deux.

Je me possède autant que je le puis; mais je sens que mes yeux vont dire: Amour et plaisir, et tout le monde entend ces deux mots-là, et les interprétations, et les conjectures, et l'expulsion de Fanchette, et Sophie désabusée... Il faut quitter la contre-danse. Mais quel prétexte?... Je vais me donner une entorse.

Au moins j'en ai fait le semblant. Je me traîne, en boitant tout bas, sur le banc de gazon. Cette si bonne Sophie, qu'il faut toujours tromper, parce qu'une première faute en entraîne mille autres, cette bonne Sophie remarque avec satisfaction que le pied n'enfle point; mais elle croit qu'il est indispensable que je me retire, que je prenne du repos... Oui, j'en prendrai, si le malin génie qui me poursuit, qui m'obsède, veut me laisser quelques heures à moi-même.

Sophie n'est point assez forte pour aider de son bras un homme qui s'est donné une entorse. Elle fait amener l'âne du duc de Clarence, et comme il est probable que j'aurai besoin de compresses, de bandes, elle prie Fanchette de nous suivre. Me voilà encore entre elles deux! L'heureux semblant que j'ai fait là!

Deux, toujours deux, lorsqu'une seule suffit pour me faire extravaguer! Je ne veux ni compresses, ni bandes. Je fais remarquer que le pied joue avec facilité, et qu'ainsi je n'ai besoin de rien. Sophie veut qu'au moins je me mette au lit. Elle sort avec Fanchette, et je me couche, pour terminer enfin cette orageuse journée.

Pas du tout. Sophie rentre; elle tient les oraisons funèbres de Bossuet; elle va me lire celle de Madame, pour m'amener doucement au moment du sommeil. C'est quelque chose de très-beau, sans doute, que l'oraison funèbre de Madame; mais que me font les morts, quand je suis plein de vie, et que j'ai près de moi ce qui peut la faire aimer? N'importe, ayons l'air d'écouter.

L'air d'écouter! et voilà Fanchette qui revient. Elle sourit; elle n'a pas cru un moment à mon entorse, et elle vient s'établir là, pour me punir d'avoir voulu lui échapper. Elle a trouvé je ne sais quel ouvrage très-pressant, et que l'ordonnance de la petite fête lui a fait quitter. Sophie lit; ses yeux, les plus beaux yeux du monde, sont constamment fixés sur son livre, et ceux de Fanchette me parlent, et je crois que je leur réponds... Il faut que tout cela finisse; je n'y puis tenir davantage... Que de fois ai-je pris cette résolution! qu'ai-je fait pour l'accomplir?

Le jour est sur son déclin. J'entends rentrer la comtesse, Soulanges et du Reynel. Ils croient aussi à mon entorse; ils montent chez moi; mais ils n'y resteront pas, et Sophie et Fanchette sont clouées à leur place.

Je proteste que je n'éprouve plus la moindre douleur, que je veux me lever, que je passerai la soirée au salon. Sophie me le défend, les autres me le permettent; la majorité l'emporte. On me laisse, je m'habille, je descends, j'entre au salon en dansant. Sophie crie à l'imprudence; je lui réponds par un entrechat; elle se rassure; nous commençons un boston.

Le premier tour n'était pas fini, lorsque la mère Servent entra. Elle était tout en larmes. Claire était disparue; sa mère l'avait cherchée dans tout le village ; elle n'espérait plus la trouver qu'au château, et cet espoir venait d'être déçu. Cette pauvre mère m'inspira de la pitié, et je cherchai à pénétrer la cause d'un événement aussi inattendu. « Où est Eustache, mère Servent ? — Il a « cherché sa Claire avec Tachard, avec not'homme, « et n'en ayant rien appris, il est allé parcourir « les vignes et les champs qui environnent le vil- « lage. — Seul ? — Seul. Tachard et Servent cher- « chent chacun de leur côté. — Il est clair que di- « visés ils parcourront trois fois plus de terrain. « Et qui a ouvert l'avis de se séparer ? — C'est « Eustache. — Ah, c'est Eustache ! Et sans doute « il est affligé, désespéré, furieux ? — Non, mon- « sieur. I' dit qu' dans la vie on n' doit jamais man- « quer de courage. — Ah, il a dit cela, Eustache ! »

Je souris... je me rappelai les mots à l'oreille, qui me paraissaient si déplacés, et qui commençaient à s'expliquer. « Soyez tranquille, mère Ser- « vent ; Claire n'est pas perdue, et j'espère, moi, « la retrouver. — Vous, monsieur ? — Moi. » Je pris mon chapeau, et je sortis. La mère Servent me suivit ; elle engagea Baptiste et André à battre la campagne. Je ne sais ce qu'ils répondirent ; j'étais déjà loin.

Je pensais qu'il ne fallait pas courir beaucoup pour retrouver Claire. Ces petites innocentes, si pressées de se marier, se laissent facilement persuader. D'ailleurs Claire était fiancée. A la vérité, il lui manquait le sacrement ; mais que fait une cérémonie de plus ou de moins à un cœur de quinze ans? J'allai droit à la maison d'Eustache.

La porte, les volets sont bien fermés ; pas d'apparence de lumière. J'appelle ; ils ne répondent pas ; ils font bien de se taire. Moi, j'ai raison d'insister : je ne veux pas que cette pauvre mère passe le reste de la nuit dans les tourmens de l'inquiétude... Décidément ils ne répondront pas. Je fais le tour de la maison; je longe les murs du jardin. La porte, qui donne sur les champs, est aussi exactement fermée que celle de la maison. Mais cette porte a trois barres en travers. Elles vont me servir à gagner la crête du mur; je sauterai dans le jardin, et probablement le silence ne sera pas aussi profond de ce côté que de celui de la rue.

Je monte... Je touche le faîte du mur; une brique vacille sous ma main, elle va se détacher. Je m'appuie fortement des pieds et des genoux ; la gâche, mal scellée, cède au poids de tout mon corps; elle se détache; la porte s'ouvre; je me laisse glisser à terre... Me voilà dans le jardin.

Je n'ai pas à craindre ici les mille et un incidens que j'ai supportés chez Jacques. Je suis connu, et je n'ai qu'à me nommer. J'avance doucement, bien doucement; je colle mon oreille au volet de la chambre à coucher, et sans doute je vais surprendre mes petits fripons.

Oui, oui, j'entends... Qu'entends-je? Je ne puis distinguer un mot; mais ici que fait le mot? L'accent est tout, et leurs accens ont une douceur!... une énergie! Je décline mon nom, et je raisonne par le trou de la serrure. De la raison! C'est bien le moment de l'écouter et de s'y rendre! On continue de parler la langue *accentuée*, commune à toutes les nations. Je la connais si bien cette langue, et mon amour-propre se révolte sottement, comme si j'avais seul le droit de la parler. Je crie, et de manière à être entendu des maisons voisines, et à causer l'éclat que je voulais d'abord prévenir. Je ressemblais beaucoup à ces commères, qui ont l'air de vouloir tout arranger, et qui courent apprendre à leur voisine, qui ne s'en doute pas, qu'elle a un mari infidèle. De là un raccommodement, qui ne tiendra pas; mais qui aura fait passer une heure ou deux à la commère, et qui l'honorera infiniment aux yeux des femmelettes de *l'endroit*.

J'avais nommé la mère Servent, et Claire commença à parler français. « Mon ami, ma mère « souffre; je ne l'avais pas prévu, car tu me fais « tout oublier; mais je veux aller rassurer ma « mère. — Demain, chère petite, il sera encore « temps. — Comment, monsieur Eustache, com- « ment, demain! A l'instant, à la minute, s'il vous « plaît, ou je romps le mariage arrêté. » Le joli moyen que je trouvais là, pour raccommoder la chose!

Cette menace, dont un autre eût ri, fit le plus grand effet sur le cœur tout neuf d'Eustache. Bon

Eustache ! il m'ouvrit, et fut se replacer auprès de sa Claire. Il la tenait dans ses bras, et me regardait d'un air qui voulait dire : Je vous dois beaucoup ; mais je ne vous dois pas ma femme, et vous ne l'emmenerez pas. Claire, confuse, très-confuse, se cachait sous le drap ; on ne lui voyait plus que le bout du nez. Pauvres enfans ! ils se croyaient perdus, sans retour, dans mon esprit, et je devais les confirmer dans cette idée : je représentais père, mère, oncles, tantes. Le langage de la sévérité était le seul qui me convînt. En préparant ma harangue, je remarquai qu'ils avaient pris toutes les précautions possibles pour n'être pas surpris. Des bottes de paille faisaient *sourdines* aux portes et aux fenêtres qui donnaient sur la rue. La lampe était sous la table ; les rayons de lumière ne montaient pas plus haut que les barres du lit. Mes espiègles n'avaient pas envie de lire ; ils y voyaient assez pour *causer*.

Je commençai un long discours, sur la nécessité de modérer ses passions, de maîtriser ses désirs. Je représentai, à Eustache, qu'il perdait de réputation sa maîtresse. Je peignis les jeunes filles du village, moins sages peut-être, et par cela seul plus rigoristes, se rassemblant, délibérant, et allant signifier à sa fiancée la défense expresse de se parer du chapeau virginal, à peine de s'en voir publiquement dépouillée. Que de belles choses je dois avoir dites ! Mon auditoire attendri, subjugué, fondait en larmes. Pleurer pour avoir eu du plaisir, et devant quel prédicateur, bon Dieu! Un libertin... si c'est l'être qu'aimer passionnément ce qu'il y a de plus aimable.

Un sermon a ses bornes, et la sensibilité a les siennes. Eustache et Claire, revenus à eux, opposaient, à mes raisons, des raisonnemens qui n'étaient pas sans quelque force. A la cérémonie des fiançailles, le curé avait dit aux fiancés que leurs promesses mutuelles étaient déjà écrites dans le ciel, qu'ils devaient dès ce moment se regarder comme irrévocablement unis. *Amen*, avait répondu Eustache, et qu'avait-il pu faire de mieux que de se conduire d'après les conseils de son curé, que son *amen* prouvait qu'il avait parfaitement entendus?

Je ne suis pas casuiste, et laissant de côté les *dilemmes*, les *syllogismes*, les argumens *à majore et à minore*, je me bornai modestement à déclarer, d'après les lois sociales, que celle qui venait de se marier à la manière des patriarches, qui en vaut bien une autre, n'était pas la femme de son mari, et que j'exigeais qu'elle rentrât chez sa mère, près de qui j'allais la conduire, et dont je calmerais le ressentiment.

Je sortis, et pendant que Claire s'habillait, je pensai que la conviction de ma propre faiblesse ne m'ôtait pas le ton dur et tranchant, qu'on pardonnerait à peine à la vertu. Elle est si indulgente, si douce cette véritable vertu, et nous lui prêtons notre langage, en nous efforçant de parler le sien. La faire crier, n'est-ce pas vouloir en imposer aux autres, et chercher à s'étourdir soi-même?

Cependant je ne pouvais pas dire à ces jeunes gens: Je ne vaux pas mieux que vous; je n'ai pas le droit de vous blâmer; ne prenez conseil que de vous-mêmes. L'hypocrisie, contre laquelle on s'élève partout, est-elle quelquefois un mal nécessaire? Pauvres humains! annonçons toujours la saine morale, dont nous nous écartons si souvent. Nous n'en avons que le masque; rendons-le aimable au moins, et tâchons de nous corriger. *Ainsi soit-il.*

Claire était prête. Je lui pris le bras, et nous sortîmes. Je la menai très-vite, parce que sa mère éplorée était toujours présente à mon esprit. Je ne disais rien. Je cherchais dans ma tête une tournure honnête à donner à une chose qui ne l'était pas trop, quoiqu'elle fût très-naturelle. La petite trottait, en poussant quelques soupirs: regrettait-elle d'en avoir tant fait? Regrettait-elle de n'avoir pas fait davantage?

Je ne sais si la mère Servent s'était rappelé, comme moi, l'*amen* d'Eustache, et si, comme moi, elle en avait enfin trouvé l'application; mais nous la rencontrâmes dans la rue, allant droit à la maison du jeune homme. Claire la reconnut d'abord, et trembla de tous ses membres. Bon, pensai-je, fille qui craint d'avoir déplu à sa mère, la respecte nécessairement, et ce respect-là n'entre pas dans un cœur vicieux.

Je contai à la mère Servent que j'avais trouvé sa fille endormie dans un champ, et pour rendre mon récit vraisemblable, je dépeignis la prairie, où, le matin même, j'avais cherché à me cacher à Fanchette et à moi. Je décrivis jusqu'à l'arbre sous lequel je m'étais reposé, et c'est là que je prétendis avoir rencontré Claire. J'ajoutai qu'à son réveil le froid l'avait saisie, et qu'il causait ce tremblement général, qu'il fallait que j'expliquasse de quelque manière.

Une mère seule est capable de croire qu'une fiancée, dans ses atours, un jour de fête et de bonheur, échappe à son amant, à sa famille, à ses amis, pour aller dormir en plein champ. Il répugne tant à une mère de croire sa fille coupable! Elle saisit avec tant d'avidité ce qui peut la justifier dans son esprit, et dans celui des autres! Ces bonnes gens avaient d'ailleurs en moi une confiance si absolue, et qu'ils croyaient si bien méritée!

La mère Servent embrassa sa fille, et la pressa contre son cœur. Claire pleura à son tour. Bon, pensai-je encore, larmes de repentir sont toujours utiles à celle qui les répand.

Elles s'éloignaient, et je restais à la même place, absorbé dans mes idées. Je tâchais d'accorder nos penchans naturels avec les institutions sociales, ce qui n'est pas facile du tout, lorsque je me souvins que nous étions sortis par la porte qui ouvre sur la rue, et que celle du jardin était restée ouverte. A minuit, le villageois, fatigué des travaux de la veille, dort profondément. Cependant, au village comme à la ville, il est des gens qui trouvent très-commode d'avoir en une heure ce que le travail ne leur procurerait pas en un an, et il restait encore dans ce jardin beaucoup d'effets qui avaient servi à la fête, et qu'on avait jetés dans le premier coin, à l'instant où le ménétrier s'était fait entendre. Je n'étais qu'à cinquante pas de la maison d'Eustache, et je me décidai à y retourner.

Je rentrai dans le jardin, et je crus entendre quelque bruit. Je prêtai l'oreille, et je fus bientôt convaincu que quelqu'un s'était furtivement introduit dans le petit domaine de mon protégé. C'est peut-être, me dis-je, quelque malheureux qui manque de pain. Je suis en train de moraliser; je ferai encore un beau discours sur le respect dû aux propriétés; je lui donnerai quelques écus, et je le renverrai chez lui. Le feuillage, qu'agitait le coupable, m'indiquait sa route; je le suivis. Il allait du côté de la maison, toujours couvert par des branchages, qui ne permettaient pas à la clarté argentine de la lune de pénétrer jusqu'à lui. Il se découvrit enfin, et je vis un homme en chemise... ou peut-être Claire, qui avait encore trompé la vigilance de sa mère, et qui revenait où l'appelaient l'amour et le bonheur. Je m'avance... c'est bien elle, c'est Claire qui s'approche du volet d'où je l'ai entendue, et qui sans doute va prier Eustache de lui ouvrir. Je m'élance; je lui saisis le bras. « Il est bien extraordinaire, mademoiselle... » Ah, mon Dieu, c'est Fanchette! N'importe, je ne reculerai pas. Je suis monté sur un ton de sagesse qui éloigne toute espèce de danger.

« Fanchette, que faites-vous ici? — Il est si « doux d'imiter ce qu'on aime dans ce qu'il fait « de louable! — Par grace, Fanchette, ne parlons « pas de ces folies-là. — N'en parlons pas, mon- « sieur. Vous cherchiez Claire, et moi aussi. J'ai « pensé que fille sensible qui n'est, à minuit, ni « avec son père, ni avec sa mère, doit être avec « son amant. — Je l'ai pensé comme vous, Fan- « chette. J'ai trouvé Claire ici, et je l'ai rendue à « ses parens. — Qu'elle est heureuse, monsieur, « mille fois heureuse, puisque son bonheur est « votre ouvrage! — Fanchette, ne prenez pas ce « ton doux, tendre, enchanteur, qui va à l'ame, « qui l'agite, qui la tourmente. — Vous ne vous « apercevez pas, monsieur, que votre ton est à « l'unisson du mien. — Éloignons-nous au moins « de cette malheureuse maison; qu'Eustache ignore « que celui qui le prêchait il n'y a qu'un moment, « est bien plus coupable que lui. — Coupable! « Et de quoi donc? — Ne discutons pas, madé- « moiselle, séparons-nous. »

Je m'éloignai. Fanchette me suivit. Je l'enten- dais soupirer derrière moi. Si vous connaissiez Fanchette, vous sauriez quel effet devaient faire sur moi ces soupirs... Un air frais les portait à mon oreille ; écho d'amour les répétait dans mon cœur. N'importe, je doublai le pas : le gardien des mœurs publiques ne devait pas avoir de nouvelles faiblesses.

...J'entends toujours derrière moi ce pied léger, qui foule à peine l'herbe naissante de mai. Ce pied !... cette jambe !... mon imagination ne s'arrête pas. Si je me tourne, je suis perdu. Qu'entends-je ?... un faux pas, une chute ! une maudite bouteille vide l'a fait trébucher. Refuserai-je à Fanchette ce que j'accorderais à la dernière des inconnues, et la sagesse doit-elle être poussée jusqu'à la barbarie ? Elle se plaint, peut-être autant de ma dureté que du mal qu'elle ressent...
« Non, je ne suis pas un homme cruel. Relève-
« toi ; appuie ton bras sur le mien... » Déja je l'ai relevée ; déja je sens sa main sur mon cœur. Il semble que ce cœur veuille s'élancer hors de moi, pour s'aller unir au sien.

Que faire ? Elle marche difficilement ; je ne puis la quitter. Il y a une grotte dans ce jardin, elle s'y reposera un moment. Je n'y entrerai point ; je l'attendrai en dehors... J'y entrai, et il était grand jour, quand nous en sortîmes.

« Fanchette, qu'allons-nous devenir ? Être sur-
« pris avec vous, en sortant de cette maison, moi
« qui en ai arraché Claire ! Oh, c'est vous, c'est
« vous seule,... — Ne nous reprochons rien, mon-
« sieur. Entre nous, il n'y a de séducteur que l'a-
« mour. » Comme elle pense ! comme elle parle !

Serait-il vrai que les idées se communiquent comme le désir, et que, sans le chercher, sans s'en apercevoir, on apprend la langue de l'objet qu'on aime?

Voilà des réflexions qui viennent bien à propos. Il faut se tirer d'ici. La porte du jardin est ouverte, et peut-être les habitans ne circulent pas encore dans le village. Je lui prends la main; je l'entraîne après moi... « La porte est fermée; la « gâche a été fixée par deux ou trois gros clous de « charrette. Il est clair qu'Eustache est levé, qu'il « a fait le tour de son jardin... Oh, Dieu, Dieu, « s'il fût entré dans cette funeste grotte!... — Il y « eût trouvé des êtres heureux comme lui. — Quel « calme, mademoiselle, quelle indifférence! Elle « peut vous convenir à vous, qui n'avez rien à « perdre... — Depuis que je vous connais, mon- « sieur. — Pardon, mille fois pardon. Ma conduite « est celle de l'amour en délire; mes expressions « sont d'un barbare. Ah, dis-moi, répète-moi que « tu me pardonnes... » Elle m'embrassa.

« Fanchette, il faut pourtant sortir d'ici. — Eus- « tache s'est levé, monsieur, tourmenté par l'in- « quiétude, brûlant de savoir comment la mère « Servent a traité sa fille. Il est impossible qu'il « soit chez lui. — Qui t'a donc appris à connaître « le cœur humain? — Ne doivent-ils pas se ressem- « bler tous? Je n'ai étudié que le mien. Aurais-je « un moment de repos, si je craignais pour vous?

« — Mais nous parlons, nous parlons, et le temps

« s'écoule... Entends-tu la cornemuse du vacher
« du village? Va donc, ange de délices, ou de ma-
« lédiction, approche-toi de cette croisée, de cette
« porte, écoute; si tu n'entends rien, ouvre... si
« tu le peux. »

Le volet était poussé simplement; la croisée,
la porte étaient fermées. « Monsieur, il faut casser
« un carreau. — Cassez-le donc, Fanchette; je me
« sens incapable d'agir. »

Un caillou brise la frêle barrière. Elle s'élance...
elle a ouvert la porte de la rue. « Sortez, mon-
« sieur, séparons-nous. Nous rentrerons au châ-
« teau comme nous le pourrons; le jugement nous
« reviendra, lorsque notre mutuel isolement lui
« permettra de se reproduire. »

Je sors comme un fou qui s'échappe des Petites-Maisons; je cours, sans savoir où je vais...
Personne encore dans les rues! quel bonheur!...
Mais comment regagner mon appartement?... Si
on y entre avant moi?... Une chambre rangée; un
lit qui n'est pas défait... Oh, il y a de quoi perdre
la tête.

J'étais dans des transes mortelles, et pour compléter mon supplice, je rencontre, au détour
d'une rue... qui? l'aimante, la vertueuse Sophie,
pâle, défaite, pouvant à peine se soutenir. Elle
n'a pas dormi plus que moi; mais quelle différence! inquiétude, vœux, pureté de son côté; et
du mien... Je suis un misérable!

Mais renoncerai-je au cœur de la plus parfaite

des créatures, en lui dévoilant l'affreuse vérité, ou descendrai-je lâchement jusqu'au mensonge? J'ai menti avec facilité à la mère Servent : je rassurais une mère craintive; je conservais la réputation d'une enfant, sans expérience. Ici je vais mentir, parce que le vice a besoin d'un masque, et je ne suis pas assez dégradé pour être insensible à ce que ma position a d'humiliant.

« Ah, mon ami, quelle nuit j'ai passée! avec
« quelle douloureuse impatience j'attendais le jour!
« Deux de ces nuits-là encore, et je perdrais la
« vie et mon amour... Pardonnez-moi, mon Dieu,
« de le préférer à vous... Mais, dites-moi donc,
« cruel homme que vous êtes, où vous avez passé
« cette nuit? — Je sors de chez Servent. Claire est
« au sein de sa famille; elle dort à côté de sa mère,
« qui travaille. — Où avez-vous été? Qu'avez-vous
« fait? »

Elle ignore l'escapade de Claire. Ses parens n'en ont pas de connaissance positive, et d'ailleurs ils m'estiment assez pour croire que je n'en parlerai pas même à celle... A celle que tu adores, allais-tu dire, ingrat, perfide! Je ne dévoilerai pas la faute de Claire : mésestimer quelqu'un est un tourment pour Sophie.

Il faut pourtant répondre quelque chose. Je dirai... que dirai-je? « Claire était rentrée chez
« elle; je retournais au château. Un bruit affreux
« m'étonne et m'arrête; il partait de cette maison. »
J'indique du doigt la première qui s'offre à moi.

« Hé, mon ami, c'est celle du notaire. » Qu'a ce pauvre notaire à démêler avec moi? Je ne puis cependant me rétracter. « Le notaire se portait aux « dernières violences envers sa jeune femme, qui « pleurait, et demandait grace. Je frappe à coups « redoublés. On ouvre; j'entre, et je me déclare « le défenseur de l'épouse infortunée. On s'em- « porte, et j'oppose le raisonnement au soupçon, « la modération à l'aveugle fureur. On m'écoute, « on parvient à s'entendre, après des discussions « interminables. Le mari demande grace à son « tour. La jeune femme pardonne du fond de son « cœur. Je les quitte, et j'allais rentrer, heureux « d'avoir ramené la paix dans un ménage. »

Femme unique! Elle me comble d'éloges; elle me prend la main; elle passe un bras à mon cou; elle me sourit; elle oublie la fatigue et l'inquiétude; elle en est trop payée par la satisfaction de trouver son amant toujours plus digne d'elle. Meurs donc, tigre, qui fais couler ses larmes, et qui n'en taris la source qu'à force de bassesse et de fausseté.

Fanchette passe à côté de nous, et Sophie lui parle avec bonté. Combien ces marques d'affection, toujours répétées, ajoutent à ce que je souffre! Si Fanchette répond avec une certaine liberté d'esprit, je la méprise, je la déteste sans retour. Son embarras est égal au mien. Elle rougit, elle pâlit, elle balbutie, et c'est encore la femme incomparable qui la rend à elle-même. Sophie loue sa vigilance, sa prévoyance : elle porte un panier au bras... des œufs, du beurre frais, du fromage. Où a-t-elle été prendre cela?

Elle répond aux choses flatteuses que Sophie lui adresse, par une simple révérence. Elle s'éloigne, et je lui vois essuyer une larme... Est-ce le repentir qui la lui arrache? Peut-être est-ce la pitié qui la donne à celle que nous trompons tous les jours. Madame de Mirville inspirer de la pitié à Fanchette!

On était déja levé au château. Tout le monde m'y marquait de l'amitié, et on faisait courir Baptiste et André, pour savoir enfin ce que j'étais devenu. J'entre. Sophie me présente comme un de ces êtres rares qui honorent l'humanité. On plaisante sur le compte du notaire, et Sophie se fâche. On revient; on juge la chose de sang-froid; on me félicite; on m'applaudit. Supplice horrible! Suis-je coupable au point de l'avoir mérité?

Réfléchissez, jeunes gens, au nombre incalculable d'inconvéniens qu'entraîne l'inconduite. Pour masquer la mienne, je ne trouve, dans l'embarras où je me suis mis, d'autre expédient que de diffamer un homme, qui peut-être aime sa femme, comme Sophie mérite d'être aimée.

Je me jette dans mon lit, bourrelé de remords, et cependant mes yeux se ferment : j'étais excédé de toutes les manières. Le juste seul doit dormir d'un sommeil tranquille. Agité par des songes cruels, courbé sous la verge de ma conscience, j'expiais, loin de tout objet de séduction, le malheur de m'être laissé séduire... Séduire ! L'ai-je été ? Non. Mon misérable cœur va sans cesse audevant du sien.

Le sommeil le plus pénible calme le malheureux, le rend à lui-même et à la raison. A mon réveil, je me promis bien sincèrement de fuir Sophie, pour échapper à Fanchette. « Je gagnerai « la première poste à pied, puisque je ne peux « encore monter à cheval. Là, j'attendrai une oc- « casion pour retourner à Paris. Rendu chez moi, « j'écrirai à Sophie ; je prétexterai des affaires « inopinées, et peut-être m'aimera-t-elle assez « pour me croire sur ma parole : elle a cru... elle « a bien voulu croire... Vous riez, messieurs, de « mes scrupules, de mes combats. Recueillez-vous, « et si ensuite vous me trouvez ridicule, la na- « ture ne vous a donné que des sens. »

CHAPITRE XVII.

La Séparation.

Je me lève, bien décidé à partir, à partir sans le moindre délai, et, cette fois, ma résolution est inébranlable. J'éprouve le besoin de respirer un air frais, et j'ouvre ma croisée. Plusieurs voitures entrent dans la cour. Des femmes, des hommes, des malles... Hé mais, n'aperçois-je pas Georges, ce vieux valet de chambre qui m'a élevé, et qui vaut mieux que son maître? « Georges, « Georges, me voici, monte, et dis-moi ce que tu « veux. »

Il entre, il me remet une lettre de mon homme d'affaires; mes intentions sont remplies. La boutique est louée, garnie; le modeste ameublement est en place. Hélas! j'avais tout oublié près d'elle. Je ne me souvenais plus même des mesures que j'avais prises pour m'en séparer.

Une seconde femme de chambre arrive pour madame d'Ermeuil, une autre pour madame de Mirville; des effets en quantité pour toutes deux. Oh, Sophie, as-tu besoin des étoffes de l'Inde? n'es-tu pas assez belle de ta seule beauté?

Il y a aussi pour moi du linge, des habits, de l'argent. De l'argent! il peut servir à entretenir la paix de l'ame : il ne la fait pas recouvrer.

Comment lui apprendre qu'elle a un sort indépendant, qu'il faut qu'elle parte, qu'elle s'aille fixer rue Saint-Antoine, que je le veux, que je l'exige impérativement? Si j'annonce une éternelle séparation, elle ne voudra point partir; si je lui parle, je ne le voudrai plus.

Je vais lui écrire... Non, elle me cherchera, me trouvera, me gagnera : l'amour et le plaisir parlent, combattent pour elle. Je m'expliquerai avec Soulanges. Homme du monde, il sera indulgent, et en imposera à Fanchette par l'influence du rang... Que dis-tu? Quand elle t'a sacrifié ce qu'elle avait de plus cher, elle a cru se confier à un homme d'honneur; elle t'a rendu dépositaire de sa réputation. As-tu le droit de la lui ravir?

Mais le curé... Le curé est un homme, et il n'en est qu'un qui doive savoir que Fanchette...

Que ferai-je donc? En cherchant à classer mes idées, j'étais descendu au salon. Je m'y promenais machinalement, et j'avais pris, sans envie de les lire, un paquet de journaux qui venait d'arriver, et qu'un pur hasard avait fait tomber sous ma main. J'en parcourais un, en pensant à tout autre chose. Ce papier me servait de contenance, comme un éventail à une femme qui rougit ou qui veut en avoir l'air. Il m'arriva, je ne sais comment, de lire tout haut : L'abbé Aubry prêche demain à dix heures du matin, dans la cathédrale de Beauvais, et en lisant, je ne pensais pas plus à l'abbé Aubry qu'au Grand-Mogol.

« L'abbé Aubry! le premier prédicateur de l'Eu-
« rope! Quelle est la date du journal, mon ami?
« — Le 3 mai, madame. — Le 3 mai! c'est vrai-
« ment demain que l'abbé Aubry prêche, et je ne
« l'ai pas encore entendu!... Mais dites-moi, mon-
« sieur, pourquoi vous m'appelez madame? — Ce
« qu'on doit aux bienséances, à la société esti-
« mable qui nous écoute... On ne doit rien qu'aux
« bonnes mœurs, mon ami, et quand on paie
« rigoureusement cette dette-là, on peut se dis-
« penser des convenances. Mon ami, mon cher
« ami, je brûle d'entendre l'abbé Aubry. Vous
« me conduirez à Beauvais, n'est-il pas vrai? —

« Oh, avec un sensible plaisir. — Nous partirons
« après dîner. — De suite, si vous le voulez. —
« De suite, soit. Habillons-nous. Pendant le temps
« que nous donnerons à une toilette négligée,
« Baptiste nous trouvera des chevaux. Vous nous
« prêterez Baptiste, n'est-il pas vrai, comtesse?
« — Oh, très-volontiers. — Mon ami, nous arri-
« verons assez tôt pour voir le chœur de Beau-
« vais : c'est, dit-on, une des merveilles de l'église
« chrétienne. — Que sera-ce quand vous y serez?
« — Du sentiment, mon ami, et pas de pointes,
« je ne les aime pas, et vous avez assez d'esprit
« pour ne pas recourir à de pareils moyens. Allez
« donc vous habiller. Me promènerez-vous dans
« Beauvais, en veste de nankin et en culotte de
« peau? — Chère Sophie, je vole et je reviens. —
« Comtesse, ce soir nous visitons la cathédrale,
« demain nous entendons le sermon de l'abbé
« Aubry, et nous revenons à l'heure du dîner,
« pénétrés de l'éloquence, de l'onction de l'ora-
« teur. — Prenez garde, madame, prenez bien
« garde. On dîne ici à quatre heures précises, et
« vingt minutes de retard dessèchent un rôti, ou
« forcent le chef à le laisser refroidir. » L'observation est de l'oncle Antoine.

Je n'ai donc plus besoin de prétextes pour
m'éloigner de ce château. Je vais en partir avec
la seule femme qui soit au-dessus de Fanchette
qui puisse me la faire oublier... L'oublier! La
fuir ; oui, sans doute; l'oublier! jamais.

Me voilà dans mon appartement. Georges apprête ce qu'il me faut, et j'entre dans ma chambre à coucher. Maintenant je peux lui écrire ; je ne quitterai plus Sophie d'une seconde. Je ne serai plus exposé aux charmes tout-puissans de ses regards ; je ne craindrai plus ses soupirs, ses tendres plaintes... Mais elle ? que va-t-elle penser, combien va-t-elle souffrir ? pauvre Fanchette !... pauvre moi !

Je tâche de me monter la tête. Je m'arme de la plume cruelle qui va rompre toutes nos relations. Je cherche des expressions austères comme mes motifs. Je relis ce que je viens d'écrire... C'est l'amour qui soulève un coin de son bandeau. C'est toujours l'amour.

Je déchire, je recommence, je déchire encore. Enfin je m'en tiens à ceci : « Nous nous sommes « égarés l'un et l'autre, chère Fanchette, et nous « pensons trop bien, tous deux, pour ne pas ab- « jurer une erreur de cette nature. Je quitte ce « château, pour n'y rentrer que lorsque vous en « serez sortie. Il est inutile de prendre congé de « madame d'Ermeuil, d'emporter les effets que « vous avez ici. Vous trouverez, dans l'asile que « je vous ai fait préparer, ce qui est nécessaire « aux besoins présens, et je vous ai ménagé des « ressources pour l'avenir. Si elles se trouvent in- « suffisantes, je pourvoirai à tout.

« Mon domestique vous conduira. C'est un « garçon discret, qui ne vous fera pas de ques-

« tions, par cela seul que je ne lui aurai pas or-
« donné de vous en faire.

« Partez avec lui, aussitôt qu'il vous remettra
« la présente. Partez, je le veux... » Je le veux!
oh, quelle expression!... Pas de ménagemens. Il
est des circonstances où, pour frapper juste, il
faut frapper fort. « Partez, je le veux, et vous
« n'avez que ce moyen de conserver mon estime. »

Mon estime! Hé, oui, mon estime. Comme
elle a fort bien dit : Entre jeunes gens, il n'y a
de séducteur que l'amour.

« Georges? — Monsieur? — Connais-tu déjà ici
« une femme de chambre qui se nomme Fan-
« chette? — Oh, monsieur, il suffit de l'entrevoir
« pour s'informer de son nom. C'est la fille la
« plus séduisante... — Ce n'est pas de cela qu'il
« s'agit, Georges. Un de ses parens éloignés, mon
« intime ami, m'a écrit de Marseille, et me charge
« de lui faire parvenir des secours. Fanchette en-
« tend le commerce de mercerie, et j'ai chargé
« mon homme d'affaires... — J'entends aussi,
« monsieur, et c'est pour elle qu'il a loué cette
« jolie petite boutique, rue Saint-Antoine. Toute
« autre que mademoiselle Fanchette me devrait
« des remercîmens. J'ai eu un mal, pendant deux
« jours, à faire porter, à ranger! mais quand on
« la voit, on est payé de ses peines.

« — Mon ami, mon ami, descendez donc; les
« chevaux sont mis, et vous ne finissez pas. —
« Je descends, chère Sophie.

« Georges, voilà le bail, les quittances des
« fournisseurs, du receveur du droit de patente,
« et les clés du nouveau domicile de Fanchette.
« Dès que je serai parti, vous la prendrez à l'écart,
« vous lui remettrez tout cela; ensuite vous lui
« donnerez cette lettre. Vous la laisserez maîtresse
« absolue du parti qu'elle voudra prendre. Pro-
« bablement elle vous proposera de l'accompagner
« jusqu'à la grande route. — Je le lui proposerai,
« moi, monsieur. — A la bonne heure. Vous en-
« trerez avec elle dans une auberge décente, et
« vous la ferez monter dans la première diligence
« qui passera pour Paris. Vous viendrez ensuite
« me trouver à Beauvais, à l'hôtel de la Tête-
« Noire. »

Je descends; je rencontre Sophie, qui, dans son impatience, vient au-devant de moi. Je lui présente la main; nous descendons, nous traversons rapidement le vestibule... Fanchette est sur les degrés de la cour. Elle est partout, cette Fanchette! Mais ma Minerve et son égide sont à côté de moi. Cependant il faut détourner les yeux, ou aller révoquer mes ordres, déchirer ma lettre, me condamner à d'interminables faiblesses. C'est au moment même où mon cœur brisé se révolte contre ma raison, que je m'arme d'un courage stoïque. Je porte Sophie dans la calèche; je m'élance après elle; Baptiste pique les chevaux. Je lui crie de fouetter plus fort. Je m'éloigne avec rapidité, et à chaque temps de galop, je sens que j'ai laissé derrière moi la moitié de ma vie. J'ai l'autre auprès de moi. Ah, Sophie, c'est pour toi seule que je veux vivre; mais, égards pour le malheur; tendre intérêt pour ma victime! Hé, ne suis-je pas aussi la sienne? Ah, s'il n'existait pas une Sophie, je terminerais tant de souffrances, de combats. J'oserais être heureux, en dépit des préjugés, à la face de l'univers.

« Mon ami, à quoi pensez-vous donc? — Chère « Sophie, je jouis du spectacle de la nature ra- « jeunie. » La nature, la pluie, le beau temps, sont les heureux échappatoires de ceux qui n'ont rien à dire, ou qui ne veulent pas dire ce qu'ils pensent.

Sophie suit cette première donnée, elle admire tout, et dans la moindre fleurette elle adore le créateur. Ah, c'est dans Sophie qu'il faut le reconnaître et l'adorer... Et Fanchette!... Il a fait deux chefs-d'œuvre.

Il n'y a que trois lieues du château d'Ermeuil à Beauvais. Nous allions d'un train à les faire en trois quarts d'heure. La rapidité de la course, le bruit des roues, ne nous permettaient pas de tenir une conversation suivie, et j'avais tant de besoin de pouvoir parler à moi seul!

Nous arrivons. Nous voilà dans la cour de la Tête-Noire. L'hôte, l'hôtesse, leurs gens ne laissent rien à faire à la femme de chambre de Sophie. Ils nous aident à descendre; ils s'emparent de nos paquets; ils les portent au plus bel appartement. Cet appartement-là doit être payé cher, n'y passât-on qu'une heure, et n'y prît-on qu'un œuf frais. Tout le monde va, vient autour de nous ; on cherche à lire sur nos figures combien rapportera l'honneur de nous recevoir. C'est une bien belle auberge que celle de la Tête-Noire ; beaucoup plus belle que celle de l'Aigle-Impérial de Chantilly... Mais à l'Aigle-Impérial, il y avait une Fanchette ! Ici l'amour ne fera pas un temple d'un grenier à foin.

On nous demande si nous voulons être servis chez nous. Il y a donc dans cette auberge une table d'hôte. J'engage Sophie à descendre. Satisfait de moi-même, heureux, à ce qu'il me semble, d'avoir rompu avec Fanchette, j'éprouve cependant un certain fonds de tristesse, qui s'oppose à ce doux abandon, dont j'ai contracté l'habitude avec Sophie. Elle décide que nous dînerons dans notre appartement. Je me soumets.

Elle renvoie Caroline... Vous savez bien ? cette femme de chambre arrivée ce matin. Me voilà seul avec elle. Quel prétexte trouverai-je donc, qui m'autorise à garder le silence, moi qui ai toujours tant de choses à lui dire ?... Une migraine. Oui, une migraine ; cela prend comme un coup de feu, et se passe à volonté : n'est-il pas vrai, mesdames ?

J'allais porter la main à mon front : « Mon ami, « me dit-elle, vous savez combien je vous aime, « combien je vous estime. Je ne me défie ni de

« votre volonté ni de la mienne ; mais la jeunesse
« et l'amour sont deux séducteurs, devant qui
« disparaissent les résolutions les plus sages...
« Nous l'avons éprouvé, cher ami. De quoi s'en
« est-il fallu que nous devinssions coupables? J'ai
« ordonné à Caroline de ne me pas quitter un
« moment pendant ce petit voyage. Je vous de-
« mande pardon d'avoir cru cette mesure néces-
« saire, et je vous prie de n'y voir qu'une preuve
« nouvelle du sentiment exclusif, invincible qui
« m'unit à vous.

« J'ai pensé qu'il était inutile que cette courte
« explication se fît en présence de Caroline : faites-
« moi le plaisir de la rappeler. »

J'y courus, moi qui, dans toute autre circonstance, aurais maudit cette Caroline, qui la maudirai peut-être dans deux heures... Oh, quel cœur que le mien !

Nous nous mettons à table. Elle conserve son ton doux, tendre, moelleux, ce ton qui va à l'ame, et qu'elle seule sait entendre. Elle parlait comme si nous étions seuls. Elle veut aimer; elle veut le dire hautement ; elle consent que tout l'univers le sache ; elle permet les interprétations; elle ne les craint pas : son amour et sa conscience, que lui faut-il de plus ?... Oh, quelle femme ! Sa candeur, sa franchise ne permettent pas au soupçon de naître. Une autre, qui se conduirait ainsi, ne chercherait qu'à plaire, à attirer par des aveux, à fixer par des privations. Elle est incapable de rien calculer. Elle fait tout par le sentiment intime du bien et du mal. Son amour est plus que sa vie; sa vertu lui est plus chère que son amour.

J'abrégeai le dîner, sous le prétexte qu'il faut voir au grand jour les détails minutieux de l'architecture gothique. Elle prit mon bras, et Caroline, soumise à ses instructions, marchait à côté d'elle. Elle a l'air étonné, cette Caroline, et vraiment il y a de quoi l'être. Aimer avec passion, et se faire garder à vue, c'est ce qu'on ne voit pas tous les jours.

Nous passâmes deux heures, au moins, dans la cathédrale. Je paraissais regarder tout avec une extrême attention, et je ne voyais dans ce chœur qu'une Madeleine. Qu'elle est belle, cette Madeleine! Elle est plus, elle est jolie... Jésus lui pardonna; qui ne pardonnerait à Fanchette?

Lorsque nous rentrâmes, Sophie me rappela que j'avais bien mal passé la nuit précédente... Une nuit! hélas, c'était la troisième. Elle m'engagea à me retirer chez moi. « Mon ami, Caroline « s'asseoira près de mon lit; je lui parlerai de « vous : ce sera presque vous avoir avec moi. »

J'avais besoin de me reposer; j'avais besoin d'être seul. Je pris la main de Sophie, je la baisai. Elle m'embrassa tendrement. Pourquoi ce baiser-là ne fit-il pas l'effet rapide et brûlant de ceux qu'elle m'avait précédemment accordés?... Ah, Fanchette, Fanchette!

Il était temps que je me retirasse. J'étais à peine

dans ma chambre, que Georges y entra. Recommander la discrétion, c'est avouer qu'on a des ménagemens à garder, ou quelque chose à craindre. Je n'avais ordonné le secret sur rien; aussi Georges s'approchait de moi, une lettre à la main, et il avait nommé Fanchette avant d'avoir refermé ma porte... Oh, s'il m'eût trouvé chez Sophie !

« Hé bien, Georges ? — En vous quittant, mon-
« sieur, j'ai entrevu mademoiselle Fanchette, dans
« le bosquet qui est au bout du jardin de la com-
« tesse. J'ai été l'y trouver. — Après ? — Elle s'é-
« tait assise. Une main couvrait la plus jolie pe-
« tite figure... — Pas de détails. Poursuivez. — Je
« lui ai remis les clés, les papiers et votre lettre.
« En la lisant, elle a pleuré. — Elle a pleuré,
« Georges ? — Oh, monsieur, de manière à fendre
« un cœur de rocher. J'ignore ce qui pouvait l'af-
« fliger ainsi. — Je le sais, moi, je le sais. — Il le
« veut, a-t-elle dit en sanglottant; il l'ordonne;
« j'obéirai. Mais trois jours, trois jours seulement !...
« Et puis du galimatias où je n'ai rien compris.
« — Mais finissez donc. Où est Fanchette, en ce
« moment ? — Sur la route de Paris, monsieur. —
« Sur la route de Paris ! — Je lui ai fait part des
« instructions que vous m'avez données : elle m'a
« suivi sans résistance. — Vous a-t-on vu sortir du
« parc avec elle ? — Personne, monsieur; et nous
« ne connaissons personne à l'auberge où elle a
« attendu la diligence. J'ai voulu lui faire servir
« quelque chose; elle a tout refusé.

« Sur un coin de la table où je lui avais fait
« mettre un couvert, elle a vu du papier, une
« plume et de l'encre, et elle a écrit cette lettre,
« qu'elle m'a dix fois prié de vous rendre bien
« exactement. — Hé, voyons-la donc cette lettre,
« homme sans pénétration. — Hé, monsieur, je
« vous la présente depuis que je suis entré chez
« vous. »

Homme sans pénétration! Si les valets sentaient la bassesse de leur condition ; s'ils étaient capables de se venger du caprice, de la dureté, du mépris, en osant lever les yeux sur nous, en démêlant au fond de nos ames la faiblesse, le vice, à travers le misérable vernis qu'on appelle le bon ton, quelle différence y aurait-il du maître au valet? celle qui existe entre un habit doré et une veste de gros drap.

« Georges, retirez-vous. — Monsieur n'a pas be-
« soin ce soir de mes services?—Non... Ah, Geor-
« ges? — Monsieur?—Si demain, au château d'Er-
« meuil, vous entendez parler de Fanchette, vous
« ne direz rien de ce que vous savez.—J'entends,
« monsieur, il y a du mystère. — Vous souriez,
« en prononçant ces mots; vous y mettez de la
« malignité, je crois?—Moi, monsieur?—Vous.
« Au reste, je n'ai rien à me reprocher.—J'en
« suis persuadé, monsieur. — C'est assez, laissez-
« moi. »

Il a levé les yeux sur moi. Il a voulu me pénétrer; il y a réussi, peut-être : le coupable est

UNE MACÉDOINE.

toujours puni, ne fût-ce que par la crainte de l'être.

La voilà cette lettre, écrite dans un moment d'angoisse : le papier a été mouillé de ses pleurs. Je brûle de la lire ; je frissonne en l'ouvrant.

« Monsieur,

« Vous ne m'avez rien promis, j'en conviens.
« Cependant j'ai dû compter sur les égards dont
« un homme, tel que vous, ne saurait s'écarter,
« même avec une inconnue, et vous avez froissé,
« brisé, sans compassion, un cœur qui ne battra
« que pour vous. Je ne vous avais donné d'autres
« droits que ceux de l'amour heureux, et vous
« vous permettez, en y renonçant, de disposer de
« mon sort à venir en maître absolu ; vous m'a-
« dressez les ordres les plus durs ; vous me les trans-
« mettez par votre domestique : voilà ce que je
« ne conçois pas.

« Vous vous persuadez que je n'ai besoin que
« d'une existence pour vous oublier, et retrouver
« ma tranquillité. Ce que je vous ai donné est
« sans prix, et ne se paie pas avec de l'argent.

« Au reste, vous m'avez bien jugée. Vous m'a-
« vez crue capable de vous sacrifier plus que ma
« vie, et cette idée a pour moi quelque chose de
« consolant. Il est consommé ce sacrifice que vous
« avez exigé. Puisse-t-il assurer votre bonheur !
« Puissiez-vous ne jamais me regretter ! »

Elle a raison, elle a raison. En l'abandonnant, avais-je des ordres à lui donner? devais-je charger un valet de leur exécution? Je l'ai humiliée de toutes les manières. Ma conduite me déshonore à mes propres yeux. Un vain repentir ne réparera pas les outrages que je dois lui faire oublier. Je prends la poste à l'instant. Je cours rue Saint-Antoine; je dépouille tout ce qui tient à de vaines considérations; je tombe à ses pieds, je lui demande grâce; je ne me relève qu'après lui avoir entendu prononcer le pardon... Si je la vois, je n'ai plus la force de m'en éloigner; je perds le fruit de mes combats, de mes efforts; vaincu par ses charmes, par ses pleurs, je me donne à elle sans retour; je déchire le cœur de Sophie; j'élève entre elle et moi une insupportable barrière... Sophie!... Fanchette!... Je ne sais quelle est celle que je dois préférer; j'ignore quelle est celle que j'aime le plus.

Quoi, parce que madame de Mirville a un rang dans le monde, une fortune brillante... Elle a d'ailleurs tout ce qui peut assurer la félicité du plus délicat et du plus exigeant des hommes... Mais Fanchette, dépouillée du prestige du rang et de la fortune, est une femme aussi, une femme charmante, qui a tout fait pour moi, et je ne dois rien à madame de Mirville... C'en est fait, je pars.

... Malheureux! tu ne dois rien à madame de Mirville, et elle t'adore! et le monde, et les préjugés, et les convenances, veux-tu tout braver à la fois ! Fait pour être utile à ton pays, pour prétendre à tout, passeras-tu ta vie, obscur, oublié, entre les bras d'une femme que tu cesseras d'aimer un jour, puisque cesser d'aimer est un malheur attaché à la condition humaine? Tes yeux s'ouvriront alors. Quels seront ton dédommagement, ta consolation?... Je reste. Il n'est qu'une sorte d'amour pour l'homme qui se respecte; c'est celui qu'il peut avouer publiquement.

Cette lettre... cette lettre ! Elle est encore dans mes mains ! Je ne peux m'en détacher... Si je la relis, je pars... Je la brûle.

« Georges ! » Et en l'appelant, je sonne à casser sonnette et cordon. Il entre à demi déshabillé. « Mettez-moi au lit. Emportez mon habit, ma « malle, tout ce qui est à mon usage. Demain, de « très-bonne heure, vous déploierez, vous épous-« seterez tout, et je vous demanderai ce que je « voudrai mettre. Ces bottes... ces bottes surtout, « emportez-les. — Elles sont cirées. — Empor-« tez-les, vous dis-je. »

Il ne me reste qu'un caleçon. Me voilà dans l'heureuse impossibilité de partir, à moins que je descende jusqu'à laisser voir mon extravagance à Georges, qui peut-être n'en a déja que trop vu.

Je me jette dans mon lit. Je me tourne, je me retourne; le sommeil semble me fuir. Sophie et Fanchette m'obsèdent sans cesse. Elles sont là. Je les vois, brillantes d'attraits et d'amour... Oh, grace, grace. Éloignez-vous, images adorées. Que je puisse reposer quelques heures, recouvrer ma raison et mon jugement.

CHAPITRE XVIII.

Le sermon.

Il est venu, ce sommeil réparateur, qui rafraîchit le sang, qui calme l'infortuné. Les douleurs de la veille sont déja loin de moi; il n'en reste qu'un souvenir, que je m'efforce d'éloigner. Je vais entrer chez Sophie, la voir, l'entendre, lui parler, prendre de nouvelles forces, tout oublier près d'elle.

J'étais attendu : le déjeuner est servi. Je me place vis-à-vis d'elle. Qu'elle est bien dans son déshabillé du matin! Point d'ornemens superflus, rien qui annonce les efforts, si souvent inutiles, de l'art. Elle est belle de sa seule beauté, et elle n'est comparable qu'à elle-même... si ce n'est pourtant à F........ Ne prononçons plus ce nom-là.

Nous voilà chez nous; nous sommes à notre aise, nous avons l'air d'être à notre petit ménage. Elle change d'assiette avec moi; je prends son verre, elle prend le mien. Le morceau que j'ai touché lui paraît le meilleur; le meilleur vin est celui qu'elle a goûté. Je retrouve des idées, des mots, et le mot que je viens de dire en amène un autre plus heureux : elle y a si tendrement répondu !

Elle est toute à l'amour, et cependant elle n'a pas oublié le prédicateur à la mode. Quelle figure a cet abbé Aubry? Son organe est-il pur? son geste noble? Mérite-t-il enfin sa réputation? C'est ce que nous allons voir.

Je vais écouter un sermon tout entier, un sermon en trois grands points! En eût-il six, qu'importe? Je serai auprès d'elle, et l'ennui ne l'approche jamais.

Caroline lui fait observer qu'elle n'a que le temps nécessaire pour s'habiller. Il faut que je sorte, c'est tout simple. Je monte chez moi, et j'appelle Georges. Je ne suis pas connu à Beauvais; je vais conduire une femme qui fixera tous les regards; je suis bien aise de ne pas trop la déparer : je choisis ce qu'il y a de mieux dans ma garde-robe de campagne.

Vouloir se faire juger sur son habit, c'est avoir une assez mince idée de soi-même; c'est user d'une ressource bien ordinaire; c'est être la plate copie de plus plats originaux. Mais, après tout, sur quoi jugerait-on un homme qu'on ne connaît pas, et qui ne peut faire valoir un peu d'esprit, puisqu'il est réduit à écouter, sans pouvoir répondre? Ma foi, je dirai comme tant d'autres : Oh, mon habit, que je vous remercie !

Sophie est parée, très-parée. L'amour de Dieu s'accorde fort bien avec l'amour de soi. Ces deux amours-là n'en font peut-être qu'un. Peut-être n'aime-t-on Dieu que par le besoin qu'on croit en avoir, ou par le plaisir qu'on trouve à aimer quelque chose. Semblable aux rois, il est rarement aimé pour lui-même.

Caroline aussi a fait un brin de toilette... Elle n'est pas mal du tout cette Caroline... A quoi vais-je penser?

Nous partons. Je m'aperçois bientôt qu'on nous remarque, qu'on nous suit. Les jeunes gens de Beauvais sont connaisseurs, et je les en félicite.

«Oh, la jolie femme, dit l'un; charmante, céleste, répond l'autre.» Ces exclamations sont jetées à demi-voix; mais de manière à ce que Sophie ne perde pas un mot. A Beauvais, comme à Paris, un jeune homme sait qu'une jolie femme pardonne aisément à l'imagination qu'elle exalte. Moi, j'étais enchanté que le suffrage universel justifiât mon choix. Je cherchais à mettre, dans ma démarche, l'aisance d'un homme du grand monde, et je crois que j'annonçais, malgré moi, la fierté d'un conquérant.

Comment donc! les femmes s'en mêlent aussi! Elles paraissent même louer avec franchise. Des femmes rendre franchement justice à la beauté! Sophie est donc bien belle, ou les femmes de Beauvais sont faites autrement qu'ailleurs.

Et moi aussi j'obtiens ma part d'éloges! oh, c'est bien fort. J'entends murmurer derrière nous: Oh, le joli couple! qu'ils sont bien assortis! quel dommage s'ils n'étaient amans ou époux! Sophie rougissait jusqu'au blanc des yeux. Je sentais que je me tenais plus droit qu'à l'ordinaire.

Nous entrons à la cathédrale. Mêmes murmures, mêmes signes d'approbation. On s'écarte, par un mouvement naturel et général; on nous ouvre un passage. Peut-être ces prétendues marques d'attention, cet hommage, qui me paraît involontaire, n'expriment-ils que ces égards qu'on accorde si facilement à des étrangers à qui on veut donner une certaine opinion de son urbanité... Mais non. Nous voilà assis, et un demi-cercle se forme devant nous. Les jeunes gens qui nous suivaient se placent vis-à-vis de Sophie. Ils la regardent..., ils la regardent!

A travers quelques voiles très-clairs... Ce meuble-là a été imaginé sans doute pour cacher les rides naissantes, et rendre, par un reflet heureux, au teint passé ou refait, le pouvoir de faire quelques dupes d'un moment. Les femmes sur le retour entendent leurs intérêts. Elles ont fait faire ces voiles assez riches, pour qu'Hébé elle-même consente à sacrifier, au luxe, une partie de ses avantages, et quand la maman gagne en proportion de ce que perd sa fille, tout est à peu près égal... A travers donc quelques voiles très-clairs, je surprenais des yeux constamment fixés sur moi. Ces yeux-là avaient-ils quarante ans, n'en avaient-ils que vingt? N'importe; il est toujours flatteur d'inspirer de l'intérêt... Ah, mon Dieu!

je crains bien que l'abbé Aubry ne soit écouté que de Sophie, qui peut-être encore n'en aura que l'air.

Il paraît; il commence. Petit, maigre, sans organe, sans noblesse dans son débit, homme de beaucoup d'esprit, mais toujours au-dessous du sublime qui convient à la chaire, il me paraît valoir moins que sa réputation. Des réputations! Hé, ne s'en fait-on pas à Paris comme on veut? Voyez la belle Limonadière et les Cendrillons.

Il prêche sur la continence. Et moi aussi j'ai prêché la continence à Claire: puisse l'abbé Aubry la pratiquer mieux que moi!

Il a fini; il nous a donné sa bénédiction d'un petit air assez leste. Nous nous levons, et nous voyons, dans un banc en face de la chaire, l'évêque de Beauvais, qui ressemble un peu aux vieilles filles, qui, ne pouvant se marier, se consolent en faisant des mariages. Il avait marié madame de Mirville; il la reconnut d'abord, et la salua, avec des marques de considération, qui n'échappèrent point à l'auditoire. Une femme charmante, qui paraît riche, et qui est considérée de monseigneur! Nous n'avions obtenu jusqu'alors que des éloges; en nous approchant du banc, nous recevions, de droite et de gauche, de grandes révérences, que nous ne pouvions rendre qu'en gros. A peine avions-nous salué monseigneur, que son banc fut entouré de ce qu'il y avait de plus distingué dans la ville. Je ne sais quelle part s'attribua le prélat dans cet empressement général ; mais je suis certain que Sophie en était l'unique objet. Il est si naturel de vouloir connaître si la douceur de l'organe, si la fraîcheur et le charme des idées répondent aux graces de la personne qu'on voudrait trouver accomplie !

Monseigneur nous fit l'honneur de nous engager à dîner. Sophie me regarda d'un air qui voulait dire : Qu'en pensez-vous? Je n'aime pas les dîners qui m'honorent, les dîners théologiques surtout. Je tournai à monseigneur un compliment, qui parut lui plaire beaucoup, quoiqu'il servît d'enveloppe à un refus positif. Je surpris un sourire d'approbation sur des lèvres voilées et non voilées : ces dernières sans doute n'étaient pas les moins fraîches, et je sortis du temple du Seigneur, aussi vain que le prédicateur qui venait de prêcher; qu'une vieille coquette à qui on adresse quelques douceurs; qu'un jeune officier qui prend sa première épaulette; qu'un avoué dont le mémoire de frais n'a pas été réduit par la chambre; qu'un petit abbé qui a opéré une conversion; qu'un vieux mari qui se croit adoré de sa jeune femme; qu'un pauvre honnête homme qui a refusé la fourniture d'une armée; qu'un auteur qui vient de réussir; qu'un sot qui se croit du mérite; que toute une société littéraire; qu'une femme auteur; qu'un comédien, etc., etc.

Nous sommes remontés dans notre calèche, et je presse Baptiste d'avancer, parce qu'il faut prévenir une scène inévitable, si le rôti est froid ou brûlé.

Mademoiselle Caroline est sur le devant, et je ne peux adresser un regard à Sophie qu'il ne soit intercepté. A l'auberge que nous quittons, Caroline allait et venait par la chambre; sa présence n'avait rien de trop incommode; elle est trop près ici. Elle me gêne, elle m'embarrasse; je ne sais quelle contenance prendre. Oh, quand nous serons au château, je la ferai reléguer dans son cabinet. Il n'y a plus de robes à arranger pour Sophie; rien à faire pour la comtesse. Chacun sera à sa place.

Baptiste oublie de temps en temps qu'il est cocher. Il regarde ce qui se passe dans la calèche... Non, c'est Caroline qu'il veut voir. Le coquin ne manque jamais de l'avertir du coude qu'il va se tourner; Caroline ne manque jamais de saisir le moment. Je le saisis aussi, moi; je presse la main de Sophie sur mon cœur; tout le monde est occupé. Le goût naissant de Baptiste est tout à mon avantage : je lui pardonne celui-ci.

Il faut que les yeux de Caroline aient bien du charme, car ceux de Baptiste se portent continuellement du chemin à Caroline, et de Caroline au chemin... Pan! un cahot, qui le fait sauter du siége sur le pavé... Crac, les chevaux qui s'effraient, qui s'emportent... Bon! Caroline, qui feint de trembler pour elle-même, qui craint pour M. Baptiste, qui s'élance, et qui entraîne les rênes après elle... Que diable, n'ont-ils pas aujourd'hui, demain, après demain, pour se faire l'amour... Il me convient bien de m'ériger en modérateur des passions !

Me voilà seul avec Sophie, et j'en suis enchanté. Si la voiture verse, je la prends dans mes bras, je m'expose à la violence de la chute... Me voilà à terre ; j'ai reçu le coup. Je me suis cassé un bras, ou une jambe ; mais j'ai épargné jusqu'à une meurtrissure à l'objet que j'idolâtre. J'en serai plaint ; je lui serai plus cher ; la reconnaissance se joindra aux sentimens qui font le bonheur de sa vie ; elle cédera au besoin de soulager un cœur qui ne pourra plus suffire aux sensations dont il sera surchargé ; elle m'épousera ; elle s'en applaudira, parce que je serai toujours digne d'elle.

Bah ! rien de tout cela. Une oie est toujours une bête, et un cheval de charrette une rosse. Nos deux mazettes, qui couraient à tout rompre, s'arrêtent tout à coup, sur le revers du fossé, et se mettent à paître avec la tranquillité et la gourmandise du roussin de Sancho. Je descends, je relève les rênes, et je vois, derrière nous, mademoiselle Caroline et M. Baptiste, bras dessus, bras dessous, tout à leurs affaires, et s'inquiétant fort peu des miennes... Ma foi, à leur place, j'en aurais fait tout autant.

Sophie voit tout, sans se douter de rien : les anges ignoreraient l'existence du mal, s'ils n'avaient été témoins de la chute du mauvais génie.

Mais Sophie s'impatiente; elle appelle, elle gronde doucement sa femme de chambre. Moi, je n'ai rien à dire à Baptiste... depuis qu'il fait l'amour à Caroline, le drôle! je parierais qu'en un quart d'heure, il a plus avancé que moi, depuis notre départ de Paris. C'est une bien belle chose, une chose bien respectable que la vertu... Le plaisir ne vaut-il pas mieux ? Oh, non, non. L'abbé Aubry vient de nous assurer le contraire. Le prédicateur à la mode ne se trompe jamais.

CHAPITRE XIX.

La calomnie.

Du Reynel était en vedette sur le balcon, tremblant sans doute pour le dîner. Il vient au-devant de nous, d'un air riant; il présente la main à Sophie. « Vous aviez encore une heure, « nous dit-il; mais s'il faut que quelqu'un at- « tende, il vaut mieux que ce soit vous que le « chef. » Nous cherchâmes la comtesse; personne ne put nous dire où elle était : je crus fort inutile de demander Soulanges. Sophie ne cessait de répéter qu'elle voulait leur donner le bonjour à tous deux. Je la conduisis partout où j'étais sûr qu'ils n'étaient pas : pardonnons une faiblesse à qui sait être tolérant. Les méchans seuls n'ont pas le droit de faillir.

Ils reparurent enfin... un peu chiffonnés. La

comtesse sourit, en me voyant; elle rougit en regardant Sophie. Prédicateur et prédication à part, la vertu aimable a un ascendant, auquel il est impossible de se soustraire.

Nous étions tous cinq assez contens de nous et des autres, et nous nous mîmes gaiement à table. Jamais je n'ai vu du Reynel d'aussi belle humeur. Il est vrai que tout était assaisonné et cuit à un degré de perfection, auquel le meilleur cuisinier n'est pas sûr d'atteindre deux fois dans l'année. « Messieurs, nous dit le gros gar-
« çon, dans son enthousiasme gastronomique, les
« uns aiment le sermon; les autres, je ne sais
« quoi; moi j'ai la passion de la célébrité, et pen-
« dant les cinq à six heures, que j'ai passées seul
« hier et ce matin, j'ai imaginé, j'ai créé un plan...
« — De fortifications, d'attaque, de défense? —
« Bien mieux que cela, mon cher Soulanges. —
« Mieux que cela! vous éclipserez les plus grands
« hommes de France. — Je le sais bien, parbleu.
« Je perds de réputation les frères Provençaux.
« J'offre, à la sensualité, une réunion de mets,
« qu'on n'a encore vue nulle part. Voici le menu
« du repas de noces d'Eustache. Les vieillards en
« parleront avec admiration à leurs arrière-petits-
« enfans. Écoutez bien. » Il tire de sa poche et déroule une longue bande de papier, il lit :

Hors-d'œuvres.

Beurre et sardines de *Bretagne*; andouillettes

de *Châlons*; anchois, olives, thon mariné de *Marseille*; saucisson de *Lyon*; huîtres de *Cancale*.

Potages.

A la julienne, aux herbes, au riz, au vermicelle.

Vingt livres de bœuf de *Poitiers*.
Moutarde de *Dijon*.

Entrées.

Turbot de *Dieppe*; oie farcie d'*Alençon*; anguille d'*Amiens*; pieds de cochon de *Sainte-Menehoult*; chapon de *Bourg en Bresse*; saumon de *Coblentz*; terrine de *Nérac*; pâté de foie gras de *Strasbourg*; pâté aux perdrix truffées d'*Angoulême*.

Rôtis.

Dinde aux truffes de *Périgueux*; rognon de veau de *Pontoise*; coq-vierge de *Bolbec*; perdrix rouges du *Querci*.

Entremets.

Galantine d'*Angoulême*; écrevisses de *Dijon*; macaronis de *Bergame*; gâteaux d'amandes de *Pithiviers*; tourte à la frangipane; tourte à la gelée de groseilles; tourte à la marmelade d'abricots; tourte à la gelée de pommes de *Rouen*. Ces quatre derniers articles de chez *Rouget*.

Dessert.

Épine-vinette de *Bar*; fruits secs de *Brignolles*; fromage de *Roquefort*; figues de *Marseille*; mirabelle de *Metz*; raisinet de *Perpignan*; poires-tapées de *Limodin*; pruneaux de *Tours*; dragées de *Verdun*; confitures de *Dijon*; pain d'épices de *Reims*; fruits en pâte du *Puy-de-Dôme*; vingt assiettes de menue pâtisserie de chez *Rouget*.

Vins.

De *Beaune*, de *Tonnerre*, de *Pomare*, de *Vougeot*, de *la Romanée*, d'*Aï*, d'*Arbois*.

Liqueurs.

De *Blois*, de *Grenoble*, de *Montpellier*, de *Niort*, de *Nîmes*, de *Verdun*, de *Bordeaux*.

« Observez que je n'emploie que des produc-
« tions indigènes : il est d'un bon citoyen de faire
« valoir celles de son pays. Que serait-ce si, comme
« Lucullus, j'avais mis à contribution les trois
« parties du monde, alors connu ? Que diriez-vous,
« si j'avais tiré de la quatrième l'ananas, le melon
« d'eau, le rhum, le rack, et la rosée balsamique
« des respectables successeurs de la veuve Amfoux?
« — Je dis, mon cher du Reynel, qu'à vous seul
« vous êtes capable de donner une indigestion
« à tout un régiment. — Madame la comtesse,
« n'en a pas qui veut, et après le plaisir de se

« l'être donnée, vient celui de la guérir avec du
« kirsch de la Forêt-Noire, et le meilleur thé de
« la Chine.

« J'envoie par le premier courrier mon admi-
« rable liste à mon marchand de comestibles de
« Paris : il faut lui donner le temps de se pour-
« voir. »

Le menu du repas de noces d'Eustache nous amusa quelques instans. Nous critiquâmes un peu le gros garçon : c'est le moyen d'entretenir le noble feu d'un auteur. Soulanges lui dit que des andouillettes ne sont pas hors-d'œuvres. J'ajoutai que la galantine n'est pas entremets. Du Reynel trouva trente raisons pour maintenir sa galantine et ses andouillettes... Il était écrit, dans le livre du destin, que le dîner unique ne figurerait que sur le papier.

« A propos, dit la comtesse, savez-vous ce
« qui est arrivé pendant votre voyage de Beau-
« vais ? Fanchette est partie. Elle m'a écrit de la
« première poste qu'elle était désespérée de me
« quitter; mais qu'elle y était forcée par des rai-
« sons de la plus haute importance... » J'étais sur les épines. Je sentais qu'il était impossible que je ne me décelasse point, si on parlait plus long-temps de Fanchette. Sophie marqua de l'étonnement, mais en quatre mots, et Soulanges parla d'autres choses. Les grands oublient si vite les petits !

Nous allions quitter la table, lorsque La Roche apporta les journaux et les lettres du jour. Chacun prit les siennes, et je vis Sophie pâlir, rougir, en parcourant rapidement celle qu'elle venait d'ouvrir. Je ne m'alarmai pas trop ; je pensai simplement qu'il était arrivé quelque chose de fâcheux à quelqu'un de sa connaissance : elle est si aimante ! Bientôt elle laissa tomber la lettre sur la table ; sa physionomie devint fixe ; ses yeux s'attachèrent au plafond ; deux ruisseaux de larmes s'ouvrirent.

Je me lève précipitamment ; je cours à elle... « Sophie, ma chère Sophie, qu'avez-vous ?... Re-« gardez-moi ; répondez-moi... Par grace, répon-« dez-moi. Qu'avez-vous ? » Elle me montre du doigt cette malheureuse lettre : c'est m'autoriser à la lire... « Les scélérats ! les monstres ! je les « connaîtrai. Le châtiment sera terrible !... »

Voilà ce que lui écrit sa mère :

« Votre veuvage vous rend au fond maîtresse de vous-même. Mais toutes les femmes, celles de votre âge surtout, ne sauraient mettre trop de circonspection dans leur conduite ; jamais d'ailleurs elles ne bravent impunément l'opinion. On dit partout ici que vous êtes allée vous cacher à la campagne, avec un des plus beaux hommes de Paris ; que vous avez passé ensemble une nuit tout entière dans la forêt de Chantilly, que vous avouez hautement l'inclination qu'il vous a inspirée ; que vous lui prodiguez, même en public, des caresses que réprouve la décence.

« Je me flatte que ces imputations, dont j'ai été instruite la dernière, selon l'usage, sont au moins exagérées. Cependant il est vraisemblable que vous avez fait quelque imprudence, et on veut en profiter pour vous perdre de réputation. J'ignore quels sont vos ennemis; mais il faut leur imposer silence en reparaissant dans le monde, et en y tenant une conduite irréprochable. Il aime à croire ce qui flatte sa malignité; mais il revient facilement sur le compte d'une jeune et jolie femme, à qui on n'a rien de positif à reprocher.

« Si j'ai conservé sur vous quelque empire, si vous avez pour moi un reste d'affection, vous partirez aussitôt. Je recevrai ma fille avec indulgence, si elle avoue en avoir besoin. »

Mon sang bouillonne.. ma tête s'égare... je ne me connais plus. Je vais à Sophie; je m'en éloigne, à l'idée du tort que je lui ai fait, que je peux lui faire encore... Je tombe aux genoux de la comtesse; je la supplie, je la conjure de soulager, de consoler mon amie... Je marche à grands pas; je cherche à classer mes pensées...

Ce sont elles... Il n'y a qu'elles... Elles seules à Paris sont instruites des circonstances détaillées dans cette lettre; elles seules sont capables de les avoir empoisonnées. Quoi, parce que j'ai découvert leur conduite infâme, parce que je les ai crues indignes de respirer le même air que Sophie, parce que je les ai forcées à s'éloigner, elles se vengent de moi en calomniant l'innocence ; elles veulent la dégrader dans l'opinion publique, la rendre hideuse comme elles ! Il faut donc redouter le vice, au point de n'oser le démasquer. Il n'y aura donc plus de distinction de la turpitude à la pudeur ! Quel sera le prix de la vertu, si le monde est forcé à tout voir du même œil ?... Valport, d'Allival ! n'était-ce pas assez d'être viles ? fallait-il vous rendre criminelles ?... Je vous méprise au point de ne jamais vous adresser un reproche. Mais si un homme, quel qu'il soit, a, sciemment, contribué à propager ces infamies, malheur à lui, malheur à lui !

Soulanges me prend la main et me tire à l'écart : « Jamais, me dit-il, ressentiment ne fut plus
« juste. Quoi que vous entrepreniez, comptez sur
« moi à la vie et à la mort.

« — Sophie, il faut partir, partir à l'instant
« même ; il faut nous séparer pour quelque temps...
« Ne plus la voir ! ne plus entendre cette voix en-
« chanteresse ! Le pourrai-je ?... Oui. Votre répu-
« tation m'est plus chère que mon amour. » Elle me serre dans ses bras ; elle me presse sur ce sein d'albâtre, asile des sentimens vertueux ; elle mouille mes joues de ses larmes... Mon cœur se gonfle, il s'ouvre, des pleurs répondent à ses pleurs... Des pleurs ! C'est du sang qu'il me faut.

La comtesse a donné ses ordres. « Nous parti-
« rons tous, dit-elle. Je descendrai avec madame
« de Mirville chez sa mère, et je la désabuserai.

« J'accompagnerai partout votre amie. On ne sup-
« posera pas que je voie, que je défende une
« femme qui ne se respecte point. Vous partirez
« seul, monsieur, et vous ne paraîtrez point de
« quelques jours. Mais vous écrirez à madame; elle
« vous répondra. — Si je lui répondrai! j'y em-
« ploierai les journées, sans pouvoir lui dire com-
« bien je l'aime. — Vous m'adresserez vos lettres;
« je les ferai tenir à tous deux. Comptez sur mon
« inaltérable amitié.

« — Sophie!... Sophie! non, nous ne parti-
« rons pas. Il est, pour imposer silence à la ca-
« lomnie, un moyen plus certain que d'aller la
« braver en face. Oubliez les préventions que
« vous avez opposées à mes vœux. Qu'un nœud,
« respectable et chéri, efface le passé, quel qu'on
« puisse le supposer; que l'amour embellisse no-
« tre jeunesse; qu'il soit encore la consolation de
« nos vieux jours; qu'il ne s'éteigne qu'avec nous.
« Ma chère Sophie, rendez-vous à ma prière; cé-
« dez à votre propre cœur; osez être heureuse...
« Mes amis, secondez-moi, je vous en conjure.
« Tombons à ses genoux; tâchons de la fléchir. »

J'étais à ses pieds; la comtesse lui tenait la
main; Soulanges et du Reynel se pressaient autour d'elle. Ce que le raisonnement a de plus
fort, ce que la persuasion a de plus doux fut dit,
répété, senti. Sophie était ébranlée; la douleur
avait disparu devant l'amour; il se peignait dans
ses yeux, il agitait son sein, il faisait battre son

cœur. Une main se détachait ; je la voyais ; je l'attendais ; elle allait tomber dans la mienne... « Non,
« dit-elle avec force, cela ne sera jamais. Ce que
« vous appelez préventions, est l'effet de la plus
« douloureuse expérience. Comme vous, M. de
« Mirville m'avait juré une éternelle fidélité. J'ai
« supporté son inconstance ; je ne survivrais pas
« à la vôtre. Votre amour est ma suprême féli-
« cité ; il est plus que ma vie ; je ne m'exposerai
« pas au danger de vous perdre. Partons, ma-
« dame. Je ne crains pas les méchans. Quoique
« j'aie cédé à un premier mouvement d'effroi et
« d'indignation, je ne daignerai pas les ménager.
« Mais ma mère demande, sollicite mon retour à
« Paris. Ma condescendance lui prouvera mon
« affection : voilà ce qui me détermine. Partons. »

Baptiste et Caroline restent pour faire les malles, et les expédier comme ils pourront. Le reste des gens monte dans la calèche. La comtesse prend dans son carrosse Sophie, Soulanges et du Reynel. La Roche me prête son cabriolet.

Le bruit des fouets se fait entendre : c'est le signal du départ. Je marche à trente pas derrière le carrosse. Je le suivrai jusqu'aux barrières : je peux au moins me dire, Elle est là.

Quelle différence de ce voyage au précédent ! Mon cœur s'ouvrait à l'amour et à l'espérance : il est maintenant en proie à la douleur, à la haine, à la vengeance.

A quoi tiennent les réputations ! Madame d'Ermeuil est faible, je n'en saurais douter; mais elle est rigide observatrice des bienséances. Sophie, au contraire... Fixer l'estime des hommes, n'est donc que l'art de les tromper!

C'est la comtesse qui reproduira Sophie dans le grand monde, qui y sera son appui! La vertu avoir besoin d'être protégée! et par qui?

Heureuses celles qui, à la faveur de leur obscurité, disposent de leur cœur; sont maîtresses absolues de leurs actions; ne redoutent pas le blâme; non qu'elles le bravent, mais parce qu'il ne peut les atteindre!

Les voitures volent. Croit-on que nous n'arriverons pas assez tôt à Paris? et cependant il ne me reste d'elle que la certitude d'être aimé... Quelquefois il me semble que le vent m'apporte l'air qu'elle a respiré.

Nous voilà à Chantilly. On s'arrête; je m'élance, je lui présente la main; je la reçois dans mes bras. Je la porte dans cette auberge...; je traverse avec elle cette cour qui conduit à un certain grenier... Fermons les yeux, et jetons un voile sur notre mémoire.

Il est tard. On veut prendre ici quelque chose, y passer le reste de la nuit. On est dans cette même salle où elle m'a servi un restaurant, où elle était debout devant moi, pendant que j'écrivais à mon homme d'affaires... Je ne resterai pas là. Demain d'ailleurs ne faudra-t-il pas faire des efforts nouveaux pour m'arracher à Sophie? J'atrouvé de la force pour un premier sacrifice, je n'en aurais pas pour un second... « Adieu, So- « phie. Adieu. »

Je sors, j'appelle Georges; je l'envoie chercher des chevaux; je les attends dans la rue... J'entends Sophie. Elle veut sortir. La comtesse la retient... Elle a raison.

A une toise de distance, je suis déja loin d'elle. Me voilà seul avec mon cœur. Ah ! si je pouvais aussi m'en séparer !

Les chevaux sont mis; je monte; ils m'entraînent. Je tombe dans un accablement profond. Tant mieux : le léthargique ne souffre point.

On arrête à ma porte; je descends; Georges me conduit. J'entends mes domestiques rire, chanter. Georges m'annonce; le silence règne; le respect succède à la gaieté. Riez, chantez. Je n'ai droit qu'à vos services : vous n'avez pas renoncé à celui d'être heureux.

Georges me rappelle que j'ai fait trente lieues sans me reposer, sans rien prendre. Il me donne ma robe de chambre; il fait monter un consommé; il me le fait prendre; il prépare mon lit; il me couche; je m'endors... Comment ai-je pu dormir !

CHAPITRE XX.

Le duel.

J'étais à peine éveillé, que les idées de la veille se reproduisirent avec violence. Le sommeil réparateur ne m'avait redonné des forces, que pour me rendre plus sensible aux indignités dont on accablait Sophie. Cependant l'être le plus exaspéré jouit, au moment du réveil, d'une sorte de liberté d'esprit, qui lui permet, jusqu'à un certain point, de raisonner sa position et ses démarches.

Je pensai, je réfléchis. Je m'avouai, à moi-même, que ce qu'on appelle le point d'honneur n'est qu'une misérable chimère ; que la gloire d'un duelliste ressemble à ces météores, qui éblouissent un moment, mais qui renversent l'ordre, et que la raison range au nombre des fléaux. Je sentais que le moyen le plus sûr d'achever de perdre une femme, dans l'opinion des honnêtes gens, est de se battre pour elle : la plus estimable est vraiment celle dont on parle le moins.

Si je succombe, d'ailleurs, j'ajoute aux peines d'une femme que j'adore, et dont je suis si tendrement aimé. La mort de mon adversaire ne lui rendra pas le repos. Dans l'un ou l'autre cas, au contraire, la malignité la poursuivra avec plus d'acharnement que jamais.

Cependant, pardonner à ceux qui attaquent

Sophie dans sa réputation, et qui m'ont séparé d'elle, est un effort de prudence qui me paraît impossible. Laisser le calomniateur impuni, c'est avoir l'air de craindre; c'est lui assurer un double triomphe. Un galant homme n'a rien que la ressource du combat singulier, pour châtier un polisson, qui a un rang dans le monde, et qui n'a pas violé les lois écrites.

Le sort en est jeté. Je m'abandonne à l'ascendant irrésistible de deux sensations qui m'occupent exclusivement, qui se lient, se confondent, la vengeance et l'amour. Je me vois sur le pré; je fonds sur mon adversaire, je le perce de part en part, et je souris du rire affreux de la haine... De la haine... Hé, qu'a-t-elle de condamnable, lorsqu'elle est si cruellement provoquée ? C'est trop long-temps discuter : je cède à la soif de punir.

« Georges, faites-moi donner à dîner. »

Il prévoit tout, ce bon Georges : je suis servi à la minute. Je dîne, mon Jean-Jacques ouvert à côté de moi. Je tiens le volume, où se trouve l'apologie et l'examen raisonné du duel. Julie ne veut pas que Saint-Preux se batte, voilà tout. Elle croit raisonner, lorsqu'elle n'est que sensible. Ses argumens les plus spécieux ne sortent point de sa tête; ils partent du fond d'un cœur alarmé. Elle écrit ce que me dirait Sophie, si elle soupçonnait mon dessein. Sophie ferait son devoir : je ferai le mien.

Je veux prendre une épée, et le grand costume oblige à en porter une. « Georges, donnez-moi un habit brodé, un chapeau à plumet; n'importe lesquels. »

Je vais sortir, courir dans vingt hôtels, et je me conduirai selon les circonstances.

« Mon carrosse... Chez la baronne de Quincy. » C'est là que se rassemblent de vieilles coquettes, qui se consolent du malheur de ne plus plaire, en dénigrant la jeunesse, et en jugeant l'innocence d'après elles.

Le cercle est nombreux. On se lève, on me salue en souriant. On se replace, on me regarde, on se parle à l'oreille. Il est clair que je suis l'objet de l'attention générale... Trouverai-je ici ce que je cherche ?

Les hommes aussi se permettent de chuchoter ! Je me sens rouge de colère. Je les fixe les uns après les autres, de manière à leur faire baisser les yeux. Que quelques femmelettes fassent ou disent des sottises, peu m'importe, après tout. Mais des hommes ! j'ai l'épée au côté.

On annonce mesdames d'Allival et de Valport. Elles passent près de moi; je ne daigne pas les apercevoir. Elles vont s'asseoir près de la baronne. Elles lui parlent bas. Elles éclatent de rire, en me regardant. Les misérables !

Deux hommes s'approchent d'elles. Je ne les connais pas ; mais je vois clairement que ce sont les amans d'aujourd'hui. Ils paieront cher ce triste et court honneur, si j'apprends qu'ils aient parlé de Sophie! Le cercle se resserre autour de la baronne. Le rire se communique, de proche en proche. Je ne me possède plus. Je vais faire un éclat. Il sera terrible.

Mais à qui me prendrai-je? que dirai-je, puisqu'on ne m'adresse rien qui m'autorise à faire une scène? Sais-je d'ailleurs si ces deux hommes sont coupables? Justifierai-je des bruits injurieux, en me déclarant, sans le moindre à-propos, le défenseur d'une femme dont on ne parle pas, assez haut, du moins, pour que je puisse l'entendre? Oh, si un mot, un seul mot arrivait jusqu'à moi!

S'il vient, ce mot, je me tairai. Mais je tâcherai de connaître les auteurs de la calomnie, je leur chercherai une querelle, étrangère à tout ceci, une querelle sans fondement. Je passerai pour un brutal; mais je n'aurai pas compromis Sophie, et je l'aurai vengée.

La baronne se lève. Elle vient à moi, elle me conduit dans un coin du salon. « Qu'avez-vous? « vous paraissez inquiet, agité. — Je vous avoue, « madame, que je trouve assez extraordinaire que « tout le monde rie ici, excepté moi. Cette con- « duite ne s'accorde point avec les usages admis « entre gens bien nés. — Convenez de bien des « petites choses dont nous parlons là-bas, et ce rire « qui vous offense n'aura rien que de flatteur pour « vous. Être bien, au mieux avec une des plus jo- « lies femmes de Paris; l'entendre dire, à l'oreille,

« dans les cercles les plus brillans; fixer l'envie
« d'un sexe et la jalousie de l'autre, c'est beau,
« très-beau. J'avoue qu'on s'égaie un peu sur le
« compte de la jolie femme. Mais que vous im-
« porte? avec une figure comme la vôtre, on se
« doit à la société; on ne prend d'amour que ce
« qu'il en faut pour s'amuser quelques momens,
« et on ne s'intéresse pas bien vivement au sort
« à venir de l'objet du jour. — Je vous proteste que
« je n'entends rien à tout ce que vous me dites. —
« Pardonnez-moi, et je suis très-sûre que ceux
« qui ont fait courir cette histoire ont servi votre
« amour-propre, et que vous leur en savez très-
« bon gré. — Je voudrais les connaître pour les dés-
« abuser. — Les désabuser! cela n'est pas possible,
« et je ne crois pas que ce soit réellement votre
« intention. Un homme à bonnes fortunes être
« modeste! — Je ne suis pas un homme à bonnes
« fortunes, madame. Ce rôle-là ne s'accorde point
« avec ma façon de penser. — De la discrétion!
« fi, quel ridicule! heureusement pour nos plai-
« sirs, messieurs de Solignac et de Vercelles nous
« ont mises au courant. Ils sont vraiment vos
« amis: ils ont publié partout votre triomphe. »

Jamais homme ne fut plus profondément blessé;
jamais il n'en coûta autant à personne pour se
contenir. La rage était dans mon cœur, et un
sourire forcé sur mes lèvres. Je regrettais de
n'être pas né dans cette classe où la colère s'exprime avec les poings. J'aurais écrasé la baronne,

Solignac et Vercelles. Quels sont-ils? Sans doute les amans nouveaux des d'Allival et des Valport. Peut-être les faveurs de ces créatures ont-elles été le prix de la diffamation de l'innocence. On les nommera dans la soirée, ces êtres aussi vils que leurs maîtresses : écoutons.

La baronne ne me quitte pas. Elle m'entraîne au milieu du cercle de corruption. Je ne sais si ma physionomie en impose, ou si elle peint quelque chose de ce qui se passe dans mon intérieur; mais le rire s'éteint à mon approche; l'embarras perce. Peut-être éprouve-t-on des remords... Les remords sont un reste de vertu : il n'y en a point ici.

On emploie le moyen ordinaire pour se dispenser d'avoir une idée, et surtout une idée honnête : on fait venir des cartes.

J'en suis bien aise. J'aurai une contenance quelconque : je serai plus difficile à pénétrer.

On arrange une bouillotte. On m'invite à faire un boston avec la Valport, Vercelles et Solignac. On me les a nommés; je les connais.

Me faire jouer avec de pareils individus! est-ce une nouvelle perfidie? Veut-on m'exposer au trait malin, à ces mots équivoques que saisit toujours celui qui est intéressé à bien entendre? Ne sent-on pas que c'est une tragédie qu'on prépare?... Oh, elle sera sanglante.

La partie commence. Je me possède; je montre

un sang-froid, dont je ne me croyais pas susceptible. Je parais être à mon jeu.

Je joue tout de travers; je perds les plus beaux coups. J'attends, pour rompre toute mesure, un léger reproche de mes partenaires. Ils paient et se taisent... Je les ferai parler.

Je tiens, en cœur, avec madame de Valport. Je lui fais manquer toutes les levées, et je lui dis qu'on ne prend pas les cartes, quand on joue avec aussi peu d'intelligence qu'elle. Vercelles me répond, avec aigreur, que ce ton est déplacé à l'égard d'une femme, et que madame de Valport joue mieux que moi. Je lui réplique très-haut qu'il en a menti.

Solignac me met la main sur la bouche : je m'écrie qu'on ne touche pas un homme comme moi au visage, et je lui jette les cartes à la tête.

Un murmure d'improbation s'élève de toutes parts. Mesdames d'Allival et de Valport s'écrient qu'il est affreux de se porter à de pareils excès... Elles en ont bien d'autres à se reprocher! Solignac et Vercelles me lancent des regards foudroyans. Ils sont braves; tant mieux.

La baronne se met entre nous. Elle se plaint sans ménagement. Elle ne conçoit pas que j'aie pu manquer aux égards dus à sa maison, à sa présence. « J'avoue, madame, que je suis le plus « mauvais joueur de l'Europe. Je ne suis pas maître « de moi quand je perds. J'ai insulté ces messieurs

« d'une manière qui éloigne toute espèce d'ac-
« commodement, je le sais; mais on sait aussi,
« entre hommes, comment doit se terminer une
« pareille affaire. » Je pris mon chapeau; je sortis
brusquement. J'attendis sous le vestibule Solignac
et Vercelles : ils ne tardèrent pas à paraître.

Vercelles m'adressa quelques mots sur des procédés auxquels, disait-il, il n'était pas fait. Je lui
coupai la parole. « Point d'explications, monsieur;
« je ne les aime pas. — Hé bien, monsieur, de-
« main, à six heures du matin, au bois de Vin-
« cennes. — J'y serai. Quelles sont vos armes? —
« L'épée. — Soit. »

Je rentrai chez moi, enchanté de la tournure
que prenaient les choses. J'allais venger madame
de Mirville, sans que son nom ait été prononcé;
je trouve une lettre... c'est la première qu'elle
m'écrit. Quel charme, quelle délicatesse, quel
abandon! elle entre dans des détails affligeans,
et le sentiment perce à chaque ligne; il la soutient, il la console. Sa mère est totalement désabusée; mais le monde est fortement prévenu.
Elle se repose sur madame d'Ermeuil du soin de
détruire les plus fâcheuses impressions. Elle n'a
de force, de courage, de volonté que pour aimer.
Elle a prouvé à sa mère sa tendresse et sa soumission : le reste lui est indifférent. Elle veut me
voir, quoi qu'on en doive dire; elle m'attend demain à midi... à midi! et à six heures du matin

peut-être... Ah, Dieu, mon Dieu, l'aurais-je vue pour la dernière fois !

Je m'efforce d'éloigner cette idée, elle se reproduit sans cesse. Elle me suit dans toutes les pièces de mon appartement, où je cherche à lui échapper; elle me torture, elle me désespère.

Que je lui écrive. Qu'il lui reste au moins quelque chose de moi. Je me mets à mon secrétaire... que vois-je ! mon portrait, peint par Augustin. Je l'avais oublié depuis long-temps. Il ne doit pas me ressembler aujourd'hui : j'étais tranquille, heureux quand on l'a fait. N'importe, il ressemblera pour Sophie : elle m'a toujours vu ce que je suis sur l'ivoire. Je mettrai ma lettre dans la boîte. Je la lui enverrai par Georges... Oh, combien ce portrait peut lui être précieux demain ! demain, peut-être, il s'effacera sous les larmes... les miennes sont prêtes à couler. Je me sens faiblir. Revenons à nous ; soyons homme. Il faut vaincre pour Sophie et pour moi.

J'écris. Mon cœur est un volcan ; la lave roule sur le papier. J'ai dit beaucoup, et il me semble avoir tout à dire encore. Une feuille succède à l'autre ; je ne peux m'arrêter... Hé, mais... n'ai-je pas un moyen de plus pour satisfaire à mon inépuisable tendresse ? Je n'ai qu'un parent, qu'un cousin éloigné, que je n'ai jamais vu... Non, je ne serai pas injuste à son égard, en me montrant généreux envers Sophie. Je lui donne le tiers de mon bien; le reste à celle pour qui sera mon dernier soupir.

... N'est-il pas quelqu'un encore, que je ne verrai plus, mais que je ne dois pas oublier, en exprimant mes dernières volontés? Je n'ai pu faire son bonheur : qu'au moins je lui fasse quelque bien. Mille écus de rente à Fanchette.

Je roule mon papier. Je le passe dans l'anneau d'un des tiroirs de mon secrétaire : c'est le premier meuble qu'on ouvrira, si je succombe... si je succombe! Finir à la fleur de mon âge! au moment où l'amour me comble de ses dons les plus précieux! ne jamais revoir Sophie!... Oh, mon Dieu, mon Dieu!

Un mot à Soulanges. « Je me bats demain avec « messieurs de Solignac et de Vercelles. Ce sont « des infâmes, que j'ai lieu cependant de croire « gens de cœur. Mais comme je ne les connais « absolument pas, soyez chez moi à cinq heures « du matin. L'arme convenue est l'épée.

« L'affaire est de nature à ne pouvoir être ar-« rangée. Ainsi, il est inutile d'en parler à qui que « ce soit. »

Il est minuit : nos amis doivent être rentrés. « Georges, vous trouverez probablement encore « M. de Soulanges chez la comtesse d'Ermeuil. « Portez-lui cette lettre. Remettez-la en main « propre.

« Passez ensuite rue Cérutti, n° 15, chez la « mère de madame de Mirville. Vous demanderez

« à parler à la jeune dame. Vous lui donnerez
« cette boîte. — Monsieur ne se couche pas ? —
« Je n'ai besoin de personne. Dites, en sortant, à
« mon cocher que je monte en voiture à cinq
« heures du matin. »

Georges est parti. Je sens la nécessité de prendre quelque repos. Je me jette sur mon lit, à moitié déshabillé. Mon sang est en fermentation ; le sommeil fuit, et si mes yeux se ferment un moment, je ne suis pas moins agité. A chaque fois que je m'éveille, j'invoque le retour de la lumière. Je me lève avec le soleil, la tête pesante, les membres brisés. Qu'est-ce donc que je vais faire ? une action juste ou louable m'a-t-elle jamais tourmenté ?... Il n'est plus temps de rien examiner.

Soulanges paraît ; Préval le suit : ils ont leurs épées. « Il n'existe pas un doute, me dit Soulan-
« ges, sur la valeur de Solignac et de Vercelles.
« Mais ils affichent publiquement le mépris des
« mœurs, et de la dépravation au crime, il n'y
« a souvent qu'un pas. J'ai pensé que peut-être
« ils ne seront pas seuls, et j'ai prié monsieur de
« m'accompagner. »

Préval, que je connais très-superficiellement, m'assure de son dévouement. Je crois moins à l'intérêt que je lui inspire, qu'au désir d'humilier madame de Valport, en la faisant connaître à son amant. Quel que soit son motif, j'accepte ses services.

Cinq heures sonnent. Chaque coup de marteau me frappe au cœur. Je rouvre mon secrétaire; je reprends la lettre de Sophie; je la relis; je la porte sur ce cœur navré; je la resserre avec respect; je donne la clé de mon secrétaire à Soulanges... je prends mon épée.

« Monsieur, monsieur, me dit Georges hors de « lui, il se passe quelque chose d'extraordinaire. « Jamais vous ne sortez si matin. — Silence, Geor-« ges. » Le bon homme tombe à mes pieds, il embrasse mes genoux : « Dites-moi, s'écria-t-il en « sanglotant, ce que vous voulez faire de cette « épée... ces messieurs ont la leur, et vous êtes « tous trois en fracs... Vous ne répondez pas! « ayez quelques égards pour mes longs services; « ayez pitié de mes cheveux blancs. » Ce n'est pas assez d'être bourrelé d'amour, il faut encore souffrir par l'amitié... oui, l'amitié. Au moment où, peut-être, je vais perdre la vie, les distances disparaissent devant moi. Georges est mon ami; il me le prouve depuis que j'existe. Je le relève, je le presse dans mes bras... je suis obligé d'employer toutes mes forces pour me dégager des siens. Je sors, je fuis.

J'entends Georges qui m'appelle à haute voix, qui ordonne à mon suisse de refermer la porte cochère, qui défend à mon cocher de marcher. Ces bonnes gens voient nos épées. Incertains, irrésolus, ils se parlent, ils se consultent; c'est à

Georges qu'ils obéissent. Je ne suis plus maître chez moi.

Bientôt un bruit effrayant se fait entendre. Je tourne la tête... Georges, en descendant précipitamment, est tombé; il a roulé les degrés, sa figure est ensanglantée. Je cours à lui, je l'enlève, je le porte chez mon suisse. « Qu'on lui « prodigue les secours, et qu'on aille à l'instant « appeler mon chirurgien. » La porte s'entr'ouvre, je m'échappe, je cours à pied. Soulanges et Préval sont derrière moi; ils m'appellent; je m'arrête; je tire ma montre... cinq heures et un quart! « Il « est impossible, avec une voiture de louage, « d'être à six heures à Vincennes. Je suis un « homme déshonoré. »

Soulanges retourne à mon hôtel. Le suisse lave la plaie de Georges; mon cocher est allé chercher le chirurgien; mes domestiques sont dispersés dans la rue, sans doute pour observer la route que nous allons tenir. Soulanges ouvre la porte; il saute sur le siége; il sort, ventre à terre. Le cocher avait ouvert la portière pour me recevoir; il n'a pas eu le temps de la refermer. Nous nous élançons Préval et moi; Soulanges hache mes chevaux, à coups de fouet.

Bientôt nous sentons la caisse tiraillée par derrière. Je regarde... Trois de mes domestiques sont montés. Ce sont des jeunes gens, qui n'ont pas eu le temps encore de s'attacher à moi; il sera facile de les contenir.

Au détour du boulevard, nous sentons une nouvelle secousse. Je sors la tête ; un de mes gens est descendu. Un autre descend à la place de la Bastille ; le troisième quitte la voiture au haut du faubourg Saint-Antoine. Que veulent-ils faire ? Que m'importe. Je suis défait de tout surveillant importun.

Nous sommes au-delà de la barrière du Trône ; j'ai encore un quart d'heure à moi, j'arriverai... Étrange empressement !

Nous arrêtons devant l'auberge qui est à l'entrée du bois. Une voiture arrive au grand trot. Solignac, Vercelles, deux inconnus en descendent et viennent à nous. Je marche en avant ; je m'enfonce dans le jeune taillis, à droite ; je m'arrête dans une clairière. Je regarde autour de moi... « Soyez tranquille, me dit Soulanges, tout se pas- « sera dans les règles. » Je jette mon frac et je me mets en garde.

Solignac est celui que j'ai le plus grièvement insulté : il se présente le premier. Nos fers se croisent ; je l'attaque ; il pare ; il tire ; je riposte... Je le vois chanceler... Il tombe.

De ma vie je ne sentirai une angoisse semblable à celle que j'éprouvai en voyant un homme immolé, immolé, par moi, à un préjugé barbare. L'amour, la vengeance, le faux honneur, toutes les illusions qui nous abusent, disparurent en un instant. Je laissai aller ma tête sur ma poitrine ; je m'appuyai sur le pommeau de mon épée sanglante; je tombai dans un profond accablement.

« Monsieur, me dit Vercelles, ce n'est point de « la sensibilité qu'il faut apporter ici.. Voyons si « vous serez aussi heureux avec moi que vous « venez de l'être avec le pauvre Solignac. Ma foi, « lui répond Préval, vous êtes bien bon de vous « déclarer le chevalier de madame de Valport. Si « vous connaissiez comme moi cette ....là, vous « ne vous battriez que pour n'avoir rien de com-« mun avec elle. Je serai à vous, répliqua Ver-« celles, quand j'aurai fini avec monsieur. »

Il m'attaque vivement. Je ne pense plus à vaincre; je ne sais pas même si je tiens encore à la vie; je me défends machinalement... Une fraîcheur au mamelon droit me fait juger que je suis frappé. Mes yeux se voilent; mes idées s'éteignent; mes genoux faiblissent; tout disparaît devant moi.

CHAPITRE XXI.

La convalescence.

Mes yeux se rouvrent. Je les porte autour de moi... Où suis-je? Quelle est cette chambre?... Une femme à genoux, qui paraît prier; une autre au pied de mon lit, dans l'attitude du désespoir; un vieillard assis, la figure cachée dans ses deux mains... « Rendez-le-moi, mon Dieu, dit à demi-« voix la femme qui prie. » Cette voix ne m'est pas inconnue; mais je ne puis encore fixer mes idées.

Je veux parler... Je n'ai pas la force d'articuler un son. Mais je sens que je reviens à la vie, quoique je ne reconnaisse point ceux qui sont autour de moi.

Ils craignent de voir ma figure; ils tremblent d'y lire mon arrêt de mort. Comment modérer leurs alarmes, leur faire connaître que j'existe, lorsque je suis sans haleine, lorsque je me sens incapable du moindre mouvement?... Un profond soupir les rappelle près de moi.

« Ses yeux sont ouverts, s'écrie l'une. Espé-
« rons, madame; il vivra. Mon Dieu, Dieu de mi-
« séricorde, s'écrie l'autre, ne décevez pas ce fai-
« ble espoir; n'abusez pas de votre souffrante et
« soumise créature! — Mon maître, mon cher
« maître!... » Tous trois m'entourent, me pressent, m'enlacent dans leurs bras. Je les fixe, les uns après les autres, d'un œil égaré, incertain sans doute... Je les reconnais. Sophie tient une de mes mains; Fanchette a saisi l'autre. Elles les mouillent de leurs larmes. «Ah, me dit Sophie,
« celles-ci sont des larmes de plaisir. » Georges s'éloigne pour cacher les siennes.

La comtesse et son ami entrèrent. « Que faites-
« vous, dit Soulanges! voulez-vous lui ravir un
« souffle de vie? Éloignez-vous tous trois. Passez
« dans la pièce voisine. Permettez que celles qui
« sont ici, pour le servir, s'approchent enfin de

« lui. » Georges paraissait disposé à sortir ; Sophie et Fanchette n'entendaient rien. Penchées l'une et l'autre sur moi, elles cherchaient la vie dans mes yeux ; leurs mains rappelaient la chaleur fugitive sur mes joues, sur mon front. Soulanges fut obligé de réitérer sa prière. Il le fit avec une fermeté qui ne leur permit pas de résister. Elles sortirent, et je vis entrer deux sœurs grises. Respectables filles ! Elles ne sont guidées que par le zèle de la charité, et leurs soins sont ceux de l'amour le plus tendre, ceux que m'ont sans doute rendus jusqu'à ce moment... Ah, je puis les nommer, les voir même dans l'état où je me trouve. Sophie et Fanchette ne sont pas dangereuses pour moi : ce qui me reste de sang est glacé.

« Vos médecins et vos chirurgiens, me dit Sou-
« langes, ont expressément défendu qu'on vous
« laissât parler, quand vous reviendriez à vous. Je
« lis sur votre physionomie une sorte d'anxiété,
« qui n'est peut-être que le désir de savoir ce qui
« s'est passé depuis que vous êtes privé du senti-
« ment. Je vais vous satisfaire, sous la condition
« que vous ne direz pas un mot. » Il était bien
« inutile de me recommander le silence.

« Lorsque vous êtes tombé, Vercelles a pro-
« voqué Préval, et il a eu le sort de Solignac.
« Cette affaire est donc absolument terminée ;
« mais souvenez-vous, mon cher ami, qu'on n'en
« cherche pas, quand on est aussi sensible que
« vous à la mort d'un homme. Vous vous êtes

« battu avec Vercelles comme quelqu'un qui veut
« se faire tuer, et il s'en est bien peu fallu que
« vous y ayez réussi.

« On s'est hâté de porter dans votre carrosse
« Solignac et Vercelles. Mais vous sentez dans
« quel embarras nous nous sommes trouvés Pré-
« val et moi, quand nous avons jugé que vous ne
« pouviez supporter le mouvement d'une voiture
« quelconque. Nous ne cessions de proposer, et
« nous ne trouvions rien que d'inexécutable.

« La blessure de Georges était à peine bandée,
« qu'il a fait mettre un cheval à votre cabriolet. Il
« a pris le chemin du boulevard, par un senti-
« ment naturel à ceux qui sont en peine, et qui
« cherchent quelqu'un : on sait qu'on découvrira
« de plus loin, sur une route large et droite, que
« dans une rue étranglée. Le domestique, qui est
« descendu le premier de derrière votre voiture,
« a conduit Georges jusqu'à la Bastille ; le second
« l'a mené jusqu'au haut du faubourg, et le troi-
« sième au bois de Vincennes. Ils avaient espéré
« voir quelqu'un de votre connaissance, quelqu'un
« qui a de l'empire sur vous, et qu'ils mettraient
« aussi sur vos traces : voilà les motifs de leur
« conduite, qui vous a paru inexplicable et à moi
« aussi.

« Ils sont arrivés tous quatre, et m'ont trouvé
« délibérant encore avec Préval sur ce que nous
« avions à faire. Il est inutile de vous dire dans
« quel état est tombé Georges, quand il a pu

« juger du vôtre : vous le connaissez. La douleur
« ne lui a pas ôté le courage. Il a couru à l'au-
« berge, qui est à l'entrée du bois; il a fait ap-
« porter un matelas et une couverture; vos jeunes
« gens avaient coupé des perches et des harts.
« Nous avons fait une espèce de brancard, et nous
« avons entrepris de vous porter à votre hôtel.
« Beaucoup de gens se sont offerts pour nous re-
« layer; mais nous avons jugé que vous éviter
« une secousse, c'était peut-être vous sauver la
« vie : un ami se prête, se ploie à tout; l'homme
« salarié ne pense qu'à gagner son argent.

« Nous étions excédés tous six, en arrivant à
« la barrière. Préval et moi surtout éprouvions,
« dans tous nos membres, un mal, une roideur,
« qui ne nous permettaient plus d'agir. Il a fallu
« arrêter.

« Il était convenu avec ceux qui accompa-
« gnaient Vercelles et Solignac, qu'on répondrait
« aux commis qui feraient des questions : Que le
« plafond d'une salle à manger de Saint-Maur
« était tombé sur sept à huit personnes qui dé-
« jeunaient; que les deux qu'on rapportait, dans
« le carrosse, avaient été tués sur la place, et
« qu'on craignait pour la vie d'un autre, qu'on
« allait essayer de transporter.

« En nous reposant, il a fallu entrer avec les
« commis dans des détails, qui ne se sont peut-être
« pas accordés avec ce qu'ont imaginé les amis de
« Solignac et de Vercelles sur la chute de ce pla-

« fond. Au reste, j'ai déclaré, pour éloigner tout
« soupçon, qu'aucun de nous n'avait été témoin
« de l'accident.

« Cependant vous paraissiez à chaque instant
« vous affaiblir davantage. Nous avons oublié la
« fatigue, et nous nous sommes remis au bran-
« card. Nous sommes parvenus, avec des efforts
« incroyables, en face de la place de la Bastille,
« et là, nous allions céder à un découragement
« absolu, lorsque Georges s'est souvenu que nous
« n'étions qu'à quelques pas de la boutique de
« Fanchette. Il nous a assurés qu'elle vous rece-
« vrait avec empressement. Nous nous sommes
« décidés à vous porter chez elle, dussions-nous
« succomber sous le faix.

« Notre espérance n'a pas été déçue. Vous de-
« vez à Fanchette les premiers secours qu'il a été
« possible de vous donner. Nous vous avons laissé
« à sa garde, après vous avoir mis dans ce lit.
« Préval et moi avons couru chez les chirurgiens
« et les médecins du quartier; Georges est allé à
« l'hôtel prendre du linge, et bien des petites
« choses qui vous sont nécessaires. Il y a trouvé
« madame de Mirville. Égaré encore, tremblant
« pour votre vie, il a annoncé comme certain le
« malheur que nous redoutions tous; il en a cité
« les principales circonstances; il a indiqué le lieu
« où vous étiez mourant. Un quart d'heure après,
« madame de Mirville est entrée dans cette cham-
« bre, d'où elle vient de sortir pour la première
« fois.

« Vous avez été saigné cinq fois en trente-six
« heures. Hier, pendant toute la journée, les gens
« de l'art n'ont rien pu prononcer. Ils ont com-
« mencé à espérer ce matin, et je reconnais, avec
« une satisfaction indicible, la justesse de leurs
« pronostics. »

Ce que je compris de ce récit, trop long pour
la faiblesse de mes organes, c'est que j'avais causé
bien des peines de toute espèce à mes amis, et
que j'étais chez Fanchette. Je n'aurais pu rendre
aucune des circonstances particulières, rappor-
tées par Soulanges, si depuis il ne me les avait
répétées.

Je me rappelle pourtant que je fus étonné de
la réserve avec laquelle il avait parlé de Sophie
et de Fanchette, qui toutes deux avaient dû prendre à cet événement une part... et puis cette boutique, qui s'était trouvée là si à propos, qui avait
été si promptement garnie, que Georges connaissait si bien !... Il était plus que vraisemblable que
Georges avait été mon agent, et mes motifs, aux
yeux d'un homme du monde, ne pouvaient s'accorder avec mon amour pour madame de Mirville. Que de circonstances propres à éclairer
quelqu'un moins pénétrant que Soulanges ! et pas
un mot de tout cela ! Il a voulu ménager ma sensibilité, ou il a craint de s'expliquer devant madame d'Ermeuil.

Cependant l'attention que je lui avais donnée,
et cette suite de réflexions avaient épuisé ce qui

me restait de forces : je retombai dans un accablement profond. Un certain mouvement, que je démêlai autour de moi, m'en tira bientôt. J'étais entouré de gens de l'art, qui consultaient sur mon état. Sophie et Fanchette, debout au pied de mon lit, gardaient un morne silence; elles retenaient leur haleine; leurs yeux, constamment fixés sur ceux des chirurgiens et des médecins, y cherchaient l'espérance. « Il y a de la fatigue et « de l'engorgement, dit un de ces messieurs qui « paraissait avoir de l'ascendant sur les autres. Il « faut rouvrir la veine, ne point parler au ma- « lade, ne pas lui permettre de parler, et le tenir « au bouillon de poulet. »

On me saigna; je perdis encore le sentiment. Quand je revins à moi, je reconnus, près de mon lit, Soulanges, un médecin, un chirurgien, et nos bonnes sœurs grises. Je crus entendre, dans la chambre voisine, un bruit sourd qui ressemblait à des gémissemens. Je pensai que ce pouvait être une illusion de mon cerveau vide et dérangé. Cependant je portais mes regards de ce côté. Soulanges sortit; je n'entendis plus rien, et je cessai de m'occuper de cela. J'ai su depuis que Sophie et Fanchette avaient cru me perdre une seconde fois, et qu'elles s'abandonnaient à la plus vive douleur.

Cette crise fut la dernière. Sur le soir, il y eut un changement en bien, tellement prononcé, que le chirurgien et le médecin se retirèrent, en recommandant qu'on ne s'écartât en rien du régime prescrit. Mes idées étaient encore sans suite; mais d'une netteté rassurante pour moi, pour moi seul, puisqu'il m'était défendu de les communiquer.

La comtesse se leva. Soulanges et elle me souhaitèrent une nuit tranquille. Ma physionomie leur exprima ma reconnaissance. « Il nous en-
« tend, il nous répond, dit Soulanges. Nous au-
« rons, avant huit jours, la satisfaction de le voir
« convalescent. Madame de Mirville va sans doute
« se retirer avec nous. — Me retirer, monsieur !
« l'abandonner mourant, et mourant pour moi !
« — Permettez-moi de vous observer que voilà
« deux nuits que vous passez. — J'en passerai
« cent. Je ne quitterai pas l'amant le plus tendre,
« le premier des hommes estimables. Je ne renon-
« cerai pas au bonheur de suivre, de saisir le re-
« tour de la vie dans ses veines épuisées; ne l'es-
« pérez pas. — Mais, ma chère amie, votre mère,
« le monde... — Le monde, toujours le monde,
« madame la comtesse ! Si mon ami l'eût apprécié
« comme moi, il n'aurait pas exposé sa vie, la
« mienne, et peut-être celle de Fanchette... Ma
« mère ! ma mère sait que je l'adore; que sa pré-
« sence m'est nécessaire comme... comme l'air que
« je respire. Elle me plaint; elle a pitié de moi.
« Bonsoir, mes amis. A demain. »

Je repassai dans ma tête certaines expressions de Sophie. « S'il avait connu le monde comme

« moi, il n'aurait pas exposé sa vie, la mienne,
« et peut-être celle de Fanchette! » Elle sait l'intérêt que j'inspire à Fanchette, et je suis à ses yeux le premier des hommes estimables! Je n'y conçois rien; je m'y perds.

Fanchette me prépare un bouillon. Sophie le prend, me le présente; elle remet la tasse à Fanchette, en lui souriant avec affection; Fanchette lui sourit à son tour... elles sont de la meilleure intelligence, et elles ne font pas un mouvement, elles n'ont pas une idée, qui ne soient inspiration d'amour... tout cela s'expliquera sans doute.

Combien nous sommes dépendans des circonstances! un événement imprévu change tout mon être. Je suis calme, dénué même de sensations auprès de deux femmes, dont le seul aspect me jetait dans une sorte de délire. Je regardais à peine deux petites sœurs, dont les traits piquans eussent au moins fixé mon attention deux jours auparavant : je ne suis plus moi. Serait-il vrai que la violence de nos passions tient au plus ou au moins de chaleur de notre sang? que de gens on sauverait du déshonneur, ou du supplice, si on les saignait à propos!

Je m'endormis, en réfléchissant à mille autres choses, étrangères à tout ce qui m'intéressait, et qui se présentaient à mon esprit, sans ordre, sans liaison. Pourquoi l'idée, le mot même que nous cherchons semblent-ils nous fuir? Ne suis-je pas le maître de m'occuper exclusivement de tel ou tel objet, comme il suffit de ma volonté pour remuer un doigt? Mon cerveau ressemblerait-il à une raquette, susceptible de renvoyer les objets qui la frappent, sans puissance pour les choisir?... Fi donc! voilà du matérialisme. Quoi qu'il en soit de mon cerveau, je dormis d'un sommeil doux et tranquille, et il était grand jour lorsque je m'éveillai.

Tout dormait autour de moi, à l'exception de Sophie. « Elle veille, et Fanchette dort! » Je prononçai ces mots involontairement, mais assez haut pour être entendu. « Ah, me répondit So-
« phie, tressaillante de joie, laissons-la dormir. Si
« vous saviez ce qu'a souffert cette digne fille, les
« fatigues excessives qu'elle a supportées, vous la
« plaindriez. Moi, je l'aime de tout mon cœur,
« parce qu'elle vous aime, parce qu'elle s'est at-
« tachée à vous par la reconnaissance. Combien
« elle est digne de tout ce que vous avez fait pour
« elle!... A propos, je vous dois mille et mille re-
« mercîmens. La tirer de l'état de domesticité, lui
« assurer un sort indépendant, uniquement parce
« qu'elle a paru me plaire! porter la modestie au
« point de la faire partir secrètement, pour vous
« dérober, selon votre usage, à des éloges bien
« mérités, et m'établir votre légataire, au moment
« où vous alliez mourir pour moi!... Les trésors
« de l'univers ne m'eussent pas consolée de ta
« perte; mais cet acte de générosité ne me dit-il
« pas que ton dernier soupir eût été pour ta So-

« phie? » Elle m'embrassa tendrement, si tendrement! « Je ne dirai plus rien à mon ami : les mé-
« decins défendent de lui parler. Mais pouvais-je
« résister au besoin de lui adresser quelques mots
« de consolation et d'amour! »

Fanchette étendit les bras. « Il a parlé, ma
« chère amie; il a parlé distinctement, s'écria Sophie. Il vivra pour moi, pour jouir du bien
« qu'il vous a fait, et que vous méritez à tant de
« titres! Ah, Fanchette, comme la joie t'embellit!
« il n'y a plus de traces de lassitude sur cette
« figure-là. »

Fanchette fit un mouvement vers mon lit, et
s'arrêta. « Embrasse-le aussi, bonne Fanchette : il
« te doit ce prix de tes soins. » Fanchette me baisa,
« bien modestement, au front. Elle était rouge
« comme du corail.

Il est clair que mademoiselle Fanchette a fait
une histoire à Sophie sur sa boutique de mercerie, et sur sa disparition subite du château
d'Ermeuil. Elle a couvert les alarmes de l'amour
du voile innocent de la reconnaissance... Mensonges sur mensonges! que je suis injuste! A-t-il
dépendu d'elle de modérer ses transports, lorsque,
sans l'avoir prévenue de rien, on m'a offert mourant à ses yeux, et pouvait-elle avouer le secret
de son cœur?

Mais comment Sophie a-t-elle eu connaissance
de mes dernières volontés?... Ah, Soulanges aura
donné à Georges la clé de mon secrétaire pour y

prendre de l'argent. Sophie était à l'hôtel; le papier, roulé dans l'anneau du tiroir, l'a frappée : elle l'a lu. Me voilà au courant.

Je passai trois jours encore dans mon lit, traité en véritable enfant gâté. Fanchette, enhardie, donnait, à ce qu'elle appelait sa reconnaissance, autant de baisers que Sophie à l'amour. Je parlais peu; on me répondait longuement, et toujours pour me dire quelque chose de doux ou de flatteur. Mes petites sœurs, elles-mêmes, bien dévotes, mais gaies comme la folie décente, remarquaient en moi certain air de langueur qui m'allait à merveille. Si elles l'avaient osé, elles m'auraient baisé aussi.

Une fois, au moins, dans la journée, Soulanges et la comtesse venaient ajouter à l'enjouement général. Soulanges ne paraissait pas croire beaucoup aux baisers de reconnaissance : je surprenais quelquefois certain sourire en dessous, qui confirmait mes craintes à cet égard... Fanchette, dans les premiers momens, aura mis son cœur à nu... au reste, je peux compter sur la discrétion de Soulanges.

Je reçus le jour suivant une visite à laquelle je ne m'attendais pas. Je vis entrer dans ma chambre, Claire, Eustache et leurs parens. Ils me trouvèrent dans un fauteuil, et leurs figures rembrunies s'épanouirent à l'instant. Je reçus les félicitations et les embrassades de ces bonnes gens : celles-là étaient bien à la reconnaissance.

Fanchette leur avait écrit que s'ils voulaient revoir leur bienfaiteur, ils n'avaient pas un moment à perdre : ils étaient accourus. Le mariage devait se faire le jour même. « Mais, me dit la « petite Claire, il n'y a de plaisir pour personne, « quand on craint pour monsieur. Nous avons re- « mis la fête, pour venir vous pleurer, ou nous « réjouir près de vous. » Dites-moi, messieurs les spéculateurs, placez-vous souvent de l'argent comme cela ?

« Mes amis, votre bonheur ne sera pas différé. « Mes yeux, fermés depuis plusieurs jours, se rou- « vrent au sourire des heureux que je vais faire. « Bonne petite Fanchette, où est Georges! il me « semble qu'il y a long-temps que je l'ai vu. — « Monsieur, il s'est mis à la tête de votre maison. « Mais il vient, ou il envoie souvent savoir com- « ment vous êtes. — Va le chercher, Eustache. « C'est le moyen de l'avoir plus tôt : un amoureux « de ton âge doit avoir des ailes. »

Je demandai bien bas, à Claire, si elle s'était encore perdue, depuis mon départ du château. Elle répondit non : ses yeux disaient oui.

Mes docteurs entrent en corps. Ils prononcent gravement que l'art m'a sauvé. Je crois que la nature a fait au moins autant que l'art. Ah, laissons-leur le petit plaisir d'annoncer partout la cure merveilleuse.

Mon régime est changé. On me permet un riz au gras, le blanc de poulet, et deux doigts de vin *généreux*. J'ajouterai quelque chose à cela, de mon autorité privée : je me trouve en appétit. Il y a beaucoup d'analogie entre les médecins et les confesseurs : tout-puissans, sous la faux de la mort, à mesure qu'elle s'éloigne ils perdent de leur autorité; il ne leur en reste, bientôt, que l'espoir de la ressaisir, à la première occasion.

Ah, voici Georges. « Mon vieil ami, vous allez
« conduire toute cette famille dans un hôtel garni,
« où vous les logerez convenablement. Vous irez,
« rue Notre-Dame-des-Victoires, arrêter une dili-
« gence entière pour Beauvais. Vous mettrez, dans
« les coffres, les provisions nécessaires pour un dî-
« ner de noces de campagne, et demain vous ferez
« partir ces braves gens-là. Ah !... le lendemain du
« mariage, Servent, sa femme et ses enfans vien-
« dront s'établir à ma maison de la Chaussée d'An-
« tin. Servent ne sait pas encore ce que c'est que
« garder une porte; mais il ne faut pas bien du
« temps pour apprendre à ne rien faire, à brûler
« le bois et l'huile du propriétaire, et à répondre :
« monsieur est visible, ou il ne l'est pas.

« Après-demain, vers onze heures, je penserai
« qu'on se marie là-bas, et pensers de mariage ont
« toujours quelque chose d'agréable. Je verrai
« d'ici le dîner, qui ne vaudra pas celui qu'avait
« arrangé du Reynel; mais un repas est toujours
« bon, quand il amène les tapes sur l'épaule.
« N'est-il pas vrai, Eustache ?

« A propos de du Reynel, pourquoi donc ne

« l'ai-je pas vu? Monsieur, me répond Georges,
« je n'ai pas cru nécessaire de dire à tout Paris
« que vous êtes chez mademoiselle Fanchette;
« mais tout Paris s'est fait inscrire à votre porte.

« — Adieu, Claire, adieu, Eustache; adieu, Ta-
« chard, adieu, père et mère Servent; adieu aussi
« aux petits frères... Ah, ces pauvres enfans pa-
« raîtront-ils à la noce comme les voilà! Georges,
« vous les ferez habiller sur le quai de l'École. »

Vous jugez bien que je recueillis encore quelques bénédictions. Mes petites sœurs voulurent savoir pourquoi on me bénissait. Fanchette leur raconta, avec beaucoup d'emphase, ce que je vous ai dit très-simplement, et pendant qu'elle contait, je prenais mon potage, je croquais l'aile de poulet, une aile tout entière, ma foi.

Hé, mais, les petites sœurs, enchantées du récit de mademoiselle Fanchette, me bénissent aussi. Elles prétendent que j'ai tout ce qu'il faut pour faire un saint. « La canonisation le plus tard pos-
« sible, mes chères sœurs. »

J'ordonnai, j'exigeai que Sophie, Fanchette et une de mes religieuses s'allassent coucher. Elles résistaient : je déclarai que je ne me coucherais moi-même que quand elles seraient sorties. Elles cédèrent à la crainte de me voir abuser de mes forces renaissantes. Sophie envoya chercher un carrosse de place; elle offrit un lit à l'une des sœurs; Fanchette se retira, je ne sais où, et je restai seul avec la petite sœur Élisabeth, la plus jolie des deux.

A la manière dont elle s'y prit pour me déshabiller, il fallut qu'elle eût une haute idée de ma sainteté, ou la conviction intime de mon impuissance. Je remarquai, moi, qu'elle avait tout ce qu'il faut pour damner un élu.

Je dormis fort bien, quoique je fusse auprès d'une très-jolie fille. Mais je m'aperçus, le matin, que le diable et le vin de Beaune ne tarderaient pas à agir, et qu'il était temps de congédier les petites sœurs, si je voulais me conduire en homme à principes. Je résolus de rappeler Georges : une figure de soixante ans est, pour moi, le plus puissant des exorcismes.

CHAPITRE XXII.

Oh, comme la santé me revient!

Fanchette rentra de très-bonne heure, un consommé à la main ; je ne vis plus la sœur Élisabeth : qui peut-on voir auprès de Fanchette? Oh, qu'elle me paraît bien, cette Fanchette! La douleur siérait-elle aux femmes, ou reviens-je à la vie avec des organes nouveaux? Il me semble voir Fanchette pour la première fois ; mes yeux ne peuvent se détacher du visage charmant. « Prenez « donc garde, monsieur ; votre bouillon tombe sur

« vos draps. » Je pense bien à mon bouillon, vraiment.

Pourquoi baisse-t-elle ses yeux noirs, elle qui aime tant à chercher dans les miens l'amour et la volupté? Les yeux baissés, et un teint incarnat!... Il y a contradiction. Ah, sœur Élisabeth est là; elle en impose... J'ai déja grand besoin de la présence de Georges.

Le voilà. Qu'il soit le bien venu. « Georges, vos « soins me suffiront désormais. Donnez cent francs « à la sœur Élisabeth, que je remercie du fond du « cœur, et qui ira prendre sa compagne chez ma- « dame de Mirville. — Monsieur, nous ne recevons « jamais d'argent. — Non? Georges, du café, du « sucre, des liqueurs... Une grande caisse bien « remplie. Vous la ferez porter à la communauté. « Une provision particulière pour les deux bonnes « sœurs, dont j'ai tant à me louer. »

Georges part. La sœur Élisabeth se lève, et me fait une révérence... un peu mondaine. Jolie petite sœur! Fanchette la retient jusqu'au retour de Georges, sous le prétexte qu'elle est obligée de veiller sur sa boutique. Elle n'y veillait pas les jours précédens. Que signifie cette fantaisie? De la légèreté, du caprice! Fanchette ne serait-elle qu'une femme comme il y en a tant?

« Sœur Élisabeth, le lit me fatigue, me déplaît; « je voudrais me lever. » Sœur Élisabeth s'empresse et m'habille. Fanchette ne lui aide pas. Elle se recule; elle semble craindre de me toucher. Cette conduite est inexplicable.

Je suis piqué, très-piqué. J'ai renoncé à elle; mais je n'entends pas qu'elle cesse de m'aimer.... Voilà bien l'injustice la plus complète! J'en conviens; mais qu'a-t-elle? Je veux le savoir.

Et moi aussi, je trouve des prétextes, quand j'en ai besoin. « Fanchette, je voudrais voir votre « petit ménage, l'arrangement de votre boutique. » Elle ne peut refuser, elle vient à moi, elle m'offre son bras. Son visage est serein; mais elle ne me regarde pas.

Je me promène, avec elle, dans la boutique, dans l'arrière-boutique, dans sa petite cuisine. Je remarque, en gros, l'élégance d'une propreté recherchée; les détails m'échappent, parce que je cherche des mots, qui la forcent à une explication, en éloignant tout espoir d'un rapprochement. Je ne trouve rien qui remplisse ce double but. Que diable, je n'ai jamais passé pour un sot! Ah, les cordes de la raquette ne sont pas tout-à-fait retendues.

Elle s'arrête; elle me regarde : enfin elle paraît aussi préoccupée que moi. Elle m'avance un siége; elle me fait asseoir; elle se tient debout devant moi... Elle va parler, bon. Elle donnera lieu à une réponse, et une phrase en amène toujours une autre.

« Monsieur, j'ai amené, dans des circonstances

« bien différentes, ces momens si doux, ou j'é-
« puisais dans vos bras la volupté et ma vie. Je
« sais comment se termine, entre nous, une con-
« versation particulière, et ce n'est pas pour moi
« seule que je dois vous aimer. Vous n'avez pas
« un mouvement secret, une pensée d'amour qui
« m'échappent, et je veux vous sauver de vous-
« même. Il faut rentrer à votre hôtel. Madame de
« Mirville vous aime passionnément; mais sa vertu
« lui est plus chère que son amour; vous serez
« en sûreté avec elle. Ici, vous perdrez la vie,
« parce que demain, ce soir, dans une heure peut-
« être, je n'aurai plus la force de me vaincre; je
« n'aurai pas même celle de le vouloir. Partez,
« monsieur, emportez, avec vous, mon cœur et
« tout mon être; emportez jusqu'au souvenir de
« quelques jours heureux que j'ai dus à votre pré-
« sence. Mais si madame de Mirville consent à
« vous donner la main; si le charme de cette
« union suffit à votre cœur, souvenez-vous alors
« de la rue Saint-Antoine; venez sans crainte voir
« quelquefois Fanchette. Elle ne vous dira pas un
« mot d'amour. Elle respectera le nœud qui vous
« liera à une autre. Jusque-là, elle ne doit rien à
« madame de Mirville, et vous rendre, mainte-
« nant, à sa tendresse, à ses innocentes, mais vo-
« luptueuses caresses; est l'effort le plus pénible
« que puisse faire une femme qui aime autant que
« moi. »

Dames du grand monde, dont on respecte la

naissance et le rang, dont on recherche l'esprit, les graces, la beauté, que celle de vous qui égale Fanchette en délicatesse, en dévouement, condamne les transports que j'éprouvai en écoutant cette fille unique. Je la presse dans mes bras; mon cœur bat contre son cœur, mes lèvres cherchent ses lèvres... « Laissez-moi, monsieur, par « grace, laissez-moi. Ne voyez-vous pas que je « brûle? Ayez pitié de nous deux. » Elle se dégage, elle fuit. Elle va retrouver sa raison et des forces auprès de la sœur Élisabeth.

Georges rentre. Un crocheteur est à la porte; il ploie sous la caisse de friandises : tant mieux. Mes bonnes sœurs se souviendront quelque temps de moi.

Sophie et la compagne d'Élisabeth paraissent, et il n'est que huit heures! Qu'elle est bonne, attentive, prévenante, cette chère Sophie! « Ma« dame, lui dit Fanchette, monsieur a résolu de « retourner chez lui. Il sent qu'il est déplacé ici, « et vous encore davantage. J'ai besoin à deux « pas de son hôtel, pour des affaires de commerce, « que j'ai négligées depuis douze jours. Je vais lui « envoyer son carrosse. » Elle n'attend pas de réponse; elle s'éloigne. Sans doute elle veut éviter un dernier adieu. Un dernier adieu est si cruel, pour un cœur tendre!

Georges va chercher un fiacre. Il y met les deux sœurs et la caisse. Il ferme la boutique, et retourne à l'hôtel, pour m'y préparer ce qu'il me faut. Me voilà seul avec Sophie. Depuis que j'ai été blessé, c'est la première fois qu'elle est seule avec moi.

Que de charmes! que de graces dans tous ses mouvemens! Quelle douce et pure volupté dans toute sa personne! Quel tendre et entier abandon! Quelles expressions enchanteresses! C'est ainsi que parlait l'amour, quand il avait son innocence... Laquelle des deux aimé-je le plus?

Nous avions souvent été seuls au château d'Ermeuil; mais les portes étaient ouvertes. Sophie, d'ailleurs, se défiait d'elle et de moi.

Aujourd'hui, un reste de pâleur lui persuade que je ne suis pas à redouter encore. Sa confiance est entière, et je jure sur mon honneur que je ne pensais pas à en abuser.

Elle est assise sur mes genoux; elle a un bras passé autour de moi; l'autre main, que je couvre de baisers, ne s'échappe que pour effleurer mes yeux, mes joues, être reprise et dévorée encore. Elle oublie une longue contrainte; elle veut prendre du bonheur pour l'époque, très-prochaine, où elle sera obligée de s'observer... Déja je ne suis plus à moi, et ses lèvres fixées sur les miennes achèvent de m'égarer. Le siége que j'occupe se renverse; le lit, auquel il touche, prévient une chute... Il en amène une autre... Lit heureux!... Lit!...

« Ne pleure pas, mon amie, oh, ne pleure pas.

« Ma fortune, ma main, mon cœur, ma vie, tout
« n'est-il pas à toi? Permets que j'essuie tes lar-
« mes; que les plus tendres baisers en tarissent
« la source... » Elle est au désespoir; elle me repousse; elle fuit à l'extrémité de la chambre; elle
se jette à genoux sur le carreau; elle demande
pardon à Dieu pour elle et pour moi. En me
nommant, elle se tourne, elle me regarde, avec
une expression qui a quelque chose de céleste. Je
m'élance, je suis à genoux auprès d'elle, je prie
avec elle... Le Dieu de Sophie doit être le mien.

Cet acte de piété modère sa douleur. « Il se re-
« pent aussi, mon Dieu, il vous demande grace;
« pardonnez-nous à tous deux. Ah, mon ami, que
« ce péché a de charmes, et qu'il est cruel d'être
« obligés de nous le reprocher! Péché charmant,
« la privation que je m'imposerai désormais est
« plus que suffisante pour t'expier. »

Nous étions à genoux, l'un à côté de l'autre.
Nos mains, élevées vers le ciel, se rencontrèrent,
je ne sais comment... Ma bouche retrouve sa
bouche; je respire son haleine, et son haleine est
dévorante. « Ah, m'écriai-je, les patriarches se
« mariaient-ils autrement, et les patriarches n'é-
« taient-ils pas les enfans chéris de ton Dieu? —
« Crois-tu que nous puissions les imiter? crois-tu
« que Dieu l'ordonne? crois-tu du moins qu'il le
« permette?... Oh, oui, mon ange, je reconnais sa
« volonté à ce torrent de délices qui coule dans

« mes veines ; tant de félicité ne peut venir que
« du ciel. Mon Dieu, j'accepte vos bienfaits, je
« cède à votre puissance. »

Je l'enlève, je la reporte sur l'autel... Où donc ai-je pris tant de forces!... Je vais les épuiser tout-à-fait... On frappe à coups redoublés à la porte de la rue... Je ne puis me présenter, et le moindre délai donnera des soupçons. Sophie va ouvrir, sans réfléchir au désordre... Soulanges se présente. Dans quel état il me voit!

J'avoue que je ne sus que lui dire. Sophie, en proie au plus pénible embarras, cachait dans un coin sa rougeur, sa modeste honte : Soulanges savait tout. « Je ne suis point un rigoriste, nous
« dit-il ; remettez-vous tous deux, et souvenez-vous
« à l'avenir que les plaisirs arrangés ont rarement
« des suites, et qu'une surprise des sens en a
« presque toujours. — Oh, oui, monsieur de Sou-
« langes, une surprise des sens, c'est bien cela!
« Hélas, je bravais le monde, quand j'étais inno-
« cente ; qu'imaginera-t-il maintenant, qui aille
« au-delà de la vérité? Que je suis malheureuse!
« Que d'années il me reste encore pour pleurer la
« faute d'un moment!

« — Madame, des larmes n'ont jamais réparé
« un malheur, et ce qui vient de se passer n'a
« rien, en soi, d'affligeant, mais doit amener des
« réflexions utiles. Ce que j'ai vu, et la santé bien
« prouvée de votre ami m'autorisent à vous dire
« clairement ce que j'ai cru devoir vous cacher

« jusqu'ici. Je vais vous parler raison à tous deux :
« écoutez-moi.

« Comment monsieur a-t-il pu se flatter que le
« public prendrait le change sur son affaire avec
« Solignac et Vercelles? L'homme le mieux élevé,
« le plus décent, s'est imaginé qu'on le verrait en-
« trer dans une maison que les gens comme lui
« ne fréquentent pas, sans lui supposer des inten-
« tions. L'homme le plus doux, le moins intéressé,
« a cru qu'on attribuerait à la perte de quelques
« fiches des excès auxquels ne le porterait pas la
« ruine absolue de sa fortune. Personne n'a été
« la dupe du stratagème, et, le lendemain de ce
« combat, on a dit partout que monsieur avait pris
« un moyen détourné pour attaquer les ennemis
« de sa maîtresse... Oui, madame, de sa maîtresse.
« On a épié vos démarches : votre disparition,
« votre séjour ici n'ont été un secret pour per-
« sonne. Enfin je tranche le mot : votre réputa-
« tion est perdue.

« Votre mère, que vous ne voyez plus, et qui
« a tant besoin de consolation, gémit de votre ab-
« sence, et des bruits affreux qui circulent dans le
« monde. Hier soir, elle est venue me trouver;
« elle m'a supplié, les larmes aux yeux, de vous
« ramener dans ses bras. Que je la voie, disait-
« elle, une heure, un moment; que je l'embrasse,
« et qu'elle sorte de Paris, où elle ne peut plus
« se montrer. Si elle le désire, je passerai avec
« elle le reste de ma vie; nous irons nous établir

« dans une de nos terres. L'absence éteindra ce
« funeste amour... — Jamais, monsieur de Soû-
« langes, jamais. Il fait partie de mon être; il ne
« dépend plus de moi de le surmonter.

« — Hé bien, madame, il est un moyen de tout
« concilier, d'imposer silence aux méchans, de
« vous rétablir dans l'estime des gens honnêtes,
« de rendre le repos à votre mère, d'assurer votre
« bonheur et celui de votre ami. Quelque éloigne-
« ment que vous ayez pour le mariage, vous de-
« vez sentir qu'il est votre unique ressource, et
« vous avez l'ame trop belle, pour ne pas vouloir
« vous tirer de l'opprobre, où des circonstances
« malheureuses vous ont plongée. Réfléchissez,
« madame, et songez que quelle que soit votre
« détermination, je me suis engagé à en instruire
« votre mère.

« — Je verrai ma mère, je la verrai aujourd'hui.
« Je pleurerai avec elle; mais je ne peux ni l'é-
« pouser, ni me séparer de lui. »

Je tombai à ses pieds. Je la priai, je la suppliai.
Je mêlai, aux expressions brûlantes de l'amour,
ce que le raisonnement a de plus fort; je lui rappelai ce que les bienséances ont de respectable.
Sa tête était penchée sur mon épaule; elle tenait
mes mains dans les siennes; je sentais ses larmes
couler sur ma joue, et elle ne répondait rien.
« Pense donc, ô ma Sophie, que tu t'es donnée
« à moi; que tu es réellement mon épouse; que
« la cérémonie ne peut rien ajouter à mes droits,

« et que je ne la sollicite, que pour te faire re-
« monter au rang des femmes respectables. »

Ce dernier raisonnement l'a ébranlée. Soulanges joint ses prières aux miennes. Elle relève sa tête charmante. « Tu le veux, mon ami; vous le « voulez tous deux; ma mère le veut aussi; vous « m'assurez tous que ce sacrifice est nécessaire : « c'en est assez; je me résigne. Je te perdrai; tu « cesseras d'aimer ta Sophie; mais tu seras son « époux. »

Je croyais n'avoir besoin, pour la rassurer, que de laisser parler mon cœur. Ce cœur, ivre de plaisir, mais avide d'espérance, parait l'avenir d'un coloris enchanteur. Il peignait la jouissance sans nuage, la constance sans langueur. Exalté, délirant, il allait se fondre dans celui de Sophie; il y portait le feu divin qui l'embrasait. Bientôt ces deux cœurs vibrèrent à l'unisson, et Soulanges n'entendit plus que des soupirs brûlans.

Tout à coup elle se dégage de mes bras, elle se lève, et me regardant fixement : « Et Mirville « aussi m'avait dit les mêmes choses; sa voix avait « le même charme; comme la tienne, elle péné-
« trait au fond de mon cœur; il était sincère, « comme tu l'es en ce moment. J'ai cru Mirville, « et Mirville m'a trahie.

« On n'a plus rien à craindre, ni à espérer de « sa femme. On tremble de perdre une maîtresse « chérie, et cette crainte est l'aliment continuel « de l'amour. Jamais tu ne seras mon époux.

« On dit dans le monde que je suis ta maîtresse.
« Hé bien, je le serai; je mettrai ma gloire et mon
« bonheur à l'être. Je te donne le reste de ma vie;
« je te sacrifie ma vertu, parce que je crois que
« c'est le seul moyen d'être long-temps aimée, et
« que je ne peux vivre que de ton amour. Viens,
« suis-moi; partons, allons cacher notre félicité
« dans ma terre de Champagne. »

Soulanges lui fit de sérieuses représentations
sur l'inconvenance de cette démarche. « Hé, que
« me font les convenances? Les méchans m'ont-
« ils épargnée, quand je m'y suis soumise? Ils
« m'ont appris à tout braver.

« — Et votre mère, madame! — Ma mère!... ma
« mère!... Non, il ne faut pas qu'elle soit malheu-
« reuse. Elle partira avec nous. Elle y consentira.
« Elle a connu l'amour, et son cœur n'est pas flétri
« encore; il ne portera pas le désespoir dans le
« mien. Réponds-moi, mon ami, veux-tu me sui-
« vre? — Si je le veux, Sophie! »

Soulanges allait insister. Je crus qu'il avait fait
ce qu'exigeaient de lui l'amitié et la raison : je le
priai de ne pas aller plus loin.

« Permettez-moi, dit-il, une dernière réflexion.
« Vous allez partir, madame, partir avec votre
« amant! Vous allez vous livrer, sans réserve, à
« des sensations, depuis long-temps assoupies, et
« qu'il vient de réveiller si malheureusement. Mais
« croyez-vous qu'il puisse suffire au délire qui
« vous égare tous deux? Avez-vous oublié qu'il

« était mourant, il y a quatorze jours, et que vous
« demandiez à Dieu sa vie pour unique grace?

« Oh, voilà de l'amitié, lui dit-elle, en l'embras-
« sant avec affection. Qu'allais-je faire, mon ami!
« retourne chez toi. Je jure, à la face du ciel, de
« ne te pas voir d'un mois. Ce mois, je l'emploie-
« rai à gagner ma mère, à embellir ta retraite, à
« penser à toi, à t'écrire, à relire tes lettres. Mon-
« sieur de Soulanges, avez-vous là votre carrosse?
« — Oui, madame. — Faites-moi le plaisir de me
« reconduire. »

Je m'avançais pour l'embrasser. « Non, mon
« ami, non, plus de baisers aujourd'hui; ils sont
« trop dangereux. Dans un mois!... dans un
« mois!... »

Elle se retira avec Soulanges. Je les conduisis
jusqu'à leur carrosse. Le mien arriva un instant
après. Georges en descendit. Je le laissai pour
veiller à tout, jusqu'au retour de Fanchette, et
je rentrai chez moi, au milieu des acclamations
de mes bons domestiques.

CHAPITRE XXIII.

Les deux Lettres.

Me voilà seul avec Georges, qui s'ingère de
me tenir compagnie et de vouloir m'amuser. Il
débute par une longue sortie contre les duels;
il peint la douleur de la famille du vaincu, l'em-

barras de celle du vainqueur, le désespoir des épouses, des amantes, quand il y en a. Son discours, improvisé, est décousu, delayé, quelquefois inintelligible, et cependant il y a, par-ci, par-là, des idées neuves, fortes, attachantes. Georges, sans étude et sans préparation, prêche presque aussi bien que l'abbé Aubry.

Cependant, comme le sermon le plus court est toujours le meilleur, je priai Georges de finir. « Oh, monsieur, je sais de quoi il faut vous parler « pour fixer votre attention. » Le rusé m'entretient de cinq à six femmes, toutes plus jolies les unes que les autres; il arrive assez naturellement à la sœur Élisabeth, et par une transition toute simple, il passe à Fanchette, de laquelle il parle avec une complaisance! C'est là qu'il en voulait venir.

Le bonhomme me connaît bien! Je m'assis, et je l'écoutai avec une extrême attention. « Qu'elle « est jolie cette Fanchette! Hé bien, monsieur, « son cœur est au-dessus de sa figure. Quand on « vous a apporté chez elle, le saisissement, la « crainte, la reconnaissance, l'ont fait extrava- « guer, pendant plus d'une heure! » La reconnaissance! Le mot est bien trouvé. « Elle gémis- « sait; elle baisait, elle suçait votre plaie; elle « vous donnait les noms les plus tendres. Je ne « sais où elle allait les chercher : il n'y a qu'un « roman, ou une tête dérangée qui s'exprime « ainsi. Et puis, ses larmes s'arrêtaient; ses yeux « devenaient fixes; une pâleur mortelle lui cou-

« vrait le visage; ses dents se serraient; ses bras
« se roidissaient; je croyais qu'elle allait mourir
« avec vous. — Oh, comme tu l'as fort bien ob-
« servé, mon vieil ami, le saisissement, la crainte...
« Et Soulanges était-il présent à cette scène-là ? —
« Comment, monsieur, s'il était présent! C'est lui
« qui a rendu mademoiselle Fanchette à elle-même.
« Il lui a frotté les tempes et le dedans des mains
« avec du vinaigre; il lui a ôté ses jarretières; il
« a coupé le lacet de son corset... — En voilà as-
« sez, en voilà assez. Quelles que soient vos idées
« sur tout cela, vous voudrez bien, Georges, ne
« les communiquer à personne. Voyez si mon
« cuisinier s'occupe de moi. »

Trop aimante, trop confiante Fanchette! tu as sucé ma plaie! C'est peut-être à toi que je suis redevable de la vie, et lorsque tu fais tout pour moi seul, et rien pour toi, que tu crains que mon ame s'exhale entre tes bras, que tu maîtrises tes sens, toujours agités près de moi, que tu me crois en sûreté auprès de Sophie, c'est avec elle, c'est chez toi, c'est sur ton propre... Ah! Fanchette, divine Fanchette, pardonne-moi une infidélité... Que dis-je? N'ai-je pas connu, aimé Sophie la première?... Hé, non, non, il n'y a ici ni primauté, ni distinction, ni préférence... Je ne suis infidèle à aucune. Je leur suis fidèle à toutes deux.

La singularité de cette conclusion me frappa au point que j'éclatai de rire comme un fou. L'affaire, la plus importante, a toujours un côté plaisant, et c'est celui-là qui se présente au rieur. Lorsque, pendant trois grands actes d'une tragédie nouvelle, le public a traité avec ménagement des rois et des princesses, il suffit d'un quolibet pour faire tomber l'échafaudage, et les têtes couronnées ne sont plus que des pantins. Que de pantins dans ce monde, pour celui qui voit de près, et qui voit bien!

Ma gaieté se soutint pendant quelques instants, et je pensai, avec assez d'aisance, au passé et à mon avenir. Je réfléchis d'abord que Soulanges avait mes deux secrets, quoique je ne lui en eusse confié aucun. Mais ne sais-je pas le sien, quoique jamais il ne m'ait dit un mot de sa liaison avec la comtesse? et n'est-il pas tacitement arrêté entre les gens du monde qu'on devinera, qu'on verra tout, et qu'on ne dira rien?

Pourquoi a-t-il adressé ses réflexions à Sophie uniquement, et pas un mot à moi? Ah, ce qu'il sait de Fanchette, lui persuade que mon cœur est partagé; qu'ainsi je suis capable d'un sacrifice, et que je contribuerai volontiers à rendre Sophie à elle-même et aux bienséances. Je ferai tout pour la vaincre et la conduire à l'autel. Mais la quitter!

Comment cette adorable Sophie, si candide, si pure, si attachée aux principes, a-t-elle tout oublié en un instant? comment l'attrait du plaisir, et la crainte de perdre mon cœur l'ont-ils portée au parti le plus extrême? C'est qu'il est plus facile d'imposer un silence absolu à ses sens, que d'en régler l'usage ; c'est que l'athlète le plus vigoureux se lasse enfin de combattre ; c'est que la voix impérieuse des sens est plus forte que la morale des livres, que ces préceptes, que nous avons tous à la bouche, et que nous transgressons si facilement. Et moi aussi, ne parlé-je pas comme Bourdaloue sur le danger des passions, quand elles cessent de m'agiter? Il faut cependant que la morale soit quelque chose de respectable, puisque nous affectons tous de la respecter.

Allons, allons, cette affectation n'est pas générale. D'ailleurs elle peut conduire les hommes à vouloir devenir meilleurs. Peut-être, un jour, me vouerai-je, exclusivement, au culte de la morale, et, jusque-là, qu'aurai-je à me reprocher? D'aimer passionnément un sexe enchanteur : c'est le péché des gens honnêtes, et puis, j'ai toujours remarqué qu'un homme qui n'aime pas les femmes, est sans énergie, sans imagination, un automate enfin, et ma foi, je serais très-fâché de ressembler à cet homme-là.

« Que me veut monsieur Georges, avec cet air
« affairé? Monsieur, mademoiselle Fanchette est
« venue demander, en bas, si la voiture ne vous
« a pas incommodé. — Et où est-elle cette séduisante Fanchette? Allez, courez, allez donc;
« priez-la de monter. — Monsieur, je le lui ai pro-
« posé. Elle s'est retirée, en disant que vous aviez

« besoin de repos. — J'ai besoin de repos! et qui
« lui a dit cela? J'ai besoin de la voir, de lui par-
« ler; je ne l'ai pas remerciée encore de ce qu'elle
« a fait pour moi. Pourquoi l'avoir laissée aller,
« vous qui vous piquez d'être si pénétrant? —
« J'apporte peut-être à monsieur de quoi le dé-
« dommager de ma maladresse. — Que m'appor-
« tez-vous qui puisse... — Une lettre de madame
« de Mirville. — De madame de Mirville! où est-
« elle cette lettre? Finissez-en donc... assieds-toi
« là, Georges. Parle-moi de Fanchette. — Mon-
« sieur ne saurait lire, et m'écouter en même
« temps. — Bah! César dictait à quatre secrétai-
« res, en styles différens. »

J'ouvre la lettre... Oh, ce n'est pas l'amour timide qui a dicté celle-ci. C'est Vénus, en délire,
appelant Adonis, l'attirant dans ses bras, brûlant
de lui donner l'immortalité. O Sophie, te plaire,
te posséder est plus qu'être immortel! « Elle n'est
« jamais si jolie que lorsqu'elle prononce votre
« nom. — Qui? madame de Mirville? — Non, mon-
« sieur, mademoiselle Fanchette. Ses joues ressem-
« blent à deux pêches. — Et ses yeux, Georges, et
« ce cou d'albâtre, et cette gorge divine!... » *Sa
mère s'oppose à mon départ; mais sa résistance
s'affaiblit insensiblement, et puisqu'il faut renoncer au monde, que lui importe que nous soyons
trois ou deux, dans ce château de Champagne?...
Ne gagnera-t-elle pas, en affection et en soins, ce
que Sophie ne pourrait lui accorder, si je n'étais*

pas avec elle? Et, pour lever tous les scrupules, ne peut-elle prendre mon nom, répandre dans le village qu'un mariage récent?.. Hé sans doute. *Qu'il lui sera doux de porter ce nom!* Et à moi de le lui donner. « Avez-vous remarqué, monsieur, l'ef-
« fet de ce bas de coton à jour? — Et ce pied moulé,
« Georges! Et ce bas de jambe! Et sa main, sa main
« dont tu ne parles pas... un peu fatiguée encore;
« mais dans quelques semaines... — Oh, monsieur,
« comme cette main-là doit écrire! — Elle écrit
« comme elle pense, sans art, sans prétention, et
« ce qu'elle écrit va à l'ame. — Si monsieur avait
« lu la lettre de madame de Mirville... — Hé bien,
« que ferais-tu? — Je vous remettrais un billet,
« que mademoiselle Fanchette m'a laissé, en se re-
« tirant. — Hé, donne, bourreau, donne donc! »

Je suis au milieu de mon ottomane, la lettre de Sophie à ma droite, celle de Fanchette à ma gauche. Je les regarde l'une après l'autre; je ne sais laquelle prendre. Si une main se porte sur la lettre de Sophie, l'autre saisit celle de Fanchette, et je n'en peux lire qu'une à la fois. Celle dont j'ai lu quelques mots, s'échappe, et retombe auprès de moi. J'essaie de parcourir la seconde, et je reprends la première. Je quitte celle-ci; je tiens celle-là... Me voici encore entre mes deux lettres.

« Vous riez, monsieur le plaisant? — Hé, mon-
« sieur, qui ne rirait pas? » Il a raison; j'extrava-
gue. Mais aussi pourquoi m'écrire toutes les deux

en même temps? « Georges, quand il t'arrivera
« deux lettres, tu ne me parleras de la seconde
« que lorsque tu seras bien sûr que j'aurai lu et
« relu la première. Tiens, emporte celle-ci. Tu
« me la rapporteras quand je sonnerai... Non,
« rends-moi cette lettre, et prends l'autre... Par
« grace, prends-en une, celle que tu voudras, et
« va-t'en. »

Georges ne sait que dire, que faire. Les deux
lettres lui passent alternativement dans les mains.
Une d'elles glisse de ses doigts, engourdis par les
années, et tombe dans le réchaud à l'esprit de
vin, sur lequel il a préparé mon thé. La lettre
s'enflamme; je veux la sauver; je ne fais qu'un
saut. Je me brûle les doigts; je renverse le réchaud; l'esprit de vin bouillant tombe dans une
de mes pantoufles. Je crie, je jure, je porte la
main à mon pied; et quand je me relève, la lettre
n'est plus qu'une pincée de cendres.

«Georges, laquelle des deux est brûlée? —
« Monsieur, c'est celle de madame de Mirville. —
« Ah! quel malheur! — Non, monsieur, non, c'est
« celle de mademoiselle Fanchette. — Et je n'en
« ai pas lu quatre mots! Cette perte est irrépara-
« ble. — Rien de si facile à réparer, monsieur. Je
« vais aller chez elle, et je la prierai de refaire son
« billet. — Elle écrira d'elle-même, et j'aurais eu
« deux lettres au lieu d'une. Tu ne te doutes pas,
« Georges, de ce que c'est qu'une lettre de plus
« ou de moins. — Puisqu'elle écrira d'elle-même,

« il est donc inutile que j'aille chez elle? — Com-
« ment inutile! Hé, savez-vous s'il n'y avait rien
« d'important dans ce billet, rien de pressé, rien
« de... Allez, allez vite. Faites-vous donner le ca-
« briolet. »

Il est parti... Où est donc l'autre lettre? la voilà... Charmante Sophie, je peux te lire, te relire, sans craindre les distractions. Où en suis-je resté?... *Ah, qu'il me sera doux de porter ton nom! J'attends le moment du départ avec une impatience inexprimable! Je brûle de vivre pour toi, et j'espère en la miséricorde divine : Agar a vécu avec Abraham, et Dieu ne l'a pas maudite.*

Et par post-scriptum : *On ne m'a pas ménagée innocente : on m'épargnera bien moins à présent, et tu ne sais rien supporter. Ne sors pas, bon ami, je t'en conjure. Conserve une vie qui m'est si chère, et qui m'appartient tout entière.*

Oh, oui, ma vie est à toi, tout à toi. Te la consacrer, c'est la vouer au bonheur.

Relisons cette lettre. Elle ne renferme pas un mot qui ne doive être gravé dans ma mémoire. Écrivons à notre tour, et subissons la loi qu'elle impose. Un mois d'arrêts est bien long; mais puis-je lui refuser quelque chose, à elle qui m'a tout accordé?

Je sonne... Philippe, portez cette lettre.

Que vais-je faire à présent? il est midi... Dix à onze heures encore à consumer, avant de penser à me mettre au lit! Et trente jours, ensuite, à consumer, à perdre de même! Il n'y a de temps employé que celui qu'on donne à l'amour.

Passons dans ma bibliothèque...

L'Art d'aimer de Bernard... Bah! de jolis vers, qui ne sont pas faits avec le cœur. Laissons cela.

Le Temple de Gnide... Encore de l'esprit, beaucoup d'esprit; mais rien que de l'esprit.

Les Lettres d'une Péruvienne. Oh, c'est une femme sensible, qui a écrit cet ouvrage. Mais je le sais par cœur.

La Nouvelle Héloïse. Quelques lettres brûlantes, de l'éloquence partout. Mais du raisonnement, de l'esprit de système, l'auteur, toujours l'auteur, et c'est de l'amour qu'il me faut, toujours de l'amour; de l'amour tel que je le sens, et que je le peindrais, si j'écrivais comme Jean-Jacques.

Les grands Hommes de Plutarque. Pourquoi ce livre-là est-il ici? Des grands hommes qui ne sont pas amoureux! Vive Henri IV: voilà mon héros.

Ma foi, je ne lirai pas... Que ferai-je donc pendant ce mois éternel? Des romances, paroles et musique : la romance est le premier genre de poésie pour un homme sensible. J'avoue que je fais des vers comme Sedaine, et de la musique comme Duni; mais le cœur n'est pas difficile sur les productions de l'esprit. D'ailleurs, c'est pour moi seul que je travaillerai. Je me chanterai cela à moi-même, et très-probablement je serai content de moi.

Allons, faisons une romance.

> Il n'est qu'un bonheur dans la vie,
> C'est d'aimer, et d'aimer toujours.

Cela est plat, prosaïque.

> L'unique bonheur de la vie
> Est de vivre avec les amours.

Pitoyable jeu de mots ! Essayons cependant de finir le couplet.

> L'unique bonheur de la vie
> Est de vivre avec les amours.
> Heureux qui vit pour sa Sylvie,
> Et qui peut lui plaire toujours.

Fi ! fi donc. C'est cela qui devait tomber dans le réchaud. Mes vers n'auront pas les honneurs du bûcher. Je les déchire, et je les abandonne aux vents. Que j'ai de confrères qui devraient se faire justice comme moi !

Philippe, prends cette raquette, mets-toi là, et jouons au volant... Ce jeu me fatigue, je ne peux continuer. Retourne à l'antichambre.

Ah! mon bilboquet!... Le sot jeu! Que nous sommes à plaindre, nous autres gens du grand monde, qui ne savons rien, que dépenser bien ou mal notre argent ! Quand je m'examine de la tête aux pieds, je trouve que vingt artisans ont travaillé à m'habiller, et je suis incapable de rien faire pour aucun d'eux. Les sots! ils m'admirent, je les dédaigne, et il est constant que mon cordonnier est plus utile que moi.

Je veux aussi savoir faire quelque chose d'utile. « Philippe, va m'acheter un tour, et amène-« moi un tourneur. » Je tournai. Quand les bras sont occupés, la tête et le cœur sont tranquilles.

« Hé bien, Georges, tu as vu Fanchette, tu « lui as parlé, elle t'a répondu? — Oui, mon-« sieur, et comme nous vous aimons tous deux, « il n'a été question que de vous. — Elle a écrit, « sans doute? — Elle s'y refusait d'abord. — Com-« ment, elle s'y refusait! — Mais je lui ai tant « répété que je serais mal reçu si je n'avais rien « à vous remettre, qu'enfin elle s'est déterminée. « Voilà son billet. »

« Je n'ai pu résister ce matin à l'impulsion de mon pauvre cœur; il était navré et incapable de rien calculer. Vous ne m'avez rien promis; je n'ai pas le droit de vous faire des reproches, et j'avais osé vous en adresser. Ce que je vous ai refusé, ce que je devais vous refuser, une autre l'a obtenu, chez moi, au moment même où vous veniez de me presser dans vos bras!... J'ai reconnu des traces... Je suis bien aise que vous n'ayez pas lu mon premier billet : je ne veux avoir à vos yeux d'autre tort que celui de vous aimer. »

« Ne te le disais-je pas, que la perte de ce billet

« est irréparable? Ces tendres plaintes, qu'elle se
« reproche de m'avoir adressées, n'étaient-elles
« pas une preuve nouvelle de son amour? Gémit-
« on de l'infidélité d'un homme qu'on a cessé d'ai-
« mer? Ce pauvre cœur, ce cœur navré m'entre-
« tenait de sa peine, et ses soupirs sont perdus
« pour moi! Fanchette, chère Fanchette, je vole
« à tes pieds, dans tes bras! j'essuierai tes pleurs;
« mes baisers en tariront la source. Georges, qu'on
« mette les chevaux. — Y pensez-vous, monsieur?
« Dans l'état de faiblesse où vous êtes encore... —
« J'ai affligé Fanchette; je ne vois que mes torts.
« ma voiture, vous dis-je! — Permettez-moi, mon-
« sieur, de vous désobéir. — Georges, vous abusez
« de l'affection que j'ai pour vous. Ma voiture; je
« la veux. — Hé bien, monsieur, souffrez que je
« retourne chez mademoiselle Fanchette. Je lui
« ferai part de votre résolution. Je la supplierai
« de vous épargner une démarche qui peut vous
« être funeste. Elle me suivra, j'en suis sûr, et
« pourvu que vous la voyiez, qu'importe que ce
« soit chez elle ou ici? — Hé bien, je consens à
« l'attendre. Mais dis-lui, répète-lui que je pars,
« si elle n'arrive à l'instant.

« Ah... Prends mon carrosse, baisse les stores...
« Encore un mot. Je n'y suis pour personne, pour
« personne, entends-tu? Qu'on dise que je repose. »

Reposer! pas de repos pour moi, que je n'aie
rappelé le sourire sur les lèvres de Fanchette.
J'ouvre ma croisée. Je regarde les voitures qui

passent et repassent. J'appelle Fanchette d'un bout de Paris à l'autre, et mon carrosse n'est pas sorti encore... Le voilà. Bon, le cocher pique ses chevaux... Il disparaît... Quand le reverrai-je?

CHAPITRE XXIV.

Arrangemens de ménage.

« Monsieur, voilà le tour et le tourneur. — Oh, « j'ai bien autre chose en tête que ton tour et ton « tourneur. Mets le tour dans un coin, et le tour- « neur à la porte... » Qu'ai-je ordonné là? Mes expressions sont d'une dureté!... « Philippe, je ne « veux pas que cet homme ait été dérangé infruc- « tueusement pour lui. Qu'il établisse le tour dans « cette petite pièce, qui tient à la salle à manger. « Qu'il apporte ensuite du bois à gâter, le bois « nécessaire pour un commençant. — J'avertirai « monsieur quand tout sera prêt. — Non, tu pren- « dras leçon pour moi. Tu tâcheras de profiter, « entends-tu, et quand j'aurai un moment à moi, « j'irai te voir travailler. »

Quand j'aurai un moment à moi! Ne semble-t-il pas, à m'entendre, que je sois l'homme du monde le plus occupé, et qu'ai-je fait depuis ma naissance? Je me suis laissé gâter pendant douze ou quatorze ans. J'ai appris ensuite à monter à cheval, à tirer des armes, à danser. J'ai lu quelques bons livres, avec assez de fruit, j'en conviens;

mais à quoi cela m'a-t-il mené? à m'ennuyer à mourir, si je n'étais amoureux. Amoureux! Ne dirait-on pas qu'il n'est permis de l'être qu'à ceux qui ont cinquante mille livres de rente, un cordon rouge, et des armoiries sur les panneaux de leur carrosse? Mon tourneur l'a été, l'est, ou le sera. Il ne s'exprimera pas comme moi; mais il se fera entendre, à merveille, de l'objet qui parle la même langue que lui. Et puis, faut-il parler pour dire: J'aime? la beauté a-t-elle besoin de répondre pour se faire entendre? Sous le rapport de l'amour, mon tourneur est à mon niveau. Il a sur moi l'avantage d'une vie active, laborieuse, qui rend le repos plus doux, les jouissances plus vives... Allons, allons, je veux savoir tourner. Je m'imposerai la tâche de chaque jour. Je ferai des bonbonnières aux dames, des tabatières aux hommes. Je renouvellerai toutes les chaises de ma maison. « Philippe? le tour est-il monté? — Oh, pas « encore, monsieur. Il faut au moins deux ou trois « grandes heures... — N'entends-je pas un car-« rosse?... Oui, c'est le mien... Hé, non... C'est lui; « les stores sont baissés; elle est dans la voiture; « elle arrive, je le sens aux battemens précipités « de mon cœur. Va, Philippe, va tourner, et que « je ne te revoie pas aujourd'hui. »

Je sors, je cours au-devant d'elle; je suis au milieu des degrés... Elle les monte avec la légèreté d'un oiseau; mes bras s'ouvrent. « Que faites-« vous, monsieur? Allez-vous vous donner en

« spectacle à vos gens ? » Elle arrive en deux sauts dans ma chambre à coucher; je la suis; la porte se ferme; je m'approche d'elle, et je commence une explication, qu'il n'est pas facile de tourner à mon avantage.

Elle m'interrompt, et me prie de l'écouter. Elle va s'asseoir à l'autre extrémité de la chambre. Un air grave succède à ces traits de flamme, qui s'échappent de ses yeux, au vif incarnat qui couvre ses joues, quand elle est près de moi. Je remarque une robe perfide, fermée jusqu'au menton; un grand fichu, méchamment croisé par-devant, et noué par-derrière. Ces précautions sont d'un fâcheux augure. N'importe, écoutons-la d'abord, et nous verrons ensuite. Ce ne serait pas la première fois que l'amour, placé entre nous deux, aurait fait taire la raison.

« Je ne suis venue ici, monsieur, que par la
« crainte de vous voir faire une démarche, aussi
« déplacée que dangereuse. Mais j'ai résolu de
« mettre, à ma condescendance, deux conditions
« que vous accepterez, si vous ne voulez pas que
« je me retire à l'instant. La première, c'est que
« vous ne me direz pas un mot de ce qui s'est passé
« ce matin chez moi, » Cet excès de générosité me confond et me ravit. Je me lève, je m'élance...
« N'approchez pas davantage, monsieur. Retour-
« nez à votre place, je vous en prie.

« Voici ma seconde condition. Vous laisserez,
« entre nous, un intervalle tel que je n'aie rien à

« redouter pour vous des suites de cette entrevue.
« — Quoi, Fanchette, vous me croyez capable
« d'un tel empire sur moi-même ! — Vous aimez
« moins que moi, monsieur, je n'en doute pas,
« et cependant j'ai la force de soumettre mon fai-
« ble cœur. Il souffre, cruellement, de la con-
« trainte que je lui impose ; mais ma raison l'em-
« portera, et ce que je peux, vous le pouvez plus
« facilement encore. »

Je sentais ma tête et mon cœur s'échauffer, s'é-
garer. Je ne sais ce que je répondis, peut-être des
sons vagues, mal articulés, qui devaient à l'accent
seul toute leur expression. Mais qu'elle est forte
et enivrante cette expression d'une ame de feu,
pour l'ame qui sympathise avec elle ! Les roses re-
paraissaient sur les joues de Fanchette ; le sourire embellissait sa bouche ; sa voix tremblante
répétait le mot raison, et ce mot voulait dire
amour.

Je n'avais pas quitté mon siége, et insensiblement j'étais arrivé au milieu de ma chambre. J'a-
vais les bras étendus vers Fanchette ; je l'invoquais, je l'implorais. Ses bras aussi s'étendaient
vers moi ; son sein palpitait, ses paroles expiraient
sur ses lèvres ; elle ne balbutiait que des soupirs.
Son fauteuil perdait de son immobilité... Nos
mains se rencontrèrent.

« Cet état est insoutenable, dit-elle, en se levant
« brusquement. Il faut fuir, ou succomber. » Elle
court se jeter dans mon cabinet ; elle en ferme la

porte sur elle. Le rideau qui couvre le vitrage est de mon côté. Je le lève. Je vois Fanchette assise. Ses mains couvrent son visage charmant, et son attitude tient, à la fois, de la douleur et de la volupté.

Quoi, il n'y a entre moi et le bonheur qu'un misérable carreau de verre, et ce frêle obstacle m'arrêterait! Je prends une raquette; je mets en pièces le carreau qui touche à la serrure; j'alonge le bras... Fanchette a fermé les deux tours; la clé est sur le parquet, à l'autre bout du cabinet.

J'examine le vide qu'a laissé le carreau; je juge qu'il m'est facile de passer. Je prends un tabouret... Elle tombe à genoux devant moi; elle me supplie à son tour. Je ne réponds pas; elle insiste. Je la vois, et je la vois plus belle que jamais. Ses prières me retiennent, mais ses charmes m'attirent; je vais fondre mon cœur dans le sien. « J'ai « fait tout ce que j'ai pu, s'écrie-t-elle. Mes forces « sont épuisées par la résistance; il ne m'en reste « que pour t'aimer. Tu le veux, je me rends. »

Elle va prendre la clé, elle ouvre la porte... Celle de ma chambre à coucher s'ouvre en même temps... C'est Soulanges.

Pourquoi est-il là? Pourquoi l'a-t-on laissé monter, malgré ma défense? Je chasserai mon suisse... Soulanges me regarde d'un air embarrassé : aurait-il forcé la porte?

« Mon cher ami, me dit-il, j'avais résolu de « colorer, d'un prétexte quelconque, mon appa-

« rition inattendue ; mais je crois que la vérité est
« préférable à de vains subterfuges, surtout quand
« elle fait honneur à quelqu'un. Georges, en allant
« prendre mademoiselle, est entré chez moi. Il
« m'a confié ce qu'elle et vous avez dit et fait au-
« jourd'hui. La conduite de mademoiselle est d'une
« femme estimable, et vous êtes l'homme le plus
« extraordinaire qui existe. J'ai conclu, du rap-
« port de Georges, que vous avez besoin d'être
« gardé à vue, et me voilà.

« — Quoi, Georges s'ingère, de son autorité
« privée, de régler mes actions, de me donner
« indirectement des lois ! Cette audace sera punie.
« — Son zèle sera récompensé. La contradiction
« vous irrite en ce moment ; plus tard vous ren-
« drez justice à ce fidèle serviteur.

« Je m'établis chez vous. Je vais faire monter un
« lit dans cette chambre. Je ne vous quitterai ni
« le jour ni la nuit. Si vous sortez, je m'attache
« à vous comme votre ombre, et je ne vous ren-
« drai à vous-même que quand vous serez aussi
« bien portant que moi.

« Vous êtes trop pénétrant pour ne pas sentir
« que je vous sacrifie quelque chose. Mais l'ami-
« tié, sans dévouement, est tout au plus une liai-
« son. Pourquoi faire la mine, mon cher ami ?
« Vous n'y gagnerez rien : mon parti est pris.

« Cependant je ne prétends pas porter mon as-
« cendant jusqu'à la tyrannie. Il faut se relâcher
« un peu en faveur des enfans et des fous : j'en-

« gage mademoiselle à venir dîner tous les jours
« avec nous.

« — Hé, monsieur, pensez-vous à ma position,
« à celle de votre ami, à l'indiscrétion des domes-
« tiques? Je ne m'occupe pas de moi : j'ai tout
« sacrifié à l'amour, et ce sacrifice ne m'a pas
« coûté. Mais que dirait-on d'un homme bien né,
« riche, considéré, qui ferait exclusivement sa so-
« ciété d'une fille sans nom, sans fortune, sans
« état? — On dira qu'il vous doit beaucoup, et que
« la reconnaissance vous a rapprochés. On dira
« que vous lui continuez vos soins. On dira ce
« qu'on voudra, et puisque ce n'est pas votre in-
« térêt personnel qui vous arrête, qu'importe à
« monsieur qu'on le croie bien avec une des plus
« jolies femmes de Paris? »

Quelle est celle qui n'est pas flattée d'un éloge amené sans affectation? Une coquette eût répondu. Fanchette sourit légèrement, et fit une petite révérence, si drôle, si jolie!

Nous commençâmes à causer tous trois avec assez de liberté d'esprit, et nous réglâmes tout ce qui avait rapport au petit ménage que nous allions tenir.

On avait décidé d'abord que Fanchette viendrait à quatre heures, et que je la ferais reconduire à neuf. Mais je pensai qu'il était fort égal pour le public qu'elle fût ici à huit heures ou à quatre, et cela m'arrangeait beaucoup mieux. Cela parut aussi à Fanchette, car elle rougit :

c'est sa manière de répondre à une proposition qui lui plaît.

Soulanges observa que fermer sa boutique à huit heures du matin, n'est pas le moyen de faire prospérer son commerce. Fanchette répondit qu'elle était établie depuis trop peu de temps pour avoir des pratiques à perdre. J'allais ajouter que je comptais bien la dédommager des pertes que j'occasionerais; mais je pensai que cela se fait, et qu'on n'en parle pas.

Arrêté du petit comité, portant que Fanchette arrivera à huit heures.

J'observai encore que puisque Fanchette devait venir à huit heures du matin, et ne s'en retourner qu'à neuf, il était indifférent au public qu'elle couchât chez moi ou ailleurs. « Cette proposition « ne passera pas, dit Soulanges. Je dors comme « une marmotte, et je ne suis venu ici que pour « voir ce qui s'y passe. » Fanchette garda le silence; j'insistai; Soulanges résista avec fermeté : il fallut me rendre.

On sent le besoin d'user le temps à quelque chose, quand on ne peut l'employer à faire l'amour. Il fut réglé, de mon consentement :

Qu'on déjeunerait à huit heures;

Que, de neuf à onze, Soulanges montrerait à Fanchette à dessiner les fleurs;

Que, de onze à midi, Fanchette nous ferait une lecture;

Que, de midi à trois heures, je tournerais; que

Fanchette, assise auprès du tour, s'occuperait de quelque ouvrage d'aiguille; que Soulanges peindrait des fleurs destinées à orner la chambre de notre compagne.

A trois heures, le dîner.

De cinq à six, la conversation.

De six à neuf, une leçon de piquet ou de trictrac à Fanchette.

A neuf heures, le bonsoir.

Et pour que rien ne fût changé à l'ordre convenu, Soulanges imagina quelques articles réglémentaires qu'il me soumit, que je combattis, que je fis changer ou modérer, et qui enfin, malgré mes réflexions, observations, additions, suppressions, furent rédigés ainsi qu'il suit :

1° *On se regardera comme on voudra; mais on ne parlera pas directement d'amour.*

2° *On se prendra les mains quand on voudra; mais la pression ne durera pas plus de dix secondes, montre sur table.*

3° *Mademoiselle Fanchette pourra quelquefois se laisser baiser la main; mais elle ne souffrira pas qu'on y tienne les lèvres attachées plus de quatre secondes.*

4° *On pourra prendre et donner, dans le courant de la journée, six baisers sur les joues, le front ou le menton, et pas ailleurs.*

Et pour la facilité de l'exécution des articles ci-dessus,

5° *Mademoiselle Fanchette ne viendra ici qu'a-*

vec la robe qu'elle porte maintenant, où telle autre coupée sur le même modèle.

6° Elle portera continuellement sur son fichu un schall qui descendra jusqu'aux pieds par-devant, et jusqu'au pliant du genou par-derrière.

7° Elle supprimera les bas fins à jour, et les souliers découverts.

8° Ses cheveux noirs bouclés descendront jusque sur ses yeux.

9° Elle ne pourra quitter ses gants que lorsqu'elle voudra prendre la main, se la laisser prendre, ou se la laisser baiser.

Soulanges avait un air triomphant. Il se croyait un Lycurgue ou un Solon. Il ne réfléchissait pas que le code le plus parfait donne toujours lieu aux interprétations. A peine une loi est-elle promulguée, que vingt avoués savent comment ils l'éluderont, et j'étais plus qu'un avoué dans ce moment-là.

Quelque défectueuses que soient des lois, on n'en fait pas une collection en une heure. La discussion et la rédaction de celles-ci nous avaient menés jusqu'au dîner : Philippe entra pour nous servir.

« Philippe, où est Georges ? — Monsieur, il « craint de se présenter devant vous; il attend « que vous l'appeliez. »

Je sors; je vais le chercher dans l'antichambre. « Mon vieil ami, les mesures que vous avez prises « m'ont donné beaucoup d'humeur; elle n'était

« que dans ma tête, et mon cœur s'empresse de
« rendre justice au vôtre... Pourquoi ces yeux
« baissés, cet air d'embarras? L'honnête homme
« lève la tête; il aime à fixer celui qui l'estime...
« Tu pleures, mon ami? — C'est de joie et de re-
« connaissance. Ah! monsieur, quel homme vous
« seriez, si vous n'aimiez pas tant...—Chut, chut,
« Georges. Tout homme aime quelque chose, et
« qu'y a-t-il d'aimable comme les femmes? Viens
« reprendre ta place et tes fonctions auprès de
« moi. »

Comment le législateur Soulanges va-t-il nous
ranger? Nous serons trois autour d'une table
ronde, et je défie tous les faiseurs de lois, nés et
à naître, d'empêcher que je sois à côté, ou en
face de Fanchette. Soulanges me place vis-à-vis
d'elle; c'est tout simple : j'en suis aussi éloigné
que le permet le diamètre de la table. Mais une
table de trois couverts n'est pas grande, et on a
des pieds pour quelque chose... « Va tourner,
« Philippe : Georges nous suffira. »

« Dînerai-je avec mes gants? » demande Fanchette, avec le ton modeste d'un client qui parle
à son rapporteur. « Non, non, répond Soulanges,
« ce n'est pas l'usage. Mais j'ai tout prévu : j'avais
« mes raisons pour vous éloigner l'un de l'autre. »
Il n'a pas prévu que nos mains se rencontreront,
quand je lui passerai une carafe, quand elle me
passera une aile de poulet, et nous avons aussi

nos raisons pour nous passer toujours quelque chose... Soulanges sourit.

Je me lève, et je vais ranger les cheveux de Fanchette, qu'elle a religieusement placés sur les plus beaux yeux du monde. « Alte-là, dit Sou-
« langes. J'invoque l'autorité des réglemens. Il est
« écrit, art. 8 : *Ses cheveux noirs bouclés descen-*
« *dront jusque sur ses yeux.* —Oui, mon ami. Mais
« il est écrit, art. 1er : *On se regardera comme on*
« *voudra*, et comment voulez-vous qu'on se re-
« garde les yeux bouchés? Vous avez fixé des
« heures où Fanchette doit *lire* ou *travailler de*
« *l'aiguille.* Festonne-t-on sans y voir?—Diable, il
« y a contradiction entre ces deux lois-là. Il faut
« en rapporter une. — *L'article* 8, mon cher Sou-
« langes. —Non, mon ami, *l'article* 1er. — La ma-
« jorité décidera. C'est à mademoiselle à faire
« pencher la balance, et l'amour l'emportera. »

L'article 8 est supprimé.

Le dîner se passa en plaisanteries, et, jusqu'à un certain point, Soulanges atteignait à son but : le cœur est calme, quand la gaieté s'y introduit.

Il ne nous fut pas aussi facile de nous posséder pendant l'heure consacrée à la conversation. Soulanges s'efforçait de la faire tomber sur des sujets sérieux et instructifs. *Amour*, disait Fanchette; *bonheur*, lui répondais-je, et, agissant d'après ma manière d'interpréter et de commenter la loi, la jolie main ne sortait pas des miennes. Je la pressais, je la baisais; la montre était là. Je comptais scrupuleusement les quatre secondes; je m'arrêtais à la cinquième, pour recommencer aussitôt. Soulanges se dépitait. « De quoi vous fâchez-vous, « mon ami? Relisez *les articles 2 et 3* : *On se pren-* « *dra la main quand on voudra.* Moi je le veux « toujours. *Mademoiselle Fanchette pourra, quel-* « *quefois, se laisser baiser la main. Quelquefois* « ne détermine rien, et la loi doit toujours être « expliquée en faveur de ceux pour qui elle est « faite. »

Je continuais; Fanchette riait aux éclats; Soulanges frappait du pied.

Il sauta au plafond, quand je commençai à user de la prérogative que m'accordait l'*article 4*. Je n'avais cherché ni les joues, ni le front, ni le menton. « Qu'avez-vous encore, mon cher Sou- « langes? Le jury prononce sur la question inten- « tionnelle. Je déclare n'avoir pas eu l'intention « de rencontrer les lèvres de Fanchette. Qu'avez- « vous à me reprocher? »

Soulanges se fâche tout de bon. Il m'enlève Fanchette; il la porte dans le salon. Fanchette trouve une porte de dégagement, elle suit le couloir, et rentre dans ma chambre à coucher. Soulanges se désole : il voit son code du matin déjà tombé en désuétude.

« Allons, allons, dit-il, il faut que je m'exécute « de bonne foi. Je sens le vice de ma rédaction, « et je supprime toutes mes lois. Mais mademoi-

« selle, c'est à vous que je confie ce dépôt pré-
« cieux, celui d'une vie qui vous est chère. Rap-
« pelez toute votre prudence. Prévenez ces émo-
« tions, dangereuses pour mon ami, et pénibles
« pour tous deux, lorsqu'elles demeurent sans ré-
« sultat. Or, je suis ici. — Je répondrai à votre
« confiance, monsieur; je m'en montrerai digne. »

De quel ton auguste elle a prononcé ces effrayantes paroles! Plaisante-t-elle? Non, vraiment.
Elle reprend son schall, elle remet ses gants; elle
s'assied devant une table de jeu; elle ne voit plus
que le tapis vert.

Oh, cela ne durera pas. Je suis assis près d'elle,
et j'ai des moyens sûrs de rétablir mon empire...
« Otez votre main, monsieur... Laissez mon ge-
« nou... Vous me faites mal au pied. — Je me re-
« tire, mademoiselle. — Vous me ferez plaisir,
« monsieur. — Vous me chassez; je ne reviendrai
« plus. — Mon ami! — Fanchette! — Vous m'affli-
« gez. — Je vous obéis. — Revenez, de grâce, re-
« venez. — Je reviens, mais je boude.

« Mademoiselle, une quinte majeure se com-
« pose de l'as, du roi... » C'est Soulanges qui parle.
« Mademoiselle, laissez mon pied, à votre tour.
« — Qu'il est méchant! — Voyez vos cartes. Que
« voulez-vous faire de mes deux doigts emprison-
« nés dans votre gant? — Mais taisez-vous donc!
« — Je veux parler, moi. — A-t-on jamais vu
« prendre ainsi une leçon de piquet? — Mon cher
« Soulanges, a-t-on jamais choisi un pareil mo-

« ment pour la donner?—Ma foi, mon ami, vous
« me ferez perdre volonté ou patience.—Ma foi,
« mon ami, je vous invite à les perdre toutes deux.
« —Mademoiselle, vous justifiez bien mal ma con-
« fiance. — Monsieur de Soulanges, regardez-le.
« — C'est un très-joli homme, je le sais, made-
« moiselle; mais ce n'est pas une raison pour le
« tuer. — Le tuer, monsieur de Soulanges, le tuer,
« moi, qui donnerais ma vie pour conserver la
« sienne! — Je ne veux pas que vous mouriez,
« mademoiselle; mais si vous voulez qu'il vive,
« allez-vous-en, et ne revenez plus.
« —Ah, Soulanges, quel ton vous prenez avec
« elle! — Peut-être en trouverai-je un qui me
« réussira.—Elle sort, mon ami?—Tant mieux.
« — Brouillée avec moi!—Ce n'est pas avec vous.
« — Rappelez-la donc.—Je m'en garderai bien.
« —Je cours après elle.—Quel homme! »

Je la suis, je la joins dans mon antichambre;
je l'arrête, je la prends dans mes bras... Une lumière! c'est cet hypocrite de Georges. « Monsieur
« s'expose à se blesser.—Non, monsieur, je ne
« m'expose pas. —Mademoiselle ne saurait des-
« cendre sans y voir.—Il y a un réverbère sur
« l'escalier.—Mais pour arriver jusque-là? Phi-
« lippe! vite, un second flambeau.—Georges, je
« me fâcherai sérieusement. — Mademoiselle, la
« voiture est à vos ordres. » Elle descend sans
dire un mot. Elle supporte tout pour moi, jusqu'à l'humiliation!

Je rentrai. Que pouvais-je faire de mieux! Soulanges riait à son tour à gorge déployée. « Vous
« l'emportez, monsieur. — J'avais tout disposé
« pour cela. — Sans les obligations que je vous
« ai... — Vous m'en aurez bien d'autres. — Je ne
« le crois pas. — Vous serez donc bien fin. — Peut-
« être autant que vous. — Mon cher ami, vous avez
« la fièvre chaude. — A la bonne heure, soit. —
« Pourquoi donc ne pas vous laisser conduire? —
« Hé, vous faites de moi tout ce que vous voulez.
« — Raisonnons un moment. — Cela vous est
« bien facile, homme à la glace!

« — Vous ne rêvez que folies; je vous éveille,
« ai-je tort? — Je ne dis pas cela. — Vous aimez
« deux femmes à la fois... — Mon ami, je crois
« que j'ai deux cœurs. — Vous vouliez d'abord en
« garder une ici le jour et la nuit. — J'aurais également
« voulu garder l'autre. — Du repos et de
« la sagesse, voilà ce qu'il vous faut. — Vous croyez
« cela? — D'ailleurs, si Fanchette fût restée ici,
« quand auriez-vous lu la lettre que Georges a sans
« doute à vous remettre? quand y auriez-vous répondu?
« — Une lettre de Sophie! — De Sophie,
« plus jolie peut-être que Fanchette; qui vous
« aime autant qu'elle; qui a un nom, un rang;
« que vous avez perdue dans le monde; à qui vous
« devez une réparation, et qui, à tous égards, mérite
« la préférence. Georges, vous avez une lettre
« pour monsieur? — La voilà.

« — Lisons-la ensemble, mon ami: vous sa-

« vez que vous n'avez plus de secrets pour moi.

« Arrêtez-vous à cette phrase-ci ; à celle-là, à
« cette autre. Dites-moi si Fanchette a cette faci-
« lité, cette grace, cette abondance, cette chaleur.
« — Oh, Fanchette n'écrit pas mal.— Lisez, lisez,
« et avant d'être à la fin de la troisième page, vous
« ne rêverez plus qu'à Sophie. »

Il a raison. Personne ne pense, n'écrit comme cela. Mais je le devine : il veut détruire une impression par une autre. Qu'y gagnera-t-il, si l'image séduisante de Sophie remplace celle de Fanchette dans ce cœur? Pauvre cœur! Et cependant trop heureux mortel!

« Georges, apprêtez-moi ce qu'il faut pour
« écrire.—Et pendant que vous écrirez, il m'ar-
« rangera un lit.—Ici!—Oui, ici. Je vous l'ai dit,
« je ne vous quitte plus. — Allons, Georges, un
« lit à mon garde. »

Écrivons... Ah ! voilà deux lignes en *post-scriptum*, qui m'étaient échappées. « Je te dois un dé-
« dommagement de ta docilité, de tes privations;
« on te le remettra avec cette lettre. »

« Monsieur Georges, vous avez encore quelque
« chose à me donner.—Ah, pardon, monsieur.
« J'oubliais un très-petit paquet que j'ai mis dans
« la poche de ma veste. Mais comment penser à
« tout, quand on est toujours en l'air, tout à vos
« mouvemens, à l'inflexion de votre voix, aux si-
« gnes de M. de Soulanges? — En voilà assez.
« Voyons le petit paquet... C'est elle, c'est bien

« elle! c'est ainsi qu'elle me regarde, qu'elle me
« sourit. Soulanges, voyez donc ce portrait. Il est
« frappant de ressemblance, et jamais peintre n'a
« fait d'idée une aussi séduisante figure... Oh, So-
« phie, ma Sophie! femme adorable et adorée!..»
Je couvre le portrait de baisers. Je le porte à mon
cœur; je le reporte à mes lèvres... Qu'est-ce que
cela? Une chaîne d'or. Elle a tout prévu; elle indique tout. Je passe la chaîne à mon cou. L'image
précieuse est fixée sur mon cœur... Fixée, non. Je
la prends, je la regarde, je la baise encore... « Mon
« ami, vous n'êtes pas raisonnable. Pensez donc
« à l'état où vous voilà. Faudra-t-il vous ôter jus-
« qu'à ce portrait? — Non, Soulanges, non. Je me
« possède et j'écris.

« Ces messieurs n'ont plus besoin de rien, de-
« mande Georges? Non, répond Soulanges. » Il
congédie le vieux domestique; il ferme toutes les
portes à double tour; il prend toutes les clés; il
les met sous son oreiller; il se déshabille avec la
morgue d'un chef des eunuques du grand-seigneur.

« Ah çà, monsieur, je suis donc prisonnier
« chez moi? — Je vous ai dit, monsieur, que je
« dors profondément, et je ne veux pas que vous
« m'échappiez pendant mon sommeil. — J'irai
« courir les rues de Paris, à pied, à l'heure qu'il
« est, n'est-il pas vrai? — Écrivez, écrivez, mon
« ami. Moi, je vous souhaite le bonsoir. »

Oh, parbleu, il m'a donné là une bonne idée.
Très-certainement je lui échapperai, et aussitôt

que je pourrai tromper sa surveillance et celle de mes gens, tous conjurés contre moi... Continuons d'écrire...

Il dort, ou il en fait le semblant. Sachons jusqu'à quel point je peux compter sur son sommeil. Je n'ai pas la maladresse de lui adresser la parole : il ne donnerait pas dans un piége aussi grossier. Je me parle à moi-même, et sur tous les tons. Je reprends le précieux portrait; je me laisse aller à la vivacité de mes sentimens. Exclamations, invocations, passion, tout cela est employé, avec un enthousiasme vrai, parce que tout cela est senti, et il ne fait pas le moindre mouvement. Je lui passe sous les yeux une bougie allumée... Allons, c'est un homme mort jusqu'à demain matin. L'heureuse découverte !

Ai-je encore quelque chose à dire à la belle des belles, à la meilleure des femmes? Non. Je ferme mon paquet, et comme Soulanges, je vais essayer de fermer les yeux.

Fermer les yeux ! Trouvez donc du repos, vous qui avez trente ans, qui portez au cou le portrait de votre maîtresse, qui brûlez de la voir, et qui êtes agité par le souvenir du jour, et l'espérance du lendemain ?

CHAPITRE XXV.

Roman astronomique.

Tout s'use, tout passe, jusqu'à Mesmer, Fénaigle et Gall. Cette belle chaleur du sang s'affaiblit; ces émotions voluptueuses se dissipent; les plus douces, comme les plus brillantes illusions cèdent à la voix impérieuse du besoin : l'ambitieux dort quelquefois; les amans tous les jours... plus ou moins cependant.

Il était tard quand je m'éveillai. Soulanges était déja dans une bergère. Il attendait mon réveil, un livre à la main. « Il me semble, mon ami, « que vous ne perdez rien pour vous endormir « après les autres. J'ai demandé le déjeuner. Un « convalescent doit avoir appétit en ouvrant les « yeux. — Supérieurement pensé, mon cher Sou- « langes. Allons, je vais me lever. Georges ? — « Monsieur ? — Habillez-moi... Qu'est devenu « l'habit que j'avais hier ? — Mon cher ami, vous « n'avez plus ici d'habits, de culottes, ni de cha- « peaux. Je me défie de mon sommeil, je vous « l'ai déja dit, et j'ai envoyé tout cela... — Où ? « — Je vous le dirai quand je vous rendrai la « liberté. — Voilà qui est un peu fort. Georges, « où sont mes habits ? — Voilà, monsieur, des « pantalons, des robes de chambre du meilleur « goût, des bonnets de coton, des madras, des

« casquettes. Monsieur a de quoi choisir. — Où
« sont mes habits, vous dis-je? — Je l'ignore,
« monsieur. — Vous mentez. — Monsieur de Sou-
« langes m'a fait faire une malle; m'a envoyé
« chercher un commissionnaire. J'ai aidé à char-
« ger la malle; monsieur de Soulanges a glissé
« une adresse dans la main du porteur; il est parti.

« — C'est bien joué, très-bien joué, mon cher
« Soulanges. Mais puisque vous attaquez, je peux
« me défendre. Des précautions, aussi adroite-
« ment prises, piquent mon amour-propre, et
« m'invitent à les déjouer. Nous voilà en état de
« guerre : tenez-vous bien. — Oh, c'est ce que je
« compte faire. Déjeunons, mon ami.

« — Ah, mon Dieu!... mon portrait!... ce por-
« trait chéri, qui me tenait lieu de tout... qu'en
« avez-vous fait? Je ne supporterai pas cela, par
« exemple. — Mon ami, vous dormez aussi bien
« que moi : je l'ai détaché, sans que vous ayez
« donné signe de vie. — J'espère, monsieur, que
« vous allez me le rendre. — Je vous laisse le choix
« entre deux partis. Vous vous contenterez d'a-
« voir, quatre fois par jour, le portrait à votre
« disposition, et pendant cinq minutes, à chaque
« fois, ou je le renverrai à madame de Mirville.

« — Vous avez une fureur de faire des régle-
« mens!... et vous savez combien de temps ils
« durent. — J'entends. Quand vous tiendrez le
« portrait, vous ne vous en dessaisirez plus. Mais
« je le reprendrai demain matin, et sans pitié je

« le ferai disparaître pour quinze jours. — Cette
« menace me ferme la bouche. Allons, je rece-
« vrai, de vous, le portrait quatre fois par jour,
« et je vous le rendrai fidèlement. Déjeunons. —
« Déjeunons.

« — Le portrait, mon ami ? — Ce portrait et
« une digestion facile ne s'accordent pas. — Vous
« êtes un tyran, un tyran inexorable. — Pour
« que de grands mots produisent leur effet, il
« faut bien se garder de rire en les prononçant.
« Prenez-vous encore quelque chose? — Le por-
« trait, si vous voulez me le donner. — Oh, le bel
« effet de lumière! Observez donc, mon ami, ces
« rayons qui jouent à travers les masses de vos
« marronniers. — Hé, mon ami, j'ai tant vu le
« soleil! — Passons sur ce balcon. Jouissons de
« la fraîcheur de la matinée. — Soulanges, vous
« voulez me détourner de mon objet, et vous vous
« y prenez gauchement. Je connais tous les rebus
« qui entrent dans la fabrication d'une idylle, la
« nature, la campagne, les oiseaux, les coteaux,
« les troupeaux, les pipeaux. Tout cela ne vaut
« pas Sophie, ne vaut pas même son portrait.

« — Ce jugement est un peu hasardé. Madame
« de Mirville est charmante, sans doute, comme
« la rose qui est éclose hier, et qui se flétrira à
« midi. Madame de Mirville et cette rose seront
« remplacées par d'autres fleurs, dont on admi-
« rera un moment l'éclat, dont on savourera un
« moment le parfum, et on ira, ensuite, cultiver

« la fleur nouvelle, qui aura succédé à celle-ci, et
« qui l'aura fait oublier. Mais la nature, toujours
« jeune, toujours forte... — Mais le papillon, qui
« suce le miel de la fleur, vieillit et meurt avec
« elle. Ainsi tout est égal entre eux, sous le rap-
« port de la durée. Mon portrait.

« — Qu'appelez-vous, la durée ? Le temps existe
« en effet, pour une portion de matière organi-
« sée, d'une modification à une autre; mais pour
« l'ensemble des choses, il n'y a pas de succes-
« sion. — Ah, vous voulez m'entraîner d'objets
« en objets, d'une discussion à une autre. — Ce
« grain de sable sera peut-être verre demain; le
« verre sera cassé après-demain, et il serait plai-
« sant que le grain de sable et le verre voulussent
« avoir leur almanach, non d'un an, d'un mois,
« d'une semaine, mais un almanach à secondes,
« et qu'ils prétendissent mesurer le temps à l'uni-
« vers, d'après leur existence d'un jour. Voilà
« pourtant ce que nous faisons, nous autres grains
« de sable, qui, semblables à la boule de neige,
« que grossissent les enfans, roulons jusqu'à ce
« que le dégel restitue à la terre les parties inté-
« grantes de cette pauvre boule, qui se croyait
« quelque chose parce qu'elle était bien blanche,
« et bien grosse relativement à une fourmi. Nous
« ne sommes qu'un point imperceptible, saillant
« ici, s'éteignant là, dans la foule innombrable
« de points, qui meurent et qui renaissent sans
« interruption. — Ce que vous dites là est très-

« moral, pourrait être le sujet d'un sermon, et
« n'a rien de commun avec un portrait.

« — Ce portrait est un point, comme cette pla-
« nète que vous voyez là-bas. — C'est Vénus.
« Croyez-vous, Soulanges, qu'on fasse l'amour
« dans Vénus? — Comment, si je le crois! On fait
« l'amour partout où il y a chaleur et mouvement.
« — On ferait là-bas l'amour comme ici! — Comme
« ici, précisément, cela ne me paraît pas proba-
« ble. — Comme ici, ou comme là, on aime tou-
« jours bien, quand on sent avec énergie. —
« Comme vous. — Comme moi. — Vous êtes mo-
« deste.

« — Mais pourquoi avancez-vous, Soulanges,
« qu'une planète, grosse comme la terre, n'est
« qu'un point dans l'univers? — C'est que cette
« terre, que nous considérons comme le premier
« des mondes, parce que nous avons la vanité de
« tout rapporter à nous, n'est elle-même qu'un
« point dans l'immensité; c'est que si nous pou-
« vions nous transporter sur cette boule, consa-
« crée, je ne sais pourquoi, à la mère des amours,
« nous verrions, dans le fond du tableau, autant
« de mondes encore que nous en apercevons d'ici,
« et que, si nous allions au dernier de ces mon-
« des, nous n'aurions encore devant nous que
« l'infini. — Que l'infini! Il faut pourtant que tout
« finisse. — Oui, pour le grain de sable, le verre,
« et la boule de neige. Mais pourquoi, être pen-
« sant et orgueilleux, ne voulez-vous pas que le

« monde soit infini? — Parce que je ne conçois
« pas l'infini. — De ce qu'un sourd et muet, sans
« instruction, ne conçoit pas que deux et deux
« font quatre, s'ensuit-il que la géométrie n'existe
« pas? — Les géomètres se communiquent, s'en-
« tendent ; je peux parvenir à m'entendre avec
« eux : donc la géométrie existe. Mais l'infini !

« — Mon cher ami, vous êtes borné, et vous
« voulez que tout vous ressemble. L'aversion que
« vous inspire l'idée de la destruction de votre
« être, vous fait admettre facilement une éternité
« de choses, parce que vous voudriez être éternel
« vous-même. — J'avoue que ce système ne ré-
« pugne pas à ma raison. — Dites qu'il flatte vos
« espérances secrètes, et convenez qu'il n'y a pas
« plus d'analogie entre votre frêle machine et
« l'éternité, qu'entre un ciron et l'infini. Or, si
« vous admettez la première, pourquoi rejeter le
« second? Le monde n'est pas infini, dites-vous.
« Que voulez-vous qui le termine? Un fossé, une
« haie, un mur, le chaos? Vous ne voulez sans
« doute ni mur, ni haie, ni fossé? — Non, j'aime
« mieux le chaos. — Prenez garde : le chaos sup-
« pose l'espace, avec le dérangement de toutes
« choses. Si vous admettez l'infini de l'espace,
« pourquoi vouloir le chaos? Pourquoi l'ordre,
« qui règne autour de vous, ne régnerait-il point
« partout? — Je sens que cela impliquerait contra-
« diction. — Et il ne peut y en avoir dans l'arran-
« gement du grand tout. L'univers s'écroulerait

« sur lui-même, si quelqu'une de ses parties ces-
« sait un moment d'être soumise à la loi générale.
« —Mais je le crois. — Le monde est donc infini?
« — Je le veux bien. Donnez-moi mon portrait.
« — Oh, c'est trop juste, le voici. »

Sophie n'est qu'une rose! Elle vivra ce que vivent les roses; elle passera comme elles! Arrêtons sa fugitive existence; prolongeons-la; embellissons-la de toutes les illusions, et que l'Amour, après s'être long-temps bercé sur cette tige svelte, sur ce sein embaumé, brise son arc et ses flèches. Sophie lui a rappelé Psyché : rien ne lui rappellera Sophie.

« Hé bien, mon ami, vous avez eu un moment
« de calme; cette tête s'est reposée, même en
« voyageant dans les cieux. Convenez que les
« sciences sont bonnes à quelque chose, et cul-
« tivez-les... A quoi pensez-vous donc? — Aux
« transports, à la fureur divine, qui doivent agiter
« sans relâche les heureux habitans de Vénus. —
« Et ceux de Mercure, ce petit volcan perdu dans
« l'orbite du soleil? C'est là que les amans brûlent
« de feux inextinguibles, et que la jouissance ne
« produit que la soif de jouir. — C'est là que
« j'aurais dû naître, c'est là que je voudrais vivre.
« Je me sens digne d'être mercurien.... Je le suis
« peut-être. — Et Fanchette aussi ? — Et Sophie
« aussi. — La bonne idée! — Pourquoi n'aurais-je
« pas, comme vous, le droit d'en émettre d'extra-
« ordinaires ?—Au moins vous développerez celle-

« ci. — Et en peu de mots. Le soleil, disent les
« physiciens, pompe, attire les vapeurs les plus
« légères de notre globe; pourquoi ne pomperait-il
« pas Mercure comme nous? — Prouvez d'abord
« que dans Mercure il y ait quelque chose à pom-
« per. Les rivières de la petite planète pourraient
« bien n'être qu'un composé de métaux en fusion.
« — Je vous passe votre infini, monsieur. — Et
« moi les vapeurs aqueuses de Mercure. Conti-
« nuez. — Si le soleil a la puissance de prendre
« là, il doit avoir celle de porter ici. — A la
« conséquence. — Elle est très-simple. Le germe
« précieux d'un mercurien s'est perdu là-haut,
« n'importe comment; un rayon l'a aspiré, et l'a
« déposé dans l'atmosphère de Paris. Il est passé,
« avec d'autres particules de matière subtile, dans
« l'estomac de mon papa, et de l'estomac… — La
« bonne plaisanterie! Il est fâcheux pour vous de
« ne pouvoir l'appuyer d'aucun raisonnement. —
« En trouverez-vous contre? — Vingt, et un seul
« suffit. Les exhalaisons terrestres ne peuvent ar-
« river qu'à un certain degré d'élévation, comme
« le liége, que vous avez retenu au fond d'un
« vase, s'arrête à la superficie de l'eau; comme
« un aérostat cesse de monter, lorsque l'air, qui
« l'environne, est aussi léger que l'air qu'il ren-
« ferme. Ainsi un corps céleste ne saurait être
« dépouillé de la moindre de ses parties, et je
« conseille à Zéphire de renoncer, pour lui et ses
« deux boutons de rose, à leur origine aérienne.

«— C'est bien dur. — Mais bien raisonnable,
« et s'il nous venait ici des germes de Mercure,
« très-probablement ils ne s'y développeraient
« pas. — Pourquoi cela? — Parce que chaque
« globe doit produire des êtres analogues à la
« qualité de sa matière, et à sa température, et
« que rien dans Mercure, brûlant, ne peut être
« en analogie avec rien de ce qui existe sur notre
« froide et humide terre.

« — Savez-vous, mon cher Soulanges, que vous
« me donnez là une grande idée de la fécondité
« de la nature? — Pourquoi tout en elle ne serait-
« il pas infini? Combien l'imagination s'agrandit
« et s'élève, lorsqu'on pense que ce nombre infini
« d'étoiles sont autant de soleils qui vivifient une
« quantité infinie de planètes, que nous ne dis-
« tinguons pas, parce qu'elles n'ont qu'une lu-
« mière de réflexion, trop faible pour percer l'es-
« pace immense qui les sépare de notre terre.
« Quelle richesse, et quelle prodigieuse variété
« dans les espèces, si on admet que tout est dif-
« férent dans chacun de ces globes! — Il est fâ-
« cheux pour vous de ne pouvoir appuyer cette
« supposition d'aucun raisonnement. — J'établirai
« du moins des vraisemblances.

« Examinez d'abord l'incalculable variété, en
« tout genre, qui existe sur notre globe. Voyez
« ici des hommes blancs et barbus; là, des hom-
« mes blancs et imberbes; plus loin, des hommes
« cuivrés; là-bas, des Nègres, des Lapons, des

« Caffres, des Albinos, des chiens de trente es-
« pèces, et une multitude d'autres animaux, qui
« ne peuvent vivre que dans l'air.

« Voyez les poissons, pour qui l'air est mortel,
« et qui, par leur forme extérieure, n'ont aucun
« rapport avec les habitans de l'air. Remarquez
« l'extrême disproportion qui existe entre une
« baleine et un goujon, entre la voracité du re-
« quin, et les habitudes paisibles d'une carpe.

« Remarquez ces espèces emplumées, dont l'at-
« mosphère est le domaine. Presque étrangers aux
« animaux aquatiques et terrestres, les oiseaux
« varient encore, entre eux, par la grosseur, les
« nuances de leur plumage et leur instinct.

« Arrêtez-vous à cet insecte, qu'on n'admire
« pas, parce qu'on le voit tous les jours, et que
« l'habitude rend insensible à tout : la chenille est
« un prodige unique sur notre terre. Elle rajeu-
« nit, et se fortifie, en se parant d'une nouvelle
« peau. A une époque déterminée, elle change
« entièrement de forme, ensuite elle prend des
« ailes. Après avoir rampé sur la terre, elle se
« balance dans le vague des airs, et elle meurt,
« ayant offert à nos yeux, inattentifs, trois ani-
« maux tout-à-fait différens.

« Considérez la quantité de plantes et de fleurs
« qui existent entre le brin d'herbe et le chêne,
« entre la violette et le lis. Réfléchissez aux va-
« riétés que présente le corps du globe lui-même,
« en métaux, en minéraux, en espèces de terres,

« et osez condamner la nature à se borner, ail-
« leurs, à une froide et insignifiante uniformité.

« — Voilà en effet plus que de la vraisemblance.
« Ah, mon cher Soulanges, que n'est-il possible
« de visiter quelques-uns de ces globes, de repaître
« ses yeux d'un spectacle toujours nouveau, tou-
« jours enchanteur! — Les boutons de rose ne
« seraient pas là l'objet de l'admiration générale.
« — Et pourquoi? le beau est toujours beau. —
« Tout est relatif, le beau, le laid, le mauvais, le
« bon. Quelle impression produit un loup sur une
« hirondelle, un œillet sur un hibou, une laitue
« sur un corbeau, le plus beau cheval sur un han-
« neton? Les linots et les chardonnerets se sont-ils
« arrêtés dans les bosquets d'Ermeuil pour con-
« templer la comtesse, madame de Mirville et
« Fanchette? Sont-ils venus se percher sur un
« doigt effilé, ou sur une épaule d'albâtre, pour
« becqueter des lèvres purpurines? Ils ont fui à
« l'approche de la beauté, et sont allés porter
« leurs amoureux baisers à leur timide compagne.

« Si les habitans d'un globe diffèrent essentiel-
« lement des habitans d'un autre, quel cas vou-
« lez-vous qu'ils fassent de ce qui ne peut agir
« sur aucun de leurs sens? — Quoi, vous leur
« donnez aussi des sens étrangers aux nôtres! —
« Sans doute; les sens sont-ils autre chose qu'une
« conséquence de notre organisation? Y verriez-
« vous sans yeux? entendriez-vous sans tympan?
« goûteriez-vous sans palais? — Mais quels sens

« donnerez-vous aux habitans d'un autre globe?
« — Je ne leur en donnerai aucun, bien que je
« sois certain qu'ils en ont, résultant également
« de leurs organes; mais dont je ne peux avoir
« d'idée. — Quoi, votre imagination... — Mon
« imagination est dans la dépendance de mes
« sens, et ne peut aller au-delà de ce qu'ils em-
« brassent. Si je veux tracer la figure d'un ani-
« mal, qui n'existe pas sur notre terre, je suis
« forcé d'emprunter différentes parties des divers
« animaux connus. Je fais un monstre; mais que
« produis-je aux yeux? la tête d'un cochon, la
« queue d'un cheval, les oreilles d'un lièvre, les
« pates d'un chien basset, le corps d'un droma-
« daire, toutes choses qui ont frappé ma vue, et
« qui se sont gravées dans ma mémoire. Or, si les
« sens des habitans de Mercure et de Saturne sont
« tout-à-fait étrangers les uns aux autres, com-
« ment les mettrez-vous en rapport entre eux,
« ou eux avec vous?

« Quand on s'égare au-delà des bornes de sa
« vue, on ne peut juger de l'inconnu que par des
« analogies toujours très-imparfaites, surtout dans
« ce cas-ci. Mais supposons que nous montons,
« ou que nous descendons dans Mercure, car il
« n'y a ni haut ni bas. — Il n'y a ni haut ni bas!
« — Non, mon ami : quand, ce soir, nous rem-
« placerons ceux, qui sont maintenant sous nos
« pieds, nous aurons toujours la tête en haut, et
« les étoiles fixes sur notre tête. — Laissons cette

« question incidente. Nous voilà montés ou descen-
« dus dans Mercure; qu'y voyons-nous? — Rien,
« je crois, parce que l'excessive vivacité de la lu-
« mière nous a éteint la vue. Mais admettons que
« nous puissions voir quelque chose, et revenons
« aux analogies, car il m'est aussi impossible, je
« le répète, de rien préjuger de ce qui existe là,
« que de tracer ici la figure d'un animal qui ne
« ressemble à rien de ce que j'ai vu. Je vais me
« tenir dans le plus grand éloignement possible
« des ressemblances connues. Je prête aux jolies
« femmes de ce globe la figure qui ressemble le
« moins à celle d'une jolie femme de notre terre.
« J'en fais des huîtres. — Oh, des huîtres! — Si
« je les compare à elles-mêmes, que dirai-je à
« votre entendement et au mien? — Rien du tout.
« — Aimez-vous mieux que je les assimile à quel-
« que chose de ce que nous appelons, très-im-
« proprement, matière inerte, à cette pierre, par
« exemple, que nous brisons, que nous taillons,
« et qui pourrait bien avoir une vie qui nous
« échappe, en raison de la différence organique
« absolue? — J'aime à vous en voir douter. —
« J'ai peut-être tort. On a trouvé au centre de
« masses énormes, pétrifiées depuis des siècles,
« des animaux pleins de vie, et nul ne peut don-
« ner ce qu'il n'a pas. — Cette réflexion peut
« nous mener loin. Observez que cette pierre a
« été partie intégrante de la terre; que si elle a
« une vie, c'est de la terre qu'elle la tient, et

« puisque nul ne peut donner ce qu'il n'a pas, la
« terre est vivante. — Votre conséquence est par-
« faitement juste. — Je plaisante, mon ami, je ne
« crois ni aux principes, ni à la conséquence. La
« terre vivante? A-t-on jamais fait un pareil rêve?
« — Eh, pourquoi en serait-ce un? — Quel ani-
« mal, que cette boule sans organes, sans intelli-
« gence, sans action! — Faut-il que tous les ani-
« maux aient, comme vous, des bras et des jambes?
« Les poissons, les reptiles en ont-ils? Sans intel-
« ligence, sans action, dites-vous? L'action de la
« terre est continuelle, car action et mouvement
« sont la même chose. Et de quel droit lui refu-
« sez-vous de l'intelligence, par la seule raison
« que la vôtre ne peut se mettre en contact avec
« la sienne?.. Ah, regardez cet homme qui est assis
« dans la rue, ce modèle barbu de l'académie de
« peinture; essayons à deviner ce qui se passe
« sur sa tête. Prenez votre télescope. Voyez-vous
« sur cette protubérance, qui sans doute est une
« haute montagne, ce petit vieillard endoctrinant
« un enfant? — Je ne vois rien. — Supposez que
« vous voyez, comme je suppose que j'entends.

« Mon fils, dit le petit vieillard, je suis parvenu
« à une extrême vieillesse...

« Il est au moins âgé de deux mois...

« *Stercus*, notre Dieu, irrité de nos péchés, nous
« a punis un jour par un déluge universel.

« Ce jour-là, le modèle devait poser à l'acadé-

« mie, et il s'était lavé les cheveux et la barbe,
« dans un seau d'eau.

« Je me suis sauvé seul, avec ma femme, sur la
« plus haute de nos montagnes.

« Cette montagne est la loupe que vous aper-
« cevez au sommet du crâne.

« Les eaux se sont insensiblement retirées. Ma
« femme et moi avons fait des enfans, tant que
« nous avons pu, et nous nous sommes remis à
« moissonner cette terre fertile, que *Stercus* a faite
« tout exprès pour nous.

« Vous sentez que les instrumens aratoires sont
« les pates et l'aiguillon.

« Le succès passait nos espérances, et la vanité
« s'empara de nos têtes. *Stercus* nous punit une
« seconde fois. Il envoya, dans nos immenses fo-
« rêts, une armée innombrable de géans, mar-
« chant en ligne, qui faisaient ployer devant eux
« les arbres les plus forts, qui poussaient géné-
« rations sur générations, qui les enlevèrent en-
« fin, et les firent disparaître de la surface de
« ce globe.

« Les succès dont parle le petit vieillard, avaient
« occasioné certaine démangeaison, et les géans,
« qui marchaient en ligne, étaient les dents de
« certain meuble d'ivoire, ou de buis, que vous
« connaissez bien.

« Un savant, échappé du massacre, prononça
« que cette partie de la terre serait toujours en

« proie à tous les fléaux ; qu'il fallait habiter une
« autre partie du monde ; qu'il devait y avoir des
« antipodes, sans doute plus heureux que nous,
« et que ce qu'il y avait de mieux à faire, était de
« nous retirer chez eux. Comme *Stercus*, qui au-
« trefois conversait familièrement avec nous, n'a
« pas dit à nos ancêtres qu'il y eût des antipodes,
« on cria à l'hérésie, et on commença par manger
« le savant.

« Cependant on réfléchit, et on convint qu'il
« n'y avait pas d'inconvénient à s'assurer si le sa-
« vant avait eu tort ou raison. Plusieurs colonies
« partirent par différens chemins. Les jeunes gens,
« toujours présomptueux, s'engagèrent dans d'im-
« menses déserts, dans des gouffres profonds, où
« la nature ne produit rien, et où ils périrent
« tous.

« Vous comprenez que les antipodes sont les
« habitans de la barbe, et que les déserts et les
« gouffres sont le front, les joues, les narines et
« la bouche.

« Les plus sages, mon fils, et j'étais du nom-
« bre, suivirent les forêts sans bornes, où nous
« trouvons partout une nourriture abondante. A
« la fin d'un voyage, tel que personne n'avait osé
« le croire possible, et qui dura au moins une
« demi-journée, nous arrivâmes à la partie in-
« férieure du globe ; nous reconnûmes qu'il y a
« réellement des antipodes, et nous réhabilitâmes
« la mémoire du savant.

« En vérité, je vous le dis, mon fils, et je vous
« le dis pour vous guérir de la manie des voyages,
« nous avons trouvé nos antipodes aussi malheu-
« reux que nous, et assujettis aux mêmes fléaux.
« Détachons-nous, en esprit, de cette terre de mi-
« sère, et espérons que *Stercus*, dans sa miséri-
« corde, nous fera passer de ce monde dans un
« meilleur.

« Croyez-vous que le petit vieillard soupçonne,
« sous l'épiderme qu'il pique et qu'il piquera,
« jusqu'à ce que monsieur le modèle se fâche sé-
« rieusement, croyez-vous, dis-je, qu'il soupçonne
« sous cet épiderme la vie et l'intelligence?

« — Vous êtes l'Ésope de l'astronomie. Mais re-
« venons aux dames de Mercure : je les préfère,
« tout huîtres que vous les faites, à votre petit
« vieillard.

« — Retournons dans Mercure. Nous voilà au
« milieu d'un cercle d'huîtres les plus distinguées
« de la planète, et qui probablement sont fières de
« leur naissance, de leur opulence, comme bien
« des dames de ce monde-ci. Elles se ferment pen-
« dant le jour, pour se garantir de la chaleur, et,
« comme beaucoup de nos dames, elles s'ouvrent
« la nuit pour correspondre entre elles, sans vue,
« sans ouïe, sans odorat, sans tact, sans goût,
« mais par des sens qui leur sont propres. De jolis
« messieurs huîtres sont au milieu du cercle, im-
« mobiles, mais très-aimables, très-aimés, et fai-
« sant leur cour à ces dames, nous ne savons

« comment. Nous passons, nous repassons dans le
« cercle. On ne nous voit ni ne nous entend ; on
« n'y sentirait pas même un Hottentot enfumé,
« et couvert d'huile de poisson. Si nous mettons
« le bout du pied sur le bord festonné de la co-
« quille d'une de ces dames, elle se ferme, à peu
« près comme nous fermons l'œil, lorsqu'un corps
« étranger s'y introduit, sans que nous puissions
« dire ce que c'est.

« — Je vous arrête, l'homme aux systèmes.
« Vous dérogez à vos principes. Si la dame huître
« sent le bout de mon pied, elle a le sens du tou-
« cher. — Vous avez raison, et, comme je vous
« le disais tout à l'heure, on ne peut juger de l'in-
« connu que par des analogies imparfaites, qui
« toujours nous ramènent à nous.

« Que sera-ce si nous supprimons les analo-
« gies, qui du moins nous donnent des idées quel-
« conques, et si nous nous bornons à dire que ces
« habitans de Mercure, n'ayant aucun rapport
« avec nous, échapperont nécessairement à toutes
« nos recherches ? — Que ce n'est pas la peine d'y
« aller.

« — Concluons qu'il est très-probable que
« chaque monde a sa physionomie, qui lui est
« exclusivement propre ; que chacun doit vivre
« chez soi, et qu'il y aurait de la folie à se rendre
« visite, si la chose était possible, si même nous
« devions trouver là-haut, ou là-bas, des êtres à
« peu près conformés comme nous. — Oh, alors,

« je ne balancerais pas ; je partirais. — Vous gè-
« leriez en arrivant dans Saturne ; et toute la sa-
« tisfaction que vous tireriez du voyage, serait la
« certitude que votre corps existerait aussi long-
« temps que Saturne lui-même, parce qu'il ne
« dégèle jamais sur cette planète-là. Si vous alliez
« dans Mercure, vous n'y trouveriez pas d'alimens
« propres à votre estomac, pas une goutte d'eau
« pour vous désaltérer ; votre sang s'évaporerait
« en transpiration, et je crains bien que, sur
« quelque globe que vous pussiez arriver, une
« mort prompte fût le prix de votre noble audace.

« Il n'est pourtant pas impossible que les ha-
« bitans de certains globes puissent se communi-
« quer entre eux, si on conclut de leur proximité
« que leur organisation est à peu près la même.
« La lune, la plus voisine de ce gros vilain Sa-
« turne, décrit son cercle autour de la grande pla-
« nète en quarante-cinq de nos heures. Or, Sa-
« turne a dix mille lieues de diamètre, et la lune,
« qui parcourt un tel espace en si peu de temps,
« doit raser Saturne d'assez près, pour que les
« habitans des deux globes puissent se voir, et
« même se parler, s'ils ont des yeux, une langue,
« et les poumons de Stentor. — Mon cher Sou-
« langes, ils passent peut-être les uns chez les
« autres, à l'aide d'un prinstoc. — Qu'est-ce qu'un
« prinstoc ? — C'est le nom que donnent nos ha-
« bitans des Pays-Bas à une longue perche, dont
« ils fixent un bout à terre ; ils s'enlèvent sur l'ex-

« trémité supérieure, et franchissent ainsi des fos-
« sés de dix-huit à vingt pieds de largeur. — Oh,
« je ne prétends pas que la lune, dont nous par-
« lons, passe précisément à dix-huit ou vingt
« pieds de Saturne. Et puis votre prinstoc éloi-
« gnerait un peu les voyageurs de leur but. —
« Comment cela? — Ce gros Saturne fait son tour,
« sur lui-même, en dix de nos heures. Ainsi un
« point parcourt en une heure trois mille lieues
« environ, et d'après cette force de rotation des
« deux globes, vos hommes aux prinstocs tombe-
« raient probablement dans quelque province,
« fort éloignée de celle où ils auraient eu l'inten-
« tion d'aller. Peut-être sauteraient-ils chez des
« ennemis, chez des anthropophages, et dans ce
« dernier cas, le résultat du prinstoc n'aurait rien
« d'amusant.

« Vous apercevez-vous que nous voilà plus que
« jamais lancés dans les analogies, et que, petit à
« petit, nous avons fait, des gens de Saturne, des
« hommes semblables à nous? Revenons au sys-
« tème de variété infinie, et croyons que les ha-
« bitans de Saturne ne peuvent avoir la tête faite
« comme la nôtre, car il n'en est pas une sur
« notre terre que la prodigieuse rapidité du mou-
« vement de Saturne ne fît tourner en un instant.
« Peut-être n'est-il ici aucun animal, qui ne fût
« suffoqué là par l'action de l'air, que ce mouve-
« ment presse et pousse avec une violence, dont
« la plus forte de nos tempêtes ne peut nous don-

« ner d'idée. Il est donc plus que vraisemblable
« que les habitans de Saturne n'ont ni poumons,
« ni tête, et par conséquent pas d'yeux. A quoi
« d'ailleurs leur serviraient-ils ? Saturne met trente
« ans à faire sa révolution autour du soleil; ainsi
« certaines de ses parties ont des nuits de quinze
« ans. Dix fois plus éloignés que nous de l'astre
« lumineux, ses habitans ne le verraient pas plus
« grand que nous voyons certaines étoiles fixes,
« et il ne faut pas d'yeux où il n'y a pas de lu-
« mière.

« — Vous êtes cruel, mon cher Soulanges; sup-
« posons-leur-en, qui soient organisés comme
« ceux des chats et des oiseaux nocturnes. — Tout
« à l'heure, vous mettiez des hommes et des prins-
« tocs dans Saturne; vous le peuplez maintenant
« de hiboux et de chauve-souris. Laissons les com-
« paraisons, toujours inapplicables du connu à
« l'inconnu, et contentons-nous de croire que les
« gens de la grande et de la petite planète doivent
« connaître parfaitement leur conformation res-
« pective, s'ils ont des sens qui les rendent habiles
« à observer et à juger.

« — Voilà qui me dégoûte furieusement des
« voyages. — Restez ici; jouissez de la vie; ne
« vous inquiétez plus de ce qui se passe ailleurs,
« et aimez cette terre qui nous donne à tous ce
« qui est utile à la conservation et aux plaisirs des
« êtres qu'elle produit.

« — Que dites-vous? C'est la terre qui m'a pro-

« duit! — Et quoi donc? — Voilà une idée plus
« extravagante encore que les autres. — Voilà mes
« gens superficiels, qui prononcent sur tout, sans
« avoir rien approfondi. Répondez-moi, monsieur,
« de quoi se forme et se grossit un animal quel-
« conque dans le sein de sa mère? — De la nour-
« riture qu'elle lui communique. — L'animal, nou-
« veau-né, est-il habile à produire au moment
« de sa naissance? — Il ne le sera que lorsque
« son corps aura pris l'accroissement nécessaire.
« — A quoi devra-t-il cet accroissement et ses
« moyens prolifiques? — Parbleu, à ses alimens.
« — De quoi se composeront-ils? — De fruits, de
« légumes, d'herbes, pour la plupart des ani-
« maux. — D'où viennent ces fruits, ces herbes,
« ces légumes? — De la terre. — Donc la terre
« vous a produit.

« — Vous m'étonnez, mon cher Soulanges. Je
« ne vous croyais pas si profond. — Moi, mon ami,
« je ne sais rien. J'ai lu quelques livres, et les idées
« des autres font fermenter les miennes; c'est le
« coup électrique qui se communique de proche
« en proche. — Oh, nous parlerons encore astro-
« nomie; ces rêves-là en valent bien d'autres. —
« Ceux surtout qui échauffent le sang et la tête,
« et qui troublent le sommeil. — A propos de cela,
« Soulanges, passez-moi le portrait : il est temps
« de redescendre sur la terre. — Le portrait? en
« écoutant, en répondant, vous l'avez mis dans
« votre poche. — C'est parbleu vrai. Vous me faites

« tout oublier, rusé que vous êtes. — Ce n'est pas
« moi, c'est l'astronomie. Vive la science! — Oui,
« quand j'en aurai.

« — Ces messieurs sont servis. — Dînons, Sou-
« langes. Il est agréable de régir l'infini, le verre
« à la main... Cette Sophie, si séduisante, si aima-
« ble, si candide et si spirituelle, viendrait tout
« simplement d'une botte de céleri! — Ou d'une
« truffe élaborée; tous deux ont de la vertu. —
« Ce teint si frais, ces lèvres rosées, seraient un
« composé de laitues, de concombres, de cres-
« son! — Un brochet, quelques cotelettes d'un
« mouton, formés comme elle, ont peut-être ar-
« rondi cette gorge que vous aimez tant, et que
« je soupçonne si jolie! — Un verre de Pomard
« là-dessus. Je le bois à Sophie. — Mon ami, c'est
« boire aux laitues, aux truffes, aux brochets, aux
« cotelettes. — Pas du tout, monsieur; en admet-
« tant qu'ils soient principes, ils le sont comme
« les couleurs qui entrent dans la composition
« d'un tableau. Je jouis quand je vois les Sabines;
« la palette a disparu. A Sophie et à David. — A la
« comtesse. — Et à tous ceux, et surtout à celles
« qui concourent à embellir notre existence.

« Soulanges, je fais une réflexion. Tout notre
« être vient de la terre, et y retournera pour être
« autrement modifié. Cela semblerait indiquer la
« fragilité des individus, mais l'éternité des espèces
« et des choses.

« — Sans doute, mon ami, la matière est éter-

« nelle. Si on admet un commencement, rien
« n'existait, et il y a eu création. S'il y a eu créa-
« tion, il a fallu d'abord créer l'espace; on ne sau-
« rait meubler un boudoir avant que la maison
« soit bâtie. Où mettre cet espace? Nulle part?
« Cela ne se peut pas. Dans une étendue déja
« existante? L'étendue et l'espace sont la même
« chose, et si vous admettez l'éternité de l'éten-
« due, vous devez admettre l'éternité de la ma-
« tière. Pourquoi le tout serait-il postérieur à la
« partie?

« — Georges, donnez-nous du café. — Point de
« café, Georges; ce sont des calmans qu'il faut à
« votre maître. — Vous en prenez, Soulanges;
« vous vous imposez une privation... — Qui ne me
« coûte rien, si elle est utile à mon ami. Voulez-
« vous faire un trictrac? — Je le veux bien... Une
« gorge faite avec des cotelettes!... — Six points
« d'école, mon cher. — Soit. Croire presser des
« lèvres de rose, et ne baiser que des radis rouges
« ou des betteraves!... — Encore une école, mon
« ami. — Hé, comment voulez-vous que mon ima-
« gination se concentre dans un trictrac, lorsque
« nous arrivons des extrémités de l'univers? —
« Lorsque nous arrivons des extrémités de l'uni-
« vers! Quelle tournure d'idée et de phrase! Lors-
« que nous venons d'errer dans l'infini.

« — Monsieur, voici une lettre de madame de
« Mirville. — Donne, mon bon Georges, donne...
« — Hé bien, que signifie cette dilatation de phy-

« sionomie, ces sauts, ces exclamations? — Mon
« ami, je suis dans l'ivresse. Sa mère consent que
« j'aille la joindre dans sa terre de Champagne. Elle
« permet que nos jours ne soient qu'une suite de
« jouissances et de félicités. — La mère est donc
« aussi folle que sa fille et que son amant? — So-
« phie m'annonce son départ, avec les expressions
« de l'amour en délire. Elle emmène, avec elle,
« son architecte et son peintre-décorateur. Sa
« mère et moi partirons à la fin du mois. Quelles
« sensations délicieuses l'espérance seule me fait
« éprouver!... Mais pourquoi attendre l'expiration
« de ce mois éternel? Je me porte bien, très-bien,
« à merveille. Mon ami, je vais prendre la poste;
« je veux la devancer. Quelle surprise je lui mé-
« nage! Elle part; elle croit me laisser à Paris;
« elle soupire, en pensant à l'intervalle qui nous
« sépare, et qui s'agrandit à chaque instant. Elle
« arrive, je cours, j'ouvre la portière. Elle me re-
« connaît, elle jette un cri, et se précipite dans
« mes bras. Je l'enlève, je la porte... Georges, en-
« voie chercher des chevaux. — Georges, restez
« ici. — Par grace, mon cher Soulanges, par pitié...
« — Je suis impitoyable. — Mon ami, mon bon
« ami. — Vous ne partirez pas. — Je m'évaderai.
« — Je vous en défie : je suis votre soleil; je vous
« soumets à la loi de l'attraction. — Si vous étiez
« immobile comme le soleil, je ne vous craindrais
« pas. — Le soleil immobile! Il tourne sans cesse
« sur lui-même. — Sans changer de place? — On

« le dit. — Hé bien, pirouettez ici, moi je m'en
« vais en Champagne. — En robe de chambre et
« en bonnet de nuit? — Je m'habillerai au Palais-
« Royal. — Les savans ne sont pas de la même
« opinion sur le mouvement du soleil. — Oh, lais-
« sons là les savans. — Il en est qui croient que
« tous les soleils possibles marchent en tournant
« sur eux-mêmes, d'occident en orient, entraî-
« nant avec eux les planètes qu'ils régissent. —
« Cette opinion me paraît la meilleure. Comment
« supposer un corps céleste tournant sur lui-même,
« à la même place, et n'étant sujet à aucune in-
« fluence qui le pousse ou l'attire? Soulanges, la
« Champagne est pour Paris sur la route d'orient
« en occident : attirez-moi en Champagne. — Mon
« ami, on explique tout à présent, et la fixité du
« soleil comme autre chose. Vous avez vu quel-
« quefois de ces rouages en artifice, qu'on place
« sur une nappe d'eau. On met le feu à l'artifice.
« La machine reste exactement à la même place,
« et tourne sur elle-même autant de temps qu'elle
« est soumise à l'action du feu. — Cette compa-
« raison n'est pas satisfaisante. Votre artifice passe
« en deux minutes, et le soleil est éternel. — Une
« comparaison encore sur l'éternité du soleil. Nous
« connaissons certaines mouches, qu'on nomme
« éphémères, parce qu'elles ne vivent qu'un jour.
« Dans les infiniment petits, il existe peut-être
« des insectes, qui échappent à toutes nos re-
« cherches, et dont la durée n'est que d'une se-

« conde. Il en faut cent vingt pour deux minutes,
« et certes, lorsque cent vingt générations ont
« vu une même chose, elles sont fondées à la
« croire éternelle.

« Que répondriez-vous à un de ces insectes à
« secondes, qui vous affirmerait que le rouage
« d'artifice est éternel, parce que cent dix-neuf
« générations l'ont vu avant lui, et que sans doute
« des générations sans nombre le verront après?—
« Je fermerais la bouche à l'insecte, en lui répon-
« dant que j'ai vu le commencement de l'artifice,
« et que j'en vais voir la fin. — Si, au lieu de
« vivre soixante ans, les hommes vivaient quel-
« ques millions d'années, vous trouveriez peut-
« être aussi quelqu'un qui aurait vu le commen-
« cement du soleil. — Prenez garde, Soulanges,
« vous voilà en contradiction avec vous-même. Si
« le soleil a commencé, que devient l'éternité de
« la matière ?

« — Je vais concilier ce qui vous paraît contra-
« dictoire. Il est constant, mon cher ami, qu'en
« 1572 on découvrit une étoile nouvelle dans la
« constellation de Cassiopée; en 1664, on en dé-
« couvrit deux dans l'Éridan, et il est convenu
« entre nous que les étoiles sont autant de soleils.

« D'où sont venus ces trois soleils-ci? Du néant?
« Le néant est un mot vide de sens; il n'est, du
« moins, applicable qu'à une portion de matière
« qui change de modification, et qui, si elle avait
« de la mémoire, perd le souvenir de ce qu'elle a

« été. Ces soleils étaient sans doute des planètes
« qui se sont embrasées lorsque l'équilibre entre
« le feu et l'eau aura cessé à l'avantage du feu. —
« Oh, mon ami, s'il y a partout, comme ici, équi-
« libre entre le feu et l'eau, que devient le sys-
« tème de variété infinie?—J'avoue que je suis
« battu, pour avoir encore raisonné par analogie.
« Quelle que soit la cause de l'embrasement de
« ces trois planètes, il nous suffit de savoir qu'il
« s'est opéré en 1572 et en 1664, et que trois
« soleils nouveaux nous sont apparus dans l'im-
« mensité des cieux. Si demain notre lune s'en-
« flammait, nieriez-vous l'existence de ce petit
« soleil-là, quelque incommode, d'ailleurs, qu'il
« pût être pour nous?—Non, sans doute, parce
« que j'aurais été témoin de ce grand change-
« ment.—Je vous l'ai dit : vous ne pouvez voir
« les planètes que régissent les étoiles, à cause
« de la faiblesse de leur lumière réfléchie et de
« leur extrême éloignement, et il n'y a ici de dif-
« férence pour votre entendement, entre notre
« lune embrasée et ces trois planètes, devenues
« soleil, que dans le plus ou le moins de distance.

« —Des planètes qui se transforment en soleils!
« cela est difficile à croire. Quel désordre une
« telle révolution doit occasioner dans les mondes
« voisins!—Nous appelons désordre ce qui nous
« nuit individuellement. Ainsi une épidémie qui
« moissonne des milliers d'hommes, un tremble-
« ment de terre qui engloutit toute une généra-

« tion, sont désordre relativement aux victimes,
« et ne sont qu'une conséquence forcée des lois
« générales. Ces nouveaux soleils doivent, par
« une suite de ces mêmes lois, forcer leurs lunes,
« s'ils en avaient, étant planètes, à venir se coller
« à eux, et brûler avec eux; ce qui est très-mal-
« heureux, je l'avoue, pour les habitans, s'il y en
« a, mais ce qui ne dérange en rien l'harmonie
« universelle. — Je vois l'harmonie qui régnait
« dans cette lune-là, furieusement dérangée. — Un
« homme meurt dans un petit village; on l'en-
« terre, et les autres continuent à jouir de la vie.
« Les habitans d'une planète ne sont pas plus
« pour l'infini, qu'un homme pour un village, et
« il n'y a encore ici de différence que du petit
« au grand.

« — Allons, vous avez réglé en souverain le
« sort des lunes attachées à ces planètes devenues
« soleils. Que faites-vous des planètes leurs voi-
« sines? — Moins sujettes, par leur éloignement,
« à la force d'attraction, elles prennent un mou-
« vement de rotation, et décrivent leur cercle au-
« tour du nouveau soleil, planète hier, chef de
« mondes aujourd'hui.

« — Mon cher Soulanges, tout cela m'embar-
« rasse fort. Si un corps céleste a un commence-
« ment comme soleil, il doit aussi avoir une fin,
« car ce qui alimente ses feux, ne saurait être im-
« périssable. — Impérissable! Ceci sera l'objet d'une
« nouvelle discussion. Mais je pense, comme vous,

« que les soleils finissent par s'éteindre. Nous sa-
« vons que la constellation des Pléiades était com-
« posée de sept étoiles, et il n'en reste que six.
« Une autre étoile s'est éteinte dans la petite Ourse,
« une autre encore dans Andromède. — Et vous
« allez me dire, peut-être, que ces soleils sont
« devenus planètes, et ont produit de nouveaux
« habitans? — Je le dirai certainement. Je fais plus,
« je le crois.

« — Ainsi ces grandes masses suspendues sur
« nos têtes sont assujéties aux mêmes variations
« que nos petits corps si frêles, que nous aimons
« tant, que nous cherchons tant à conserver? —
« Sans doute, et ces variations sont plus ou moins
« lentes, en raison de la grandeur ou de la pe-
« titesse des masses; mais elles sont certaines
« partout, sur tout, et j'y tiens essentiellement,
« parce qu'elles lient toutes les parties du système
« qu'il n'y a ni production, ni destruction. Tout
« varie, tout change de forme. Ce que nous appe-
« lons, très-improprement, putréfaction dans les
« animaux, n'est que la division des parties orga-
« niques, opérée par une multitude d'êtres qui
« naissent pour s'en nourrir, et se réunir ensuite
« au grand tout.

« — Voudriez-vous bien résoudre une difficulté
« que je vais vous proposer? — Très-volontiers,
« si je le peux. — Un soleil a brûlé des millions
« d'années. Comment remplacez-vous la portion

« de matière que le feu a consumée? — Rien ne
« se consume, mon ami. Le feu s'éteint par une
« raison inverse à celle qui l'a allumé. — Rien ne
« se consume! Qu'est devenu le bois qu'on a mis
« ce matin dans ma cheminée? — Une pincée de
« cendres. — Et vous prétendez qu'une pincée de
« cendres est égale au volume d'une bûche. Ainsi
« dans un boisseau de cendres vous me présen-
« terez une forêt. — Avez-vous vu quelquefois ar-
« racher un arbre? — J'en ai vu arracher cent. —
« Tant mieux. Avez-vous jamais remarqué dans la
« terre une cavité égale en profondeur à la hau-
« teur de l'arbre qu'on venait d'en extraire? — Je
« n'ai vu de vide que la place qu'occupaient ses
« racines. — De quoi donc était composé ce chêne,
« qui étonnait par sa grosseur, son élévation, et
« l'étendue de ses rameaux? — Pouvez-vous me le
« dire? — Il se composait essentiellement d'eau,
« d'air et de feu. Le feu extérieur, qu'on a appli-
« qué à votre bûche, a développé le feu intérieur;
« l'air qu'elle renfermait s'est répandu, plus ou
« moins chaud, dans votre chambre; l'eau s'est
« exhalée en fumée; la pincée de cendres est une
« faible portion de parties terrestres qui ont suffi
« pour unir entre eux les trois autres élémens, et
« faire un corps solide de choses qui, en appa-
« rence, ont le moins de solidité. Pressez une
« éponge mouillée dans votre main, vous en ex-
« pulsez l'air et l'eau; vous la réduisez au dixième

« de son volume ordinaire, et vous ne lui avez
« ôté aucune de ses parties. Il en est de même de
« ce que le feu paraît avoir consumé.

« — J'ai bien peur, mon cher Soulanges, que
« vous ayez raison. — Pourquoi peur? — Quoi, le
« soleil peut s'éteindre et la terre s'enflammer, et
« vous ne voulez pas que je tremble! — Tremblez-
« vous quand vous pensez à votre fin, que vous
« savez être inévitable? Ne venez-vous pas de la
« provoquer vous-même l'épée à la main? Qu'im-
« porte que vous finissiez d'un coup d'épée ou de
« l'excès du froid, ou de celui de la chaleur? Cette
« mort est-elle plus douloureuse que celle qui ter-
« mine les maladies, longues et cruelles, auxquelles
« est assujéti le sexe le plus aimable et le plus dé-
« licat?

« Oui, mon ami, le soleil est sujet à des alté-
« rations. On a vu sa surface s'encroûter sur di-
« vers points. On y aperçoit, à l'aide des téles-
« copes, un grand nombre de bouches qui jettent
« des torrens de feu. Les bords de ces fournaises
« sont formés de croûtes noirâtres, sensibles à la
« vue. Le soleil est donc un corps opaque qui
« brûle, et qui doit s'éteindre quand son feu man-
« quera d'aliment.

« Après la mort de Jules César, la chaleur fut
« si faible pendant deux ans, probablement par
« l'effet de ces croûtes, ou écume, que le soleil
« pousse par intervalles à sa superficie, qu'à peine
« les fruits et les légumes mûrirent en Italie. Les

« augures n'auront pas manqué de dire que la fin
« du monde allait venger la mort de César, qui
« les payait; les gens éclairés auront réfléchi; les
« gens raisonnables se seront résignés à finir quel-
« ques jours plus tôt.

« Si le soleil doit un jour redevenir planète, la
« terre doit, par une conséquence toute simple,
« devenir soleil. Peut-être l'a-t-elle déja été. Peut-
« être même a-t-elle fait partie de notre soleil.
« Elle peut n'être qu'une de ces énormes croûtes
« que la force volcanique, ou telle autre cause a
« lancée au loin dans l'espace. — La supposition
« est forte, autant que bizarre. — Hé! elle n'est
« pas trop dénuée de vraisemblance. Partout on
« rencontre sur ce globe des traces d'un feu qui
« n'est plus. Partout on trouve des amas de pier-
« res calcinées et noires, entassées sans ordre, et
« paraissant avoir été agitées dans tous les sens
« par la plus violente fermentation. Les pierres
« que ce globe produit lentement dans ses en-
« trailles, s'y forment au contraire par couches
« horizontales et régulières.

« Au reste, que notre terre ait été, ou non, un
« soleil, son embrasement futur est présumable,
« d'après une observation cent fois répétée. La
« diminution sensible des eaux laisse aux feux
« des volcans plus d'activité et plus de moyens de
« s'étendre. Ces volcans, mon cher ami, sont
« déja un commencement d'incendie général. —
« Qui pourra fort bien, mon cher ami, ne pas

« s'étendre plus loin. Vous prétendez que les eaux
« diminuent. Moi, je suis fondé à rejeter une as-
« sertion que vous ne prouvez pas.

« — Saint-Omer, qu'on prétend être le *Portus-*
« *Icius*, où Jules César s'embarqua pour aller
« soumettre l'Angleterre, est aujourd'hui à huit
« lieues de la mer. — Qu'on *prétend être*, dites-
« vous? Vous donnez une présomption pour une
« autorité. — Laissons le *Portus-Icius*.

« Fréjus, ce port célèbre dans l'histoire, qui
« recevait les galères romaines, n'existe plus. Son
« ancien bassin est séparé de la mer par un lac
« d'eau douce.

« Aigues-Mortes, où Louis IX s'embarqua pour
« la conquête de la Palestine, est maintenant à
« plusieurs milles de la mer.

« Damiette, qui en est éloignée de dix milles à
« peu près, était située à l'embouchure du Nil,
« lorsque Louis IX l'assiégea et la prit.

« Le château de Rosette, en Égypte, n'était
« pas, il y a cent ans, à une portée de fusil de
« la mer : il en est présentement éloigné de plus
« d'un mille.

« — Que prouvent ces faits-là? Que la mer
« abandonne une partie de terrain pour en cou-
« vrir une autre. — Et qu'a-t-elle été couvrir,
« quand elle s'est retirée des sommets des plus
« hautes montagnes ? — Ah, les cimes des Alpes
« ont d'abord été autant de petites îles ? — Oui,
« monsieur l'incrédule, et les corps marins, et les

« coquillages pétrifiés qu'on y rencontre, prou-
« vent la vérité de ce que j'avance. — Qui sait si
« autrefois il n'y avait pas là des cabarets, et de
« jolies marchandes d'huîtres à la porte.

« — Mon ami, je ne plaisante jamais quand je
« défends mes opinions, et je vais vous écraser
« sous le poids des preuves. — Diable ! — La
« montagne du canton de Lucerne, nommée le
« Champ du Bélier, n'est qu'un amas de coquil-
« lages de mer pétrifiés. Les collines des environs
« de Pise offrent à l'observateur des bancs d'é-
« cailles d'huîtres de deux à trois milles d'étendue.
« On voit de ces bansc à six lieues de Bordeaux,
« entre Condillac et Saint-Macaire. La substance
« des pierres qu'on tire de la montagne Saxen-
« hausen, près de Francfort sur le Mein, n'est
« qu'un composé de petites coquilles pétrifiées. Il
« n'y a presque pas de province qui ne présente
« le même spectacle à l'œil scrutateur des secrets
« de la nature.

« Que répondrez-vous à Fulgose, auteur italien,
« qui rapporte qu'en 1460, dans le canton de
« Berne, à cent brasses de profondeur, on dé-
« couvrit un vaisseau tout entier, et dans ce vais-
« seau les ossemens de quarante personnes ? —
« Je répondrai à Fulgose qu'il en a menti. — Nier
« un fait, attesté par une foule de témoins, est
« une extravagance. Allez donc aussi au Champ
« du Bélier, à Pise, à Bordeaux, à Francfort et
« ailleurs, donner un démenti à vos yeux.

« — Ne vous fâchez pas, Soulanges. Ce n'est
« pas avec de l'humeur qu'on établit des vérités.
« Je crois tout ce que vous me dites; mais per-
« mettez-moi de vous faire modestement une
« question. Que sont devenues ces eaux qui ont
« couvert des montagnes, éloignées aujourd'hui
« de la mer de cent et de deux cents lieues? —
« ... Diable!... diable!... je ne sais trop que répon-
« dre à cela. — Il faut pourtant répondre à tout,
« quand on veut faire passer un système.

« Georges, pourquoi cuisez-vous ma limonade
« ici? Je ne veux de feu que le matin. — Mon-
« sieur, il y en a si peu! En faisant votre limo-
« nade moi-même, je sais comment elle est faite;
« en la faisant ici, je suis toujours à vos ordres.
« — Prenez donc garde. La force d'ébullition en-
« lève l'eau par-dessus les bords du vase. — .....
« Mon ami... mon cher ami, la difficulté que vous
« venez de m'opposer est résolue. — Bah! qu'ont
« de commun les Pyrénées et ma cafetière?

« — Il n'y a qu'un moment, l'eau montait au-
« dessus des bords de cette cafetière. Elle est di-
« minuée de deux doigts; elle va diminuer en-
« core. Quelle est la cause de cette diminution?
« — Parbleu, elle est bien simple. L'eau se dilate
« par l'effet de la chaleur, et se resserre à mesure
« que cette chaleur se dissipe. Approchez-vous
« d'une prairie inondée, dont l'eau s'est congelée
« dans la nuit, vous voyez son étendue diminuée
« de bien des pouces dans son pourtour, et vous

« reconnaissez encore des marques du séjour de
« l'eau, qui s'est resserrée sur son centre. — A
« l'application. — Je vous en charge.

« — N'est-il pas convenu entre nous que le
« soleil doit s'éteindre un jour par la diminution
« successive de sa chaleur? — Je ne nie pas cela.
« — Si vous admettez un refroidissement succes-
« sif, nierez-vous que la chaleur du soleil fût, il
« y a un million d'ans, incomparablement plus
« forte qu'aujourd'hui? — Non. Cette seconde
« proposition est une conséquence de la première.
« — Mon cher ami, votre foyer est le soleil, et
« votre cafetière les Pyrénées. — J'entends. Le
« soleil, par sa chaleur incomparablement plus
« forte, a pu jadis dilater l'eau au point qu'elle
« ait couvert les plus hautes montagnes, et à me-
« sure qu'il s'est refroidi, les eaux se sont retirées
« sur elles-mêmes. — Et continueront de se res-
« serrer dans la proportion du refroidissement du
« soleil. — Vous ne vous apercevez pas que vous
« faites de l'océan une omelette soufflée. — Par-
« donnez-moi, et vous saisissez parfaitement
« mon idée. Bravo, bravo! — Encore une diffi-
« culté à résoudre. — Et laquelle! — Comment
« les huîtres de ce temps-là, organisées comme
« celles d'aujourd'hui, supportaient-elles cet excès
« de chaleur? — Tout devient habitude, mon
« ami. La chaleur, en Syrie, est communément
« de cinquante à cinquante-cinq degrés. Le froid,
« en Laponie, est de trente à trente-cinq degrés:

« il y a donc, d'une température à l'autre, la
« prodigieuse différence de quatre-vingt-dix de-
« grés, et le Syrien et le Lapon se portent à mer-
« veille.

« — Je ne sais si vous avez raison, mais je n'ai
« rien à répliquer.

« — La terre perdra insensiblement ses habi-
« tans, par la diminution progressive des eaux de
« la mer, qui sont la source des pluies et des
« rivières. Ce qui restera d'hommes se retirera
« dans les profondes vallées, passera vers les
« pôles, où long-temps encore existeront une
« fraîcheur et une fécondité, bannies du reste de
« la terre. Le globe enfin subira la grande révo-
« lution. Le feu intérieur s'étendra de toutes parts.
« Il remuera, il bouleversera ce terrain, où fleu-
« rissent les sciences et les arts, et que nous fou-
« lons d'un pied tranquille. Partout il brisera les
« barrières qui le retiennent. Mille, dix mille,
« cent mille bouches volcaniques s'ouvriront, lan-
« ceront des torrens de lumière, et notre humble
« petite terre figurera à son tour parmi les étoiles
« fixes, et occupera les astronomes des autres
« mondes. — S'il y en a.

« J'espère, Soulanges, que ni nous, ni nos des-
« cendans, ne seront témoins de ce dénoûment-
« là. — Pour nous, il n'y a pas d'apparence ; mais
« je ne garantis rien pour nos descendans. Au
« reste, ces gens-là seront nos parens de si loin,
« que ce n'est pas la peine de s'en occuper.

« — Mais lequel des deux maux serait le moindre, que le soleil s'éteignît, ou que la terre s'embrasât?

« — On demandait à Arlequin ce qu'il préférait, d'être roué ou pendu; il répondit : J'aime mieux boire.

« — Arlequin, et plaisanterie à part, dites-moi ce que vous pensez à ce sujet.

« — Si la terre s'enflamme, tout sera fini à l'instant pour ses habitans. — Hé, non. Nous sommes animaux d'habitude, vous le disiez tout à l'heure. — Ah, vous plaisantez à votre tour.

« — Je ressemble à ces gens qui ont peur la nuit, et qui chantent. Poursuivez.

« — Si le soleil s'éteint, notre terre roule dans l'espace, sans lumière et sans chaleur à sa superficie. Que d'alarmes, de cris, de pleurs! Aux ris, aux jeux, aux amours, à l'éclat de la renommée et de la puissance, succède l'aspect affreux d'une mort prochaine, misérable et prévue.

« ... Mais bientôt on distingue une étoile fixe quelconque. D'heure en heure, elle s'agrandit à nos yeux; l'espoir rentre dans tous les cœurs; une douce chaleur pénètre nos membres engourdis; nous avons retrouvé un soleil nouveau, qui va rajeunir notre monde. On se cherche, on se mêle, on se parle, on rit, on danse, on célèbre le premier jour. Le danger commun, le besoin réciproque de secours ont fait oublier

« l'inégalité des rangs. Les souverains se commu-
« niquent, les grands sont sans fierté, l'ambition
« et la guerre sont bannies par la catastrophe qui
« a prouvé le néant de la gloire. L'âge d'or vient
« de renaître.

« — Oh, mon cher Soulanges, quel tableau
« séduisant! Vous me faites désirer la fin de notre
« vieux soleil. — Point de vœux indiscrets, mon
« ami. J'ai peint la grande révolution en beau :
« elle peut avoir des suites cruelles. Supposons,
« au nouveau soleil, une force d'attraction telle
« que notre globe ne puisse y résister. Cette
« douce chaleur, qui nous ranimait il y a un mo-
« ment, devient insupportable. Tout se dessèche,
« tout périt, pour être remplacé par des animaux
« et des plantes d'une organisation conforme à
« cette nouvelle température. Ou si cette petite
« terre, toujours attirée, avance toujours, et se
« colle enfin à l'étoile brillante... — Ah, méchant,
« vous allez tout brûler ensemble! — Oui; mais
« notre terre, en compensation des habitans
« qu'elle a perdus, reçoit une portion de ceux du
« soleil, dont elle fait maintenant partie. — Vous
« mettez aussi des habitans dans le feu! — Et
« pourquoi n'en aurait-il pas? Croiriez-vous, si
« jamais vous n'aviez vu de poissons, qu'un ani-
« mal peut vivre dans un élément mortel pour
« vous? N'y a-t-il pas une plante incombustible
« sur votre planète, si aqueuse, si froide, si dif-
« férente en tout du soleil par son état actuel?

« Quoi, la nature aurait placé l'amiante ici, et
« rien de semblable dans le foyer universel ?

« — Laissons les habitans du soleil et les co-
« lonies de Salamandres qu'il enverrait chez nous.
« Redonnons à notre pauvre petite terre l'équi-
« libre heureux, qui tout à l'heure y ramenait
« l'âge d'or. Rappelons-y la paix, l'abondance et
« les amours. Que tout aime, que tout s'unisse.
« Que la beauté, plus belle encore par le plaisir,
« vole au-devant de son heureux vainqueur. Que
« le premier des devoirs soit de communiquer la
« vie, que le péril et la crainte ont rendue si
« précieuse! — Ah, mon ami, quel rôle brillant
« vous joueriez sur cette terre régénérée! — A
« propos de cela, je n'ai pas répondu à Sophie,
« et voilà dix heures!... Vite, vite, du papier...
« Ce n'est pas cela. Ce que j'écris est pauvre,
« insignifiant. J'ai la tête pleine de soleils qui
« s'éteignent, de planètes qui s'embrasent, et le
« cœur froid comme un habitant de Saturne. Cou-
« chons-nous, Soulanges. Je répondrai demain
« matin. »

Le fripon! Je l'entends dire tout bas à Georges: « Je suis enfin parvenu à le distraire pen-
« dant toute une journée. » Ah, vous y mettez de
l'amour-propre, M. de Soulanges! Ah, vous ca-
ressez votre vanité! Demain j'aurai mon tour.

CHAPITRE XXVI.

L'évasion.

Comme il dort! et il se croit amoureux!... J'avoue cependant qu'hier son rêve astronomique m'a fait oublier mon cœur. Je le rétablis dans tous ses droits : les soleils, les planètes ensemble ne valent pas un sourire de la beauté.

Il n'a pas pensé à m'escamoter de nouveau le portrait chéri, dont je me suis si peu occupé, en écoutant son interminable bavardage. Je commence la journée en lui donnant les mille et un baisers que je lui dois : c'est ma prière du matin. L'un adresse la sienne à Brama, l'autre à Vitsnou, celui-ci à Fo, celui-là au Diable, moi à Sophie.

Je me lève; je me mets à mon secrétaire. Ce portrait m'inspire. Oh, comme j'écris! Professeurs d'éloquence, enseignez à sentir, supprimez les préceptes.

Il s'éveille, tranquille et frais comme un chanoine de 1788. « Hé bien, mon ami, où en som-
« mes-nous restés hier? — A l'amiante, mon
« cher Soulanges. Je brûle toujours, et comme
« elle, je suis incombustible. D'après cela, je ne
« doute plus de l'existence des habitans du soleil:
« voilà la discussion terminée.

« Mon ami, l'amianthe a d'autres propriétés...
« — Mon ami, vous m'avez fait subir hier tout

« un cours d'astronomie. Vous avez aujourd'hui
« le projet de m'endormir sur l'histoire naturelle.
« Je vous préviens que je sais par cœur Pline,
« Pluche, Buffon, Lacepède et Cuvier. — Oh, tant
« mieux, mon ami. Je ne suis pas fort sur cette
« partie-là; vous m'instruirez. — Je ne suis pas
« encore assez vigoureux pour parler une journée
« entière. L'attention soutenue que je vous ai
« donnée hier a suffi pour déranger ma santé re-
« naissante. Si vous le voulez, nous nous couche-
« rons ce soir de très-bonne heure. — Je ferai ce
« qui vous conviendra. »

Je veux éviter les conversations prolongées.
J'ai besoin d'être tout à moi, pour arranger un
plan d'évasion.

« Ah, mon ami, j'ai oublié de vous redemander
« le portrait. Il me semble que vous en avez joui
« ce matin, fort au-delà du temps convenu pour
« toute la journée. Voulez-vous bien me le ren-
« dre? — Oh, très-volontiers : jamais je ne man-
« que à mes engagemens. »

Une docilité apparente et une adresse réelle
endorment l'argus le plus vigilant. Je serai libre
ce soir, je le jure par Sophie.

« Georges, portez cette lettre, et faites-nous
« donner à déjeuner.

« — Je vois avec plaisir que votre incommodité
« ne vous a pas ôté l'appétit. — Et cet appétit me
« prépare une nuit excellente... Hé bien, Sou-
« langes, que ferons-nous aujourd'hui? Moi, j'ai

« envie de tourner. — Et moi, de peindre. Mais
« le jour est faux dans la pièce où Philippe a fait
« monter votre tour. — Peignez ici; moi, je tour-
« nerai là-bas. — Non, mon ami, non : nous
« sommes inséparables jusqu'au jour que j'ai fixé.
« — Vous ne craignez pas que j'aille à midi courir
« les rues, en robe de chambre et en pantoufles?
« — Vous en êtes bien capable. — Quel homme!
« Voulez-vous que je fasse monter le tour ici? —
« Cela vaudra beaucoup mieux. »

J'appelle Philippe, je lui donne mes ordres. Il
m'amène un serrurier et un maçon. Soulanges
dessine; j'ai l'air de regarder les ouvriers, et je
ne vois rien. Ma tête fermente. Je raisonne, je
calcule, je prévois tout.

Pas un habit, pas une culotte!... Qu'importe,
puisque je ne sortirai que la nuit. Les clés qu'il
fourre sous son oreiller... Je les prendrai aisément : il dort comme un loir. Mais mon coquin
de suisse, qui ne me laissera par sortir. J'aurai
beau promettre, donner, menacer : il ouvrira de
grands yeux, ne répondra pas un mot, et restera
cloué dans sa loge. Voilà un obstacle qui me paraît insurmontable.

Descendre dans le jardin avec mes draps...
Bah! je n'ai pas encore recouvré toutes mes forces; je me casserai le cou. Et puis, où trouver
des échelles, pour escalader cinq à six murs qui
se présenteront entre moi et la rue? Et les pro-
priétaires de ces maisons et de ces jardins? Un

amoureux et un voleur, à califourchon sur une muraille, se ressemblent beaucoup. Si ma course nocturne se terminait par un coup de fusil... Ma foi, je ne veux pas m'y exposer.

Comment, je ne trouverai pas de moyen... Voilà qui est désolant, désespérant. Je sortirai cependant, je sortirai. Ce soir, je verrai, j'embrasserai ma Sophie. Elle m'opposera ma santé et la raison. Je lui ferai une douce violence, et je lirai mon pardon dans ses yeux.

« Monsieur, une dame demande à vous voir.
« — Est-elle jeune, jolie? — C'est, je crois, la
« mère de madame de Mirville. — Soulanges, je
« redoute cette entrevue. — Ici, ou en Cham-
« pagne, elle est inévitable. — Madame d'Elmont
« ne doit pas me voir avec plaisir. — Songez
« qu'elle attend, et laissez des réflexions qu'il fal-
« lait faire, avant que de vous attacher à Sophie.
« — Georges, faites entrer, et retirez-vous. »

Madame d'Elmont se présente avec quelque embarras. Bien plus embarrassé qu'elle, je la salue, je lui fais avancer un siége, nous nous asseyons, nous nous regardons, sans nous rien dire. Il est des positions où deux individus s'observent mutuellement, et où chacun attend que l'autre le mette à son aise.

Soulanges intervint, fort heureusement pour tous deux. « Madame est mère, bonne mère; elle
« souffre dans ses opinions et dans son attache-
« ment pour sa fille. Je la prie d'être persuadée

« que le projet de se retirer en Champagne n'a
« pas été suggéré à madame de Mirville. Mon ami
« a employé au contraire ce que la délicatesse et
« l'amour ont d'entraînant et de persuasif pour la
« déterminer à recevoir sa main.

« — Je considère beaucoup monsieur, et la dé-
« marche, que je fais en ce moment, est la preuve
« la plus certaine du prix que j'attache à son es-
« time. Des circonstances impérieuses ont arraché
« mon acquiescement à un plan de vie que je
« condamne. Je viens, monsieur, vous faire part
« de mes motifs, et essayer de me justifier près
« de vous.

« Ma fille, malheureuse par son mari, a pris
« la résolution de ne jamais former de nouveaux
« nœuds. — Je le sais, madame. — Elle avait aussi
« résolu d'éviter l'amour, et de chercher, dans
« l'amitié, un bonheur calme et durable. Elle vous
« a vu; elle a cru trouver en vous l'ami qu'elle dé-
« sirait. Elle s'est abandonnée aux sentimens que
« vous lui avez inspirés; elle s'y est abandonnée
« sans réserve, et vous savez combien, dès leur
« origine, ils différaient de la simple amitié. Éclairée
« trop tard sur la situation de son cœur, elle s'est
« flattée de le soumettre aux lois de la pudeur et
« de la bienséance. Cette espérance est la der-
« nière illusion d'une ame pure. Aimer, est pour
« toutes les femmes se préparer une défaite; se
« confier dans ses forces, c'est l'assurer. Ma fille a
« succombé, et vos lettres qui la brûlent, et des

« sens rendus à leur impétuosité naturelle, l'empê-
« chent de regarder en arrière. Elle ne vit plus
« que dans l'avenir, et son existence est attachée
« à votre possession.

« Vous voyez, monsieur, que je n'ignore rien.
« Voici ce qu'il m'importe que vous sachiez.

« Quand madame de Mirville m'a appris où vous
« en étiez ensemble, et qu'elle m'a fait part de sa
« résolution de... de... de vivre avec vous, mon-
« sieur, je tranche le mot, je lui ai opposé ce
« que la raison, soutenue de l'amour de l'ordre, a
« de plus fort et de plus vrai. Elle m'a constam-
« ment répliqué : Le monde m'a condamnée inno-
« cente, que fera-t-il de plus maintenant? J'ai
« voulu la rappeler au sentiment de sa dignité, lui
« inspirer cette noble émulation, qui porte à ré-
« parer une faute. J'ai vu que le dessein de les mul-
« tiplier n'était pas l'effet du découragement, mais
« d'un besoin insurmontable d'amour et de jouis-
« sance. Je me suis flattée d'affaiblir votre influence,
« en rétablissant la mienne. J'ai cherché à m'insi-
« nuer dans ce cœur, où naguère j'occupais une
« place marquante, et je l'ai trouvé plein de vous.
« Sans moyens, que ceux de l'autorité, qui aliène
« et ne persuade jamais, j'ai laissé parler ma dou-
« leur. Elle m'a répondu par des larmes. Elle s'est
« mise à mes genoux ; je l'ai relevée, et j'ai pleuré
« avec elle.

« Il est trop vrai, monsieur, que, par des cir-
« constances indépendantes de votre volonté, ma

« fille est perdue dans l'opinion publique. Il ne
« lui est plus possible de se montrer dans Paris;
« il faut qu'elle s'en exile, et quelque lieu qu'elle
« choisisse, elle doit y trouver le ciel avec vous,
« la mort sans vous; ce sont ses expressions.

« Il est des femmes dans la bouche de qui le
« mot désespoir ne donne pas même l'idée d'une
« affection pénible. Madame de Mirville ne con-
« naît pas d'exagération; et quand elle dit j'en
« mourrai, elle a la conviction intime qu'elle
« mourra. Cet inconcevable amour me place entre
« des opinions que je respecte, et la nécessité de
« les braver. Je n'ai que cette enfant, je l'aime avec
« la plus extrême tendresse, et l'amour, ou si l'on
« veut la faiblesse maternelle, l'a emporté sur
« toutes les considérations.

« Qu'eussiez-vous fait à ma place, monsieur?
« répondez en homme vrai? — Mon plus cher in-
« térêt à part, madame, je vous proteste que je
« me serais conduit comme vous. — Je peux donc
« espérer, monsieur, que vous ne me verrez pas
« d'un œil défavorable; que vous ne me confon-
« drez pas avec ces mères faciles, et même com-
« plaisantes, que le public, juste à cet égard,
« marque du sceau de sa réprobation? — Moi,
« madame, vous jugerez par mon respect, mes
« soins, mes prévenances, de la force des senti-
« mens que votre dévouement m'inspire. »

Je me levai; je m'approchai d'elle; je portai sa
main sur mon cœur : « C'est celui d'un gendre,

« d'un fils; il se partagera entre Sophie et vous...
« Votre gendre!... Je le serai, madame, dans le
« sens le plus étendu de ce mot. Sophie est tout
« amour, générosité, délicatesse. Ces sentimens
« s'étendront, un jour, sur un être innocent et
« aimable, auquel elle devra un nom et un état.
« Elle consentira à lui donner l'un et l'autre. Je
« prendrai sa main, je la conduirai vers vous, et
« je vous dirai : Ma mère, bénissez-nous tous les
« trois. — Étrange situation! ne pouvoir établir
« d'espérances que sur les suites mêmes du désor-
« dre! N'importe, je saisis l'idée que vous m'offrez.
« Puissé-je voir le passé s'effacer de la mémoire
« des hommes! puisse un avenir honorable s'ou-
« vrir enfin pour ma fille! puisse votre commun
« bonheur assurer celui de mes derniers jours!

« Nous partons demain; toutes nos dispositions
« sont faites, et la triste vérité est cachée, autant
« qu'il a dépendu de moi. J'ai persuadé à quelques
« personnes, dont la discrétion n'est pas la première
« qualité, que ma fille vous a donné la main au
« moment où on désespérait de votre vie, et que
« les circonstances fâcheuses pendant lesquelles la
« cérémonie s'est faite, nous ont imposé l'obliga-
« tion de la tenir secrète. De nouveaux domesti-
« ques que j'ai arrêtés dans un quartier éloigné
« de celui que nous habitons, et qui n'ont point
« paru à l'hôtel, sont partis hier. J'ai chargé le
« maître d'hôtel nouveau d'annoncer dans le vil-
« lage le mariage récent de ma fille. Elle y arrivera

« avec votre nom, et si la fatalité, qui me poursuit,
« révèle le genre de votre union, j'aurai la force
« de consoler ma fille infortunée. Je lui répéterai
« ses propres paroles : Le monde t'a condamnée
« innocente, que fera-t-il de plus maintenant? »

J'étais touché jusqu'aux larmes; madame d'Elmont me jugea, et me pressa sur son sein. « On n'est
« pas sensible sans être bon. Vous ne verrez dans
« son éloignement pour le mariage qu'une bizar-
« rerie, qui ne nuit à aucune de ses qualités. Son-
« gez que votre estime lui est aussi nécessaire que
« votre amour, et que vous vous chargez du bon-
« heur du reste de sa vie. »

Que pouvais-je répondre? trouve-t-on des mots qui expriment des sensations, dont on ne peut se rendre compte à soi-même? J'embrassai madame d'Elmont; mes larmes coulèrent en abondance; elles se mêlèrent aux siennes... « Ah, me dit-elle, vous m'avez répondu ! »

Je l'invitai à dîner avec nous. Elle s'excusa sur les embarras inséparables d'un départ très-prochain, et nous nous quittâmes, infiniment satisfaits l'un de l'autre.

« Tout va bien, me dit Soulanges, et tout ira
« mieux encore, si vous tenez votre parole à ma-
« dame d'Elmont. Mirville n'a rien fait, et Mirville
« en vallait bien un autre.—Moi, j'en vaux trois.
« — Je le sais ; mais cela ne prouve rien. Tout dé-
« pend de la disposition des vaisseaux spermati-
« ques, et de celle des trompes de Fallope. Vous

« ne savez peut-être pas... — Je sais que vous
« allez me parler anatomie, et je vous sais bon
« gré de l'intention, mais par grace, mon cher
« Soulanges, laissez-moi à mes sensations, elles
« sont délicieuses. — Et nuisibles. Vous voilà en-
« core dans un état d'exaspération que je n'aime
« pas. Laissons les sciences, qui vous ennuient,
« et prenons ce volant. J'aime mieux que vous
« vous cassiez les bras que la tête. — Laissons les
« sciences et le volant. — Vous y jouerez, ou je
« ne vous rendrai le portrait que dans huit jours. »

Oh, je compte bien, dans huit jours, n'en avoir plus besoin.

Il ne veut pas céder; il faut prendre une raquette. Si le tour était prêt ! Ah, le volant a cet avantage, qu'on peut penser en le chassant.

Mon entretien avec madame d'Elmont a ajouté au désir, au besoin de voir Sophie; besoin irrésistible, et que je ne combattrai pas. Je hasarderai, je risquerai tout, ma santé, ma vie : mourir dans ses bras, c'est plus que vivre ailleurs. Je m'échapperai ce soir, je le veux. Je le veux ! Et il ne m'est pas venu encore une idée satisfaisante !

Ah, on annonce madame d'Ermeuil et du Reynel. A merveille. Ceux-là dîneront ici : il ne me sera pas difficile de déterminer la comtesse. Soulanges aura de l'occupation; du Reynel digérera; moi, je combinerai mes opérations.

« Je sais, messieurs, à quoi s'expose une jeune
« veuve qui rend visite à deux jeunes gens; mais

« du Reynel m'a tant répété qu'il n'y a pas de dif-
« férence de lui à la plus grave matrone, que je
« me suis enfin laissé persuader. — Pensez, d'ail-
« leurs, madame la comtesse, que visiter un pau-
« vre malade comme moi est une œuvre méritoire,
« dont... — Vous êtes trop aimable pour que le
« ciel me sache gré de rien. »

Il est à remarquer, qu'en entrant, elle a salué Soulanges d'un air très-indifférent. Elle ne lui adresse pas un mot qui puisse faire soupçonner leur intelligence, et c'est pour lui seul qu'elle est venue. Voilà pourtant comment il faut se conduire dans le monde, pour avoir considération et plaisir. Ah, si Sophie et moi avions été susceptibles de cette modération !... L'amour vrai, cet amour qui agite, qui transporte, qui égare, est-il capable de rien calculer? La comtesse et Soulanges ne se doutent pas de ce que c'est qu'aimer.

« Charmant malade, voulez-vous nous donner
« à dîner? — J'allais vous proposer de rester, ma-
« dame la comtesse : vous m'avez prévenu.

« Ce sera le dîner de noces, dit Soulanges,
« quoique la mariée ne soit pas ici. — De quelles
« noces me parlez-vous, monsieur? — Quoi, vous
« ne savez rien, madame? — Non, en vérité. —
« Ni du Reynel? — Je ne m'en doute pas. — Ma-
« dame de Mirville s'est rendue enfin. — Plaisan-
« tez-vous? — Non, madame. Le mariage s'est
« fait ici, ce matin, sans bruit, sans autres té-

« moins que moi et Georges. — Ah, j'en suis en-
« chantée. — L'épouse de notre ami et sa mère
« partent demain pour la province. Monsieur les
« ira joindre, quand il pourra être mari tout à
« fait. Ils vivront, pour eux, pendant un an, ou
« dix-huit mois. La malignité se lassera; les bruits
« qui circulent tomberont, et nos jeunes gens re-
« paraîtront dans le monde avec un nouvel éclat.
« Si notre ami veut utiliser ses talens, il n'est point
« d'emploi auquel il ne puisse prétendre, et une
« grande fortune, et une belle place mettent tou-
« jours les rieurs de notre côté. — Que je vous
« embrasse, monsieur le marié. — Mille remer-
« cîmens, madame, et du baiser, et de l'intérêt
« que vous voulez bien prendre à notre félicité.

« Je n'embrasse pas, dit du Reynel, mais j'agis.

« Je dîne partout, et partout je dirai que cette
« pauvre petite Mirville, contre qui on s'est pro-
« noncé avec acharnement, est une femme tout
« aussi respectable qu'une autre, puisqu'elle a fini
« par épouser son amant. »

C'est là précisément ce que voulait Soulanges :
un coup d'œil me met au fait. Bon Soulanges,
comment m'acquitterai-je envers toi?... j'en trouverai peut-être l'occasion très-incessamment.

... Je crois m'apercevoir que les pieds et les genoux ne sont pas en concordance avec l'air très-
décent qui règne sur les deux physionomies. Cet
air-là est sans doute le masque du sentiment...
Allons, allons, quand on a la force d'en prendre
un, on n'aime pas.

On boit à la mariée, au marié, à leur postérité, et voilà enfin de l'expression dans les traits de Soulanges. Le joli pied commence à produire de l'effet; le champagne fera le reste... Il leur faut du champagne! Oh, les drôles de gens!

« Monsieur de Soulanges, qui m'interdit le café, « permettra-t-il à madame d'en prendre? — Oui, « mon ami, pourvu que vous me promettiez de « n'y pas toucher. — Pas plus qu'au champagne, « mon cher Soulanges. Je sens la nécessité d'un « régime modéré, et je m'y soumets pour trois se- « maines encore. »

Oui, compte là-dessus.

Du Reynel ne nous a pas adressé un mot. En revanche, il s'est extasié sur les talens de mon cuisinier, il a fêté tous les plats, sablé tous les vins, et fini par deux tasses de café, afin, dit-il, de ne pas s'endormir en nous écoutant. Il faudra pourtant bien qu'il dorme.

Je remarque dans le maintien, dans les mouvemens de Soulanges quelque chose qui ressemble à de l'impatience... Voici le moment de m'acquitter.

« Du Reynel, passons dans mon cabinet : je « veux vous montrer quelque chose.

« Du Reynel, je vous le confie, dit Soulanges « avec un empressement!... » Je l'ai deviné.

Je tire un grand fauteuil; j'approche une table; je sors d'une armoire une très-belle optique, avec à peu près cent gravures, parfaitement coloriées, et je fais commencer à du Reynel un voyage autour du monde. Je lui explique très-haut, et avec beaucoup de volubilité, le sujet de chaque gravure. Je lui parle des mœurs, des usages des habitans, avec autant de facilité que si je tenais à la main l'histoire générale des voyages. Je soutiens son attention, en imaginant de temps en temps quelque anecdote piquante.

Je le conduis ainsi de Paris au Japon. Là, je commence la longue histoire de ces missionnaires et de leurs prosélytes, que le gouvernement n'inquiétait pas, mais qui jugèrent à propos de renverser le gouvernement. Du Reynel commence à bâiller, et je deviens plus diffus, plus lourd dans ma manière de conter. Plus d'inflexions variées; une monotonie à endormir des farfadets et des lutins... Il s'assoupit!... Bon du Reynel! il amène ici la comtesse pour... Il ne faut pas qu'il s'en doute.

Je continue de parler; sa tête se renverse sur le dossier du fauteuil; ses bras tombent de son gros ventre à ses genoux : me voilà sûr de lui.

Ils sont occupés là-dedans; je pourrais m'échapper si ce cabinet avait une issue... Hé, pourquoi ne partirais-je point par ma chambre à coucher? Je présume que Soulanges n'est pas en position de courir après moi... Mais la confusion de la comtesse, et ce diable de Georges, et Philippe, et les autres, qui sont sans doute en vedette de l'antichambre au bas de l'escalier, et cette robe de chambre, ces pantoufles... Non, cela ne se peut pas.

Quel carillon!... ils ont renversé mon trépied. Adieu ma cuvette et mon aiguière. Ils doivent être dans des transes! il faut les rassurer. « Par- « bleu, Soulanges, vous avez une fureur de vo- « lant, qui ne ménage rien. Je dormais auprès de « du Reynel, et vous m'éveillez en cassant mes « meubles. » J'entends quelque chose d'un rire féminin qu'on s'efforce d'étouffer. Oh, comme elle me croit sa dupe!

« Soulanges, que s'est-il donc passé là? — Le « pied a glissé à madame. — Elle est tombée, peut- « être? — Ah, mon Dieu, oui. — Elle ne s'est pas « blessée? — Oh, pas du tout. Mais je l'engage à « ne plus jouer au volant sur un parquet ciré. » Le rusé! en me parlant, il s'approche de la porte du cabinet; il lève le rideau; il passe la tête par le carreau dont j'ai brisé le verre; il me voit, tout au fond, étendant les bras, me frottant les yeux...

Cela ne lui suffit pas. Il appuie le genou et le pied contre la porte. Il craint que je rentre trop tôt... Je suis incapable d'un pareil trait. J'aime mieux passer pour un sot.

Il retire sa tête; il regarde derrière lui; il se remet à sa lucarne, et me propose un piquet à écrire. Je juge que je peux paraître, sans incon- vénient pour personne. Je me lève, il ouvre la porte, et je trouve la comtesse... une raquette à la main. Voilà de la présence d'esprit: c'est bien.

Je sonne pour avoir une table de jeu. Soulanges court à la porte de l'antichambre... Le maladroit! il a sans doute donné un tour de clé, et il a oublié... Une porte fermée, dans certaines circonstances, donne plus à penser qu'une porte ouverte. Je ne dois pas entendre rouvrir celle-ci : je vais à mon cabinet, chercher mon mouchoir... que j'ai dans ma poche.

Nous jouons. Je propose de faire la chouette, on accepte; j'en étais sûr. Celui des deux qui ne jouera pas, se tiendra derrière ma chaise; ses yeux pourront dire *j'aime*, et l'autre viendra lui répondre à la fin du *marqué*... Tout s'arrange ainsi que je l'ai prévu.

Ah, du Reynel a fini sa méridienne. Le voilà. Il nous trouve les cartes à la main. Bien certainement il ne soupçonne rien. Le bonhomme!

On annonce l'équipage de la comtesse. Ces amours-là m'ont distrait; ils m'ont ramené aux miennes; ils m'ont rappelé à mes projets, à mes espérances : j'ai joué tout de travers. Ils ont été aussi distraits que moi; ils ont joué plus mal; mais ils ont eu les *as :* ils ont gagné, je paie.

Madame d'Ermeuil m'embrasse, sans doute pour autoriser Soulanges à lui demander un baiser. Il le demande, on lui en donne deux, et on me laisse en tête à tête avec l'homme qui va me prêcher les privations, accablé par la satiété. Oh, comme il va dormir!

Il me rappelle que j'avais l'intention de me coucher de très-bonne heure : je réponds en lui souhaitant le bonsoir. Il congédie Georges; il ferme tout, prend les clés; il les met à leur place ordinaire; il se couche; il s'endort.

Que vais-je, que puis-je faire?... Rien. Projets de bonheur, résolution de tout surmonter, vous n'êtes plus que des illusions mensongères! Connaître Sophie, l'apprécier, brûler d'être auprès d'elle, et ne trouver que des obstacles! Oh, ce supplice est affreux!

Quoi, je passerais la nuit dans ce lit solitaire, uniquement parce que monsieur le veut ainsi! Il reçoit ici sa maîtresse; c'est presque sous mes yeux qu'il... Et moi je me bornerais à des vœux impuissans! non.

Le sort en est jeté. J'exposerais dix têtes, si je les avais. Je sors par la fenêtre.

Hé, mais... Oh, l'excellente idée! Si j'osais... Hé, pourquoi pas? Ce qui peut m'arriver de pis, c'est d'être découvert, et alors nous verrons.

Je me lève doucement, bien doucement. Je retiens mon haleine; je m'approche du lit de Soulanges. Je prends sa culotte; je la passe... Hé, elle ne me va pas très-mal.

Je mets ses souliers, son gilet, son frac. J'enfonce son chapeau sur mes yeux... Je suis bien, fort bien. Un peu d'adresse, et mon suisse y sera pris.

Il dort, oh, il dort! Jusqu'ici tout va bien; mais

le plus difficile est à faire : il s'agit maintenant de prendre les clés.

J'avance la main, je la retire; je l'avance encore; je hasarde... Je touche le bout des clés, et je m'aperçois que le paquet est précisément sous sa tête... Impossible de les tirer de là.

Quoi, l'amour ne m'inspirera rien!... Ah, j'y suis, j'y suis. J'ouvre mon nécessaire; je prends des ciseaux; je fends le drap derrière le lit, tout le long du traversin. Je glisse ma main dans l'ouverture. Je tire légèrement, lentement, avec précaution. Le cœur me bat! oh!

C'est qu'il serait si dur d'être surpris, si humiliant d'être en butte à ses plaisanteries! Non, non, le paquet se dégage; il ne tient plus à rien... Le voici. Ah!

Allons, du courage. Ouvrons les portes, à présent... Si la serrure, si les gonds crient!... Je ne le crois pas. Soulanges a fermé, a ouvert, et je n'ai rien entendu. Je tâtonne un peu; la lampe de nuit est si loin! Et je ne peux la déranger, sans lui passer la lumière devant les yeux... Bon, la clé entre... La porte est ouverte.

Que vois-je! Georges est couché dans la salle à manger. Cette pièce est éclairée par un réverbère suspendu. En baissant la tête sans affectation, il est impossible qu'on distingue mes traits. Avançons. Il ne dort pas! Un peu d'audace me tirera d'affaire.

Je vais droit à lui ; je m'approche de son oreille, et je lui dis très-bas : « J'ai une affaire pressante « à régler pour madame d'Ermeuil, et je ne peux « trouver de moment plus favorable que celui-ci. « Votre maître repose, et je serai de retour au « plus tard à minuit. Cependant il pourrait s'éveil- « ler, et user contre vous de son autorité : je vais « l'enfermer dans sa chambre. »

Je retourne effrontément à la porte, et je donne un double tour... J'en tiens déjà un sous la clé.

Je traverse la salle à manger, j'ouvre l'anti- chambre... Ah, c'est M. Philippe qu'on a établi ici ! Tudieu, comme les avenues sont gardées !

Dort-il, veille-t-il ? Il est immobile, la tête ap- puyée sur le poêle... Donnons aussi un double tour à l'ami Georges... Et de deux.

Philippe dort, une pipe à la bouche... Oh, le vilain ! passons, et enfermons encore celui-ci... Et de trois.

Je n'ai plus à tromper que mon cerbère. Mais le drôle est entêté... comme un suisse. Allons, il faut prendre une démarche assurée, et enfoncer le chapeau un peu plus, si cela est possible. Je descends lestement ; je m'arrête devant la porte de la loge, et je frappe au vitrage... S'il pouvait tirer le cordon, tout simplement, sans se mêler de mes affaires !

Ah, parbleu, il a sa consigne comme les autres. Il ouvre sa chatière ; il va me mettre une chan- delle allumée sous le nez. « Le cordon. » J'ai grasseyé à peu près comme Soulanches, et je me suis hâté de tourner le dos.

« Fous sortez, monsièr te Soulanches? — Le « cordon. — Faut-il fous attendre? — Oui. Le cor- « don. — Foulez-fous que ch'appelle le cocher? « Foulez-fous ein carrosse? — Je veux le cordon. » Je m'avance toujours vers la porte, qui reflète la lumière de la diable de chandelle, que le drôle a sans doute sortie de sa loge pour faire une inspection complète de ma personne... Ah, coquin, tu ne mettras jamais un voleur dans de pareilles transes... Bon, il a enfin rentré sa chandelle; j'entends le bruit tant désiré du cordon; le ressort a joué... Me voilà dans la rue.

Que de ruse, que d'adresse sont nécessaires pour s'échapper d'une prison, puisqu'il en faut tant pour sortir de chez soi !

CHAPITRE XXVII.

Cette fois-ci, c'est un crime.

Trick avait raison de me proposer un carrosse : il fait un temps affreux. N'importe, commençons par mettre une rue ou deux entre mon hôtel et moi.

Il pleut à flots. Je me donnerai la fièvre. Hé, n'ai-je pas déja celle d'amour? Et puis, quand Sophie me verra mouillé jusqu'aux os, elle me forcera à prendre un lit; elle viendra causer avec moi, et le bord d'un lit est si près du milieu!

Bon, voici une place de fiacres. « Cocher, à « moi... Rue Grange-Batelière, n° 32. »

Oh, quelle mine fera demain Soulanges en s'éveillant! Il appellera Georges. Quelle mine fera Georges en reconnaissant sa voix? Je les vois d'ici, se parlant par le trou de la serrure, déplorant ma fuite, et s'apitoyant sur des résultats qui n'arriveront point : je suis de fer.

Ils veulent ouvrir les deux battans à la fois : chimère! Mes pênes, fermés à deux tours, entrent de trois pouces dans leur gâche. Georges appelle Philippe; Philippe, le cocher; le cocher, le suisse; le suisse, le serrurier. Le temps s'écoule... Heureux et tranquille, je déjeune avec ma Sophie.

Soulanges accourt. Il fait un vacarme épouvantable. Il adresse des reproches à Sophie. Sophie baisse les yeux et rougit. Madame d'Elmont l'appelle; je lui présente la main; je la mets dans sa voiture; elle me dit un dernier adieu; elle part. Je suis Soulanges avec la docilité d'un agneau. Je rentre; je me jette sur mon lit; je dors trente-six heures, et tout est réparé.

Le cocher arrête; je descends; j'ai la main sur le marteau... Que vais-je faire? Me présenter à onze heures, il n'y a rien là d'extraordinaire. Mais passer la nuit ici, exposer Sophie aux réflexions de ses gens, à qui on n'a rien dit du mariage de convention, qu'on congédie, qui doivent avoir de l'humeur, et qui ne manqueront pas de répandre dans le monde... Non, non, je ne la compromettrai pas davantage. Un instant, un éclair de bonheur, et je retourne, en homme raisonnable, me moquer de tous mes gardes du corps.

Pendant que je raisonne ma conduite, la porte s'ouvre, une femme sort... C'est elle, oh, c'est elle, c'est Fanchette! « Monsieur, vos habits sont « trempés; vous voulez donc mourir! — Je venais « prendre congé de madame de Mirville, qui part « demain. — Après avoir fermé ma boutique, je « suis venue voir Caroline, lui demander de vos « nouvelles... Je ne sais où j'en aurai demain. — « Traverser Paris, à pied, par le temps qu'il fait? « —Que m'importe le temps?—Mon hôtel est bien « plus près... — On m'en a bannie, vous le savez. « — Non, Fanchette, non, Soulanges vous appré- « cie; mais il m'aime. Il vous a fait des représen- « tations, vous vous y êtes rendue; il n'a pas eu « la pensée cruelle de vous humilier : je ne l'aurais « pas souffert... Fanchette, dans quel état vous « êtes vous-même! Tout entier au plaisir de vous « voir, de vous parler, je vous laisse sous les « gouttières. — Je ne m'en apercevais pas. — Mon- « tons dans ce fiacre; nous y serons du moins à « couvert.

« —Monsieur, faites-vous reconduire chez vous. « — Et vous laisser seule, à l'heure qu'il est, ex- « posée à la pluie! Cocher, rue Saint-Antoine, « n° 45. »

Excellente fille! elle m'enveloppe les jambes de son schall. « Il est mouillé, monsieur, mais il vous « garantira de l'action de l'air. » Elle passe un bras autour de moi; elle m'attire contre son sein ; de l'autre main, elle prend les miennes; elle les presse, elle les échauffe de son haleine... « Ah, « Fanchette, est-ce là que doit se porter cette ha- « leine de rose? — Soyons sages, monsieur. Je ne « me consolerais jamais si... si... » Ce ne sont plus mes mains que son haleine échauffe.

« Cocher, marchez donc. Nous irions plus vite « à pied. — Je croyais, monsieur, qu'on oblige un « couple bien joli, bien amoureux, en le menant « au pas? — Ventre à terre, et double course! »

« Le froid me gagne, Fanchette. — Faites re- « tourner le cocher. — Je ne peux me résoudre à « vous quitter... Je ne te quitterai pas. » Elle me couvre le corps entier... Avec quoi? Elle n'a ici qu'elle-même.

Nous arrivons, nous descendons. Elle fait un grand feu. Elle m'approche un fauteuil. Elle chauffe du vin et du sucre. « Je ne vous laisserai pas ces « vêtemens. — Que me donnerez-vous? — Rien. « Mettez-vous dans mon lit. Je vais étendre vos « habits devant le feu : ils sécheront. »

Me voilà dans ce lit où j'ai été porté mourant, où j'ai été pleuré de Fanchette, où elle a sucé ma blessure, où elle m'a prodigué les soins les plus tendres... Jouis de mon retour à la vie : c'est à toi que je la dois.

Elle m'apprête une rôtie; elle me la présente, comme ce restaurant à Chantilly... avec un air d'intérêt si touchant, avec une grace si naive, une modestie si attirante! La volupté a aussi sa pudeur.

Elle s'aperçoit qu'une douce chaleur commence à circuler dans mes veines. Elle retourne auprès du feu. « Ah, reviens. Est-ce en vain que l'amour « nous a réunis?—La prudence nous sépare.— « Fanchette?—Monsieur?—Vous avez besoin de « vous sécher comme moi.—Je le sais.—Il y a « encore des chaises pour étendre votre robe, et « de la place ici pour vous.—Je vais quitter ma « robe, mais... mais...—Votre cœur dit-il non? « —L'amour connaît-il ce mot-là?—Tu consens « donc!—Je ne le peux.—Tu ne m'aimes pas.— « Je vous adore.—Et tu consultes la raison!— « La mienne se perd.—Un baiser seulement.— « Si j'en donne un, j'en voudrai mille. »

Elle a quitté sa robe : elle ne pense pas à en prendre une autre. Elle est appuyée sur le pied de mon lit. Un bras fait au tour soutient sa tête charmante; son œil humide est fixé sur le mien... Du vin chaud et une femme qui regarde ainsi, c'est trop de la moitié.

Les bouts d'un fichu, légèrement jeté sur ses épaules, se plissent sur ma couverture. J'avance doucement une main; je tire doucement le fichu. Elle soupire; mais elle s'approche un peu; un peu encore; un peu davantage... Elle tombe dans mes

bras. « Tu veux mourir ! ah, fais que je meure avec
« toi................................
....
....

J'avais bien affaire de recommander d'acheter un lit si étroit! Comment faites-vous, quand vous ne trouvez pas de place pour deux?... Comme nous fîmes, Fanchette et moi.

« Monsieur, avez-vous dit au cocher d'attendre ?
« — Non, et vous? — Je n'y ai pas même pensé.
« — Tant mieux, il ne pourra dire à personne
« qu'il m'a conduit ici. La boutique est bien fer-
« mée? — Oh, de manière à soutenir un siége. —
« Si on frappe, nous ne répondrons pas.

« — Vous me faites faire une réflexion effrayante.
« — Et laquelle, Fanchette? — Quand M. de Sou-
« langes s'apercevra de votre évasion, il se mettra
« sur vos traces. — Il viendra droit ici... et il me
« fera une scène ! — Mon ami, il faut nous sé-
« parer. — Fanchette, encore une heure. — Pas
« une minute. »

Elle se dégage; elle s'élance; la voilà debout.
« Tu me quittes, Fanchette ! — Il le faut. — Je ne
« me suis jamais mieux porté. — Je veux ménager
« cette santé-là. — Oh, reviens, reviens. — Il me
« semble entendre M. de Soulanges. Je vous en
« prie, je vous en supplie, levez-vous. »

Elle me laisse. Elle va finir de s'habiller, je ne sais où. Certainement je me lèverai : que ferai-je ici sans elle?

Je ne peux m'empêcher de rire, en reprenant les habits de Soulanges... « Fanchette, Fanchette, « il ne viendra pas si matin : il n'a à sa disposi-« tion que des robes de chambre et des pantou-« fles. Il faut qu'il envoie chez lui, et un valet de « chambre n'est pas levé à six heures. »

Elle ne répond pas!... la boutique est ouverte... Elle est sortie; elle m'échappe. Elle veut décidément que je me retire... Hé bien, je m'en irai, je m'en vais, piqué, outré; je ne reviendrai jamais.

Oh, j'ai pris mon parti. Me voilà déjà à l'orme Saint-Gervais... Je trouve un café ouvert; j'y entre; je me fais servir du chocolat... et je suis encore si plein de Fanchette, que je ne pense pas à m'assurer si j'ai de quoi payer. Peut-être y a-t-il de l'argent dans ces habits que j'ai pris à la hâte, et dont je n'ai pas visité les poches... Douze, quinze, vingt-cinq louis! Soulanges les reprendra dans mon secrétaire, car bien certainement je ne retournerai pas chez moi; je suis las d'être en prison.

Idées de plaisir s'évanouissent peu à peu. Mes sens calmés me rendent à la raison, et mes réflexions m'épouvantent... Malheureux, d'où viens-tu? de tromper indignement une femme qui t'adore, qui soupire après le jour où elle pourra te prodiguer tout son être, qui s'expose, pour toi, aux traits acérés du mépris, qui, dans le monde entier, ne voit, ne veut que ton amour.

Et Fanchette ne m'a-t-elle rien sacrifié? Belle comme Sophie, aimante comme elle, ne connaît-elle pas aussi cet abandon absolu, source inépuisable de volupté?

Mais Fanchette tient-elle à quelque chose? fixe-t-elle l'attention? a-t-elle des parens qui s'affligeront de sa peine, qui la partageront? Hé, n'a-t-elle pas assez d'elle-même pour aimer, jouir et pleurer?...

Mais cette mère qui m'implore pour sa fille, qui lui croit mon estime nécessaire autant que mon amour, qui par conséquent me croit estimable moi-même, qui espère, qui se flatte que le bonheur de Sophie et le mien feront le charme de ses derniers jours, qu'ils en prolongeront la durée!... J'ai tout trahi, l'amour, la confiance, et la délicatesse que ces deux sentimens devaient faire naître et soutenir dans mon cœur.

Fanchette, Fanchette! oh, cette fois-ci c'est un crime : je le sens à mes remords!

Homme faible, sans caractère, suffit-il du remords pour expier une inconduite révoltante? A quoi servent de vains regrets, s'ils ne te rendent pas sans retour à l'amante abusée, à qui tu as promis, à qui tu dois tout? Guéris d'une effervescence insensée qui prépare à Sophie des maux cruels et interminables! Sois homme, prends une résolution digne de toi, exécute-la sans balancer, l'honneur te le commande.

L'honneur! il t'a guidé jusqu'au moment où tu

t'es soumis à l'empire des sens. Rétablis-le dans tous ses droits; que ta conduite soit telle, que tu puisses avouer hautement toutes les actions de ta vie future.

O ma conscience, ma conscience, ne me traites-tu pas avec trop de rigueur? Ai-je cherché une seule fois l'occasion... Fanchette elle-même... Les circonstances ont tout fait.

Leur suis-je tellement soumis, qu'il me soit impossible d'en amener de favorables? Ne dépend-il pas de moi de m'éloigner de l'enchanteresse, d'aller chercher un asile contre moi-même, entre les bras de Sophie? et quels charmes balanceront les siens, quand je ne verrai plus l'objet dangereux?...

Je n'ai que ce moyen de prévenir une chute nouvelle, puisqu'une inconcevable fatalité nous réunit toujours, Fanchette et moi. Je vais partir, je pars à l'instant même; je puis être rendu au château avant Sophie; je l'y recevrai, et si Soulanges a été me chercher chez elle, elle croira que j'ai voyagé pendant toute la nuit. Ce mensonge sera le dernier qui aura souillé mes lèvres: je serai vrai avec Sophie, du moment où je ne vivrai plus que pour elle.

J'ai vingt-cinq louis, c'est beaucoup plus qu'il me faut. « Garçon, faites-moi avancer une voi-« ture... Cocher, boulevard Italien, chez Jacob, « carrossier. » C'est le mien. Je prendrai une chaise de poste, et j'irai aussi vite... que mon imagination.

« C'est cela, Jacob, voilà ce qu'il me faut. Des
« chevaux de poste à l'instant, à la minute. Un
« louis à celui de vos gens qui ira me les cher-
« cher, s'ils sont ici dans un quart d'heure. Je paie
« les guides comme un prince, et je veux être
« mené en conséquence. »

Personne ne peut soupçonner ce que je vais faire; personne ne viendra me chercher ici. Soulanges ne trouvera aucun indice chez Fanchette, et Sophie est probablement en route. Pauvre Soulanges! où ira-t-il?

Que de peines il s'est données pour me procurer une nuit... Éloignons cette idée. Tâchons d'oublier jusqu'au nom de Fanchette.

Je vais causer avec madame Jacob. Cela me distraira, et m'aidera à attendre les chevaux... Hé, hé! elle n'est pas mal du tout madame Jacob. Trente ans, de l'embonpoint, de la fraîcheur, la main jolie, et elle entend à demi-mot. Elle répond de même, et montre, en souriant, les plus belles dents du monde.

J'entends le bruit du fouet; je salue madame Jacob, qui veut bien m'accompagner jusqu'à ma voiture, qui me regarde monter... qui peut-être ne se ferait pas trop prier pour monter avec moi... Vaniteux!

« Postillon, à la Ferté-sous-Jouare. Ventre à
« terre, et un écu par poste aux guides. »

Me voilà parti. Oh, comme je vais! mon postillon veut gagner son écu.

Me voilà parti, c'est fort bien. Mais je n'ai pas un habit à mettre, pas une chemise, pas un mouchoir ! N'importe, j'écrirai quatre lignes de Meaux, et Georges m'apportera ce qu'il me faut.

Diable ! mais si on allait courir après moi ? Bah ! j'aurai vingt lieues d'avance, quand on recevra ma lettre. Oui, j'écrirai, par toutes sortes de raisons. Je dois à ce bon Soulanges de le tirer, le plus promptement possible, de l'inquiétude où il doit être à présent.

« Postillon, au premier relai, vous mettrez un « courrier en avant. » Je veux employer tous les moyens qui peuvent accélérer ma marche.

Je commence à sentir que les forces de cet homme, qui s'imagine en valoir trois, sont bornées comme celles d'un autre. J'éprouve dans tous mes membres une certaine lassitude... Ma tête s'appesantit... Je m'endors.

« Monsieur !... monsieur !... — Que voulez-vous ? « — Vous êtes à la Ferté. — Ah ! qui donc a payé les « postes ? — Ce sont les maîtres. Ils se sont payés « les uns les autres jusqu'ici. — Et ils ne me con« naissent pas. — Votre carrossier vous a nommé « au postillon de Paris. — Et mon nom a suffi pour « me faire avoir du crédit ? — On vous aurait mené « ainsi jusqu'à Strasbourg, si vous n'aviez dit, en « partant, que vous alliez à la Ferté. »

Je jouis donc en effet de quelque considération. Ma foi, vanité et Fanchette à part, je crois que je la mérite.

Avec quelle liberté d'esprit je nomme Fanchette! Que l'homme du matin ressemble peu quelquefois à l'homme du soir!

« Quelle heure est-il?... Onze heures. Quinze « lieues en cinq heures, c'est bien aller. Vous « êtes de braves gens. Ah, il faut que j'écrive, « que je paie, et que je déjeune : la tasse de cho- « colat est déja loin.

« Un poulet froid! bon, c'est cela, c'est excel- « lent. Vite, vite, je n'ai pas un moment à perdre.

« Du papier, une plume et de l'encre sur la « même table... Postillon, voilà votre argent. Des « chevaux dans un quart d'heure. »

Je mange, j'écris, je bois, tout ensemble. Pauvre Soulanges! que dira-t-il en recevant ce billet? Que je suis incorrigible, et il aura raison. « Ah! « mon cher Soulanges, renvoyez-moi ce portrait, « qui va me devenir inutile; mais auquel la bonté « délicate qui me l'a offert, donne un prix tou- « jours nouveau. Joignez-y les lettres de Sophie, « des habits, du linge de toute espèce, et de l'ar- « gent. Adieu, l'homme... l'homme aux précau- « tions inutiles.

« Postillon, à Montmirel. »

Me voilà reparti. Sophie est-elle passée, est-elle derrière moi? Le dernier postillon n'a pu me rien dire, et je n'ai pu, moi, interroger les autres en dormant. Je saurai quelque chose à la poste prochaine...

Non, il n'est pas passé ici de berline; on n'y

a pas vu de dames de toute la journée. C'est moi qui lui ferai les honneurs de son château... Tendre et confiante Sophie! Elle me tiendra compte de tout; elle me plaindra d'avoir passé une nuit... Oh, ne parlons plus de cette nuit-là. Ne voyons, ne pensons, ne rêvons que Sophie. Vivons pour l'adorer, et le lui prouver à chaque instant du jour. Transformons sa terre en un lieu nouveau. Que l'amour y déploie ses charmes et sa puissance.

J'ai dépassé Montmirel; je vais arriver à Vatry. C'est là qu'est ce château, où deux êtres, isolés du monde entier, vont se suffire à eux-mêmes, et s'oublier au sein de la plus pure félicité.

Parbleu, il faut que j'avoue que personne ne voyage comme moi, et que j'arrive partout d'une façon extraordinaire. A Ermeuil, en veste de nankin, en culotte de peau, et perclus de tous mes membres; ici, avec des habits escamotés à leur propriétaire, qui me vont... à peu près, et je n'ai pas le moindre petit paquet. Comment serai-je reçu par des domestiques qui ne me connaissent pas? Ils vont me prendre pour un aventurier, et, s'ils sont prudens, me mettre à la porte de chez moi... De chez moi! ce n'est pas encore le mot propre. Il le deviendra, je l'espère, je le crois, j'en suis sûr; je l'ai promis à madame d'Elmont, et cette promesse est si douce à remplir!

Ne l'ai-je pas dit? Le maître d'hôtel me reçoit plus mal encore que La Roche. Il me toise de l'œil; il fronce le sourcil; il écoute, en secouant de temps en temps la tête, l'histoire assez peu vraisemblable que j'ai arrangée en route. Je suis sur les marches du vestibule; le maître d'hôtel barre la porte vitrée, et demeure immobile. Le prendre par le collet, l'envoyer dix pas en arrière, serait le moyen de tout terminer. Mais quelle manière de prendre possession d'un château! Et puis, ce maître d'hôtel n'est pas seul ici: je ne veux pas renouveler la scène de l'oncle Antoine et de maître Jacques. Les voies de conciliation sont toujours les plus sages, et ce sont celles que je vais employer.

« Monsieur, vous parlez très-bien; vous avez
« même l'air d'un fort honnête homme; mais un
« honnête homme et un fripon se ressemblent
« beaucoup. Nous attendons madame de minute
« en minute; mais madame n'a pas parlé de mon-
« sieur, et monsieur est un personnage assez mar-
« quant pour qu'on ne l'oublie pas. Monsieur, que
« l'usage devrait avoir placé dans la voiture de ma-
« dame, arrive seul, sans domestiques, sans ef-
« fets, en linge sale, habillé de façon à faire douter
« que ses vêtemens aient été faits pour lui, et mon-
« sieur doit sentir que ces circonstances réunies
« ne prouvent pas en faveur de sa véracité. Je
« conseille à monsieur d'aller s'établir ailleurs, et,
« quel qu'il soit, il conviendra intérieurement que
« je fais mon devoir.

« — Il faut donc que j'aille m'installer dans

« un cabaret de village?—Pourvu que monsieur
« n'entre point ici, je le laisse maître absolu de
« ses actions. — C'est très-honnête. Voulez-vous
« bien au moins faire remiser ma chaise de poste?
« — Oh, selon les apparences, elle ne restera pas
« long-temps ici, et il sera tout aussi facile de la
« prendre dans la cour, que sous la remise. »

Il tire à lui les portes en bois, met les crochets, et me laisse en effet maître absolu de mes actions.

Allons, cherchons un cabaret. Dînons-y, restons-y jusqu'au dénoûment.

J'entre dans une maison de très-mince apparence. J'y serai probablement fort mal... Ah, une heure est bientôt écoulée, et c'est tout ce que je peux avoir en avance sur Sophie.

Bon, le cabaret est en face du chemin de Montmirel. Je verrai arriver la femme charmante... Non, je courrai au-devant de la voiture, dès que je l'apercevrai. La presser sur mon cœur cinq minutes plus tôt, c'est gagner une année.

« Que veut monsieur? — A dîner. — Voulez-
« vous du lard salé? — Des œufs frais. — Nous
« avons une gibelotte de lapin. — Des œufs frais.
« — Une épaule de mouton bouillie. — Des œufs
« frais, des œufs frais. — Des œufs frais, soit. »

A la fin de ce court dialogue, je vois entrer, dans la chambre où je me suis mis, deux gendarmes, le sabre au côté, et des pistolets à la ceinture. Ils viennent me regarder sous le nez. Je n'aime pas cela, et je me retire à l'autre extrémité de la chambre. Les gendarmes m'y suivent. « Dites-moi, messieurs, où vous avez appris à vi-« vre ? — C'est nous, monsieur, qui l'enseignons « aux gens de votre espèce, et nous allons vous « donner une première leçon. Voulez-vous bien « nous accompagner chez monsieur le maire du « lieu ? — Je n'ai rien à faire chez lui. — Mais il « désire vous parler. »

Ce diable de maître d'hôtel a fait quelque *quiproquo*. Mes gendarmes insistent, et ce que j'ai de mieux à faire, c'est de les suivre, accompagné, selon l'usage, de toute la canaille de l'endroit.

Monsieur le maire est un bon Champenois, dans toute l'étendue du mot, et une bête en place est toujours une bête redoutable. Il est temps que Sophie arrive, et me reconnaisse, ou, selon les apparences, les choses vont mal tourner.

Ah, c'est la fille du maire qui lui sert de greffier ! Le procès-verbal sera bon à lire... quand je serai sorti d'ici.

« D'où êtes-vous ? — De Paris. — Votre nom ? «— De Francheville. — Vos qualités ? — Je n'en ai « pas. — Votre état ? — Je n'en ai pas. — Vos pa-« piers ? — Je n'en ai pas.

« — Que l'accusateur paraisse. » On fait entrer le maître d'hôtel. « Connaissez-vous ce monsieur-« là ? — Que trop, parbleu. — Mais il ne vous con-« naît pas. — Oh, il me connaîtra bientôt. — En

« attendant, je vous envoie en prison. — En pri-
« son, moi ! — Tout comme un autre.

« — Un moment, s'il vous plaît. Envoyez à
« Montmirel : je suis connu à la poste. » Si j'avais
retenu mon postillon un instant de plus, rien de
tout ceci n'arriverait. « Que j'envoie à Montmirel !
« La gendarmerie y va demain : elle vous y con-
« duira, et là, vous vous expliquerez à votre aise.
« En prison. — Mais, monsieur le maire... — Pas
« de mais. — Si... — Point de si. En prison, en
« prison. »

Parbleu, c'était bien la peine de m'évader de
celle de Paris, pour venir ici en poste me faire
remettre dans une autre, qui, sans doute, ne vaudra pas la première.

« Où diable me fourrez-vous là ? — Oh, vous
« n'y serez que jusqu'à demain, et une nuit est
« bientôt passée. » Ils m'ont logé dans le bas d'un
colombier, où je peux à peine me tenir debout,
et les pigeons font un carillon infernal sur ma
tête. La porte est solide, et ils ont tiré deux gros
verroux sur moi !... Le joli traitement qu'ils me
font là ! Deux bottes de paille, du pain et de
l'eau. Le concierge ne me brusque pas ; mais il a
pris ses précautions : pendant qu'il monte mon
ménage, deux grands drôles sont en faction en
dehors de la porte, armés chacun d'une fourche
dont les dents sont d'une longueur...

« Monsieur le concierge, je voudrais un meil-

« leur ordinaire que celui-là. — Combien voulez-
« vous dépenser ? — Six francs. — Toutes mes pro-
« visions ne les valent pas. Donnez-moi vingt sous,
« et vous dînerez comme un prince. »

Ce geôlier-là ne sait pas encore son métier.

Ma foi, je suis encore mieux ici qu'au château d'Ermeuil au moment de mon arrivée : je vais dîner comme un prince, et je ne suis pas menacé de la sauce piquante.

Diable, diable ! le temps s'écoule bien lentement. Il est inconcevable que Sophie ne soit pas arrivée, et il n'y a qu'elle qui puisse me tirer d'ici... Peut-être est-elle au château, et, dans les premiers momens d'embarras, ce maudit maître d'hôtel n'aura pas pensé à parler de moi.

Ah, voilà le geôlier, et son dîner de prince. Une gamelle garnie de pommes de terre, et une bouteille de vin du crû. Quelle pénitence je vais faire là ! Il faut rire, ou se désoler. Ma foi, j'aime mieux rire. Du Reynel s'arracherait les cheveux. Oh, que n'est-il ici !

« Monsieur le concierge, allez au château, et
« sachez si madame de Francheville est arrivée. »
Madame de Francheville ! Que ce nom résonne agréablement à mon oreille ! Je vais devoir à cette femme céleste ma liberté d'abord, et les plus douces jouissances de l'amour. Que le bonheur me paraîtra précieux, acheté par cette courte épreuve !

Elle est un peu dure cependant. Hé, notre vie

entière est-elle autre chose qu'une suite d'alternatives de bien et de mal! Qu'est-ce que le repos, sans le travail, et l'amour sans contrariétés?... Ah, mon cœur n'en a pas besoin. Il sera toujours le même. Sophie y régnera toujours.

Elle n'est pas arrivée, dit le concierge! Voilà qui devient inquiétant. Une roue brisée, la voiture versée dans un fossé, dans un précipice; des voleurs... Que sais-je? « Mon ami, mon cher ami, « retournez au château; dites au maître d'hôtel « que madame devait être ici à peu près aussitôt « que moi; qu'il lui est arrivé quelque accident; « que je veux, que je lui ordonne de monter à « cheval; que tous les domestiques y montent; « qu'ils courent sur la route de Paris, et qu'ils ne « reviennent que lorsqu'ils pourront me donner « des nouvelles de leur maîtresse. »

Le maraud me rit au nez. « J'veux, j'ordonne! « n'dirait-on pas qu'c'est vraiment l'seigneur du « village qui parle. » Il ferme mon guichet, et me laisse en proie aux idées les plus affligeantes.

Dix heures sonnent à l'horloge de l'église!... Je ne m'occupe plus de moi; je suis tout à Sophie. Mon imagination alarmée ne me présente que de sinistres tableaux. Attente insoutenable, cruelle anxiété! Oh, si j'étais libre, je volerais au-devant d'elle, et peut-être la plus poignante des infortunes... Cette porte est de fer; il m'est impossible de l'ébranler.

Onze heures!

Minuit!... Je ne me possède plus... Il faut sortir d'ici... Et comment? Je n'ai pas observé les lieux, je suis dans les ténèbres, et dépourvu de toute espèce de ferrement.

Je me roule sur cette paille... Je me relève... je marche... J'accuse les hommes, les élémens, la fortune; j'invoque l'amour et le retour de la lumière... Une heure sonne! Je me rejette sur ce lit de douleurs, accablé, anéanti.

CHAPITRE XXVII.

Je la retrouve.

Un bruit soudain me tira de l'espèce de léthargie, dans laquelle j'étais tombé. Je crus apercevoir, à travers quelques fentes de ma porte, des traits de lumière, qui disparaissaient, pour renaître l'instant d'après. Je me levai précipitamment, au cri de mes verroux, inquiet et impatient de savoir ce qu'on me voulait à cette heure.

Ma porte s'ouvre. La cour, cette cour triste et fangeuse, est éclairée par cent flambeaux. Tout le village est rassemblé. Est-ce un *auto-da-fé* qu'on prépare?... Non, les paysans s'empressent, m'approchent. La bienveillance et la timidité sont peintes sur ces figures, si menaçantes huit ou dix heures auparavant.

Mes yeux percent la foule, et s'arrêtent sur un groupe de femmes : dans toutes les circonstances de ma vie, ce sexe a été l'objet de ma première attention, de mes hommages, de mon culte. Parmi ces paysannes, je distingue plusieurs dames qui cherchent à pénétrer jusqu'à moi. La multitude, toujours croissante, s'ouvre devant elles, avec des marques de respect. Une d'elles s'élance dans mon colombier : « Les cruels! comme « ils l'ont traité! » Je reconnais la voix de Sophie!

Je la vois, je lui parle, je la presse sur mon cœur. Toutes mes alarmes sont dissipées; j'ai oublié la nuit de douleur, qui s'est si lentement écoulée; je renais au bonheur.

Monsieur le maire vient me faire de très-humbles excuses : j'ai bien le temps d'écouter ses sornettes. Il me prie d'observer que les apparences étaient contre moi : il n'y a que les sots pour qui apparence et conviction soient la même chose.

Ah! voilà madame d'Elmont... J'aurais dû la reconnaître plus tôt; mais la mère d'une fille charmante joue toujours un rôle subordonné, quelque aimable qu'elle soit, quelques égards qu'on lui marque. Tout est amour pour sa fille; tout pour elle est complaisance. On endort cerbère avec de petits gâteaux, et les mamans avec de petits soins.

Je vais à madame d'Elmont, je la salue; je l'embrasse... Qui donc veut-elle me présenter?... Hé, c'est ce faquin de maître d'hôtel, confus, repentant, qui veut aussi me haranguer. Au fond, cet homme s'est conduit en domestique vigilant, zélé. Il faut le rassurer, le rendre à lui-même.

Que viens-je donc de lui dire? Je n'en sais rien. Mais un murmure général d'approbation s'élève autour de moi, et cela fait toujours plaisir.

Oh, encore des harangueurs! Ce sont mes deux gendarmes. « Messieurs, vous ne savez pas que « j'ai plus besoin de repos que de complimens; « abrégeons, s'il vous plaît. Tout le monde a fait « son devoir; je n'ai pas d'humeur; je suis très-« sensible à vos excuses; mais je veux sortir d'ici. »

Sophie me prend une main; j'offre un bras à madame d'Elmont. Tout le village nous suit, en criant : *Vive monseigneur!* Pour me débarrasser de ce cortége incommode, je fais circuler ce qui reste d'espèces dans les goussets de Soulanges. Les acclamations augmentent. On nous accompagne jusqu'à la grille du château : on va y entrer avec nous. « Oh, ma foi, mes amis, vous « n'irez pas plus loin. Je crois qu'à six heures du « matin on peut se souhaiter le bon soir. » Je ferme la grille après moi : je suis tout à Sophie.

A quoi comparer ce peuple, qui eût crié hier *bravo*, si on m'eût crucifié, et qui ce matin crie vive monseigneur? Le peuple est une boule, toujours prête à rouler dans tous les sens.

Sophie n'a pas soupé; j'ai fait un fort mauvais dîner, et monsieur le maître d'hôtel nous engage à nous restaurer un peu. Il a raison. Je prévois d'ailleurs que bientôt il faudra nous séparer, et je

suis si bien auprès d'elle ! « Sophie, quelques mo-
« mens encore à l'amour. Passons-les à table,
« puisqu'il faut se borner à cela. — Oh, bien cer-
« tainement il le faut. N'est-il pas vrai, maman ? »
Voilà maman établie mon médecin consultant...
Je mettrai sa vigilance en défaut.

Ce bon maître d'hôtel ! comme il s'efforce de
me faire oublier sa bévue ! il me sert, il coupe
mes morceaux ; il mangerait pour moi, si la chose
était possible. Comment mangerais-je ? Je la vois,
je suis assis près d'elle, près d'elle, que j'ai cru
avoir perdue. Je puise, dans ses yeux charmans,
une sève que ne peuvent communiquer les mets
les plus exquis, le Chambertin le plus délicat.

« Mon gendre, permettez que je me place entre
« vous deux. » Le docteur a raison, et j'ai tort de
dédaigner ce que m'offre monsieur le maître d'hôtel. Pour aimer il faut vivre, et pour vivre il faut
manger. Rien de simple et de vrai comme cela.

« Chère Sophie, ce repas est délicieux, après
« les angoisses cruelles qui l'ont précédé. — Mon
« ami, nous en avons tous éprouvé. — Et vous
« aussi, femme charmante ! — J'ai cru que ma
« fille perdrait la raison, quand Soulanges est venu
« savoir si vous aviez paru à l'hôtel. — Soulanges
« m'a cherché ? — Partout où il a présumé que
« vous pouviez être. — Ce bon Soulanges ! et com-
« ment a-t-il fait pour sortir de chez moi ?

« — Vous sentez quel a été son étonnement,
« lorsque à son réveil il ne vous a pas trouvé

« dans votre lit. Il s'est levé, il a fait dans l'ap-
« partement la plus exacte perquisition; plus de
« Francheville, et plus de clés sous le chevet de
« Soulanges. Il était facile de juger que vous étiez
« sorti par la porte; ainsi plus d'inquiétude sur les
« suites d'un saut par la fenêtre.

« Soulanges a appelé Georges, et Georges est
« demeuré stupéfait en reconnaissant la voix d'un
« homme qu'il croyait loin de l'hôtel. Tous deux
« ont approché l'oreille du trou de la serrure; ils
« se sont expliqués, et vous êtes demeuré con-
« vaincu d'avoir pris les vêtemens de votre ami;
« de vous être donné pour lui, de chambre en
« chambre, et d'avoir ainsi gagné la rue.

« Cependant Soulanges et Georges étaient enfer-
« més chacun de leur côté. Philippe, que Georges a
« appelé, l'était du sien. Il fallait briser les portes,
« ou les faire ouvrir par un serrurier. Soulanges,
« qui aime les moyens doux, s'est décidé pour le
« second parti.

« Mais qui pouvait aller chercher le serrurier?...
« Écoutez-moi donc, monsieur; vous avez toute la
« vie pour regarder ma fille et lui sourire. — J'y
« suis, madame, j'y suis. — Le suisse seul était
« libre d'entrer et de sortir. Mais le bonhomme,
« à qui le prétendu Soulanges avait dit, en sor-
« tant, qu'il allait revenir, s'était amusé avec sa
« bouteille, moyen certain, pour un suisse, d'a-
« bréger le temps. Il avait fini par s'endormir, et

« dormait si bien, que les cris de Soulanges, de
« Georges et de Philippe n'ont pu le réveiller.

« La patience a ses bornes, comme toutes les
« vertus. Soulanges fait passer le mot d'ordre à
« Georges, qui le rend à Philippe, et ce mot le
« voici : Jetez par la fenêtre tout ce qui peut
« faire du bruit sur le pavé.

« — Ah, mon Dieu, mes services de porce-
« laine !... Le poêle démonté par parties... Tout est
« brisé ! — Tout. — Il valait mieux cent fois en-
« foncer les portes. — Ah ! médite-t-on, calcule-
« t-on, quand on est inquiet sur le sort d'un
« homme comme vous? Philippe, moins éloigné
« que les autres de la loge du suisse, pouvait
« plus aisément se faire entendre, et il a exécuté
« l'ordre avec une exactitude digne d'éloges.

« Le suisse bâille enfin ; il étend les bras, et
« parvient à se mettre sur ses jambes. Le bruit
« des assiettes, des terrines, qui volent en éclats,
« l'attire dans la cour. Il s'imagine que vous
« soutenez un siége, et il prend son sabre, non
« pour venir vous défendre, mais pour aller, avec
« sûreté de sa personne, chercher du renfort aux
« écuries, et dans les dessus des remises.

« Le cocher et les autres domestiques arrivent,
« l'un en caleçon, l'autre en chemise ; celui-ci a
« passé un bas et a oublié ses souliers ; celui-là,
« pour tout vêtement, n'a que son chapeau. Ils
« ont, pour armes défensives, des fourches, des

« balais; des vans leur servent de boucliers. Ils
« marchent en ligne; ils arrivent dans la cour
« d'entrée, et trouvent, pour ennemis, Soulanges,
« Georges et Philippe, appuyés chacun sur leur
« croisée, et riant aux éclats.

« La montagne en travail enfante une souris :
« les exploits de vos gens se sont bornés à faire
« lever, une heure plus tôt que de coutume, un
« pauvre serrurier, qui n'était pour rien dans l'es-
« capade de leur maître.

« Soulanges a parlé; le carrosse est prêt. Il se
« gardera bien d'envoyer prendre des habits chez
« lui : il sait qu'avec vous il n'y a pas une minute
« à perdre. Il passe votre robe de chambre, un
« pantalon, des pantoufles, et il vient nous éveiller
« dans ce burlesque équipage.

« Un sourire de satisfaction a brillé sur la figure
« de ma fille, quand elle a appris votre évasion.
« Elle l'attribuait à l'amour, à l'empressement de
« vous réunir à elle. Mais quand elle a su que
« Soulanges avait été déja dans deux ou trois
« maisons, où on n'avait rien pu lui apprendre
« de vous, l'inquiétude a commencé à naître; la
« réflexion a produit des alarmes; un nouveau
« duel, un assassinat nocturne pouvaient vous avoir
« ravi, sans retour, à sa tendresse. Bientôt la tête
« s'est perdue, au point de vouloir aller, elle-
« même, vous chercher chez toutes les personnes
« que vous connaissez. La berline nous attendait
« depuis long-temps; Soulanges nous engageait à

« partir; il lui promettait de continuer ses recher-
« ches; et elle ne voulait s'en rapporter qu'à elle
« du soin de retrouver son époux... Oui, embras-
« sez-la, elle le mérite : jamais on n'a aimé comme
« elle. Mais venez vous remettre à votre place.

« La plus grande partie de la journée s'est
« écoulée en plaintes, en pleurs d'une part, en
« consolations de l'autre. Enfin sur les quatre
« heures du soir, Soulanges a reparu dans ses ha-
« bits ordinaires. Il tenait une lettre à la main :
« c'est celle que vous avez écrite de la Ferté. Le
« calme a reparu sur toutes les figures; la joie est
« rentrée dans tous les cœurs. Ma fille a sauté
« les escaliers, pour être plus tôt dans la berline,
« derrière laquelle Georges et Philippe attachaient
« votre malle. Nous partons.

« Elle ne cessait de presser les postillons, de
« répéter : Courir la poste la nuit, dans l'état de
« faiblesse où il est encore! Combien il mérite
« d'être aimé! »

Je me levai, hors de moi, je n'écoutai plus madame d'Elmont. J'embrassai Sophie, je l'embrassai encore, oh, comme je l'embrassai! je lui devais une expiation de mes torts, et je revenais dans ces embrassemens, du trouble où m'avaient jeté sa bonne foi, sa confiance. Chère, adorable Sophie, tu es loin de soupçonner... Soulanges m'a sans doute été chercher rue Saint-Antoine, et n'a pas nommé la séductrice... Oublions à jamais cette nuit et Fanchette... Voilà dix fois que je veux oublier tout ce qui n'est pas Sophie, et ma mémoire, mon imagination, cruellement fidèles et ardentes, me retracent sans relâche... Tout souvenir étranger à Sophie va disparaître devant elle. Ses yeux, ses mains, ses lèvres, tout en elle est expressif et caressant. Elle attire mon cœur, elle le fixe, elle l'enchaîne, il bat contre le sien. Il n'est plus pour moi qu'une femme dans l'univers, et je suis auprès d'elle.

« Vous oubliez, mon gendre, que le mois n'est « pas expiré. — Ah! maman, il y a si long-temps « que je l'ai vu. — Ma fille, cet air suppliant ne « me désarmera point. Revenez ici, monsieur... « Oh! comme il me regarde! Vous ne réussirez « pas plus que Sophie : je suis inexorable. Mettez-« vous là, et écoutez la fin de mon histoire. On « aime à conter, à mon âge, et on sait bon gré « à son auditoire de vouloir bien être attentif. »

Elle me peint l'étonnement de Sophie, qui ne me voit point à son arrivée au château. Elle m'attendait à la portière de la berline; elle me cherche des yeux, dans la cour, sous le vestibule. Elle descend de voiture, elle court, elle va de chambre en chambre. Ses domestiques peuvent à peine la suivre. La rapidité de sa course éteint la moitié des flambeaux.

« Où donc est-il, s'écrie-t-elle enfin? — Qui, « madame? — M. de Francheville. — Quoi, ma-« dame, c'est vraiment lui qui est arrivé aujour-« d'hui! — Hé, sans doute. Où est-il? — Malheu-

« reux, qu'ai-je fait ! Je suis perdu. — Qu'y a-t-il
« donc? Vous m'alarmez. — Madame, je n'ose vous
« le dire. — Vous me faites mourir. Parlez donc,
« cruel homme ! — Hé bien, madame, monsieur
« est... il est... — Où? — En prison. — En prison !
« en prison, dites-vous ! Et qui l'a fait mettre là?
« — Hélas, c'est moi, madame. Pardonnez-moi,
« pardonnez-moi...

« En un instant le château est bouleversé. On
« court, on s'appelle, on se presse, on ne peut
« arriver assez tôt chez le maire. Les reproches
« de ma fille, les excuses du maître d'hôtel, les
« murmures, les réflexions des valets, des jardi-
« niers; l'éclat de dix flambeaux éveillent les gens
« du village, à mesure que nous le traversons. Ils
« sortent, vêtus à peu près comme vos gens, ar-
« més à la hâte pour votre défense. Nous arrivons
« chez le maire; il nous conduit à votre colom-
« bier : vous savez le reste. Mais vous oubliez, et
« moi aussi, qu'il est sept heures du matin, que
« nous avons passé la nuit nous en voiture, vous
« sur la paille, et qu'il est temps de nous mettre
« au lit.

« — Hé, madame, je ne demande que cela. »
Je prends la main de Sophie; elle se lève, elle
me devine, elle sourit; elle s'appuie mollement
sur mon bras; elle me suit.

« Ah, ah ! je croyais n'en avoir qu'un à garder,
« et je vois qu'il faut en surveiller deux. Arrêtez-
« vous, s'il vous plaît : Justine, faites conduire

« monsieur à son appartement. — Madame... ma-
« dame... — Hé bien, qu'est-ce ? — Vous m'avez
« en effet donné des ordres, mais j'ai osé prendre
« sur moi de ne pas les exécuter. — Et la raison,
« mademoiselle ! — Comment séparer un si joli
« couple, qui s'aime si tendrement ! Madame et
« monsieur paraissent avoir tant de choses à se
« dire ! — Vous êtes connaisseuse ; mais je vous
« prie de garder pour vous vos observations, et
« de vous souvenir qu'une obéissance passive est
« le premier de vos devoirs. Allez faire ce que
« je vous ai ordonné.

« — Vous la grondez, maman. — Et j'ai tort,
« n'est-il pas vrai ? — Mais je crois presque qu'oui.
« — Sois raisonnable, ma Sophie ; sois-le pour
« Francheville et pour toi. Laissez-la donc, mon-
« sieur, et suivez-moi : j'ai à vous parler d'affaires
« importantes. »

On ne résiste pas à une maman aimable, quelque fâcheuse qu'elle soit d'ailleurs : je suivis madame d'Elmont.

Elle me conduit à son appartement, et les
affaires dont elle veut m'entretenir se bornent à
des remontrances très-raisonnables, très-pru-
dentes, sur la nécessité de me ménager encore.
Les gens froids sont insupportables : ils jugent le
genre humain d'après eux.

Madame d'Elmont termine un assez long discours, que j'ai écouté avec beaucoup de docilité,
en m'annonçant la résolution irrévocable de cou-

cher dans l'appartement de sa fille jusqu'à ce que le mois soit révolu.

A-t-on jamais rien imaginé de plus perfide?... J'allais répondre par cent argumens d'une force irrésistible... Elle sort tout à coup, donne deux tours à la serrure, et emporte la clé.

Je suis donc destiné à passer d'une prison dans une autre! Je frappe du pied, je crie un peu; je me calme bientôt. Je sens intérieurement que des trois, le plus sage est madame d'Elmont, et que je n'ai rien de mieux à faire que de dormir sept à huit heures. Je me résigne; je me mets au lit... mais au réveil nous verrons. Il y a des jardins ici, des bosquets; peut-être quelque temple, quelques ruines.

Oh, comme je dormais, lorsqu'une petite main m'éveilla, en allant et venant légèrement sur ma couverture! « Qui est là? — C'est moi, monsieur.
« — Ah, c'est Justine. Et par où êtes-vous entrée
« ici? — Toutes les portes ont deux clés, et il faut
« bien que les domestiques en aient une : si on
« se trouvait incommodé la nuit, qu'on sonnât...
« — Voilà qui est très-bien vu. Mais que me
« voulez-vous, Justine? — Il y a six heures que
« monsieur dort, et madame aussi : j'ai pensé
« qu'ils ne seraient pas fâchés de se donner le
« bonjour sans témoins. — Oh, tu es une fille
« charmante, accomplie!... Mais madame d'El-
« mont? — Elle a pris la chambre à coucher de
« madame de Francheville; sa fille s'est contentée

« de mon cabinet, et j'ai aussi la clé d'une se-
« conde porte qui donne sur un escalier dérobé.
« — Ma chère amie, il est impossible d'avoir plus
« de pénétration, d'intelligence, et de rendre un
« service plus à propos. — Madame d'Elmont
« s'imagine que tout le monde doit être aussi
« calme qu'elle, et ses quarante ans. — Je ne te
« soupçonne pas ce défaut-là, Justine. — Ma foi,
« monsieur, le plaisir fait oublier le défaut de
« fortune. — Voilà en quatre mots tout un traité
« de philosophie. — Tournez-vous donc un peu,
« monsieur. — Tu as peur? — Non, mais la dé-
« cence... — Tu as raison, tu as raison. Donne-moi
« cette culotte. — Monsieur n'en a pas besoin. —
« Tu as encore raison. Passe-moi cette robe de
« chambre. — Mais, monsieur, vous me faites
« faire des choses... — Et tu fais tout à merveille.
« Marchons, Justine.

« J'espère que nous ne rencontrerons personne.
« — Et qu'aurait-on à dire? Monsieur passe chez
« madame : quoi de simple comme cela? madame
« d'Elmont croit monsieur malade; monsieur croit
« qu'il se porte bien; aucun domestique ne s'in-
« gérera de prendre parti pour ou contre. — Tu
« as de l'expérience. — Comme une veuve, mon-
« sieur. Mais taisons-nous; voilà le petit escalier. »

Avec quelle adresse elle ouvre et referme cette porte!... Je m'approche d'un petit lit bien blanc... Le sommeil l'embellit encore. Tout est charmes sur sa figure; tout est volupté dans son attitude.

Comme ce bras s'arrondit sous cette tête divine !
Comme ce sein se dessine, se détache et se soutient ! Pas de lacet, pas un ruban : c'est du marbre que couronne un bouton de rose... Heureux, trop heureux mortel, tout cela est à toi !

Assurons-nous que rien ne troublera les délicieux mystères. Je mets les loquets partout. Madame d'Elmont aura le grand escalier à sa disposition.

Encore un lit étroit, mais étroit !... il n'y a pas d'inconvénient qui ne présente quelque avantage à qui sait tirer parti de tout. Ses yeux charmans s'ouvrent, me fixent. Son cœur palpite de plaisir.... « C'est toi, c'est toi ! Oh, je savais bien que « tu tromperais la surveillance de maman... » Voilà tout ce qu'elle peut dire.

Heureux qui, dans le secret et le silence, dépouille la pudeur de son voile ; malheur à qui ne s'empresse de le laisser retomber devant un œil curieux ou indiscret ! Lecteur, je ne vous dirai rien de plus.

Aux transports les plus doux avait succédé un sommeil paisible. Pressés, enlacés l'un dans l'autre, nous n'avions plus qu'une ame et qu'un cœur. Les songes rians effeuillaient sur nous le pavot et la rose... Qui vient nous arracher à ce calme délectable, qu'on goûte si parfaitement, et qu'on ne peut décrire ? On frappe à la porte du cabinet. « Sophie, ma fille ! — Maman ? — Cet homme-là « a perdu la raison, et nous la fera perdre à tous.

« — Qui, maman? — Francheville. — Qu'a-t-il donc
« fait? — Il est reparti. — Je ne le crois pas, ma-
« man. — Il n'est pas chez lui, et aucun des do-
« mestiques ne l'a vu. — Il est sans doute allé
« prendre l'air dans le parc. — Non, les domesti-
« ques ont trouvé, en bas, toutes les portes fer-
« mées. Mais ouvrez-moi donc. Je n'aime pas à
« causer à travers une cloison. — Maman, je ne
« suis pas levée. — Pourquoi donc vous enfermer
« ainsi? Si vous aviez eu besoin de quelque chose,
« par où serait-on entré dans ce cabinet? — Oh,
« j'ai ici tout ce qu'il me faut. » Et à chacune de
ses réponses, elle me faisait une petite mine si
drôle, et chaque mine provoquait, amenait un
baiser si doucement, si doucement pris et rendu!

« Sophie, il est trois heures : je vais vous en-
« voyer Justine. — Maman, je n'ai besoin de
« personne. » Une mine plus comique que les autres me fit perdre mon sérieux. Un éclat de rire,
que je ne retins qu'à demi, trahit tous nos secrets.

« Cela est affreux, Sophie, cela est impardon-
« nable! Vous perdrez cet homme-là. Vous êtes
« devenue incapable de réfléchir, de rien prévoir;
« vous ne pensez pas même au rôle très-inconve-
« nant que vous me faites jouer dans ce moment-
« ci. — Oh, pardon, pardon, ma bonne maman.
« — Votre bonne maman vous abandonne à vous-
« même, puisque ses représentations et ses soins
« sont tout-à-fait inutiles.

« Mon ami, maman est fâchée. — Mon ange,

« il faut faire notre paix. — Oui, levons-nous. « Mais dis-moi donc comment tu es entré ici? »

Je lui contai tout, et il fut arrêté que nous ne dirions pas un mot de Justine, qui eût pu souffrir de l'humeur de madame d'Elmont.

L'aimable maman nous reçut, au salon, avec un air froid, et même un peu sévère. Je l'embrassai; je lui adressai de ces choses flatteuses, qui coûtent si peu à dire, quand elles sont inspirées, et que ne m'inspire-t-elle pas! elle est la mère de Sophie.

Sophie la cajola, la caressa de son côté, et sa figure s'épanouit peu à peu. Elle voyait, sur les nôtres, l'expression de l'amour le plus tendre, du bonheur le plus parfait, et quelle femme peut bouder à l'aspect de l'amour heureux?

Nous déjeunâmes. L'appétit, la cordialité, la franchise égayèrent le repas. Il fallut cependant écouter quelques remontrances, qu'un ton affectueux rendait très-supportables, et dont la conclusion nous plut infiniment. Madame d'Elmont termina en disant que puisque l'amour déjoue tous les plans qu'on lui oppose, c'est à l'amour lui-même qu'elle me confiait; que désormais Sophie me rendrait sage, puisqu'elle aimait assez pour l'être elle-même... si elle sentait la nécessité de le vouloir.

Je ne m'étais jamais douté qu'une réserve absolue pût venir d'un amour extrême. Je ne croyais pas que l'amour heureux pût s'arrêter au gré de la raison ; mais j'étais fort aise que madame d'Elmont pensât tout cela, et qu'elle supposât que par vanité, ou par délicatesse Sophie justifierait sa confiance.

L'architecte et le peintre-décorateur arrivèrent. Sophie leur développa ses vues, avec un goût et une clarté qui m'étonnèrent. Il y avait, dans son appartement, quelques bonnes vierges et quelques tristes saints ; dans son boudoir, un oratoire bien noir et bien dur, qu'elle avait fait placer là lorsque son cœur balançait entre le créateur et la créature. Elle prononça que Vénus remplacerait Marie ; Adonis, saint Jean-Baptiste ; et un lit de repos l'oratoire. Elle envoya, dans les combles, quelques livres très-édifians et très-ennuyeux. Elle me pria de lui composer une bibliothèque. Suppôt de Satan, je suis certain que mon maître ne choisirait pas mieux que moi. Misérable que je suis ! quelle ame j'enlève à Dieu !

Nous ne nous quittons plus. Toujours appuyée sur mon bras, toujours charmante, toujours heureuse, elle me promène de chambre en chambre. Elle a pris un ton caressant, qu'elle conserve avec tout le monde. Ces messieurs paraissent enchantés de travailler pour elle, et, afin de lui consacrer plus long-temps leurs talens, ils lui proposent de changer toute la distribution intérieure. Je ramène cette belle chaleur à de justes bornes. Ai-je besoin des arts pour faire un palais du lieu que j'habite avec Sophie ?

Nous nous enfonçons dans un parc assez mal tenu. Elle en veut faire un jardin anglais. « Oh, « laisse-nous cette nature agreste. Qu'on arrache « l'ortie et le houx : ces plantes seules sont enne- « mies des amours.

« Vois, Sophie, ces touffes de lilas chargées de « fleurs. Il faut se baisser pour pénétrer dans « leur enceinte. Mais on y trouve un tapis de « mousse; on y respire une odeur qui dispose « au plaisir. On y est seul, tout à soi, ignoré du « monde entier.

« Et ce rocher, couronné de fleurs champêtres? « il cache une grotte, de laquelle s'échappe une « source, qui s'égare, en serpentant à travers « ces arbres, que l'art n'a point mutilés. C'est « dans cette grotte que nous lirons *La Fare* et « *Chaulieu*. Chantres de l'amour, ils n'ont pour- « tant rien à nous apprendre. Mais nous redirons, « après eux, ces hymnes inspirés par le dieu que « nous adorons.

« Suivons ce ruisseau dans ses sinuosités. Tou- « jours clair, toujours tranquille, il est l'image « d'un cœur jouissant d'un jour fortuné, qui sera « suivi d'un jour semblable. Oh, cueille-moi cette « modeste et odorante violette, qui se cache sur « cette rive. Je vais te cueillir cette rose superbe; « je la placerai dans ton corset, et il y en aura trois.

« Asseyons-nous sur l'herbe fine. Regardons « couler l'eau. Mets ta main dans la mienne, et « rêvons amour et bonheur.

« Comme tu me regardes ! — Et toi ? — Ne
« parlons plus, Sophie. Tu ne me diras jamais ce
« que disent tes yeux...

« Vois ces linots. Ils ne parlent pas ; ils font
« mieux : ils aiment. Ils ont comme nous le bai-
« ser, première faveur de l'amour, complément
« délicieux de la dernière.

« As-tu vu ces poissons ? Ils te fuient, parce
« qu'ils ne te connaissent pas. Tous les jours, tu
« leur apporteras quelque chose, et bientôt ils
« viendront au-devant de la main charmante qui
« se sera occupée d'eux.

« Que tout ici te voie belle, comme je te vois ;
« aimante comme tu l'es ; que tout ici t'aime
« comme ton amant, et que lui seul occupe à
« jamais ton cœur.

« Tu me réponds par un baiser ! Baiser d'amour
« porte avec lui serment d'aimer toute la vie.

« — Oui, ma vie entière est à toi : te la con-
« sacrer, c'est la vouer au bonheur. — Ah, So-
« phie, lorsque tous ici me croient le titre que
« j'ambitionne, lorsque tu m'établis dans tous les
« droits qui y sont attachés, lorsque j'en suis
« digne, s'il doit être le prix d'un amour inextin-
« guible, pourquoi me le refuser ? — Barbare, tu
« m'éveilles ! Je rêvais l'homme charmant, amou-
« reux et fidèle, et tu me montres le mari ! »

Elle se lève, je la suis. Je reprends sa main ;
je la passe à mon bras. Je reparle amour, elle
écoute ; je lui donne un baiser, elle sourit.

Nous parcourons tout le parc; nous nous arrêtons partout; partout nous trouvons un temple, nous marquons un autel. Parc solitaire et silencieux, chacune de tes retraites sera consacrée par un sacrifice.

La cloche nous rappelle. Il faut s'éloigner de la nature, et rentrer dans un château!... Un château ne vaut-il pas un parc, pour qui y rentre avec son cœur?

CHAPITRE XXVIII.

Les visites.

Visites. Usage généralement adopté, je ne sais pourquoi. Temps perdu, pour ceux qui les font et les reçoivent. Ennui, et souvent dégoût pour les uns et les autres. Des visites ici! Au village, comme à la ville, on ne peut donc vivre pour soi! Plus on est élevé, plus on est dépendant des convenances, de l'étiquette. La nature et l'amour; je ne connais, je ne veux connaître que cela.

Je ne brusquerai pas cependant ceux que madame d'Elmont a accueillis, qu'elle a retenus à dîner. Je les examinerai, et je m'amuserai peut-être de leur originalité.

Il semble vraiment que les Parisiens seuls soient sans ridicules : en supposer aux autres, et s'en croire exempt, est le premier de tous. Jugeons ces gens-ci sans prévention.

Voilà le propriétaire d'un bien de huit à dix mille francs de revenu. Il arrondit les épaules, s'écoute parler, et parle comme un cuistre. Il dit pesamment à Sophie qu'une femme charmante est un effet de commerce, qui doit circuler pendant le jour, et que le mari est trop heureux de retrouver le soir. En conséquence de ce raisonnement, il se place à côté d'elle. Celui-là ne dînera pas souvent au château.

Le curé se félicite de notre retour aux champs. Il espère reprendre, avec madame, ces conférences si utiles à une ame pieuse. Il lui présente le dernier mandement de monseigneur, et s'assied aussi auprès d'elle. Ma femme n'est plus accessible pour moi. Elle me regarde en souriant... Elle n'a pas d'humeur! Elle se trouve donc bien entre ce curé et ce gros campagnard. Imbécile que je suis! je sens que je fais la mine, et elle me sourit parce qu'elle sait que mon sourire répond toujours au sien.

Sourions, soyons gai. Quelques heures de contrainte tourneront au profit de l'amour.

J'ai, vis-à-vis de moi, un monsieur qui se hâte de m'apprendre qu'en cherchant à doubler les produits de sa terre, il en a mangé la moitié. Il ne se décourage point. Il est sûr de tirer de la soie de l'ortie, et du coton des toiles d'araignées. En conséquence, il n'a semé cette année que de l'ortie, et il ne s'occupe que de la multiplication des araignées. Il achète toutes celles qu'on lui apporte, et il a déjà cinq cents livres de miel, pour attirer les mouches que mangeront ses fileuses.

A ma droite, est une dame qui fait des bourses très-jolies, et qui laisse le soin de son linge à une servante, qui n'y touche jamais. Elle la chasserait, si monsieur ne trouvait que personne ne fait le bœuf à la mode comme Ursule. Je remarque que la dame est louche; qu'elle a une épaule un peu élevée, et la poitrine rentrante. Ursule pourrait bien savoir faire autre chose qu'un bœuf à la mode.

A ma gauche, est une petite mère, qui a le malheur d'avoir un fils qui, à cinq ans, ne s'occupe que du jeu. Elle prévoit que ce sera un très-mauvais sujet, et c'est bien malgré elle qu'elle le met en pénitence tous les jours. Très-heureusement, elle a un petit chien, très-joli, très-caressant. Aussi ne mange-t-il que des gimblettes, et couche avec elle; ce qui fait que monsieur n'y couche plus.

Près de madame d'Elmont est une autre dame, qui appelle son mari *mon cœur*, qui tient une maison *conséquente*, et qui ne manque jamais de dire : *malgré que*, et *ce n'est pas qu'à lui* que telle chose arrive. Les femmes de village, qui veulent donner une certaine idée de leur érudition, affectent de parler comme le journal du département.

On pouvait, sans prévention, s'amuser un peu de tout cela, à l'exception pourtant de la dame au petit chien. Je n'ai jamais pu supporter l'oppression, et je crois que l'enfant de cinq ans est opprimé. Pauvre enfant! quel père a-t-il donc?

J'affectai de ne pas dire un mot à cette femme. Je fis tomber la conversation sur les objets qui pouvaient intéresser nos autres convives, et bientôt tout le monde parla à la fois. Chacun montait insensiblement le ton, pour couvrir la voix de son voisin, et le vacarme fut porté au point qu'il n'était plus possible de saisir un mot. Je riais de bon cœur, en pensant qu'à la fin de cette inintelligible conversation, je serais au même point qu'en sortant de ces beaux cercles où on croit avoir entendu de très-jolies choses, et dont on n'emporte pas une idée.

Sophie porte involontairement un doigt à ses oreilles, et le plus profond silence règne aussitôt dans la salle. Bonnes gens, qui parlent quand on le veut, qui se taisent au premier signe, et qui ne se doutent pas que leur aveugle déférence s'adresse au château, aux équipages, aux diamans et au cuisinier! Dépouillez le propriétaire, ils prendront le ton familier et protecteur.

Le curé saisit habilement ce moment de calme pour parler des pauvres de la paroisse. « Bravo! « lui dis-je, monsieur le curé; tous les temps et « tous les lieux sont propres à une bonne action. « Madame de Francheville voudra bien faire la « recette, n'est-il pas vrai, mon aimable amie? » Je n'avais pas fini, qu'elle était debout. Une jolie quêteuse fait toujours bien les affaires des pauvres, en pareille circonstance. Les uns donnent pour lui être agréables; les autres par ostentation; ceux-là, par humanité; ceux-ci, parce qu'ils n'osent refuser. Tout le monde a donné, et qu'importe, à la famille qui met le pot-au-feu, les motifs qui le lui ont procuré?

Monsieur le curé met l'argent dans sa poche, nous remercie par une inclination circulaire, et nous entretient des réparations à faire à l'église. J'examine nos convives, et je trouve l'inquiétude dans tous les yeux. On tremble que je propose de rebâtir l'édifice, et on se dit peut-être intérieurement qu'on a déjà payé son dîner assez cher. Il faut rassurer ces gens-là. « Monsieur le curé, « le temple le plus agréable à la divinité, est un « cœur pur, fervent et soumis, et il ne faut pas « d'argent pour ouvrir ces temples-là. »

Cette opinion est la plus damnable de toutes, car, où il n'y a pas d'église, il n'y a pas de clergé. Le curé se pince les lèvres, et n'insiste point : un seigneur de village a le droit d'être *adamite*... chez lui.

La gaieté reparaît sur toutes les physionomies, et nos dames campagnardes parlent de petits jeux: toutes y gagnent. Laides ou jolies sont embrassées; les premières d'une manière moins prononcée; mais le baiser, le plus léger, produit toujours de l'effet sur celle qui n'en obtient que de l'occasion.

J'aime aussi les petits jeux : un mois plus tôt

j'aurais appuyé la proposition. Mais, pour baiser et être baisé, je n'ai besoin ni du *Pigeon vole*, ni du *Corbillon*. Et puis mes gros campagnards enlaceraient de leurs bras robustes le corps aérien de Sophie; leurs figures enluminées altéreraient la fraîcheur de son teint, et ce n'est point au vautour que sont réservés les baisers de la colombe... Non, point de petits jeux. Mais comment éloigner une idée qui semble plaire à tout le monde?

« Madame, on vous demande. » C'est Justine qui parle à Sophie. Sophie sort; j'en suis enchanté. Qu'on joue maintenant à ce qu'on voudra; je suis prêt à tout... pourvu cependant que Sophie ne rentre point.

« Monsieur, on vous demande. » Je me lève : je suis Justine. « Qui donc me demande?—Moi, « monsieur. —Que me veux-tu?—Que vous al- « liez joindre madame. — Où est-elle?—Dans son « appartement. — Avec qui?—Elle est seule.— « Qui l'avait demandée?—Encore moi, monsieur. « — Et pourquoi? — Pour lui éviter ces gros bai- « sers de village, et vous procurer à tous deux un « moment de plaisir. Pendant que vous causerez, « madame d'Elmont fera les honneurs du salon. « — Tu es une fille unique! »

Elle est sur son ottomane. Elle rêve; je m'approche. Elle lève les yeux sur moi, et ses yeux disent : Amour et plaisir. Je crois saisir l'un et l'autre... elle m'échappe; elle me rappelle la confiance de sa mère. C'est à elle que madame d'Elmont a remis le dépôt précieux. Elle veut le ménager, le conserver. Elle est sûre d'elle; elle ne cédera point de huit jours... Pauvre Sophie! Femme qui aime est vaincue avant d'avoir cédé, et quand elle s'est rendue, que lui reste-t-il à faire?... Recommencer.

« Ma tendre amie, tu me vois brillant de santé...
« — Mon ami... je t'en prie, accorde-moi un jour...
« une heure... »

Je la relève, radieuse et fortunée... C'est l'Aurore, qui s'échappe des bras de Titon, pour se présenter à l'admiration des mortels. Voyez-la, délirante encore, se couvrir du voile des graces, en célébrant la volupté.

« O mon ami, cent ans d'une pareille vie ! —
« Mille ans, l'éternité ! Viens, viens errer dans ce
« parc, où nous sommes tout à nous. L'amour heu-
« reux aime le silence et le recueillement. — Mon
« ami, recueillons-nous ici. Savons-nous si nous
« pourrons y rentrer ? — Je t'entends, ma Sophie ;
« madame d'Elmont, toujours craintive, toujours
« prévoyante... Justine ! Justine !... Hé, venez donc,
« mademoiselle. Apportez-nous en diligence tout
« ce dont on peut avoir besoin depuis sept heures
« du soir jusqu'à huit heures du matin...

« De la pâtisserie, des confitures, bon... Du Ma-
« laga et du Madère ; à merveille. — Mon ami, ne
« porte pas plus loin tes recherches. — Tu as rai-
« son : la ceinture brillante de Vénus ne doit pas
« toujours être vue. — Je crois, monsieur, que je

« peux vous remettre les doubles clés ? — Oui,
« Justine. Laisse-nous.

« Ma Sophie, tu as beaucoup marché ce matin.
« — Et beaucoup fatigué hier. — Tu dois avoir be-
« soin de repos. — M'en promets-tu ? — Juges-en.
« — Le pouls est tranquille.

« Viens, cher ami, viens reposer dans mes bras...
« Soyons donc sage, monsieur... Vous me l'avez
« promis... vous... Ah, Francheville, tu es ado-
« rable ! »

Pan, pan. « Qui est là ? — A-t-on jamais porté
« l'extravagance à ce point ! Se coucher à sept
« heures du soir ! — Maman, nous sommes fati-
« gués. — Le joli moyen de vous remettre ! — Mon
« ami se porte à merveille : j'en suis sûre, ma-
« man. — Je désire que cela continue. — Ah ! et
« moi aussi, maman. — Bonsoir, mes enfans. —
« Bonsoir, maman. »

Avec de la ténacité, on arrive à son but : nous voilà émancipés............................
....

« Ah, Sophie, quel beau jour succède à une
« nuit délicieuse ! jouissons de celui-ci, levons-
« nous. Allons revoir tes lilas et tes linots. — Non,
« allons rendre à ces gens d'hier leur ennuyeuse
« visite, et n'ayons plus de rapports avec eux.
« Nous, mon bon ami, nous, toujours nous, rien
« que nous. — Le moyen le plus sûr de les em-
« pêcher de revenir, c'est de ne pas aller chez
« eux. — Ils nous accuseront de grossièreté ou de

« hauteur. Donnons un moment à l'usage, et le
« reste de notre vie à l'amour.

« — Laissons, puisque l'usage et toi le prescri-
« vent, des plaisirs et des épanchemens divins,
« pour aller nous ennuyer à l'heure... Que dis-
« je? je te verrai, je te parlerai, je te touche-
« rai, et l'ennui peut-il pénétrer dans le cercle
« magique, que les graces ont tracé autour de
« toi? »

Madame d'Elmont se propose de nous accompagner. Nous déjeunons, nous nous habillons, nous partons.

C'est sans doute à celui que les hommes ont établi médiateur entre le ciel et eux, que sont dues les premières marques de considération et même de respect : nous descendons chez le curé.

Une gouvernante très-jeune, et d'une figure assez remarquable, nous reçoit, et met tout en combustion dans le presbytère. Elle chasse de la salle à manger des poules qui paraissent avoir le privilége de sauter sur la table, sur les chaises, et d'y faire tout ce que bon leur semble. Les poules s'enfuient à l'aspect du balai, crient, courent, volent, et nous rasent, en passant, le nez et les oreilles. Une d'elles couve dans une vieille perruque de monsieur le curé. Protectrice courageuse de ses enfans à naître, elle s'élance, elle va fondre je ne sais sur qui. Ses ongles s'accrochent à la perruque; elle enlève nid et poussins; les œufs tombent, se brisent : voilà une omelette sur le

plancher. « Dix-sept poulets perdus, dit en sou-
« pirant la petite bonne. Monsieur le curé, ajoute-
« t-elle, en s'efforçant de sourire, n'en sera pas
« moins enchanté de recevoir ces dames et mon-
« sieur. »

On ne met pas des souliers blancs dans des
œufs cassés. On ne se sert pas de chaises sur le
siége et le dossier desquelles des poules ont fait...
vous savez bien... La petite bonne nous conduit
dans la chambre à coucher de monsieur le curé,
qui est dans son jardin, qu'elle va appeler, et
qu'elle nous invite à attendre.

Le lit de monsieur le curé n'est pas fait encore.
Un oreiller est tombé à droite, un second à gauche : monsieur le curé aime à avoir la tête haute.
Une aube ici, une culotte là; un tablier de taffetas noir sur un prie-dieu; un petit soulier vert
dessous : il faut mettre quelque part sa parure
des dimanches. Mais le soulier vert, l'aube, la
culotte, le tablier noir, ne nous permettent pas
plus de nous asseoir en haut qu'en bas. Nous
nous décidons à aller trouver le curé dans son
jardin.

Moins magnifique que Joad, et par cela même
plus modeste dans son ton et ses manières, il nous
salue de cinquante pas, et s'approche, en saluant,
jusque sur le bout des pieds de mesdames. C'est
très-bien, pensé-je, car il est écrit : Quiconque
s'abaisse sera élevé; et, pour accomplir la pro-

phétie, je prie le curé de se relever, et de recevoir nos salutations.

« Nous vous dérangeons, monsieur le curé. —
« Pas du tout, monsieur. — Vous ne faisiez donc
« rien dans votre jardin ? — Ah! je m'amusais. Je
« faisais la guerre aux hannetons, aux chenilles,
« et je la ferai ce soir aux cousins. — Je ne sais,
« monsieur le curé, si cette guerre-là est bien or-
« thodoxe. — Comment donc, monsieur ? se dé-
« fendre, soi et ses propriétés, est de droit na-
« turel. — Monsieur le curé, il est incontestable
« que Noé introduisit dans l'arche, je ne sais pour-
« quoi, j'en conviens, une paire de hannetons, de
« chenilles et de cousins; car, depuis Adam, il n'y
« a pas eu de création : ainsi le droit divin, d'a-
« près lequel ces espèces existent, est ici en oppo-
« sition avec le droit naturel. Si vous admettez le
« dernier, craignez que le cheval que vous usez,
« que le bœuf que vous mangez, ne l'invoquent à
« leur tour. — Mais, monsieur, Dieu a fait tous les
« animaux pour le service ou la table de l'homme.
« — Comme il a fait votre tête pour porter per-
« ruque. Et puis vous avouerez qu'il y a des ex-
« ceptions à votre principe très-général. Les han-
« netons, les chenilles, et les cousins, par exem-
« ple, ne sont propres ni à votre service, ni à
« paraître sur votre table. Vous les tuez unique-
« ment parce qu'ils vous gênent, et j'ai bien peur,
« monsieur le curé, que ce prétendu droit naturel

« ne soit réellement que le droit du plus fort.
« Ceci peut donner lieu à une longue et savante
« discussion qui nous fera passer une heure de
« plus à table, quand vous voudrez bien venir
« prendre place à celle du château. »

Nous quittons le presbytère; nous entrons chez l'homme aux huit ou dix mille livres de revenu, au dos de carpe, et aux phrases à prétention. Il nous reçoit avec des complimens interminables; le premier fourbe fut un complimenteur. Tout ce que nous entendons du galimatias de celui-ci, c'est qu'il a eu l'intention de nous dire des choses agréables et polies.

Tout est inintelligible chez cet homme-là. Il nous fait voir son jardin, c'est tout simple : à quoi servent un jardin, des bosquets, qu'on sait par cœur, si ce n'est à les faire admirer aux autres? Le propriétaire de celui-ci nous en a fait remarquer la belle tenue, et en effet il ressemble à un jardin de plantes botaniques. Sur de petites plaques de fer-blanc, attachées au haut de bâtons, fichés en terre, on lit ici, *lactucæ*, là, *asparagi*; dans ce carré, on lit *brassicæ*, dans celui-là, *sativæ*; dans cette plate-bande, *rapæ*; dans cette autre, *cærefolium*...

« Toutes ces plantes, monsieur, sont donc étran-
« gères, dit Sophie?—Il faut dire *exotiques*, ma-
« dame.—Exotiques, soit.—Non, madame, elles
« sont *indigènes*. *Lactucæ* veut dire des laitues;
« *asparagi*, des asperges; *brassicæ*, des choux;

« *sativæ*, des carottes ; *rapæ*, des raves... — Hé,
« monsieur, pourquoi ne pas appeler tout simple-
« ment les choses par leur nom connu ? — Un
« nom trop connu devient vulgaire, et il est dé-
« montré, madame, qu'on n'attache maintenant
« quelque prix à une plante, qu'autant qu'elle a
« un nom grec ou latin. Allez, madame, allez au
« jardin des plantes... — De quel jardin parlez-
« vous, monsieur, car je ne connais pas de jardin
« sans plantes ? — Je parle, madame, du jardin,
« ci-devant dit du Roi. — Au moins cette dénomi-
« nation est précise. — Allez-y, madame, et vous
« verrez les promeneurs en admiration devant
« cinq cents étiquettes, par cela seul qu'ils ne les
« entendent pas. Ils passeraient avec dédain, s'ils
« y lisaient : *panais*, *betteraves*, *romaines*, etc. Il
« y a un mois, une fort belle dame s'arrêta devant
« *cærefolium*. Elle admirait la douceur harmo-
« nique de ce mot, et affirmait que la plante doit
« avoir la tige *amoureuse* et l'odeur *zéphirienne*.
« J'ai transcrit le mot, et je l'ai fiché là. — Et
« qu'avez-vous semé dessous ? — Monsieur, j'y ai
« mis des oignons de lis, parce que je ne connais
« pas de plante qui ait plus de rapports avec la
« définition de la dame. Tige amoureuse, c'est-à-
« dire taille fine, svelte, élancée... — Je suis fâché
« pour vous, monsieur ; mais c'est du cerfeuil
« qu'il fallait mettre là. — Quoi, monsieur, ce *cæ-*
« *refolium* si harmonieux... — Signifie tout uni-
« ment du cerfeuil. » Ma Sophie et sa maman

éclatèrent de rire ; mon savant rougit, et nous prîmes congé de lui, pour le tirer d'embarras.

Nous passons chez l'époux fortuné qui s'entend appeler *mon cœur*, et c'est madame qui s'empare de nous. Elle a la haute main dans la maison, et les douceurs qu'elle adresse à son mari ressemblent à la dorure qu'on applique, d'une main, sur des fers qu'on rive de l'autre.

Le lieu que madame soigne et affectionne, particulièrement, c'est le poulailler, et c'est là qu'elle nous conduit. Encore des poules ici ! J'espère qu'il n'y a pas de couveuses. Celles-ci ont les extrémités des plumes tournées vers la tête, au lieu de l'être du côté de la queue, « et rien n'est beau « comme cela, parce que rien n'est plus rare. — « Par la même raison, madame, un bossu est bien « plus beau qu'un bel homme, car une bosse est « plus rare qu'un dos uni. — Cela peut être, mon- « sieur, mais je n'aime pas les bossus. — Ni moi « les poules aux plumes retournées. — Ah, mon- « sieur, si vous saviez ce qu'elles valent ! *Malgré* « *que* la saison ne soit pas encore très-avancée, « elles me font des pontes *conséquentes*, et *ce* « *n'est pas qu'à moi* que cela arrive. Celles que « j'ai données, l'an dernier, à ma voisine, pon- « dent déjà très-*conséquemment*, *malgré qu'elles* « *n'aient* encore que huit mois. Venez, mesdames, « je vous ferais admirer mes œufs, et *mon cœur*, « si vous le permettez, en enverrat un demi-cent « au château. — Madame a ouvert ce matin sa

« boîte aux T. — Non, monsieur, j'ai pris du cho-
« colat. »

Nous voilà chez la dame à l'épaule élevée et à la poitrine rentrante. Exceller en quoi que ce soit, c'est être quelque chose : l'auteur d'un bon madrigal vaut mieux que celui d'une mauvaise tragédie. Madame fait des bourses, toujours des bourses, rien que des bourses; mais elle les fait si jolies! Elle en fournit l'épouse de monsieur le préfet, celles du secrétaire-général et des conseillers de préfecture. Elle ne les a jamais vues, et peut-être ne les verra-t-elle jamais; mais elle en reçoit des lettres très-obligeantes; elle sait qu'on parle d'elle dans la capitale du département.

Elle me conte à l'oreille que son mari a besoin d'un protecteur pour le dessèchement d'un marais, dont les eaux ne peuvent s'écouler dans l'Oise, qu'en traversant les terres des voisins, et elle ajoute finement qu'elle compte faire, avec des bourses vides, ce que d'autres ne savent faire qu'avec des bourses pleines. Pas trop bête!...

Du reste, madame ne se mêle de rien chez elle; elle ne sait pas même où est son mari : moi, je m'en doute. Je sors, d'après le prétexte connu... Celui-là éloigne les curieux ou les surveillans. Je fais une inspection générale des lieux; je trouve dans une mansarde monsieur avec Ursule : je croyais que le bœuf à la mode ne se faisait qu'à la cuisine.

Elle est fort bien cette petite Ursule. Ses couleurs vives font ressortir ses yeux... Oh, le feu... l'action...

Nous arrivons chez la dame affligée des déportemens de son fils, de son fils qui a cinq ans, et si heureusement dédommagée par les qualités de son petit chien. Cette jeune maman est appétissante. Il est fâcheux qu'elle ait le cœur dur, ou plutôt qu'elle n'en ait pas. Le premier spectacle qui s'offre à nos yeux, est celui d'un enfant, beau comme l'amour, attaché avec une corde au pied d'un lit. Il ne rit, ni ne pleure. Il paraît simplement être dans une position gênante, mais habituelle. Il mange avec tranquillité un morceau de pain bis.

Fidèle dort sur un coussin, auprès d'un tas de gimblettes qu'il n'a pu que mâchonner. Ce que c'est que la satiété ! Il nous entend, il se lève, il aboie, et vient se jeter dans mes jambes. D'un coup de pied, je fais voler Fidèle par-dessus la tête de sa maîtresse, et d'un tour de main, j'ai détaché l'enfant. Je le prends dans mes bras, je le caresse; Sophie le caresse à son tour. Il ne sourit pas; il paraît être insensible aux bons comme aux mauvais traitemens : on en a fait un automate.

Une grosse fille de basse-cour saisit le moment pour lui glisser un morceau de pâté, qu'il avale furtivement... Je glisse un louis à la grosse fille.

« Conserve ton cœur tel qu'il est aujourd'hui. Il
« vaut mieux que le rang et la richesse. »

Il était inutile que personne se contraignît : madame avait relevé son Fidèle, s'était assise à terre, le tenait sur ses genoux, et ne voyait que lui, pleurait sur lui, et répétait, en me regardant de travers, qu'il avait une pate cassée. J'aurais voulu que ce fût le cou.

Cette maison ne nous convenait pas ; nous ne pouvions améliorer le sort de l'enfant ; nous nous hâtâmes de nous retirer.

L'infortuné mari nous conduisit. Il me remercia d'avoir donné une leçon à Fidèle et à sa femme ; il nous remercia de l'intérêt que nous avions marqué à son enfant. « Hé, monsieur, si
« vous traitiez une fois votre femme comme je
« viens de traiter Fidèle, vous seriez le maître
« chez vous, et un mari doit l'être, lorsque sa
« femme se conduit mal. » Le malheureux aime la sienne, il ne l'assommera pas.

« Ma chère amie, par où entrerons-nous ici ?
« Je ne vois pas un pouce de terrain perdu ; mais
« les orties débordent de droite et de gauche, et
« couvrent, à peu de chose près, la surface de
« cet étroit sentier. Comment passer là avec des
« bas de soie, ou de coton à jour ? Ma foi, écri-
« vons-nous sur la porte. — Monsieur, mesdames !
« — Qui nous appelle ? »

C'est une espèce de laquais, qui porte je ne sais

quoi... « Ah, ce sont des guêtres de peau ! — Oui,
« monsieur; il y en a ici vingt-cinq paires de toutes
« longueurs et de toutes grosseurs ; plus, des ca-
« leçons pour les dames. C'est moi qui suis chargé
« de les offrir aux arrivans, et voilà un pavillon
« divisé en deux parties, où chacun peut faire
« modestement sa toilette.

« — Voilà un début qui promet. Maman, en-
« trons dans le pavillon. — Mon gendre, passez de
« l'autre côté; vous avez les yeux et les mains par-
« tout. »

Le propriétaire nous attend à l'entrée de son vestibule. « Baissez-vous, baissez-vous, nous crie-
« t-il, dès qu'il croit pouvoir se faire entendre. »
Il était inutile de nous recommander cela.

Le vestibule, la salle à manger et les autres pièces de la maison sont garnies de branches sèches, depuis le plafond jusqu'à cinq pieds du sol. Il faut plier le dos, à peine de se prendre dans les toiles d'araignées, comme Mars dans les filets de Vulcain. « Faites attention à vos pieds,
« serrez les coudes. » A terre, et contre les murs, sont fixées, en échelons, des ardoises suffisamment enduites de miel pour que les mouches puissent y manger, et la couche est ménagée de manière qu'elles ne puissent être arrêtées par les pates. On entend partout un bourdonnement insupportable, et on est continuellement piqué au visage et au cou. « Il eût fallu joindre, monsieur,

« aux caleçons et aux guêtres de peau, des capu-
« chons tombant aux extrémités des épaules.

« — Il est vrai, monsieur, que je n'ai pensé
« qu'à l'essentiel : c'est que l'habitude me rend
« insensible à la gêne et aux piqûres. Nos colons
« d'Amérique supportent les moustiques et les
« maringouins, parce qu'ils gagnent beaucoup
« d'argent; moi, je vis au milieu de mes mouches
« et de mes araignées, qui sont bien moins in-
« commodes, parce que l'année prochaine je leur
« devrai une fortune immense. — Et celle-ci ? —
« Oh, celle-ci, je fais les avances : vous savez
« qu'il faut semer avant de recueillir.

« Venez, mesdames, venez par ici. » Nous entrons, presque ployés en deux, sous un vaste
hangar, où sont déja tous les ustensiles nécessaires à une filature. « C'est ici que je ferai mon
« coton et ma soie. Un fabricant de Lyon va
« m'envoyer dix métiers, et dix ouvriers du pre-
« mier mérite. Je compte faire du velours de
« toutes couleurs, que je donnerai à dix francs
« l'aune, sur lesquels j'en gagnerai sept.

« Sortons par-là. — Oh, très-volontiers : je ne
« saurais rester plus long-temps dans cette atti-
« tude. — Voyez-vous ce bois qui est là devant
« nous ? il a cent cinquante arpens, et j'y ai déja
« mis trois millions d'araignées des champs, de
« celles qui font cette superbe toile blanche qui
« vole au gré du vent, et qu'on appelle vulgaire-

« ment *fil à Jésus*. C'est du coton de la première
« qualité. Vous sentez que les rameaux de mes
« arbres empêcheront mes toiles d'aller se perdre
« dans la campagne; mais comme cette espèce
« d'araignée aime le soleil et le grand air, j'ai mis
« dans ce bois cent cinquante ouvriers, occupés
« en ce moment à en arracher toutes les feuilles;
« et, comme il faut tout prévoir, j'ai acheté deux
« mille grelots à mulets, et je les ai fait coudre
« sur la veste, les culottes et les bas de mes ou-
« vriers. — A quoi bon cette mesure ? — Vous
« ne le devinez pas ? — Non, en vérité. — Mes
« fileuses, averties par le bruit des grelots, se re-
« tirent dans les crevasses de la terre, ou dans
« celles de l'écorce des arbres, et évitent ainsi le
« pied destructeur. — Voilà, par exemple, un ef-
« fort de génie. — N'est-il pas vrai ? Je vais vous
« étonner bien davantage. Vous sentez que mes
« arbres, dépouillés de leurs feuilles... — Crève-
« ront. — Sans doute; mais ils resteront debout
« vingt ans encore, et ils m'auront procuré, en
« coton, vingt mille fois ce qu'ils m'eussent rendu
« en fagots. Revenons. Vous sentez que mes ar-
« bres, dépouillés de leurs feuilles, laisseront un
« libre passage aux hirondelles, et vous savez que
« les hirondelles mangent les araignées. Je vais
« faire entourer et couvrir mon bois d'un treillage
« en fil de fer, et à mailles serrées au point de
« n'y pouvoir passer le bout du petit doigt. —
« Voilà une idée vraiment admirable. — Vous goû-

« tez donc mes plans? — J'en suis enchanté! —
« Tant mieux. Vous avez du crédit, et vous m'ai-
« derez à obtenir un brevet d'invention. »

Il nous invite à venir suivre les progrès de
son établissement. Nous le quittons, bien décidés
à n'avoir plus besoin de ses guêtres, ni de ses
caleçons.

« Bon ami, ne trouves-tu pas qu'on devrait in-
« terdire cet homme-là? — Non, mon ange. Il se
« ruinera d'une manière plus originale que la plu-
« part de ceux qui font des entreprises, voilà
« tout, et il ne faut pas interdire ces gens-là. Ils
« sont très-utiles aux ouvriers qu'ils emploient;
« ils le sont même à la masse des citoyens, en
« rétablissant, autant qu'il est en eux, l'équilibre
« des fortunes. — Mais leurs femmes, leurs en-
« fans?... — Travailleront à leur tour pour ceux
« qui ont aidé à les ruiner, et avant la quatrième
« génération, leurs enfans en auront ruiné d'au-
« tres. — Tu parles de cela bien à ton aise; si on
« nous ruinait, nous? — On ne ruine pas les gens
« raisonnables et satisfaits de leur sort; mais, assez
« ordinairement, leurs enfans dissipent, et tout
« est bien.

« — Comment donc, ma fille raisonne! — So-
« phie fait tout, et fait tout bien. Cette bouche
« charmante embellit la raison, comme elle sourit
« aux amours. — Vous la gâtez, monsieur. — Cela
« n'est pas possible, madame. Te louer, ma So-
« phie, c'est simplement être vrai, et quelque

« étendue qu'on donne à l'éloge, il ne peut être
« exagéré. »

CHAPITRE XXIX.

Suites naturelles de ce qu'on a lu.

Une surprise agréable nous était réservée au château. Nous y fûmes reçus par la comtesse, Soulanges et du Reynel. On aime à épancher son cœur avec ceux qu'on a faits dépositaires de ses secrets. Madame d'Ermeuil et Soulanges savent les nôtres, et doivent présumer que nous avons deviné le leur. Nous serons tous parfaitement à notre aise, et nous aurons toujours quelque chose à nous dire : après le sentiment du bonheur, rien de si doux que d'en parler.

Du Reynel ne sait rien, ne verra rien. Ses jouissances intellectuelles sont dans le Cuisinier impérial, et sa sensualité se borne aux plaisirs de la table.

La première question que font des campagnards à ceux qui arrivent de Paris, a toujours pour objet la nouvelle du jour. Les campagnardes se hâtent de savoir si le bonnet qui était à la mode la semaine passée, n'est pas ridicule aujourd'hui. Madame d'Elmont et Sophie s'emparent de la comtesse, dont il ne m'est pas possible d'obtenir un mot. Du Reynel est allé faire connaissance avec le maître d'hôtel; il ne me reste que Soulanges. « Hé bien, mon ami, qu'y a-t-il de neuf à Paris ?

« — On y parle d'un mauvais sujet, qui vole
« ceux qui dorment, et qui s'enfuit avec leurs ha-
« bits et leur argent. — Bah! on y parle de cela!
« On n'y a donc rien à faire? — Fait-on quelque
« chose à Paris? On s'y lève, parce qu'on est fati-
« gué d'être au lit; on va, sans savoir où; on dîne
« où on se trouve; on se passionne pour la femme
« qu'on a auprès de soi; on la quitte pour la reine
« de Persépolis, ou Brunet; on va bâiller une heure
« chez sa maîtresse, et on va se coucher pour échap-
« per à l'ennui.

« — Mais en allant et venant, on recueille quel-
« que anecdote... — Qu'on oublie le lendemain.
« — Vous n'avez pas encore oublié celle d'hier. —
« — Non, parce qu'indirectement elle vous inté-
« resse un peu. — Ah, contez-moi cela. — Ces
« belles dames à qui vous devez un coup d'épée
« et la possession de la charmante Sophie, sont
« grosses toutes les deux. — Et on dit que les filles
« ne font pas d'enfans! — Ceux-ci se sont faits
« sans l'intervention des maris. D'Allival avait ré-
« solu de se battre avec son coadjuteur; mais
« comme il en a eu dix ou douze depuis trois
« mois, il n'a su auquel se prendre, et ne pouvant
« tuer personne, il s'est borné à battre madame,
« qu'il a si bien battue, que probablement il se
« moquera de l'axiome : *Est pater ille quem nuptiæ*
« *demonstrant.*

« Le procureur impérial, qui ne veut pas qu'on
« fasse d'enfans adultérins, mais qui veut encore

« moins qu'on les tue, prend connaissance de
« cette affaire, et d'Allival est allé prudemment
« attendre le dénouement à Londres.

« Valport s'est contenté d'appeler sa femme du
« nom qu'elle a si bien acquis. C'est sous ce nom
« qu'il la désigne à ses amis, à la société; il rit de
« ce qui a si vivement affecté d'Allival, et il dit,
« avec raison, qu'il vaut mieux avoir un enfant
« de plus, que la tête de moins.

« On croit cependant qu'il va se pourvoir en
« divorce, pour n'être pas surchargé des résultats
« des distractions de madame. »

Il me tire à l'écart. « Mon ami, mon cher ami,
« j'ai été distrait aussi. Madame d'Ermenil est fu-
« rieuse; elle pense, elle fait en secret ce que
« madame de Mirville dit et avoue : leur opinion
« sur les suites du mariage est la même. La com-
« tesse ne se console pas de la nécessité où elle
« est de finir comme nous aurions pu commencer.
« Je l'ai déterminée à venir de préférence prendre
« ici le bon air et de l'exercice, parce que j'espère
« que vous m'aiderez à la réconcilier avec l'hymen.

« Maintenant que je vous ai mis dans ma con-
« fidence la plus intime, je vous charge des fonc-
« tions de maréchal des logis. Vous savez comment
« il faut loger des époux qui ne sont pas fatigués
« de l'être.

« — Hé, parbleu, mon ami, je vais tout arran-
« ger conjugalement. Aucun de nos domestiques
« ne vous connaît, et la comtesse sera madame

« de Soulanges, comme ma charmante Sophie est
« madame de Franchille. — Et Baptiste, que nous
« avons amené? Il est observateur, causeur, rail-
« leur. — Il faut le renvoyer à Paris. — On con-
« naît peut-être déja, dans votre antichambre,
« nos noms et la nature de notre intimité. —
« Voyons cela.

« Où est Baptiste? Justine, qu'est devenu le do-
« mestique qui courait devant cette berline? —
« Monsieur, je ne l'ai pas vu. — Il n'a pas été à
« l'office? — Je ne le crois pas, monsieur. » Nous
descendons, Soulanges et moi; nous nous infor-
mons; il est constant que Baptiste n'a encore
parlé à personne. Mais où est-il?... Ah, sous les
remises; il a sorti les paquets de la voiture, détaché la malle, et le voilà debout et immobile au
milieu de tout cela... Que diable fait-il? Il lit des
lettres. Ah, monsieur Baptiste a des correspon-
dans! Ce pourrait bien être des *correspondantes*.
Le drôle a de la figure et de l'audace : il n'en faut
pas plus pour réussir auprès de certaines femmes.

« Baptiste, pourquoi restez-vous là? — M. de
« Soulanges, je relis des lettres intéressantes. —
« Ah, ah! de quelque belle, sans doute? — Belle,
« non pas précisément. — Assez bien cependant
« pour vous faire oublier le repos et le déjeuner.
« J'en suis bien aise, car il faut que vous retour-
« niez de suite à Paris. — Comment, monsieur, à
« Paris! — Hé oui, à Paris. — Madame m'a per-
« mis de la suivre ici, et d'y rester auprès d'elle.

« — Que signifient toutes ces observations? —
« Que je suis très-embarrassé, monsieur. — Com-
« ment cela? — En partant du château d'Ermeuil,
« vous m'y avez laissé... — Hé bien? — Avec une
« petite femme de chambre... — Caroline? — Pré-
« cisément; pour faire les paquets et les malles
« avec elle... — Après? — Nous avons fait autre
« chose que des paquets. — Comment, Baptiste!
« — Baptiste est un homme, Caroline une femme;
« nous étions au mois de mai, et tout pousse dans
« ce mois-là. Moi, je n'ai rien promis, et je suis
« dispensé de rien tenir. Mais une fille de vingt
« ans doit prévoir qu'une nuit de plaisir est sou-
« vent suivie d'une fluxion... — Caroline est grosse!
« — Et elle veut que je l'épouse. — Elle a raison.
« — J'ai raison, moi, de ne le vouloir pas. — Pour-
« quoi cela? — Elle n'a rien. — Ni vous non plus.
« — J'ai ma figure. — Elle a la sienne. — On ne
« bat pas monnaie avec cela. — En voilà assez,
« partez, et vous vous arrangerez avec elle quand
« vous serez à Paris. — Oh, monsieur, ce n'est pas
« elle qui m'embarrasse. On quitte une femme,
« on le lui dit bien positivement; elle pleure, elle
« se console, et voilà une affaire terminée. Mais
« dans celle-ci il y a un frère... — Qui n'est pas
« traitable, peut-être? — Un brigadier de la gen-
« darmerie d'élite, qui me laisse le choix d'épouser
« sa sœur, de tirer le sabre avec lui, ou d'expirer
« sous le bâton. Voilà sa lettre; et vous voulez
« que je retourne à Paris! — Je vois, Baptiste, que

« vous ne voulez pas vous battre, de peur d'être
« battu. Il n'y a alors qu'un moyen de vous tirer
« de là : c'est d'épouser. — Il faut vous dire tout,
« monsieur; j'ai des vues plus relevées. Je connais,
« et vous aussi, une jeune personne, qui est bien
« plus jolie que Caroline, qui est à la tête d'un
« bon établissement, et je me propose de l'épou-
« ser. — Fanchette, peut-être? — Oui, M. de Sou-
« langes. »

Soulanges partit d'un éclat de rire, en me regardant. Jamais accès de folie ne me parut aussi déplacé. J'étais blessé que le nom de Fanchette fût prononcé par un valet; il me semblait dégradé dans une telle bouche. J'avais le cœur serré, en pensant que Baptiste se croyait l'égal d'une fille charmante, qui m'avait enivré d'amour et de plaisir. J'étais humilié, confus qu'il se déclarât mon rival. Mon rival! Hé, ne l'ai-je pas quittée pour jamais!... Oui, oui! mais l'oublier n'est pas en mon pouvoir.

J'ai frémi, j'ai rougi, lorsqu'il a prononcé ce nom. J'y attache involontairement des souvenirs bien cruels... et bien doux. Fanchette, la femme de Baptiste! cela ne sera jamais. Je souffrirais cruellement de la savoir dans les bras de qui que ce fût au monde... Elle ne sera la femme de personne.

Quelles idées ce malheureux vient de réveiller!... Pardon, Sophie, pardon; je ne peux refuser un soupir à Fanchette.

Non, elle ne sera point exposée aux poursuites de cet homme; il n'ira point à Paris. Soulanges désire qu'il s'éloigne; il partira, il se rendra... il se... Pendant que je réfléchis, ou que je déraisonne, Soulanges reprend la parole.

« Baptiste, vous n'êtes en sûreté ni à Paris, ni
« dans ce château. Le brigadier peut apprendre
« chez madame la comtesse que vous l'avez suivie
« ici, et venir vous y chercher. — Ah, monsieur,
« vous me faites trembler! — Vous sentez que
« personne n'a le droit de vous protéger contre
« un honnête homme, que vous avez cruellement
« offensé. — Et qui ne pense qu'à se venger cruel-
« lement. — Je blâme beaucoup ceux qui font des
« enfans aux filles, et qui refusent ensuite de les
« épouser; mais je réfléchis aussi que si le mariage
« était la suite certaine d'une faiblesse, il y aurait
« trop peu de filles sages. Ainsi, je ne vous lais-
« serai pas dans l'embarras où vous vous êtes jeté.
« Voilà de l'argent. Allez à Châlons; je vous y
« adresserai à un de mes amis, que je prierai de
« vous bien placer. Prenez garde aux fluxions,
« surtout avec celles dont les frères ont le sabre
« au côté, et souvenez-vous qu'une marchande
« bien établie n'épouse pas un domestique, à
« moins qu'elle ait perdu la raison. Celle, dont
« vous parliez tout à l'heure, vous a prouvé à
« Chantilly que vous ne lui avez rien ôté de la
« sienne. »

Il était impossible d'être plus pénétrant, et de

me servir mieux. Bon Soulanges! Je lui serrai la main avec une expression!... Baptiste, un peu confus des dernières phrases qu'on venait de lui adresser, revint à la gaieté, en pensant qu'il allait échapper au fer, ou au bâton du redoutable brigadier. Nous l'emmenâmes hors du parc; Soulanges écrivit chez le maître d'école du village; Baptiste trouva une carriole prête à le porter, lui et sa valise, à la poste prochaine; il partit.

« Avec quelle impertinente familiarité cet
« homme a parlé d'une femme, dont je n'ose
« plus même prononcer le nom... d'une femme!...
« Ah! Soulanges, si vous la connaissiez comme
« moi!... Mon ami, rentrons au château; j'ai be-
« soin d'un appui, et ce n'est que l'amour que je
« puisse opposer à lui-même. »

J'ai retrouvé la femme charmante, ses graces, son sourire, son cœur, et son regard voluptueux. Qu'il est facile, qu'il est doux de tout oublier auprès d'elle!

Servons maintenant l'amitié. Faisons une douce violence à l'aimable comtesse. Il est des choses qu'on ne persuade pas, et qu'on obtient de la nécessité. « Justine, vous ferez préparer l'appar-
« tement vert pour monsieur et madame de Sou-
« langes. » Soulanges me serre la main à son tour; Sophie et sa maman me regardent; la comtesse se lève et vient à moi.

« Plaisantez-vous, Francheville? perdez-vous la
« raison? — Justine, vous direz au maître d'hôtel

« que monsieur et madame de Soulanges restent
« avec nous. — Il est bien extraordinaire que vous
« vous permettiez ainsi de disposer de moi. — Jus-
« tine, vous direz au maître d'hôtel d'attacher à
« monsieur et à madame de Soulanges le plus in-
« telligent des domestiques. Allez. — Francheville,
« je vais éclater. — A quoi bon ? Persuaderez-vous
« à cette fille que je n'aie fait qu'une plaisanterie,
« et une plaisanterie qui ne pourrait avoir pour
« objet que de vous compromettre vis-à-vis de nos
« gens ? Un homme bien élevé s'en permet-il de ce
« genre-là ? A-t-il jamais parlé devant une femme
« décente de la faire coucher avec un homme qui
« n'est pas son mari. — C'est ce que vous venez
« de faire. — Et c'est ce qu'on ne croira pas. — Il
« est clair que ce monstre-là vous a tout dit. —
« Tout absolument. — La jolie manière que vous
« avez trouvée là, messieurs, de vous faire épou-
« ser ! — Épouser ! quelle marque plus positive
« d'amour et d'estime peut-on donner à une
« femme ? — Je crois que je finirai par voir
« comme vous. — Oh, combien je le désire ! Vous
« assurerez le bonheur de mon ami, et votre
« exemple entraînera mon aimante et timide
« Sophie.

« — Bon ami, tu es d'une étourderie sans égale.
« — Qu'ai-je fait, chère Sophie ? — Tu maries de
« ton autorité privée Soulanges et la comtesse ;
« voilà qui est bien pour nos gens ; mais du Rey-
« nel ?... — Ah, mon Dieu, ni Soulanges ni moi

« n'avons pensé au gros garçon... Madame d'El-
« mont, vous avez la tête calme; par grace, aidez-
« nous de vos conseils. — Le conseil le plus sage
« que je puisse donner à ces dames, c'est de met-
« tre fin à ces tracasseries, à ces embarras, en se
« mariant toutes les deux. — Je vous supplie, ma
« petite maman, de ne point parler de cela. Mais
« du Reynel, bon ami?

« Soulanges, m'écriai-je, n'aurez-vous pas une
« idée, vous que la chose regarde si particulière-
« ment? — Moi, je m'en tiens à l'avis de madame
« d'Elmont. — Mais, Soulanges, en admettant que
« je me détermine à l'instant, que faire à l'égard
« de du Reynel? — Le mettre dans la confidence.
« — Faites-moi rougir devant toute la terre; vous
« savez combien je tiens aux bienséances, et vous
« voulez...

« — Parbleu, mesdames et messieurs, il est
« bien extraordinaire que tous mes amis s'épou-
« sent, et que je n'en sache rien. » C'est du Reynel, qui arrive en trottillant, dépité autant que
peut l'être un gourmand dont le dîner n'est
point gâté. « Il était tout simple que Franche-
« ville, marié inopinément, ne me prévînt de rien;
« mais vous, Soulanges, me cacher votre mariage,
« et même votre amour! J'apprends tout cela, où?
« à l'office.

« — Mon cher du Reynel, vous connaissez l'é-
« loignement qu'a toujours marqué madame de
« Soulanges pour un second engagement. Elle a

« exigé que la cérémonie se fît secrètement, et que
« nous quittassions la ville en descendant de l'au-
« tel. C'est d'ici que nous ferons part au public
« de notre félicité, et, à notre retour, on aura
« épuisé les bonnes et mauvaises plaisanteries,
« sur la versatilité des opinions. — Hé, qui vous
« empêchait de me dire tout cela en route? —
« — Est-ce en courant la poste, au bruit des
« roues et des fouets, qu'on parle d'un événement
« qui doit être annoncé avec une sorte de solen-
« nité? — Pourquoi Justine en est-elle instruite
« avant moi? — Il a fallu nous loger, et il n'est
« pas dans les convenances que les témoins de
« l'union la plus intime ignorent qu'elle est consa
« crée par la décence et les lois. Nous avions fixé,
« pour vous mettre dans notre confidence, le mo-
« ment le plus intéressant de la journée, celui du
« dîner. C'est le verre à la main qu'il faut ap-
« prendre un événement agréable; c'est le verre
« à la main qu'on chante dignement le bonheur
« des nouveaux époux. — Ma foi, Soulanges, vous
« avez raison; il faut savoir tout faire à propos.
« Nous trouverons l'épithalame au fond d'une
« bouteille de Côte-Rôtie. Je retourne là-bas. Il
« ne faut rien négliger pour fêter un tel jour, et
« flatter la sensualité, c'est ajouter à l'excellence
« des vins. »

Le bon homme que ce gros du Reynel! Il croit
tout, pour se dispenser de rien discuter. Tou-

jours occupé de la table, il n'aime pas à se distraire de son objet essentiel.

« Comment! ces gens que nous avons été voir « ce matin reviennent à deux heures! On ne peut « être plus exact, ni plus importun. Nous sommes « si bien nous quatre! Même position, mêmes « penchans. L'amitié jette dans la conversation « une aimable diversité. Madame d'Elmont et du « Reynel nous suffisent. Ma Sophie, consenti- « rons-nous à être deux heures sans parler amour, « sans conduire Soulanges et sa femme aux autels « que nous avons consacrés dans le parc? Justine, « on n'est pas visible... Justine, Justine, faites en- « trer ceux qui sont là et ceux qui viendront. »

Je présente à chacun monsieur et madame de Soulanges. Les plus timides saluent; les plus entreprenans embrassent; la pauvre comtesse rougit, pâlit; je la plains de tout mon cœur; mais j'entends qu'elle épouse.

Après les premiers complimens viennent les questions: « Monsieur et madame ont sans doute « aussi un château? Sans doute ils sont titrés? Y « a-t-il long-temps qu'ils sont mariés? Ont-ils des « enfans? » A cette dernière interpellation, madame d'Ermeuil ne sait plus quelle contenance tenir.

Une de ces dames observe, en souriant avec finesse, que selon les apparences, monsieur de Soulanges ne tardera point à être père. « Madame, « je l'espère avec quelque raison. — Je serais en-

« chantée, monsieur, d'être la première à vous
« féliciter. — Madame, je reçois votre compliment
« avec beaucoup de plaisir. » Madame d'Ermeuil
ne peut cacher son trouble, son extrême embarras. Elle sort, en couvrant sa jolie figure de son
mouchoir.

« Ah, mon Dieu! madame se trouverait-elle
« incommodée? — Ma femme a une grossesse pé-
« nible. — Cela annonce certainement un garçon.
« — C'est encore ce que j'espère. Je vous demande,
« mesdames, la permission de suivre mon épouse.

« Je vous demande celle, reprend Sophie, d'aller
« donner des soins à mon amie. Permettez, mes-
« dames, continuai-je, que je donne un coup
« d'œil aux embellissemens que je dirige ici. Vous
« savez qu'il faut surveiller les ouvriers. — A qui
« le dites-vous, monsieur? L'œil du maître, l'œil
« du maître : il n'y a que cela.

« Hé bien, messieurs, vous triomphez, nous dit
« l'aimable comtesse. Vous m'avez mise dans l'im-
« possibilité de reculer d'un jour. Il peut arriver
« ici quelqu'un de Paris, et je ne m'exposerai pas
« à la confusion d'entendre toujours débiter des
« fables, ou d'être madame d'Ermeuil pour l'un,
« et madame de Soulanges pour les autres. —
« Ma chère amie, je me suis flatté que mon bon-
« heur tient essentiellement au vôtre. — Hé, sans
« doute, cruel homme. Mais je ne m'attendais
« pas à me rendre aussi promptement. — Obser-
« vez, mon amie, que déja les connaisseuses ont

« plus que des soupçons. — Il était bien néces-
« saire de me répéter cela! Vous partirez demain
« pour Paris. Vous disposerez tout en diligence;
« vous obtiendrez que la cérémonie se fasse au
« point du jour, et vous reviendrez me prendre
« ici. Êtes-vous content? — Je suis au comble de
« la joie.

« Ma Sophie, tu vois, tu entends, et tu ne dis
« rien! — Bon ami, nous sommes si heureux! que
« devrions-nous de plus au mariage? — La cer-
« titude d'être à jamais l'un à l'autre. — Hé, ne
« suis-je pas à toi, pour la vie! — La satisfaction de
« pouvoir avouer notre tendresse... — As-tu besoin
« de confidens? Mon cœur ne suffit-il plus au tien?
« — Tu verrais la calomnie désarmée, l'estime,
« la considération renaître. — Ton amour n'est-il
« pas au-dessus de tout cela? viens avec moi dans
« le parc. Ce lieu solitaire et ton amante, voilà
« ton univers; tu me le disais encore ce matin.
« — Chère Sophie, je te prie, je te conjure... Elle
« m'échappe; elle ne veut être que ma maîtresse!
« Soulanges, madame la comtesse, voyez-la, par-
« lez-lui. Assurez-la que le sentiment qui m'unit à
« elle est inépuisable, que j'ai prononcé mille fois
« un serment que je ne ferais que répéter. Re-
« présentez-lui ce qu'elle se doit à elle-même. »
Ils ne m'écoutent pas. Ils sont tout à leur ivresse...
Ah, ai-je écouté Soulanges, quand il a voulu me
distraire de mon amour?

Heureux Soulanges! il a surmonté tous les obstacles. Il a réconcilié sa Delphine avec l'hymen, et moi... moi! j'ai trouvé comme lui la route des plaisirs, et n'y cueillerai-je que des fleurs, lorsqu'il attend le plus doux, le plus précieux des fruits ?

J'allais descendre dans le parc, où l'enchanteresse m'attend. Je voyais d'une croisée Soulanges et la comtesse s'enfoncer lentement sous cet ombrage mystérieux. Quels sentimens nouveaux doivent les animer ! Enfant chéri avant de naître, déja ils s'occupent de toi. Ils croient te voir, te presser de leurs bras caressans; ils répondent à ton premier sourire... « Monsieur, voici une lettre
« qui éclaircit bien des choses, et que j'ai cru ne
« devoir remettre qu'à vous. — Pourquoi cette
« préférence, Justine? — Un homme aimable n'est
« jamais rigoriste: tout embarrasse une femme sen-
« sible. — A qui donc est adressée cette lettre ?
« — A madame la comtesse d'Ermeuil. — Et tu
« l'as trouvée... — En rangeant les cartons de
« madame de Soulanges. » La friponne sourit d'un
« air malin.

« Cette lettre est ouverte. J'espère que tu ne
« l'as pas lue. — Pardonnez-moi, monsieur. — Lire
« une lettre qui ne t'est pas adressée! — Monsieur
« la lit aussi; je ne suis donc pas si coupable.

« Ma chère amie, je ne me rends pas aux rai-
« sons que vous opposez à Soulanges. Vous êtes
« dans une position à ne pas différer d'accepter
« sa main ! et au lieu de vous rendre à ses in-

« stances, à des réflexions que m'a dictées l'ex-
« périence, vous partez aujourd'hui même avec
« lui pour aller vous établir chez madame de
« Mirville... qui pense comme vous... se conduit
« comme vous... et dont les préventions soutien-
« dront les vôtres... »

Et Justine a lu cela! Elle sait... J'ai une envie d'éclater! oh, une envie! Qu'y gagnerai-je? Je lui donnerai de l'humeur, et il faut ménager ceux qui ont notre secret, soit que nous l'ayons confié, ou qu'ils l'aient surpris. Et puis elle est fort bien cette Justine : comment attrister cette figure-là? Je prends cependant un air très-sérieux. « Justine,
« surprendre le secret de ses maîtres... — Est d'une
« fille d'esprit. — En abuser... — Serait d'une bête.
« — Qu'en prétendez-vous faire? — M'en servir.
« — Et comment? — Je vais vous le dire, mon-
« sieur. Encouragée par votre gaieté, par vos ma-
« nières faciles, à vous faire un aveu nécessaire,
« retenue cependant par la crainte d'éprouver
« quelque sévérité, j'ai fait, après avoir pris lecture
« de cette lettre, un raisonnement qui m'a tout-
« à-fait rassurée.

« Maîtres ou valets, nous avons tous nos fai-
« blesses, et nous blâmons ouvertement, dans les
« autres, celles dont nous ne sommes pas soup-
« çonnés. Nous avons au contraire plus que de
« l'indulgence pour les fredaines de ceux qui
« connaissent les nôtres. — Finiras-tu? — Hé bien,
« monsieur, ce que madame d'Ermeuil fait avec

« M. de Soulanges, ce que vous faites avec... — Tu
« l'as fait aussi de ton côté... — Avec le maître
« d'hôtel, monsieur. Nous demeurions ensemble
« chez le comte de Sancy, avant que d'être à ma-
« dame. — Hé bien, que m'importe cela ? — Il
« m'importe, à moi, que vous sachiez que je n'ai
« plus de lacets assez longs... — Encore un enfant!
« morbleu, il n'y aura donc que moi... — Vous
« en avez fait un aussi, monsieur. — Ah, Justine,
« si tu disais vrai!... je te donnerais... — Vous
« n'avez pas remarqué ce cercle brun qui paraît
« quelquefois autour des yeux de madame? vous
« n'avez pas vu ses lèvres se décolorer tout à
« coup?... — Ah, Justine, si tu as deviné...
« Que me donnerez-vous ? — Ton maître d'hôtel.
« — Par-devant notaire? — Et par-devant l'église.
« — Voilà où m'a conduite m'a curiosité, et quoi
« qu'on en dise, monsieur, elle est bonne à quel-
« que chose.

« — Ah çà, Justine, entendons-nous. As-tu parlé
« de cette lettre à quelqu'un ? — A personne, foi
« de fille d'honneur. — Tu n'en parleras à qui que
« ce soit? — Mon intérêt vous répond de moi.
« — Pas même à ton maître d'hôtel? — Il est bon
« de s'habituer d'avance à être discrète avec son
« mari. — Et tu continueras de marquer à ta maî-
« tresse les mêmes égards, les mêmes prévenances?
« — Ne lui ai-je pas, jusqu'à présent, prodigué
« tout cela? — Mais jusqu'à présent tu ne savais
« rien. — Je savais tout. — Tu savais... tu savais...

« — Qu'un homme fait pour plaire ne court pas,
« après sa femme, avec des habits d'emprunt, qu'il
« n'a besoin de l'entremise de personne pour cou-
« cher avec sa femme; qu'il ne commence pas les
« nuits avec sa femme à sept heures du soir, qu'il
« ne s'enferme pas tous les jours avec sa femme; en-
« fin qu'il n'aime point sa femme au point de ne pas
« s'apercevoir qu'elle a une suivante de vingt ans,
« fort bien faite et très-éveillée. — Je te le répète,
« tu as de l'expérience. — Je vous l'ai dit, comme
« une veuve. — De combien de maris? — Vous ne
« croyez pas que je réponde à cette question-là.

« — Adieu, Justine. — Adieu, monsieur. — Dis-
« crétion et prudence. — Mariages de tous les
« côtés. »

A quoi servent les calculs de la prudence, les mesures de sûreté, avec un Figaro femelle, toujours inquiet, toujours en action, épiant, devinant tout, riant de tout? Voilà un incident qui peut avoir des suites fâcheuses, et comment les prévenir? Congédier cette fille, c'est provoquer son indiscrétion; la garder ici, c'est condamner Sophie à rougir devant elle, à supporter une familiarité, à laquelle se livrent insensiblement des inférieurs, qui, même en nous estimant, luttent, sourdement et sans cesse, contre notre supériorité. Il faut pourtant garder cette fille, ou la renvoyer, et je ne sais auquel des deux partis m'arrêter.

Hé, mais oui... oui... sans doute. Déclarer à Sophie que tout est découvert, lui faire partager mes craintes, les lui exagérer même, c'est la mettre dans la nécessité de fixer un terme prochain à son humiliation et au scandale! Scandale, humiliation! Une femme qui n'existe que par l'amour, qui ne vit que pour lui, qui appartient, exclusivement, à l'être heureux qu'elle s'est donné, est-elle inférieure à ces épouses froides, négligentes, infidèles même, que pourtant le monde accueille, caresse, paraît considérer? Tout est préjugé dans ce monde : l'homme naît son esclave ; il vit et meurt sa victime.

La voilà, la voilà cette femme céleste, qui d'abord ne me préférait que sa vertu, et qui maintenant me préfère à tout. La voilà, belle de sa beauté, du calme d'un cœur pur, du souvenir d'une nuit délicieuse, de l'espérance du lendemain... Dieu, grand Dieu!... Soulanges et la comtesse la soutiennent... Je cours, je vole... je respire! Justine a deviné. Des maux de cœur!...

« Ma tendre, ma séduisante amie, l'amour a
« donc comblé tous mes vœux! Il va doubler mes
« sensations et mon existence. Ah, Sophie, quelle
« force nouvelle donnera cet enfant au lien délicieux
« qui nous unit déjà! C'est ton image, c'est
« une partie de toi-même que je tiendrai dans mes
« bras, que je mouillerai de douces larmes. C'est
« son heureux père que tu croiras presser sur ton
« sein, que tu couvriras de baisers, et Sophie et
« Francheville, attirés l'un et l'autre, penchés en-

« semble sur le berceau de l'enfant chéri, unis-
« sant leurs mains, confondant leurs ames, répé-
« teront, avec attendrissement, le serment de s'ai-
« mer toujours.

« Mais, mon amie, je te le demande à genoux,
« que mon enfant, le tien, ne soit pas, dès sa
« naissance, flétri par l'opinion. Tu lui dois le
« nom, l'état de son père : ne lui donneras-tu que
« la vie? Non, tu rempliras tes devoirs, dans toute
« leur étendue; tu auras rempli celui que je te
« rappelle, avant de toucher au moment désiré
« et douloureux, qui ne laisse quelquefois à une
« mère que le temps de bénir le fruit de son
« amour, et de dire à son amant un éternel adieu...
« Ah, Sophie, quel que soit l'événement, tu ne
« diras pas : Il a formé un vœu que je n'ai pas
« écouté; je le laisse avec son fils, et son fils n'a
« point de père... Lève tes yeux charmans, que
« ta main tombe dans la mienne, et dis-moi : Je
« me rends.

« — Ah, Francheville, ah, mon ami, je ne
« croyais pas... Je ne présumais pas... Ma sécurité
« était entière... Mirville, ardent, impétueux aussi,
« s'est vainement flatté... Ah, tu devais pouvoir
« plus que lui, toi qu'on ne peut comparer à per-
« sonne!... Bon ami, je ne rejette pas ta prière;
« mais je t'en conjure à mon tour, ménage des
« préventions qui t'offensent, et que je surmonte-
« rai peut-être. Attendons au moins que le temps
« confirme des espérances incertaines encore, at-
« tendons...

« — Le temps, dis-tu! tu parais l'invoquer et
« le craindre : tu ignores que sans cesse il s'arme
« contre toi. Demain on publiera dans ce village
« que nous bravons les bienséances et la pudeur;
« que, maîtres absolus de nous-mêmes, nous dé-
« daignons la sanction que nous offre la loi. —
« Que dis-tu, bon ami? — La vérité. Justine a
« tout pénétré, tout jugé, et une lettre de ma-
« dame de Rieule à la comtesse, qu'elle a trouvée,
« qu'elle a lue, vient de l'éclairer sur les moindres
« détails. Elle aime le maître d'hôtel, et cache-t-on
« rien à ce qu'on aime? Un secret, connu de deux
« personnes, est-il encore un secret? On peut les
« renvoyer, aller chercher un autre asile ; mais
« ceux qui les remplaceront seront-ils moins pé-
« nétrans, et quel serait alors l'asile où nous n'au-
« rions point à rougir, où nous pourrions échap-
« per à nous-mêmes?

« Que deux êtres qui se conviennent, qui se
« sont ignorés long-temps, se rencontrent enfin,
« s'aiment, et pleurent sur des institutions sociales
« qui s'opposent à leurs vœux les plus doux; que,
« las de combattre un sentiment irrésistible, ils
« succombent enfin, ils auront conservé des droits
« à la pitié et à l'indulgence. Mais blesser les
« mœurs publiques, quand il n'existe point d'ob-
« stacle, rejeter le titre d'épouse, celui de bonne
« mère, de femme estimable; n'opposer à la na-
« ture, à la raison, que des craintes puériles,
« cette conduite est d'une femme qui secoue toute

« espèce de joug, qui ne voit qu'elle, qui rap-
« porte tout à elle, et cette femme est coupable.

« Sophie, je tombe à tes pieds pour la seconde
« fois. Mes amis, secondez-moi; tâchons de la flé-
« chir. Suppliez-la pour elle, pour moi, pour mon
« enfant. » Elle se penche mollement sur moi; sa
joue touche ma joue; sa main cherche lentement
la mienne... La voilà, je la tiens, je triomphe;
Sophie est ma femme.

« Mon ami, je perdrai ton amour, je le sens,
« je le sais; mais les circonstances sont impé-
« rieuses, je ne résiste plus.

« Oui, je serai ta femme. Je sacrifie à ton fils
« mon bonheur et mon repos. Nourri de ma sub-
« stance, il aura aspiré mes sensations avec elle.
« Il t'aimera, comme je t'aime; je le placerai entre
« nous, et quand mon amour et ma constance te
« paraîtront fatigans et pénibles, je lui dirai de
« demander grace pour sa mère, et tu ne le re-
« pousseras pas.

« Pars demain avec Soulanges, fais toutes les
« diligences nécessaires, et reviens prendre cette
« main et me conduire à l'autel. Hélas! cette main,
« mon cœur, tout n'est-il pas à toi? Que me reste-
« t-il à t'offrir? »

Je m'efforce de dissiper ses craintes, de lui inspirer de la confiance. Je lui répète ce que je lui
ai dit cent fois, ce qu'elle n'a pas écouté... Elle
n'était pas mère alors. Je parviens à la faire sourire d'espérance... ou d'amour. J'arrondis mon

bras autour d'elle; je la soutiens, je la conduis. Je cherche l'herbe la plus fine, la plus molle. C'est moi seul, qui, à mon retour de Paris, lui donnerai des soins, qui veillerai sur elle, qui en écarterai les objets, les idées même fatigantes ou pénibles, qui entretiendrai dans son ame cette joie douce qu'accompagne toujours la santé.

Nous rentrons au château : les importuns sont sortis. Nous pouvons nous livrer sans réserve à l'allégresse, à l'amour, à l'amitié. Je présente à madame d'Elmont ma femme et mon fils. Ma femme! que je suis aise de pouvoir enfin la nommer ainsi! J'embrasse tendrement sa bonne mère. Je lui raconte mes combats, la résistance de Sophie, et ma victoire.

Madame d'Elmont me félicite : elle partage tous mes sentimens. Elle m'appelle son fils, son cher fils, le restaurateur de la réputation de sa fille bien-aimée... Elle observe cependant qu'elle ne se doutait point, il y a quelques mois, qu'il fallût employer un pareil moyen pour ramener Sophie à la raison et à l'hymen.

Il est décidé que ce jour sera un jour de fête, non de ces fêtes où on n'entend que du bruit, où on ne voit que du monde et des fusées, où on se fatigue sans s'amuser. Cette fête sera celle de toutes les affections; elle ne sera que pour nous : l'indifférence serait déplacée ici.

Justine vient recevoir nos ordres. Elle est ce qu'elle doit être : point de légèreté offensante, point de respect affecté. Cependant Sophie baisse les yeux; elle rougit. Justine s'approche d'elle, lui parle bas. Les yeux de Sophie se relèvent; elle répond quelques mots : Justine sort.

« Chère amie, que t'a-t-elle donc dit? — Que
« l'amour doit être une vertu dans mon cœur;
« qu'elle seule a besoin d'indulgence, et qu'elle
« me prie de la protéger. — Oui, ma Sophie, nous
« la protégerons : que ce jour soit pour elle aussi
« un jour de fête... Quelle différence inconcevable
« dans la manière de voir les choses! Une femme
« repousse un lien respectable; il est l'objet des
« vœux d'une autre. Il faut combattre, vaincre
« l'une, et l'autre demande appui et protection.
« — Bon ami, la seconde ne veut qu'être mariée;
« moi, je veux te plaire toujours. Arrange ce ma-
« riage qu'elle désire tant, et puisse son lit nuptial
« n'être pas le tombeau de l'amour! »

Voyons si Justine m'a tenu sa parole, si elle a été discrète, si je peux compter que, pendant mon absence, Sophie ne sera pas en butte au sarcasme, au mépris.

Je cherche, je trouve le maître d'hôtel, et, au risque de l'entendre me répondre : Monsieur en a bien fait autant, je prends le ton d'un homme indigné de l'inconduite de ses gens. Il rougit, pâlit, balbutie; il ne sait rien. Je le presse; il avoue ce qu'il appelle son crime, mais il ne paraît pas très-disposé à le réparer : il est doux de pécher; il est dur de faire pénitence. J'éclate, je tonne.

Je parle du respect dû à ma maison, de l'audace du séducteur de la femme de confiance de madame de Francheville. Je fais valoir les agrémens de la petite, sa gaieté, son esprit, et j'appuie sur deux mille écus de dot que lui donne sa maîtresse... C'est un peu cher; mais il faut payer la discrétion de Justine.

Deux mille écus dérident bien des fronts, et je m'aperçois que le maître d'hôtel préfère la dot à la femme. Il convient enfin que Justine est fort intéressante; mais il ajoute qu'elle est excessivement *sensible*, qu'elle l'est depuis quelques années, et qu'il est à craindre qu'elle le soit encore long-temps. Au reste, il s'expose volontiers à tout, pour prouver à madame et à moi sa soumission et son respect.

Ces deux êtres, comme tant d'autres, se sont pris, parce qu'ils se sont trouvés là, au premier coin. Sans soins, sans inquiétudes, les facilités, l'habitude leur ont tenu lieu d'amour. Ils vont s'épouser, et dans six mois ils ne pourront plus se souffrir; ils le prévoient, n'importe : Justine aura un mari, et son mari de l'argent. C'est un manteau bien commode qu'un mari; c'est un consolateur bien sûr que l'argent.

Du Reynel ne conçoit rien à la gaieté qui nous anime tous. Il remarque que Justine elle-même fait tout en riant, en chantant, en sautant. Soulanges et moi lui faisons cent contes, et il rit sans savoir de quoi. Il rit parce que Sophie, la comtesse, madame d'Elmont rient. Elles s'amusent des à-propos, des mots à double sens, que le gros garçon voudrait avoir l'air d'entendre. Que de gens sont mystifiés, et ne s'en doutent pas.

Du Reynel ne rit plus, quand il apprend que Soulanges et moi partons demain. Il devient rêveur, lorsqu'il sait que le maître d'hôtel a des affaires urgentes, qui l'appellent à Paris. Il ne conçoit pas qu'une maison puisse être tenue sans un maître d'hôtel, et il ne peut exister que dans une maison montée. C'est un très-bon garçon que du Reynel; mais il n'est jamais l'ami du maître; il est toujours celui du château. Il nous propose de le prendre avec nous. Nous le prendrons : nos dames n'auront rien à dissimuler; elles s'occuperont librement de nous, de nos projets, de notre retour.

Nous avançons cette nuit, que doivent suivre des nuits solitaires et perdues. Les voiles, les rideaux tombent, et l'amour nous attend. La beauté sourit à son vainqueur, l'attire, le provoque pour lui sourire encore... « Ah, soupire enfin Sophie, « que feras-tu de plus quand tu seras mon mari? »

Je m'arrache de ses bras, au lever de l'aurore. Je n'ai pas dormi un instant : le bonheur vaut mieux que le sommeil. Je m'élance dans la berline; je franchis l'espace; je m'éloigne d'elle : c'est pour la retrouver bientôt, et ne la quitter jamais.

Je crois n'avoir rien oublié. J'ai sa procuration; je l'ai priée d'ouvrir mes lettres, et de me renvoyer, à Paris, celles qui seront de quelque importance.

Du Reynel nous gêne beaucoup. Nous ne pouvons dire un mot de l'affaire essentielle; mais nous parlons d'amour, nous en parlons encore, et ici amour veut dire mariage, félicité inaltérable.

Du Reynel ne croyait pas qu'on pût aimer ainsi. Nous sommes, dit-il, les seuls époux de sa connaissance qui ne respirent que pour leurs femmes; mais ce que nous éprouvons, il peut l'éprouver aussi, et nous lui donnons envie de se marier. Je ne le lui conseille pas : le chapitre des accidens est très-long cette année, et la fille la plus sage ne veut pas s'être mariée, sans s'en apercevoir.

Du Reynel voudrait trouver une demoiselle de dix-huit ans, il en a cinquante; jolie, il n'est pas beau; aimable, il ne l'est que le verre à la main; qui ait des talens, il ne sait ce que c'est; qui l'aime, cela ne se peut pas; qui soit riche, il a déja soixante mille livres de rente. Il veut qu'on lui donne tout, et il n'a rien à offrir. Les hommes sont faits ainsi : ridicules, faiblesses, voilà notre héritage à tous, et, assez ordinairement, nous nous moquons de nos pères.

Pendant que du Reynel fait des projets, moi je m'endors : c'est ce que je peux faire de mieux.

Je ne fais qu'un somme de Montmirel à la Ferté. Soulanges me secoue, m'éveille. Du Reynel est déja à la cuisine : qu'il épouse une casserole.

Nous déjeunons, nous repartons. Je reparle

amour; le flegmatique Soulanges ne répond plus que par oui et par non. Du Reynel digère en silence : il jouit. Je me rendors. Il y a des gens qui ne dorment que dans leur lit; je ne dors plus qu'en courant la poste.

Je suis étonné de me trouver à ma porte. Mon suisse me reçoit avec un visage à la glace. Le drôle est rancuneux : il se souvient que je l'ai attrapé. Mon bon Georges ne sait que m'aimer et m'accueillir. Il ne m'offre pas ses services : il prévoit tout, et il agit.

Nous convenons, Soulanges et moi, que nous vivrons, que nous logerons ensemble, que nous ne nous quitterons pas, et que nous ne cesserons de nous occuper de notre affaire.

Dès le premier jour, notre mariage est affiché à la maison municipale; le notaire a reçu ses instructions, la marchande de modes ses ordres. C'est d'elle que nous aurions dû nous occuper d'abord : je demande pardon, aux dames, d'avoir cru qu'il est quelque chose de plus important que des modes.

Le lendemain, monsieur le maire nous promet de nous unir à cinq heures du matin : c'est un aimable homme que monsieur le maire. Le curé sera prêt à six heures : on le paiera un peu plus cher.

« Hé bien, Soulanges, que nous reste-t-il à
« faire?—Mais, rien, je crois.—Ah, des billets
« imprimés à cinq cents, à cinq mille. J'en enver-

« rai à toute la France. Je veux que tout le monde
« connaisse et envie mon bonheur. Hé, bon Dieu,
« j'oubliais... — Quoi donc? — L'essentiel, les dia-
« mans. — Elles en ont déjà beaucoup. — J'en cou-
« vrirai Sophie. Ces femmes frivoles ne désirent
« ni son cœur, ni ses qualités. Jalouses de ses
« charmes, elles le seront encore de sa parure, et
« rien ne tourmente plus ces femmes-là, que la
« beauté qu'elles n'ont point, que le faste qu'elles
« ne peuvent égaler.

« Georges, amène-moi le joaillier de la cour.
« Nous jaserons en l'attendant. » Soulanges trouve
tant de luxe inutile. « Une jolie femme, dit-il,
« n'est jamais mieux qu'en bonnet de nuit. — Oui,
« pour nous, mon ami; mais nous ne promène-
« rons pas nos femmes en bonnet de nuit, et le
« monde est si bête! Il admire, il respecte si ex-
« clusivement ce qui brille! La considération des
« sots est peu de chose, je le sens; mais les neuf
« dixièmes de la société se composent de ces gens-
« là, et malheur au mérite modeste, sans art et
« sans entourage.

« Ah, voyons, monsieur, ce collier... Il fera va-
« loir une gorge divine, et ne la cachera point.
« Ces boucles d'oreilles... elles ne nuiront pas à
« l'effet d'une figure enchanteresse. Des brace-
« lets?... Oh, non, non, ils empêchent de saisir
« l'ensemble d'un bras arrondi; ils le cassent en
« deux. Des bagues? Point de bagues. Cette jolie
« main m'appartient; j'aime à la caresser à tous les

« instans du jour; elle ne disparaîtra point sous
« des pierres. Un simple anneau d'or. Je me com-
« plairai à le voir, à le toucher. Il me dira : Sophie
« est à toi, et Sophie est heureuse.

« Un diadême... Oui, oui. Celle qui règne sur
« mon cœur, doit porter les attributs de la toute-
« puissance.—Mais voyez donc, Francheville, dans
« quelle dépense vous me jetez. — Moi, mon ami,
« je ne vous engage à rien. — Je suis perdu, si la
« comtesse a un diamant de moins que madame de
« Mirville.—Cher Soulanges, vous ne vous perdrez
« pas. Satisfaire les goûts d'une épouse chérie,
« n'est-ce pas tout faire pour soi? Choisissez, ré-
« glons; monsieur finira avec nos gens d'affaires.

« Nous avons tout préparé, tout arrangé, ce
« me semble. — Et en deux jours; c'est employer
« le temps. — Georges, des chevaux de poste. —
« Quoi, déja! — Sophie m'attend, je ne peux
« vivre sans elle; je compte les minutes, je n'en
« perdrai pas une. — Courir la nuit! — Nous dor-
« mirons le jour. — Arriver fatigués, harassés! —
« Je suis infatigable. — Moi, je ne le suis pas. —
« Hé bien, je partirai seul. — Bon Dieu! que
« dirait la comtesse, si vous arriviez une heure
« avant moi! — Mon ami, je désire, pour elle et
« pour vous, que nous habitions long-temps en-
« semble. — Vous croyez être toujours amant? —
« J'en suis sûr. Georges, des chevaux, des che-
« vaux à l'instant. Va, cours... Georges, mon bon
« Georges, reste, envoie Philippe, et qu'il vole. »

Toutes les observations de Soulanges sont perdues, sa résistance inutile : nous voilà partis. Je croyais qu'un mariage à arranger est une chose interminable, et j'ai prié Sophie d'ouvrir mes lettres. Si elle m'en a renvoyé quelques-unes à Paris... Hé bien, elles reviendront en Champagne.

A chaque relais, j'éprouve une satisfaction, un bien-être que je ne peux exprimer. A mesure que je me rapproche de la femme adorée, ma joie, mon empressement augmentent; je passe de l'enchantement à l'ivresse.

Montmirel est derrière nous; j'aperçois le clocher du village; encore une heure, et je serai dans ses bras. Avec quelle légèreté elle franchira les degrés, le péristyle, quand elle entendra, quand elle verra la voiture! Que je vais la trouver belle de quarante-huit heures d'absence, d'amour et de désir!

Nous sommes dans l'avenue... Presse tes chevaux, fais donc résonner ton fouet... Encore... encore... toujours... On doit nous entendre, on nous entend sans doute, et Sophie ne paraît point! « Soulanges, qu'y a-t-il ? Que peut-il être « arrivé pendant notre courte absence?... » La comtesse vient au-devant de nous, et elle est seule!...

J'éprouve un serrement de cœur affreux.

« Par grace, madame la comtesse, tirez-moi de « la plus cruelle incertitude. Où est-elle?... que « fait-elle?... — Elle est au château, sa santé n'est

« point altérée. — Sa santé n'est point altérée, et
« je ne la vois pas ? Quel motif l'arrête, la retient ?
« — Je voudrais... je ne sais... — Vous savez tout,
« madame, et vous êtes sans pitié. — Depuis hier
« elle est profondément affectée. — Qu'a-t-elle,
« au nom de Dieu, qu'a-t-elle ? — Une lettre, qui
« vous est adressée, qu'elle a lue... — La calom-
« nie s'arme-t-elle aussi contre moi ? Je vais la
« combattre, en détruire les effets... » Je ne me
possède plus, je cours ; j'arrive, j'entre.

Elle est couchée sur son ottomane. Elle m'entend, elle me voit, elle ne se lève point ; ses bras restent fermés ! On m'a perdu, on a voulu me perdre dans son esprit, dans son cœur ; mais ce cœur est à moi, et je suis fort de mon innocence.

« Sophie, qu'a-t-on pu écrire, qu'as-tu pu
« croire, lorsque tu sais que tout mon être t'ap-
« partient exclusivement, que je n'ai pas une
« pensée qui ne soit inspiration d'amour, qui ne
« se rapporte à toi ?... Sophie, injuste Sophie, tu
« reçois mes baisers, tu ne me les rends plus !
« Explique-toi, je t'en supplie ; ne me laisse pas
« en proie à cette affreuse anxiété. »

Elle essuie une larme furtive ; elle prend un air solennel. « Monsieur, me dit-elle... — Mon-
« sieur, moi ! je ne suis donc plus pour toi qu'un
« homme ordinaire ! Tu brises donc les liens char-
« mans qui nous unissaient ! Tu crois pouvoir sur-
« vivre à cettte rupture !...

« — Dans la position où je suis, je m'occupe

« peu de ce que je deviendrai, et cependant je
« ne suis pas étonnée du malheur qui m'accable :
« une femme sensible est perdue, du moment où
« elle suppose qu'il peut exister un homme de
« bonne foi. — Sophie, tu te fais un jeu cruel de
« froisser, de déchirer mon cœur ! Que signifient
« ces inculpations vagues, ces réticences qui n'é-
« claircissent rien, et qui, à chaque seconde,
« ajoutent à ce que je souffre ? Je le répète, je
« suis innocent, et pourtant je suis à tes pieds,
« je mouille tes mains de mes larmes, et tu te
« tais ! Parle, cruelle, parle donc, ou je meurs de
« ta peine... Tu veux en vain la dissimuler... Je
« la vois, je la sens... Tes larmes se mêlent aux
« miennes... »

Elle n'a plus la force de cacher sa douleur ;
sa fierté l'abandonne ; elle est plaintive et suppliante... Que veut-elle, que me demande-t-elle ?
Ma vie lui appartient : je la donnerais, je crois,
pour la voir sourire encore de tendresse et de
volupté.

De dessous un des coussins de l'ottomane elle
tire une lettre ; elle me la présente... J'ai vu la
signature ; j'ai frissonné, j'ai pâli. Je tombe dans
un état, où les secours de Sophie me deviennent
indispensables. Elle daigne me les prodiguer, des
mêmes mains qui ont mis dans la mienne la
preuve irrécusable de ma faute ! Avec quelle amertume je me la suis reprochée ! Quels remords

l'ont suivie! Ah, je le vois, le remords n'est pas une expiation.

Ma tête est penchée sur ses genoux; elle la soutient; j'ai cru sentir sa joue effleurer la mienne... elle ne me hait donc pas!

Monsieur,

« Le bonheur a fui loin de moi, et il est toujours présent à ma pensée. Les époques s'éloignent, et il vous sera facile de les oublier, au sein des jouissances. Il est pour moi de la plus haute importance que vous n'ayez pas plus tard un doute à former. Je dois vous rappeler que vous seul pouviez me rendre mère; je veux que vous sachiez que j'ai la certitude de le devenir.

« Je ne demande rien, je ne prétends rien, que la justice que vous devez à mon dévouement absolu.

« Je tiens de votre générosité une aisance, à laquelle j'étais loin de prétendre : j'élèverai mon enfant, il ne passera pas aux mains d'une étrangère.

« Le premier mot qu'il prononcera sera votre nom. Le premier sentiment qui animera son cœur sera l'amour de son père.

« Vous aurez d'autres enfans peut-être, qui, par l'effet des institutions sociales, vous toucheront de plus près. Puissent-ils ne pas vous rendre les caresses de celui-ci désirables, nécessaires! Puissiez-vous n'avoir jamais besoin de son appui, et des consolations de sa mère!

« Je me suis engagée à respecter le nœud qui vous lie : cette lettre est la dernière que je vous écrirai. Je ne vous verrai plus : l'éternité, qui rompt tous les liens, a commencé pour moi. »

FANCHETTE.

Je restai anéanti et silencieux. Qu'alléguer contre un fait avéré! Je n'osais lever les yeux sur elle; j'attendais qu'elle parlât; elle se taisait; elle attendait elle-même; c'était à moi à me justifier. Peut-être elle espérait que je pourrais le faire; peut-être elle se flattait que j'opposerais, au moins, des circonstances atténuantes à une accusation positive; peut-être m'estimait-elle encore assez pour ne pas douter qu'un déni formel et fondé... Oui, je peux nier, et je serai cru. Mais Fanchette a conservé toutes les qualités indépendantes d'une faiblesse; elle possède encore une sorte d'honneur : je n'ai pas le droit de l'en dépouiller, je n'en ai pas la volonté.

Quoi, pour recouvrer la confiance de Sophie, je lui présenterais celle que j'ai tant aimée comme une femme sans retenue, qui cherche, avec impudeur, un père au fruit du libertinage! Jamais, jamais! Je ne dégraderai pas l'autel où j'ai sacrifié. J'avouerai ma faute; j'en solliciterai le pardon; je l'obtiendrai : ma grace est dans son sein.

« Sophie, m'écriai-je, ma Sophie !... — Je ne
« suis plus la Sophie de personne... » Deux ruisseaux de larmes s'ouvrirent à l'instant. Elle voulut
les cacher et fuir; je me traînai après elle; je la
suivais sur mes genoux; je l'arrêtais par une main
qui m'échappait; je saisissais le bas de sa robe,
un pied dont je baisais la poussière... « Laissez-
« moi, monsieur, laissez-moi... Avec quelle faci-
« lité vous vous êtes joué de ma bonne foi! Avec
« quelle cruauté vous en avez triomphé peut-
« être! Hélas, toute à vous, pouvais-je rien soup-
« çonner? Douter de vous m'eût paru un crime.
« Et vous, témoin de mon aveugle confiance, vous
« n'avez rien accordé à ma candeur; vous n'avez
« pas même pensé qu'un retour sur vous-même
« me fût dû. Les vertus, dont vous vous pariez,
« n'étaient qu'un masque, qui cache la plus cruelle,
« la plus inexcusable perfidie.

« Et cette fille, dont je louais le zèle, l'intelli-
« gence, le dévouement, affectait tout pour saisir
« la moindre circonstance, la tourner à son avan-
« tage, faire naître celle dont elle avait besoin.
« Elle recevait les marques de ma crédule affec-
« tion sans honte, sans rougir. Je les lui accor-
« dais, peut-être, au moment même où elle sortait
« de vos bras.

« J'avais tort de craindre, d'éviter le mariage!
« Les raisonnemens les plus solides n'étaient à
« vos yeux que des préventions. Répondez-moi,
« homme pervers et dissimulé, quelle sera main-

« tenant la garantie de votre épouse ? Amant in-
« fidèle, que lui réservez-vous ? Les perfidies,
« l'abandon, les mauvais procédés, peut-être,
« voilà ce que je prévois, ce qui m'attend, et ce
« que je ne peux éviter. Chaque jour, chaque
« moment ajoute à la certitude que j'avais d'être
« mère. J'ai fait à cet enfant le sacrifice de ma
« vie ; je ne le révoquerai pas.

« — Ah, Sophie, comme vous me traitez ! votre
« ressentiment est juste ; mais il vous égare. Non,
« je ne suis pas l'homme que vous dépeignez. J'ai
« été faible, coupable sans doute ; je ne serai
« jamais un monstre. Et cette bonne, cette sen-
« sible Fanchette, que vous écrasez du poids... —
« Il ne vous reste plus qu'à la défendre. — Je
« l'oserai. Fanchette, libertine, avilie, n'eût jamais
« été dangereuse pour moi.

« — Il la défend, le cruel ! et peut-être pen-
« dant son séjour à Paris, il la cherchait, la trou-
« vait, m'outrageait avec elle ! — Soulanges !...
« mon ami !... Soulanges, venez, entrez, écoutez,
« et rendez-nous justice à tous.

« Vous avez mes secrets les plus intimes : ma
« liaison avec Fanchette a-t-elle été la suite d'un
« plan, d'une intrigue, d'une volonté déterminée ?
« Le hasard, des circonstances imprévues, et un
« tempérament de feu n'ont-ils pas tout amené ?
« — Un tempérament de feu ? Et n'ai-je pas des
« sens aussi ? dois-je seule les maîtriser ? — Sou-
« langes, répondez : depuis que Sophie m'a tout

« accordé, ai-je eu une pensée, ai-je formé un
« vœu, dont elle ne fût l'unique objet? Vous
« ai-je quitté un instant pendant votre séjour à
« Paris? ai-je prononcé une fois le nom de Fan-
« chette? ai-je perdu une minute, pour me rap-
« procher de Sophie? n'ai-je pas précipité les
« affaires les plus importantes? ne vous ai-je pas
« entraîné? n'avez-vous pas vu ma joie, mon ra-
« vissement s'accroître à mesure que nous avan-
« cions? et lorsque je croyais retrouver ici l'amour
« et ses délices, je ne rencontre qu'un juge sé-
« vère, qui prononce sur des fautes commises,
« et qui d'avance m'impute des crimes. Mon ami,
« elle prévoit, elle redoute l'infidélité, l'abandon,
« les procédés méprisans et barbares, et vous sa-
« vez que je rachèterais de mon sang le mal que
« je lui ai fait. J'en paierais l'oubli de mille vies,
« si j'en pouvais disposer. Sophie, je suis repen-
« tant, affligé, désolé. Par pitié pour tous deux,
« pardonnez, oubliez... — Je vous ai aimé, c'est
« un malheur; je vous aimerai toujours, c'en est
« un plus grand encore. L'amour se plaint; il ne
« sait pas punir. Pardonner est facile; mais ou-
« blier! L'indifférence seule oublie.

« Je crois à la sincérité de vos regrets; mais ils
« ne peuvent effacer le passé, ni me rassurer sur
« l'avenir. Il ne dépend plus de vous de me rendre
« heureuse. »

Elle retombe accablée sur cette ottomane, où
elle avait déja mouillé, de ses larmes, cette lettre

fatale, qui a détruit son bonheur. Je la reprends cette lettre, je la présente à Soulanges. « Lisez, « mon ami, lisez, et dites si ces sentimens sont « d'une femme méprisable. »

Soulanges lit, et prend la parole. Il s'exprime en homme désintéressé, il blâme ma faiblesse; mais il soutient que les circonstances ont tout fait. Il remarque que Fanchette, revenue de son ivresse, respecte madame de Mirville et ses droits. « Que peut faire de plus une femme qui s'est ou-« bliée, et comment une jeune fille, indépen-« dante de tout, même de l'opinion, qui n'a jamais « aimé, qui rencontre Francheville, peut-elle « s'occuper de la raison, ou du devoir? »

« — Hélas! je ne méprise point Fanchette. Elle « a comme moi des yeux et un cœur, et comme « elle j'ai été faible. Cependant elle connaissait « mon amour; je l'ai laissé éclater devant elle, « et elle a consenti à un partage humiliant. Non, « elle n'est point exempte de reproches. Je ne lui « en fais pas, je n'en ferai à personne. Hé, com-« ment blâmer celles qui s'attacheront à lui, lors-« que je ne peux l'arracher de ce cœur, horri-« blement froissé? Partout il trouvera des objets « faits pour plaire. Sa taille, sa figure, le son de « sa voix, l'esprit, les talens, tous les prestiges « s'uniront contre la jeunesse et la beauté, et « moi, je ne serai plus que sa femme!... Cepen-« dant je n'ai pas vingt ans, je suis jolie. J'ai été

« aimée, poursuivie. J'ai tout refusé, tout dédai-
« gné. Je me suis livrée en aveugle au seul homme
« qui pût me plaire. Je me flattai d'être aimée
« uniquement, je devais le croire, et cet homme
« est incapable de se fixer. »

Je ne prolonge plus une inutile défense; je ne parle plus à son jugement. C'est son cœur, ce cœur, foyer précieux des plus tendres, des plus purs sentimens, que j'attaque, que je presse. C'est l'amour que j'invoque; c'est lui qui s'exprime par ma bouche; j'ai ses expressions rapides et brûlantes. Sophie se tait; mais elle écoute. Je reprends sa main; elle ne pense plus à la retirer. Le sourire reparaît sur ses lèvres; mais ce sourire est mélancolique et froid. « Quel empire il a sur
« moi, dit-elle! avec quel art il sait tromper!...
« Par grace, permettez que je me recueille, que
« je revienne de l'émotion, du trouble où cette
« scène m'a jetée. Vous-même avez besoin de vous
« remettre : votre tête est fatiguée. — Ma tête,
« madame, ma tête! — Ah, si vous êtes vrai, que
« de peines dans deux cœurs, qui n'auraient dû
« connaître que le plaisir! »

D'une voix timide, je demande un baiser; elle me repousse doucement, mollement. J'insiste : Soulanges me prend, m'entraîne : « Ne forcez
« point ce cœur qui brûle de revenir à vous.
« Laissez à l'amour-propre quelques heures de
« résistance. »

Je sors, je m'enfonce dans ce parc, naguère l'asile des plus délicieux mystères. Je n'y exhale que les soupirs de la douleur.

Justine me cherche; elle m'apporte une lettre qu'elle a cru devoir soustraire, après avoir vu l'effet de la première. « Ah, Justine, ce n'est pas « celle-ci qu'il fallait lui cacher! »

Justine veut causer; elle croit la gaieté toute-puissante : la gaieté blesse l'être qui souffre. Je ne réponds pas; Justine s'éloigne.

De qui peut être cette lettre?... Ah, c'est Eustache qui m'écrit; je l'ai marié; il me doit son bonheur et la satisfaction d'être bientôt père. Je mettrai le comble à mes bienfaits : je nommerai l'enfant de sa petite Claire.

Toujours des enfans! Partout des enfans! La on se félicite, on se réjouit, on attend avec impatience le présent de l'amour. Ailleurs, on gémit d'avoir été heureux. Si on l'osait, on imputerait à l'enfant même, le mal qu'il a fait avant de naître. Et pourquoi lui rien imputer? Pourquoi souffrirait-il, plus tard, des fautes de son père? Qu'importe qu'une vaine cérémonie ait précédé, ou non, sa naissance? N'y avait-il pas des hommes avant le mariage, et ceux-là repoussaient-ils les fruits de leur amour?

Et sa mère, sa bonne, son aimante, j'ose trancher le mot, sa vertueuse mère, m'appellera en vain au milieu de ses douleurs. Isolée, ou environnée d'êtres indifférens, elle n'aura personne pour la plaindre, l'aider à souffrir, recueillir avec elle le premier cri de l'enfant!... Je l'entends, ce cri doit retentir au fond du cœur d'un père; je vois Fanchette porter sur moi un œil calme et satisfait. Elle me présente mon fils; je le prends, je le presse sur mon sein, et elle oublie ce qu'elle a souffert.

Préjugés, institution des hommes, disparaissez devant la nature! Non, je ne condamnerai pas à l'abandon, à l'oubli, une fille charmante, qui n'est coupable que de m'avoir trop aimé. Quelle femme est plus vraie, plus sensible, plus dévouée, plus séduisante! Quelle autre a répandu sur moi une plus grande masse de bonheur! Ses droits ne sont-ils pas plus anciens et aussi respectables que ceux... Et parce qu'elle est sans famille, sans considération, sans fortune, je lui préfère... Oh, le monde, le monde! on le méprise, et on le craint; on croit le braver, et on fait tout pour lui.

Je serai homme dans toute l'acception du mot; je romprai les barrières que l'ordre social a élevées entre l'équité et moi; je serai juste envers tout le monde, et Fanchette, ma Fanchette...

Qu'ai-je dit, que vais-je ajouter? Malheureux! n'as-tu pas une Sophie, à qui tu as tout promis, à qui tu es déjà lié par tes démarches? T'aime-t-elle moins que Fanchette? Auras-tu la cruauté, l'injustice d'appeler le déshonneur sur sa tête?

Insensé que je suis, faible jouet des passions, me voilà donc réduit à choisir une victime! Toutes deux me sont également chères : laquelle immolerai-je?...

Tu pleures, misérable, tu te repens!... Larmes tardives! vain repentir!...

Je n'ai avec Fanchette aucun engagement. Jamais je ne lui ai dit un mot qui pût autoriser des espérances... Elle a tout fait pour l'amour; seul, il a suffi à sa félicité; elle l'a dit, écrit, et aujourd'hui encore elle ne demande rien... Hélas, le malheureux, condamné à perdre la vie, ne demande pas grace; il l'espère, il l'attend.

Mais Fanchette me croit marié, comme tout le monde. Elle respecte, dit-elle, le nœud qui me lie : elle est donc résignée, et sans espoir... Oui, résignée à me regretter, à souffrir, à user ses beaux jours dans les privations et les larmes... Jeunesse, beauté, qualités du cœur, rien n'a pu la sauver de l'infortune; ses charmes mêmes ont été l'instrument de sa perte, et son malheur est sans remède.

Sans remède!... Il en est un; tu le connais, ta conscience te parle, ton cœur te pousse... Et Sophie, Sophie!

Je ne sais ce que je dis, ce que je pense, ce que je veux. Un voile épais s'étend sur mes yeux, sur mon imagination. Je tombe sur un tertre, incapable de lier deux idées, et de prendre une détermination.

Qui vient à moi?... C'est une femme... c'est elle, c'est Sophie... Il était temps!

CHAPITRE XXX.

Le mariage.

« Vous voilà seul, affligé, et moi qui suis vrai-
« ment malheureuse, je vous cherche pour vous
« consoler... Mon ami, voyez-moi, parlez-moi;
« si vous pouvez vivre sans moi, je ne peux vivre
« sans vous... Ta poitrine est oppressée, ton œil
« éteint... Reviens à toi, à ton amante, à ton
« épouse. J'ai été dure dans mes expressions : la
« douleur a de l'énergie. Elle ne calcule pas les
« mots, et tu n'es pas sans indulgence... Pense,
« bon ami, que c'est l'offensée qui revient, qui
« voudrait oublier, qui ne le peut; mais qui est
« toujours pleine de toi. »

Quel besoin j'avais de l'entendre! Je ne saisissais rien de ce qu'elle m'adressait. Mais sa voix
me calmait, me ramenait à elle, tout à elle... à
elle pour jamais. Je la regardais avec un sentiment délicieux. Elle avait cessé de parler, et j'é-
coutais encore.

Elle s'assied près de moi; elle prend ma main,
elle y porte ses lèvres... C'en est trop. C'est à
moi qu'il convient d'être suppliant, respectueux.
Je tombe à ses genoux; l'amour, le repentir cherchent des expressions : celles du cœur ne suffisent-elles pas à qui sait les entendre? Elle me
sourit, et cette fois, c'est d'amour et de désir.

Oubliant nos peines, confondant nos ames, unissant tout notre être, nous arrivons au comble de la félicité. Nous mourons, pour renaître et pour mourir encore... Serait-il vrai qu'un raccommodement soit l'aiguillon de la volupté.

Sophie est heureuse, parfaitement heureuse... Elle cherche à prolonger son ivresse et la mienne... Craindrait-elle le réveil ?

Oh, oui, oui, je l'ai pénétrée : elle voulait s'oublier au sein des illusions. Celle-ci est à peine dissipée, et un soupir nouveau s'échappe. Celui-là n'est point un tribut à l'amour; il est amer comme la douleur.. Cette figure enchanteresse, divine, quand elle exprime le plaisir, devient froide et sombre... A-t-elle trouvé dans mes yeux la plainte, ou le reproche? « Bon ami, me dit-elle, je crois « que le temps est le médecin des plaies de l'ame; « mais il suffit d'un souvenir pour déchirer la « blessure.

« — Hé bien, Sophie, séparons-nous du monde, « où les occasions se présentent à chaque pas, et « où ces souvenirs, renaissant sans cesse, ne sont « cependant que la crainte de l'avenir. Allons dans « un lieu agreste et sauvage, où rien ne les rap- « pelle, et où ils s'éteindront peu à peu. J'ai une « terre au milieu des Pyrénées; point de château, « une simple habitation, en mauvais état peut- « être. Nous la rétablirons; elle nous suffira. Tu « as embelli la cabane de Servent; tu porteras, « dans ces montagnes, le charme qui ne te quitte

« jamais. Quelques pâtres, quelques paysannes,
« brûlés du soleil, usés avant le temps, par le
« travail et la misère, voilà ceux que nous ren-
« contrerons quelquefois, et qui nous rappelle-
« ront que nous ne sommes pas seuls au monde.
« Sophie, te sens-tu le courage de renoncer à la
« foule, au bruit, aux jouissances du luxe, aux
« plaisirs tumultueux? Es-tu disposée à vivre uni-
« quement par moi et pour moi? Parle; en des-
« cendant de l'autel, nous partons, et nous allons
« porter dans notre vallée l'amour, la constance
« et le bonheur. »

Elle ne me répond pas; mais sa paupière est humide; elle est attendrie, et cependant son œil est incertain et défiant. « Ce que tu me proposes
« est-il l'effet d'une résolution formelle, ou cè-
« des-tu à une impulsion qu'excite la pitié, et
« qui passera avec l'instant qui l'a vue naître? —
« Sophie, avec quel transport, quelle vérité je ré-
« pète ce que nous nous sommes dit ici, à cette
« place même : Toi, toujours toi, rien que toi. —
« Ah! tu as prévenu mes vœux les plus doux, tu
« les as comblés; je n'en ai plus à former. Je peux
« être heureuse encore; je le serai, je l'espère, si
« la solitude, l'uniformité de la vie que nous al-
« lons mener ne te paraissent jamais ennuyantes
« et pénibles. — Tu doutes encore, ma Sophie!
« — Hé bien, rassure-moi, je ne demande qu'à
« l'être. — Que faire pour cela? — Être toujours
« ce que tu es en ce moment.

« — Sophie, jeudi est le grand jour qui nous
« unit à jamais. Je vais me hâter de donner mes
« ordres à Georges : il n'a que le temps nécessaire
« pour les exécuter. — Un moment, Francheville.
« — Que veux-tu, ma Sophie? — N'as-tu plus
« rien à me dire? — Non, je n'ai plus qu'à répéter.
« — Estimable, autant que sensible, tu n'as plus
« rien à me dire! Tu n'as pourtant pas oublié que
« tu vas être deux fois père. — J'étais certain que
« tu t'en souviendrais. — Et tu te rapportes à moi
« du sort de cet enfant? — Tu ne lui feras pas
« expier la faute de son père. — A quelle somme
« monte ton revenu? — A soixante mille francs,
« plus ou moins. — J'ai un peu davantage. La
« moitié de ta fortune à cet enfant; l'autre et ce
« que je possède au mien : es-tu content Fran-
« cheville? — J'admire, j'adore, et je me tais.

« — Mais, mon ami, mon bon ami, tu ne re-
« verras point Fanchette? tu n'auras avec elle au-
« cune relation? tu me le promets? — Et que je
« meure, si je viole mon serment!

« — Tu me donneras ta signature, et j'arran-
« gerai moi-même cette affaire à Paris. Tu sauras
« si je peux haïr. Je verrai Fanchette, je lui par-
« lerai, je la consolerai... Ah, qui t'aime, et te
« perd a besoin de consolations. Rentrons, mon
« ami, et soyons tout à nos projets et à l'amour. »

On nous attendait avec une inquiète curiosité.
L'air radieux de Sophie annonçait une réconci-

liation franche, entière, scellée par la main du plaisir.

Je déclarai hautement la résolution que nous venions de prendre, et je parlai de notre retraite, en homme enchanté d'éloigner de Sophie jusqu'au plus léger nuage. Madame d'Elmont avoua, sans détour, son éloignement pour la solitude; mais elle ajouta que, tout bien examiné, elle aimait mieux s'ennuyer avec nous, que dans le monde sans sa fille. Et elle n'a pas trente-six ans, et elle a des moyens de plaire encore, et elle nous sacrifie des illusions, toujours plus précieuses, à mesure qu'on approche de leur terme. Ces deux femmes sont dignes l'une de l'autre.

La comtesse et Soulanges croient qu'on peut aimer long-temps, toute la vie même, avec certaines modifications; ils ne conçoivent pas que l'amour puisse tenir lieu de tout: ils ne le connaissent pas.

Je fais signe à Soulanges; il m'entend, nous sortons. Nous rentrons avec nos écrins, et chacun de nous pare son idole. La physionomie de la comtesse s'anime, et devient brillante comme ses bijoux. « Ah! me dit Sophie, l'amour est nu : « c'est ton cœur qu'il me faut. »

Ah, j'ai acheté deux jolies bagues : je les aime assez aux mains qui ne me plaisent pas. Je les offre à Justine : elle m'a rendu des services, et je suis bien aise de la rendre intéressante aux yeux de son maître d'hôtel.

Les minutes, les heures, les jours s'écoulent avec rapidité, et chaque instant est marqué par une jouissance. L'amour, l'amitié, la piété filiale nous occupent tour à tour. Je ne m'éloigne pas un instant de Sophie, et cependant elle ne se croit jamais assez près de moi : elle sait qu'un regard, un sourire, un mot, son fichu, produisent une sensation, et que l'imagination de l'homme qui sent ne s'éloigne pas de son cœur.

Il sort enfin du néant, ce jour précurseur du beau jour qui fixera nos destinées. L'amour heureux nous présente au réveil la certitude du lendemain.

Le cœur n'est jamais difficile sur les dispositions du départ, quand on brûle d'arriver. Nous ne pouvons être assez tôt en voiture, ni courir au gré de nos vœux. Nous payons les guides au décuple, nous allons comme le vent, et Paris semble reculer devant nous. Pourquoi cet empressement? Que nous manque-t-il? L'amour n'a-t-il pas tout fait pour nous? L'hymen pourra-t-il davantage? Ah, je le sens, il faut à l'homme plus que du plaisir, et la considération qui suit une cérémonie auguste et légale, en élevant sa maîtresse jusqu'à lui, ajoute à sa félicité.

Nous arrivons, nous descendons tous chez Sophie. Soulanges et moi nous courons, nous nous assurons que les mesures que nous avons prises, pour le lendemain, auront leur effet. Nous rentrons. Soulanges, pénétré, comme moi, d'un sentiment religieux, salue la comtesse avec une sorte de solennité. Je cherche Sophie... Elle n'est pas à l'hôtel... Je sais où elle est allée.

Ah, pourquoi n'est-elle pas ici!... Ces mots, ces mots d'une effrayante vérité : *Qui t'aime et te perd a besoin de consolations*, ces mots retentissent au fond de mon cœur. Fanchette souffrante, plus belle peut-être de sa douleur, se présente à mon imagination tourmentée. Je la vois, je l'entends; je ne peux lui répondre. Ces consolations, qui lui sont si nécessaires, lui sont offertes par celle qui la sépare à jamais de moi. Elle ne croira point à sa sincérité; elle pensera que, par un raffinement de cruauté, Sophie a voulu jouir de son triomphe; elle m'accusera d'y avoir consenti; je vais lui être odieux... Il faut la désabuser, je le dois, je le veux. J'y cours; je vole lui dire un éternel adieu, contempler pour la dernière fois cette figure enchanteresse, ce sein qui recèle le fruit de la plus vive tendresse... Malheureux, où vas-tu? Tu as juré de ne pas la revoir!

Homme faible, sois du moins homme d'honneur. L'honneur! y en a-t-il dans les peines que l'on cause?...

Reviens, Sophie, reviens, ou je succombe. Je vais oublier mes promesses. Et toi... Je l'entends, je la vois, c'est elle... Elle est sauvée!... Je le suis aussi.

Georges vient me rendre ses devoirs. Il me dit

à l'oreille qu'il a préparé chez moi une petite fête. Elle devait avoir lieu après la cérémonie. Notre départ immédiat dérange ses projets, et cependant il voudrait bien que ses apprêts ne fussent pas perdus... Et d'où Georges sait-il?... Étourdi que je suis! Je l'ai chargé de la distribution des billets de mariage.

« A quoi bon une fête, dit Sophie? A amuser
« des gens, dont nous nous soucions peu. Chaque
« jour n'est-il pas pour nous un jour de fête? —
« Ma bonne amie, rejeter l'hommage du zèle,
« n'est-ce pas humilier celui qui l'offre? — Tu as
« raison, tu as raison. — Et puis Georges nous
« suit dans les Pyrénées; il renonce, pour nous,
« à ses amis, à ses habitudes; ne lui devons-nous
« pas quelque dédommagement?

Elle s'approche de Georges; elle lui parle avec bonté; elle accepte ce nouveau témoignage de son affection. Le bonhomme est enchanté. Il va, il vient de l'un à l'autre. Il nous presse de monter en voiture; nous partons.

Quelle fête ce bon Georges a-t-il pu préparer? Je lui connais de l'exactitude, de la probité, de l'attachement; mais de l'imagination!... C'est, m'a-t-il dit, mon suisse et lui qui ont tout arrangé : cela sera beau!

Nous sommes reçus par du Reynel, et Sophie et la comtesse rougissent jusqu'au blanc des yeux. « Que diable signifie tout ceci? dit le gros gar-
« çon. On est marié là-bas, démarié ici, on se

« remarie demain : je n'y comprends rien. » J'aurais volontiers battu Georges, et à quoi cela eût-il servi ? Le parti le plus sage était de mettre un terme aux conjectures et au bavardage de du Reynel, en lui confiant tout, et c'est ce que je fis... Voilà une fête qui commence bien.

Nous montons au salon; personne. La foule au moins ne nous incommodera pas. Georges a rangé les fauteuils en face de l'antichambre; il nous invite à nous asseoir : il est dans l'ordre de faire ce que prescrit le maître des cérémonies.

Les portes s'ouvrent. Les Servent, les Tachard, Eustache et Claire paraissent. Ils ont chacun un gros bouquet à la main; ils vont chanter chacun leur couplet. Allons, allons, cette idée est heureuse.

Philippe s'approche avec son violon. Ah, M. Philippe est l'orchestre.

La petite Claire se range au premier plan. C'est elle, sans doute, qui va commencer. Elle est vraiment jolie cette petite Claire, et sa taille rondelette lui sied à merveille. Ah! il n'y a plus de trou au fichu. L'aisance dérobe toujours quelque chose aux graces.

Mon suisse est derrière elle, un gros livre à la main. Je devine : il a été le répétiteur; il est souffleur maintenant.

Claire commence la fameuse chanson du menuisier de Nevers : *Aussitôt que la lumière*, et nous partons tous d'un éclat de rire. Une chanson

bachique pour épithalame! Claire rougit, baisse les yeux, et se tait. « Je vous le disais bien, re-
« prend Eustache, que ce n'est pas de vin qu'il
« fallait parler à madame et à monsieur. — Taisez-
« fous, s'écrie le suisse. Ce chanson il est le plus
« peau qu'on ait fait en France, et le plus peau
« est ce qu'il faut offrir à matame et à monesier. »
Eustache soutient son opinion; le suisse défend la sienne; la contestation s'engage; Georges s'agite, se dépite, se désole. Il fait de vains efforts pour rétablir l'ordre : la première scène est tombée; elle ne finit pas.

Nos bons villageois déposent tout simplement leurs bouquets à nos pieds; ils nous félicitent, et demandent la permission de nous embrasser. Claire me présente sa jolie petite mine : cela vaut mieux que le meilleur couplet.

« Ce n'est qu'ein chanson pertue, dit le suisse.
« Fous allez voir, fous allez voir. — Allons, voyons.
« — Ein com'die de Kotsbue, le plus peau de ses
« com'dies. » il déploie trois paravens; il donne un coup de sifflet... C'est de mauvais augure.

Au coup de sifflet la porte de mon cabinet s'ouvre; il en sort huit à dix Allemands renforcés. Les plus jeunes sont habillés en femmes.

Ah, c'est une pièce allemande qu'on nous donne. Nous n'entendons pas un mot de ce que disent les acteurs. Je prends la liberté de les interrompre, et je demande combien d'actes a *le plus peau com'die de Kotsbue*. « Cinq, monesier, bien lon-

« gues et bien larches. — Va te promener avec tes
« cinq actes. Et où diable as-tu été dénicher tes
« comédiens allemands? — Chez ein marchand te
« vin allemand, rue de Turenne, n° 32. — Mène-
« les à l'office; ils s'y plairont bien autant qu'à
« leur n° 32. — Mais c'est ein affront, monesier...
« — A tes comédiens? Une bouteille de plus par
« tête pour laver cet affront-là, et que tout soit
« fini.

« Au moins, monsieur, me dit Georges, ne
« croyez pas que je sois coupable de tout ceci. —
« Qu'est-ce que c'est coupable? — Je voulais du
« français. — Tu français! Hé, toute le monte il
« entend le français; rien te plus commun que le
« français. Chai voulu tonner à mestames qu'et
« chose té mieux qué tu français. — Quoi, tu
« trouves le français inférieur à l'allemand? — L'al-
« lemand, monesier, c'est ein mère langue. — Hé,
« ne sais-tu pas que Charles-Quint disait... — Bon
« ami, tu ne t'aperçois pas que tu commences,
« avec ton suisse, une scène aussi plaisante que
« son idée de comédie allemande. Tu débutes par
« lui citer Charles-Quint, dont il n'a jamais en-
« tendu parler, et tu vas... » Les éclats de rire re-
commencent. Les artistes du n° 32 nous regardent
la bouche béante; ils ne savent s'il faut continuer
ou se taire : ils n'entendent pas plus le français
que nous l'allemand. Je leur fais signe d'aller boire
et manger; je prends mon suisse par les épaules,
et je les mets tous à la porte.

Georges tourne autour de moi, il est timide, embarrassé; il y a quelque chose encore, et il craint que déja sa fête nous paraisse trop longue. « Allons, parle, mon vieux ami; ne te décourage « pas. La comédie allemande est une idée suisse : « tu en as eu sans doute une meilleure. — Au « moins, monsieur, je serai court : trois cents vers « au plus. — Français? — Français. — Voyons tes « vers. — Oh, je n'en suis pas l'auteur. — Je le « crois. — Je les ai trouvés dans un vieux Mer- « cure. — Ces vers-là s'oublient promptement : « ceux-ci auront le mérite de la nouveauté.—C'est « *la nichée d'Amours.* — Ce titre promet. — Et je « craignais d'adopter l'ouvrage. — Pourquoi cela? « — C'est qu'il s'y trouve une Vénus qui fait des « enfans avant que d'être mariée, et ces dames « pourraient être choquées...—Que le diable t'em- « porte! »

Pauvres femmes! dans quel état les a mises l'observation de ce vieux imbécile! Elles n'osent lever les yeux! Il est si humiliant de se voir attribuer la vertu qu'on n'a point.

Il n'y a pas à revenir sur ce qui est dit. Le coup est porté; chercher à l'adoucir, serait enfoncer le trait. « Finissons, Georges; débite tes trois cents « vers, et laisse-nous. — Oh, monsieur, j'ai aussi « mes acteurs. »

Il leur donne le signal, et aussitôt un carillon infernal se fait entendre sur les degrés. Le bruit augmente et s'approche. Je crois, en vérité, qu'on se bat, ou peu s'en faut. Je m'élance, j'ouvre la porte, et un héros, en casque et en cuirasse, vient rouler dans mes jambes. Du Reynel, d'une main, a accroché le bas de sa mante; il tient de l'autre un enfant nu par l'oreille. Un second enfant suit le premier, en pleurant, et en criant qu'ils n'ont pas demandé à faire l'Amour, et que c'est M. Georges qui l'a voulu.

« Je ne le souffrirai pas, s'écrie du Reynel. Foi
« de gastronome, il n'en sera rien. — De quoi s'a-
« git-il donc, mon ami? — Je fais exécuter ici le
« menu que j'avais réglé pour la noce d'Eustache.
« Je surveille tout, je suis tout à tout, et malgré
« ma vigilance, le cuisinier et ses marmitons s'é-
« chappent, sans que je m'en aperçoive. Et j'ai là-
« bas trente casseroles sur les fourneaux; des jus,
« des purées à passer, et il ne me reste qu'une
« grosse *gagui*, qui n'est propre qu'à laver des
« légumes! Je crie, je tempête; je vais, je cours.
« Je tombe sur les genoux au milieu d'un esca-
« lier, et je me fais une bosse à la tête. Je me
« relève; j'entre partout... personne. Je monte
« jusqu'au grenier, et j'y trouve monsieur, habillé
« en Mars, et ces deux petits drôles en Amours.
« Un cuisinier en Mars! Faites des sauces, mon-
« sieur, et faites-les bonnes.

« Je les renvoie à la cuisine; je les pousse de-
« vant moi. Ils marchent en grondant, en répé-

« tant qu'ils ne peuvent manquer à M. Georges !
« Manquez à tout l'univers, monsieur, et point
« à mon dîner.

« Je les avais conduits, traînés jusqu'à l'entre-
« sol. Je mettais dans mes propos, dans mes ac-
« tions, une énergie que je ne m'étais jamais con-
« nue, et qui était bien légitime : je sentais le
« brûlé !

« Pan ! la laveuse de vaisselle sort comme un
« trait d'une petite chambre. Nue comme la main,
« laide comme le diable, elle se présente devant
« moi, et me fait reculer jusqu'au mur. Elle m'in-
« vite à ne rien craindre; elle me conte qu'il est
« écrit que Vénus est sortie nue du sein d'Amphi-
« trite. Amphitrite n'a rien produit de bon que les
« huîtres de Cancale.

« Je m'emporte contre cette Vénus de basse-
« cour; je lui applique cinq à six vigoureuses cla-
« ques sur les fesses, et, pendant qu'elle se les
« frotte, que je la rejette dans sa chambre, que
« je lui ordonne de reprendre ses habits et d'aller
« soigner ses légumes, Mars et les Amours crottés
« m'échappent, traversent la cour, et enfilent l'es-
« calier qui mène aux appartemens. Je les suis à
« cette porte; je m'accroche à eux. Je proteste
« qu'ils descendront à la cuisine, et que je les y
« tiendrai sous clés et verroux. Monsieur me ré-
« pond froidement qu'il faut qu'il joue la comédie.
« Jouer la comédie, quand le dîner brûle ! Dîne-
« t-on avec des vers, quelque beaux qu'ils soient?

« Peut-il exister un motif qui autorise un cuisinier
« à quitter ses importantes fonctions?

« — Mon ami Georges, nous te savons gré de
« l'intention; mais ta *nichée d'Amours* ne vaut pas
« un bon dîner. Renvoie tes acteurs à la cuisine.

« — De trois pièces, ne pouvoir vous en faire
« entendre une, c'est bien dur, monsieur. Au
« reste, je n'ai pas perdu tout le fruit de mes soins.
« Je vous ai procuré une sensation agréable : vous
« avez vu le plus grand nombre des heureux que
« vous avez faits. Il n'a pas tenu à moi qu'ils fus-
« sent tous réunis, et je ne sais pourquoi made-
« moiselle Fanchette s'est refusée à mes instances.
« —Vous avez invité Fanchette!—Oui, monsieur.
« — Quand? — Hier au soir. — Elle sait que je me
« marie demain! — Oui, monsieur. »

Un frissonnement général s'empare de Sophie;
ses joues se décolorent; elle laisse tomber sa tête
sur sa poitrine... Elle s'est montrée à Fanchette
épouse indulgente et sensible, et Fanchette savait
que leur position était la même, leurs droits égaux,
que Sophie n'avait rien à lui reprocher, rien à
lui pardonner. Modeste et bonne, elle a eu l'air
de recevoir une grace; elle en a paru reconnais-
sante. Sans doute elle a craint de m'affliger dans
Sophie. Délicatesse, désintéressement, résignation,
qualités, vertus, elle a tout, elle embellit tout.

Fanchette, Fanchette! ah, il m'est impossible
d'oublier cette femme, de prononcer son nom
sans délire et sans douleur... Mais Sophie! Sophie

est humiliée, souffrante. Elle l'est par moi, pour moi, et je ne la rappelle pas à l'amour, qui console, qui efface, qui est tout!

Je suis auprès d'elle, et elle ne me voit pas. Je prends sa main; elle lève ses yeux sur les miens; elle me regarde avec une expression déchirante. « Je suis accablée, me dit-elle tout bas, pour ai-« mer le bien, pour avoir voulu le faire. Il est « donc vrai qu'une bonne action peut laisser des « regrets! » Sa voix sentimentale, un air de langueur, qui peut-être l'embellit encore, la douce pression de sa main, me pénètrent, m'agitent, m'exaspèrent. Je me lève furieux; je vais à Georges; je lui saisis le bras... Je ne sais ce que je vais faire... Je me sens arrêté... Par qui? C'est Sophie qui a jugé mon mouvement, qui me sauve de moi-même. « Bon ami, il a cru bien faire; il « eût fait bien, si des circonstances qu'il ignore... « Retirons-nous; je ne suis pas à mon aise ici. »

Je sors avec elle. Madame d'Elmont nous suit. Elle nous demande la cause de cette étonnante, de cette brusque disparition. Sophie éloigne d'elle toute idée qui me serait défavorable. Elle n'est pas bien, elle souffre, dit-elle simplement. Oh, elle a dit vrai. Madame d'Elmont monte en voiture avec nous.

« Hé bien, hé bien, nous crie du Reynel, que « faites-vous, que deviendra mon dîner? Le ferai-« je manger aux paysans d'Ermeuil, aux comé-« diens allemands? » C'est bien le moment de nous occuper de ces niaiseries-là! Nous ne répondons rien; nous partons.

Le reste de la journée s'écoule tristement. Être humiliée aux yeux de Fanchette! répétait Sophie. Et ce nom, toujours m'agitant, me reporte, malgré moi, vers celle à qui je ne dois plus penser. La présence de Sophie me contient, me calme par intervalles; mais mon cœur est partagé. Il possède l'une; il désire l'autre: l'excès même du sentiment lui ôte toute son action.

Ce sont les nuits heureuses qui font les beaux jours, a dit un homme ingénieux, et sans expérience. Quelle nuit plus douce que la dernière! Quelle journée que celle-ci! Que sera le lendemain?

Il paraît, ce jour si long-temps, si vivement désiré, et je n'éprouve pas cette satisfaction intime, cet empressement, ces transports que la présence seule de Sophie faisait naître, entretenait, augmentait, que je croyais inépuisables. Je vais cependant me donner à une femme charmante, que j'aime avec passion... Mais je me sépare à jamais d'une autre.

Sophie est pensive, rêveuse même. Son imagination est péniblement affectée. Peut-être a-t-elle remarqué ma préoccupation; peut-être s'est-elle aperçue de l'effet toujours certain de ce nom... Ah, Sophie, je t'épouse, je l'abandonne; pardonne au moins un regret.

La comtesse, Soulanges, Georges, nos autres

témoins paraissent; nous sortons. Nous avons satisfait à la loi, et nous allons entrer dans le temple, où je vais jurer de n'aimer que Sophie, de ne plus former un vœu dont elle ne soit l'objet. Je promettrai... Puissé-je tenir ma promesse!

Le prêtre est à l'autel; il a ouvert le livre de notre irrévocable destinée : le recueillement de Sophie ressemble au dévouement d'une victime. Ah, ses craintes se sont renouvelées. Une nuit froide a donné à la réflexion le temps de naître, de se développer. Elle se marie, parce qu'il le faut, parce qu'elle l'a promis, et elle ne voit dans le mariage qu'un lien nul pour l'inconstant, pesant pour l'infortunée qui le porte.

Ah, je dissiperai ces nuages, que peu d'heures ont formés, accumulés. Je me charge ici du bonheur de sa vie; je ne l'oublierai pas.

Le prêtre nous interroge; il va prononcer l'auguste formule. Soulanges et sa comtesse ont répondu *oui*, comme s'il se fût agi d'une contredanse ou d'un boston. Le *oui* de Sophie est timide, faiblement articulé; je donne au mien l'énergie et la décence que commandent l'instant et le lieu.

A peine l'ai-je prononcé, qu'un profond soupir se fait entendre dans l'éloignement. Un bruit sourd lui succède. Je me tourne; je vois une femme à demi masquée par une colonne, tombée sur le carreau, et il n'y a dans l'église qu'elle, le célébrant et nous.

XV.

« Va, dis-je à Georges, va secourir cette femme. »

Avec les meilleures intentions, cet homme-là fait tout mal. Que de peines il m'a causées!... Il va, il revient, tremblant, hors de lui. Il s'écrie : « C'est mademoiselle Fanchette, qui s'est blessée, « et qui est évanouie.

« Que faites-vous, me dit Soulanges! vous per- « dez sans retour la confiance de madame de Fran- « cheville. Vous décidez le malheur de sa vie. » J'avais franchi, avec la rapidité de l'éclair, l'intervalle qui me séparait de Fanchette. Je l'avais prise, relevée; je soutenais sa tête; j'étanchais le sang qui coulait de sa main; je lui parlais, comme si elle eût pu m'entendre; je cherchais, à force de caresses, à la rendre au sentiment. J'ignorais où j'étais; j'avais oublié l'autel et mes sermens; je ne voyais que Fanchette.

« Sommes-nous mariés, dis-je enfin à Soulanges?
« — Oui, mon ami, et votre femme vous attend.
« —Ah, celle-ci est aussi ma femme; je l'ai rendue « mère aussi ! — Plus bas, plus bas, par grace; « Sophie vous entend. »

Les yeux de Fanchette se rouvrent; elle me fixe, elle me reconnaît; elle tressaille. « J'ai voulu « vous voir pour la dernière fois, me dit-elle, et « je n'ai pas été maîtresse de moi. Pour la der- « nière fois, répétai-je avec l'accent du déses- « poir! » Je la presse contre mon sein; son cœur bat contre le mien; ils s'unissent, ils se confondent encore. « Fanchette, dit Soulanges avec un

« ton sévère, voulez-vous perdre le mérite et le
« fruit de vos efforts et de vos sacrifices ? » Ces
mots nous frappent l'un et l'autre ; elle se dégage
de mes bras ; je suis sans force pour la retenir.
Soulanges l'emmène ; je la suis des yeux.

Je me rappelle que j'ai une épouse. Effrayé de
ma conduite et des suites qu'elle peut avoir, je
me rapproche de l'autel en tremblant. La figure
de Sophie n'exprime aucun ressentiment. Je n'y
vois qu'un accablement profond. Celle de sa mère
annonce la stupéfaction, le mécontentement : il
est fondé ; j'ai violé toutes les convenances.

Je leur prends la main à toutes deux ; nous
nous retirons en silence. Nous montons en voiture. Les yeux de Sophie évitent les miens. Pas
un mot de l'église à l'hôtel. Quel mariage, bon
Dieu ! et tant de moyens pour qu'il fût heureux !

A la suite d'un déjeuner triste et court, nous
partons, nous quittons Paris pour jamais. Même
tristesse, même silence. Une mauvaise honte me
retient, me ferme la bouche. Il est pourtant cruel
de ne pas lui parler, de ne pas chercher à réparer des torts graves, à ramener le calme dans
son cœur. Si prompt, si ardent à m'égarer, et si
lent à revenir sur moi-même ! Hélas, je ne trouve
pas une idée dont l'expression puisse la satisfaire.
Mais qu'importe des phrases ? N'est-elle pas à
moi ; n'est-elle pas tout amour ; n'éprouve-t-elle
pas la soif du bonheur et le besoin de pardonner ?

Ferai-je un long voyage, passerai-je les jours

et les nuits avec elle, en évitant une franche et indispensable explication? Est-il un autre moyen de se rapprocher? Chaque minute de délai n'est-elle pas un tort nouveau? Ne doit-elle pas penser que la réflexion sanctionne, en ce moment, des transports que je n'ai pu maîtriser; mais que les circonstances seules ont fait naître, et que ma raison désavoue.

Affliger Sophie est un crime; prolonger sa peine est le plus grand de tous.

Je prends la parole. Je ne cherche pas à me disculper. Je rends compte avec candeur des sensations que j'ai éprouvées. Je remonte à leurs causes; mais j'établis en principe que l'humanité, bien entendue, soulage sans acception de personnes, et je demande si je pouvais laisser Fanchette froide, inanimée sur le carreau. Mon départ de Paris, le lieu que j'ai fixé pour notre demeure, n'annoncent-ils pas le dessein formel, une volonté soutenue de rompre tous les liens qui m'attachaient à l'infortunée; de vivre entièrement pour Sophie; de faire, de sa félicité, mon unique étude, mon devoir essentiel? « Ma félicité! il n'en « est plus pour moi, répond-elle. Vous partez; « mais votre cœur n'est pas ici. Vous voulez for- « tement, sincèrement, et vous ne pourrez rien « pour moi : où il y a eu combat, hésitation « même, il n'existe plus d'amour. »

Ses larmes coulent en abondance. Elle a raison; mon cœur n'était pas ici; sa douleur l'y ramène;

je reviens au premier sentiment que Sophie m'a inspiré. Il se reproduit dans toute sa force; il agit sur tous mes sens. Impétueux, brûlant, il prend un caractère de vérité, qui ne persuade pas Sophie; mais qui la calme. Ses larmes se sèchent à mesure que je les recueille. Son front est nébuleux encore; mais ses joues se colorent. Est-ce l'amour qui répond à l'amour? Jamais un sentiment haineux n'a trouvé place au cœur de Sophie.

Madame d'Elmont joint la force du raisonnement à l'éloquence expansive que je déploie. Elle ne me justifie point; elle observe qu'il n'est pas d'homme sans faiblesses, et que le moins imparfait est celui qui fait tout pour les effacer. Elle fait remarquer que se mettre dans l'impossibilité de faillir, c'est satisfaire à la fois à l'équité, et désarmer le ressentiment le plus légitime. Elle s'étend sur le danger d'éloigner, par des rigueurs mal entendues, un cœur repentant qui revient, et que l'amabilité, les graces, la gaieté peuvent seules fixer. Elle demande s'il n'y a pas une sorte d'orgueil à pardonner, et si l'indulgente bonté, pour un coupable chéri, n'est pas une jouissance. Elle invoque l'extrême sensibilité de Sophie; elle l'excite, la ranime; elle insiste, elle presse, elle caresse, elle met sa fille dans mes bras.

Sophie est sans défense; un baiser est le prix d'un baiser, et cependant des soupirs douloureux s'échappent au milieu des plus douces étreintes.

Je ne la quitterai plus d'un instant. Sans cesse je lui parlerai amour; sans cesse je lui prouverai que je l'aime. Je ne lui laisserai pas le temps de s'arrêter à un souvenir; j'empêcherai le souvenir de naître.

« Oui, je me suis chargé du bonheur de ta vie; « je t'en dois compte; j'en compterai avec toi à « tous les instans du jour. »

Nous marchons à petites journées. Nous arrêtons de bonne heure; nous prolongeons les nuits. Sophie passe du délire au sommeil, du sommeil au délire. Mais son sommeil est agité; une tristesse profonde succède à la jouissance. Sa gaieté, passagère porte, avec elle, une teinte de mélancolie qui m'affecte. Ah, si ces torrens de feu brûlaient un an, un mois, une semaine, ils détruiraient toutes les impressions pénibles; ils en effaceraient la mémoire. Je les rallume, je les reproduis à toutes les heures, et les intervalles sont encore trop longs.

« Tu me tues, dit-elle, et de plaisir et de cha-
« grin. »

CHAPITRE XXXI.

Les Pyrénées.

Nous sommes arrivés à Perpignan. Nous nous enfonçons au centre des Pyrénées, en tournant par Pau, Tarbes et Saint-Gaudens. Nous entrons dans la vallée de Campan. Nous avons traversé des masses de roches, vieilles comme le monde, présentant partout des sites effrayans ou romantiques. Insensibles à ces variétés de la nature, au contraste de ses tableaux, je n'ai vu que Sophie, Sophie n'a vu que moi.

Nous trouvons, sur les rives de l'Adour, une terre sauvage et presque inculte; une maison en ruines : cette terre, cette maison sont à moi.

« Ah, crois-tu que tu ne tiennes pas lieu de
« tout à l'homme qui consent à vivre ici ? — Ah,
« crois-tu qu'on puisse penser, sans douleur, que
« tu n'aies que ce moyen extrême à opposer à
« l'inconstance ? »

Je ne me plains pas de l'amertume de ses réflexions : je les ai provoquées, et elle en est avare. J'aime mieux cependant l'entendre, que la voir mélancolique et muette. Parler, la soulage; ses affections concentrées, contenues, deviendraient dangereuses.

C'est pour m'aider à me vaincre qu'elle est ici, et elle ne fait aucune observation sur le désagrément des localités. Ah, je suis là, toujours là; toujours une caresse pour elle, toujours quelque chose de sentimental à lui adresser. Quand la réflexion pourrait-elle naître? Les Dieux ont rebâti la cabane de Philémon et de Baucis : il fallait rajeunir leurs cœurs, ils n'eussent pas eu besoin de cabane.

Madame d'Elmont n'a pas les mêmes motifs de

se résigner; aussi ne l'est-elle pas. Elle m'engage fortement à envoyer prendre des ouvriers à Saint-Gaudens. Le bon Georges, que je ne peux haïr, pressent avoir besoin d'indulgence; il redouble de zèle et d'activité. Madame d'Elmont vient d'exprimer un désir, et déjà il est sur sa mule.

Madame Dulac, la pétulante Justine, ne dissimule rien. Elle se trouve mal, très-mal dans nos montagnes; elle le dit très-haut. Mais elle ajoute, en riant, que l'empire de madame est plus doux que celui d'un mari, quel qu'il soit, et qu'on peut trouver mieux que le sien, même au milieu des Pyrénées. Justine se mariera partout. Partout aussi elle redeviendra veuve, pour se remarier encore.

Son maître d'hôtel l'a laissée partir sans résistance. Une dot de plus, une femme de moins, voilà qui arrange bien des hommes. C'est assez comme cela qu'on se prend aujourd'hui.

Mon fermier ne cultive point ma terre, parce qu'il me paie une très-modique redevance, et que lui et sa famille dînent avec deux oignons crus, et du pain de sarrasin. Je rendrai ces gens-là laborieux et aisés : leur bail expire; je doublerai le prix du loyer.

La femme et les deux filles, toujours crottées, couchent avec une trentaine de chèvres, que deux petits garçons mènent paître pendant la journée. Les femmes ont des jupons qui ne passent pas le genou; les corsets sont percés au coude; point de fichu sur une gorge tannée, que le soleil noircit encore tous les jours : on ne pense pas à la regarder. Les petits garçons sont en guenilles, et tout cela rit, chante, joue du galoubet. Le bonheur ne tient ni à un habit, ni à une table somptueuse. La représentation est un fardeau; l'opulence et l'extrême civilisation flétrissent le cœur, ou lui préparent des peines.

Nos voisins ne sont ni plus opulens, ni plus propres que les gens de la ferme. Pas une femme, à qui on ose toucher le bout du doigt. Sophie, au milieu d'elles, est la rose qui s'élève dans un champ de chardons. Elle attire, elle fixe; on ne voit qu'elle.

Mon amour, mon assiduité, mes soins, mes prévenances, devraient la convaincre de la sincérité de mon retour. Elle y croit, dit-elle, et cependant je la vois triste et languissante.

Craint-elle encore que mon cœur soit à Paris? Croit-elle devoir me cacher des soupçons injurieux? La justice, qu'elle paraît me rendre, n'est-elle que la suite d'un effort sur elle-même? Examinons.

Je varie ses plaisirs; je lui en crée partout. J'anime pour elle jusqu'aux rives de l'Adour. A un exercice salutaire succèdent l'amour et le repos. Elle sourit à mes efforts soutenus, elle m'en sait gré, et, au milieu de nos jeux, elle se tourne vers Paris; sa figure se glace; un soupir, mal étouffé, parvient jusqu'à moi. Je l'ai entendu, il a froissé mon cœur. Elle le voit, elle le sent, elle se précipite dans mes bras; elle me comble de caresses; elle croit donc me devoir une réparation. Le trait acéré de la douleur est donc toujours dans son sein !

Que faut-il pour l'en arracher? Quel homme pourrait faire plus que moi? Que je la voie gaie et confiante, et je serai récompensé.

Son état n'est plus douteux; il commence même à se manifester. L'amour maternel n'a point de bornes, et cependant il rapproche, à chaque instant davantage, de celui à qui on doit le bonheur d'être mère. L'enfant chéri, placé entre eux, est le médiateur aveugle et puissant qui sollicite, qui obtient l'oubli de tous les torts.

Pénétré de cette vérité, je lui parle de notre enfant. Des trois, je ne fais qu'un tout indivisible, aimant, heureux. Elle sourit à cette idée; un sentiment nouveau l'anime, la pénètre. La sérénité est sur son front; la joie est dans son cœur. Elle est inaccessible à ces tristes sensations, qui, malgré mes soins empressés, se reproduisaient trop souvent.

Ton fils, lui dis-je, quand elle redevient sombre et silencieuse... Elle écoute, elle répond; la conversation s'engage; l'enfant en est constamment l'objet. Je suis loin de sa pensée peut-être; mais son imagination n'est plus à Paris, dans cette église... Elle est là, près de moi, toute à ce que je lui dis. Ses yeux se portent sur son sein; elle le regarde avec attendrissement; une douce larme s'échappe de sa paupière... Cher enfant! tu n'es pas né, et déja tu es le bienfaiteur de ta mère!...

Il en est une encore... seule, sans appui, elle redoute le moment tant désiré ici. Son œil contristé s'éloigne de son sein; s'il s'y porte involontairement, il ne trouve que des larmes. Elle pleure aussi... sa malheureuse fécondité.

Et qu'a-t-elle fait qui la condamne à l'abandon? pourquoi cette inexplicable différence?... Qui la surpasse en beauté? Qui l'égale en modestie, en douceur, en résignation? Qui peut aimer plus qu'elle?... J'ai du moins assuré sa fortune; elle m'a vu retourner à l'autel; elle a dû juger que je l'avais quittée, quittée pour elle... Ne lui devais-je que cela?

Sophie s'arrête, m'examine. Ses yeux se tournent alternativement vers Paris et sur moi... Et moi aussi je lance des regards avides, vers cette cité, où j'ai laissé tant de choses, tant de souvenirs! Des souvenirs! je ne les laisse nulle part; ils me suivront partout; ils m'accompagneront dans la tombe.

Sophie laisse échapper un profond soupir!... Insensé, que fais-tu? quel nouveau délire t'égare? tu te livres à son impulsion, et tu oublies que Sophie lit au fond de ton ame, que son amour inquiet y démêle ta plus secrète pensée! Reviens à ton épouse, à une épouse charmante, dont l'extrême susceptibilité, fatigante peut-être, prouve le plus exclusif attachement.

Un second soupir, plus pénétrant que le premier, me rend à moi, à elle. Je m'approche, je prends sa main, je la passe sous mon bras; je lui propose de continuer notre promenade; je lui demande de quel côté elle veut prendre : « Tous « me sont indifférens, quand je suis seule. — « Seule, Sophie! — Vous venez de franchir les « Pyrénées. »

Elle m'a pénétré; je devais le prévoir..., je l'avais prévu. Il faut penser tout haut, quand on a une physionomie expressive : on s'arrête au premier mot, et la figure reste muette.

J'ai dissimulé quelquefois; je n'ai jamais menti: tout mensonge est une bassesse. Je ne peux prendre sur moi d'en imposer à Sophie; elle ne me croirait pas, et elle m'estimerait moins.

Je lis sur son visage, dans ses yeux. J'interprète ses mouvemens, sa marche même est significative : tout en elle annonce un chagrin concentré, mais violent. Malheureux! j'ai perdu en un instant le fruit de trois mois de soins!

Je la ramène. Toujours plus mécontent de moi, je m'efforce de lui parler. Je ne lui adresse que des mots. Elle y répond par un sourire amer et douloureux.

Dans l'état de souffrance où je suis, on a besoin d'épancher son cœur. Je cherche madame d'Elmont. Elle m'écoute avec indulgence ; elle admet ma justification, elle me plaint. « Mais, « ajoute-t-elle, l'amitié et l'amour voient le même « objet sous des rapports bien différens. L'une « aime à pallier, à atténuer des torts, supposés « ou réels ; oublier ce qui la blesse est pour elle « une jouissance. L'autre n'oublie rien ; il compte, « il accumule, il exagère tout ; il ne cherche pas « de preuves, le soupçon lui en tient lieu. Il juge, « il condamne aussi promptement qu'il accuse. « Doublement malheureux, quand il a prononcé, « il s'attendrit, il s'afflige, il revient, pour s'éloi- « gner encore. La jeunesse s'use dans ces alterna- « tives, et, quand l'âge a dissipé le prestige des « sens ; qu'on examine, froidement, le passé, on « sent, mais trop tard, qu'on a fait volontaire- « ment son malheur. On rit des chimères, aux- « quelles on attachait tant d'importance ; on ne « voit plus que des bagatelles dans ce qu'on dé- « corait du nom pompeux de catastrophes.

« Vous devez reconnaître ma fille dans la pre- « mière partie de ce second tableau ; mais loin de « la blâmer, supposez, un moment, que vous « partagiez son cœur ; que vous ayez seulement « lieu de soupçonner un partage, votre caractère « impétueux vous permettrait-il de vous renfer- « mer dans les bornes d'une douleur passive ? Elle « souffre, elle ne se plaint pas : que peut-elle de « plus pour votre tranquillité ?

« Prenez garde cependant que son cœur est

« tout amour ; qu'il s'affecte dans la proportion
« de sa sensibilité ; que ses forces ne sont pas
« inépuisables, et qu'une douleur soutenue est
« une lime sourde, qui, à la longue, ronge tout.
« Votre conduite, envers ma fille, mériterait les
« plus grands éloges, si elle vous coûtait quelque
« chose. Mais il vous suffit de laisser aller votre
« cœur pour calmer le sien, naturellement soup-
« çonneux et jaloux. Continuez d'opposer vos
« soins, et une patience inaltérable à des peines
« cuisantes, que vous causez sans doute, et que
« vous seul pouvez dissiper.

« Ne croyez pas qu'en rapportant à vous les
« chagrins de Sophie, je prétende blâmer l'espèce
« d'attachement que vous conservez à Fanchette.
« Mépris à l'homme, qui délaisse, qui oublie,
« sans retour, la femme qui s'est donnée à lui,
« et qui a un gage de sa faiblesse ! Ma fille croit
« voir de l'amour où je ne trouve que l'intérêt
« que doit éprouver un cœur honnête, et si la
« prévention lui permettait de réfléchir, elle sen-
« tirait, comme moi, que la femme pour qui on
« fait tout, à qui on sacrifie tout, est nécessaire-
« ment celle qu'on préfère. »

Ah, je m'aperçois que je n'ai pas dit la vérité, toute la vérité à madame d'Elmont. Elle pense qu'un simple intérêt... Je ne peux me résoudre à la dissuader. Qu'elle soit, au contraire, mon appui auprès de sa fille ; qu'elle la persuade ; elle y parviendra, je l'espère. Moi, je m'efforcerai de me vaincre; de me posséder, au moins; de ne jamais renouveler ces scènes douloureuses.

Je prie madame d'Elmont de m'accompagner chez sa fille. Je sais combien la présence d'un tiers soulage celui qui s'attend à des reproches, combien elle en adoucit l'expression. Ah, puis-je craindre une expression dure de la part de Sophie !

Nous entrons. Elle est sur une chaise longue, dans un état d'abattement, qui me touche autant qu'il m'inquiète. Je ne suis plus que l'impulsion d'un cœur, qui s'éloigne quelquefois d'elle; mais qui lui appartient, qui ne peut s'en détacher. Il ne lui échappe pas une plainte; mais elle n'entend plus ce langage, qui la fit si souvent tressaillir d'amour et de volupté. Elle n'y répond plus, elle est sourde aux représentations, aux instances de sa mère. La raison, qui s'exprime par la bouche de cette femme estimable, a perdu son empire. Il n'y a plus ici ni union, ni harmonie. Parviendrai-je à les faire renaître, ou suis-je condamné à aimer seul ?

Aimer seul! Quel mot! Quelle idée cruelle il présente! Quel état que le mien, si Sophie le prolonge! Chaque heure, chaque instant le rendront plus insupportable. N'importe, je serai tout à elle, je remplirai tous mes devoirs.

Que dis-je? Elle n'a pas oublié ces mots, prononcés avec l'accent le plus tendre, dans une circonstance bien plus affligeante pour elle. « Ah!

« me disait-elle, lorsqu'elle m'eut remis cette
« lettre qui nous a perdus tous deux, si vous pou-
« vez vivre sans moi, je ne peux vivre sans vous. »
Je lui rappelle ses paroles; je prie, je presse, je
m'humilie, et je n'en rougis point : le moyen qui
la rendrait au bonheur ne peut être indigne de
moi. Elle répond enfin; mais son sein s'agite; sa
voix est altérée; le reproche est sur ses lèvres;
il y expire : me ménager, c'est m'aimer encore.

Elle ne m'adresse que des choses insignifiantes;
mais du moins elle a parlé. Je parle à mon tour;
j'emploie la plus puissante de mes ressources; je
lui parle de son fils. « Vous l'aimerez, dit-elle;
« jurez-moi que vous l'aimerez. — Sophie, que
« m'annonce ce ton solennel et prophétique! Il
« me glace d'effroi. » Je la presse dans mes bras,
sur mon cœur; elle reçoit mes caresses, elle y
est insensible.

Les jours, les semaines, les mois s'écoulent, et
rien n'a changé ici. La douleur s'y est fixée; j'ai
perdu le pouvoir de l'en bannir, et j'ai la force
de la supporter.

Cette figure, brillante, il y a si peu de temps,
de jeunesse, de santé, de fraîcheur, est éteinte et
flétrie. Sophie n'est plus que l'ombre d'elle-même.
Elle dépérit, je ne peux ni me le dissimuler, ni
me pardonner des maux, que j'ai fait naître; que
mes imprudences ont alimentés; qui tuent cette
tendre victime.

Voyage funeste! Sans la folie qui nous a conduits à ce château d'Ermeuil, je n'eusse distingué, je n'eusse aimé qu'elle. Elle serait heureuse, et mon bonheur égalerait le sien.

Hommes insensés, imprévoyans, nous jouons avec la passion naissante. Elle flatte, elle attire; le masque des ris et des jeux cache ses formes effrayantes; nous nous livrons en aveugles. Bientôt le charme s'évanouit; une main de fer s'appesantit sur nous; elle nous courbe sous la verge du remords. Des jouissances passagères, sont payées par des larmes de sang.

Réflexions tardives et inutiles! Détourneront-elles le coup qui me menace? Elles le rendront plus cruel... Mais est-il donc impossible de le prévenir? La persuasion m'a-t-elle fui sans retour? Elle aime encore, et je désespère!

Je vais à elle, je tombe à ses pieds; je la conjure de vivre pour son fils et pour moi. Je lui peins le bonheur passé; je le pare de nouveaux charmes; je lui prouve qu'il suffit d'un acte de sa volonté pour le rappeler, le fixer à jamais. J'invoque sa raison, sa générosité; je reviens à son fils, à moi, au vœu ardent de conserver une épouse adorée; au besoin que ce malheureux enfant aura bientôt d'une mère. Elle est ébranlée, attendrie, elle me presse la main!... Faveur inappréciable aujourd'hui, et dont j'avais perdu l'habitude!

Elle n'éprouve point le dégoût de la vie, dit-elle; elle consent à prolonger la sienne; elle la

consacrera tout entière à son fils. « Mais toi,
« que me veux-tu ? Que puis-je pour toi ! t'offrir
« l'aspect fatigant d'une femme, qui a perdu tous
« les agrémens qui t'avaient séduit. Sans force,
« presque sans vie, je suis encore tout amour, et
« je ne peux plus en inspirer.

« — Ainsi toujours prompte à te créer des chi-
« mères, tu méconnais ta puissance et mon cœur!
« Est-ce de tes charmes seuls qu'il fut, qu'il est
« idolâtre? N'est-il pas entraîné par la réunion
« précieuse de toutes les qualités? Ces charmes,
« que tu crois flétris sans retour, ne renaîtront-
« ils pas quand tu l'auras fortement voulu? So-
« phie, tu n'as que vingt ans, et tu désespères de
« la nature! Seconde-la, et cette fleur, languis-
« sante sur sa tige, se relèvera plus fraîche et plus
« brillante. De la confiance, de la gaieté, et ces
« tendres épanchemens, qui faisaient le charme
« de notre vie, voilà les moyens que t'offre l'a-
« mour, qu'il met à ta disposition, et qui te ren-
« dront à tous ceux qui te chérissent. »

En lui parlant ainsi, je la couvre de baisers.
Son teint s'anime, le sourire reparaît sur ses lèvres; une nuance de volupté se montre dans ses
yeux; elle s'accroît graduellement, elle parvient à
son comble... « Encore un moment heureux, dit-
« elle. Je n'en espérais plus... Je ne croyais pas pou-
« voir supporter ces délices... Ah, Francheville,
« encore... encore... Que cette mort serait douce! »

Ces mots m'arrêtent; ils me font frissonner. Je

la regarde; sa physionomie conserve l'expression du plaisir; mais sa faiblesse est extrême.

Je m'assieds auprès d'elle; je me reproche mon imprudence; je m'accuse; je me repens. « Je m'at-
« tendais à ce reproche, dit-elle. Je n'ai rien ob-
« tenu que de la complaisance et de la pitié. Non,
« je ne peux plus inspirer d'amour. »

Est-il possible d'empoisonner ainsi les plus doux momens; de déchirer un cœur, avec cette froide cruauté; de tourner, de retourner, sans cesse, le fer dans la blessure! Je suis au désespoir; mais aussi ma patience s'épuise. Je sens l'impossibilité de résister, plus long-temps, à l'injustice, à la multiplicité de ces inculpations; je vais éclater... Malheureux, possède-toi; elle est mourante!

Je lui dérobe un juste ressentiment. Je vais l'exhaler auprès de madame d'Elmont.

« Persévérez, me dit-elle, soyez toujours bon,
« généreux. Peut-être, hélas! votre indulgence ne
« lui sera pas long-temps nécessaire. »

Cette dernière pensée me ramène auprès de Sophie, impassible et résignée. Un faible cri lui échappe; il est suivi d'un second. La nature semble faire des efforts soutenus. Vais-je être père?... Oui, tout l'annonce, et le terme n'est pas arrivé.

Nouveau sujet d'alarmes! N'en avais-je pas assez? Cependant Richelieu, né aussi à sept mois, est mort octogénaire. Oui, mon enfant peut vivre;

il vivra, pour être le consolateur de son père, et son appui près de sa mère infortunée.

On n'avait pu prévoir que les secours deviendraient sitôt nécessaires, et l'homme de l'art, à qui elle a donné sa confiance, habite la ville de Pau. Dix lieues à faire! Il est impossible qu'il arrive assez tôt. Je fais partir Georges et ses camarades; je les envoie aux villes les plus prochaines. Je leur ordonne de consulter la voix publique, de choisir d'après elle, et surtout de faire une extrême diligence.

Madame d'Elmont et Justine lui donnent les premiers soins. Je suis là, toujours là. Elle semble me voir avec satisfaction. Elle m'appelle, elle me prend la main; elle m'attire près d'elle; elle semble vouloir m'unir à son enfant. Elle me donne le doux nom de père; elle me sourit. Ah! elle a tout oublié pour se livrer au plaisir d'être bientôt mère, et mon enfant la rattachera à la vie.

Les douleurs cessent et se reproduisent; elles se dissipent, et se font sentir encore; mais elles sont faibles et deviennent rares. Le reste de la journée, et une partie de la nuit se passent dans ces alternatives. Je suis tranquille, et j'attribue ces douleurs passagères à une suite d'émotions bien opposées. Je me persuade qu'elles disparaîtront tout-à-fait. Espérance! hochet de tous les hommes!

A minuit Georges revient ; la figure, et le ton de celui qu'il me présente inspirent la confiance. Philippe, un de ses camarades, en amènent un second, un troisième. Ils se réunissent autour de Sophie. Ils l'examinent, ils délibèrent. Mes yeux ne cessent d'interroger les leurs : je n'y remarque rien d'inquiétant.

Ils m'invitent à me retirer, à engager madame d'Elmont à me suivre : nous répondons que nous sommes inséparables de Sophie. Ils annoncent un accouchement prochain, et peut-être difficile : raison de plus pour ne pas nous éloigner.

Toujours des douleurs, mais faibles et courtes. L'un des trois, pour lequel les autres semblent avoir de la déférence, me tire à l'écart. « La na-
« ture est sans force, me dit-il tout bas ; il est à
« craindre que seule elle n'opère pas la déli-
« vrance. » Sophie ne nous a pas perdus de vue. Elle a remarqué un frémissement dont je n'ai pas été maître. « Faut-il mourir, s'écrie-t-elle doulou-
« reusement, avant d'avoir vu mon enfant ! —
« Vous ne mourrez point, madame ; mais votre
« état demande des précautions ; il prescrit des
« mesures indispensables. » Il profite de ce moment d'alarme pour parler d'instrumens. Leur aspect produit toujours une sorte de crise. Il est probable que celle-ci n'augmentera pas, et il ne veut pas la renouveler. Je le tire à l'écart à mon tour. Je l'interroge. « Vous êtes un homme, me

« dit-il; vous en déploierez, s'il le faut, le carac-
« tère et l'énergie. Je ne dois pas vous cacher que
« je ne réponds de rien. »

Non, je ne suis plus homme; non, je n'ai ni caractère, ni énergie, quand je tremble pour elle; je ne suis plus qu'un faible enfant. Ma douleur éclate, je le sens, et je ne peux m'éloigner.

C'est elle, qui peut-être me sera ravie, dans quelques instans, dont j'ai flétri, abrégé les beaux jours, c'est elle qui m'appelle, qui me console. Elle partage ses tendres soins entre sa mère et moi. Il semble que ce soit nous qui soyons menacés. Elle nous remercie du tendre intérêt que nous lui portons! Elle regrette de m'avoir tourmenté! Elle me demande pardon, à moi, l'unique cause de ses chagrins.

Les accoucheurs nous invitent à ménager la malade, à prévenir toute espèce d'émotion. Ils nous prient, pour la seconde fois, de passer dans la chambre voisine. Pourquoi exiger que nous sortions? Ont-ils désespéré d'elle? Ils ajoutent que le moment d'opérer est arrivé. Madame d'Elmont persiste à vouloir aider sa fille. Moi, je ne sais que souffrir.

Je m'éloigne de quelques pas; je vois les apprêts effrayans... « Adieu, bon ami, adieu, me dit
« Sophie. » Je revole à elle; je la tiens embrassée; on emploie la force pour m'en détacher. Justine appelle Georges et Philippe; ils m'entraînent à

l'extrémité de la maison; ils m'y gardent à vue, et là, j'attends mon sort, dans les plus douloureuses angoisses.

Je prête l'oreille; je n'entends pas un cri... Peut-être l'éloignement... peut-être aussi son extrême faiblesse... « Va, Georges, va à la porte de sa « chambre; je te promets de ne pas m'échapper. « Va, écoute, et reviens, à chaque instant, me « rendre ce que tu auras entendu...»

Georges ne revient pas. « Va, Philippe; par pi- « tié, tire-moi de l'incertitude affreuse où je suis. « — Si monsieur veut me promettre comme à « Georges... — Je promets, je tiendrai... Va. »

Humanité cruelle et mal entendue! Ils veulent ménager mes yeux; ils ne sentent pas qu'ils torturent mon cœur.

Je ne peux résister plus long-temps à ce que je souffre. J'oublie de vaines promesses; je sors, je m'élance, j'arrive... Je suis arrêté par madame d'Elmont, fondante en larmes, et ne pouvant articuler un mot. « C'en est fait, m'écriai-je, » et je tombe privé de sentiment.

Je me retrouvai sur mon lit. Madame d'Elmont, assise près de moi, s'abandonnait à sa douleur... Je veux la revoir encore; je veux chercher la vie sur ses lèvres, l'animer de la mienne : mes gens se jettent devant moi. « Laissez-le, dit madame « d'Elmont; qu'il la voie; qu'il lui adresse ses ten- « dres et vains regrets; qu'il pleure, et qu'il se « soulage.

« — Il est donc vrai... c'en est donc fait !... Et « l'enfant ? le malheureux enfant !... Vous baissez « les yeux ; vous n'osez me répondre... J'ai tout « perdu. Je les ai tués l'un et l'autre.

« Cruels ! vous m'avez ravi son dernier adieu ; « vous m'avez empêché de recueillir son dernier « soupir. Elle eût répété son pardon ; il eût, ce « me semble, modéré ma douleur... Allons, mar- « chons, contemplons notre ouvrage... Qui m'ar- « rête encore ? qui me tient la main ?... C'est Geor- « ges, baigné dans les pleurs.

« Hé, que me font vos larmes à tous ! Vous me « plaignez, au lieu de me punir. Je vais me faire « justice ; je vais voir ma victime. »

Quel spectacle, grand Dieu ! cette femme, naguère brillante d'attraits, n'offre plus que l'image hideuse de la destruction, du néant. Il ne reste rien d'elle. Je ne la reconnais plus. Cet organe si doux, si pénétrant, ne résonnera plus à mon oreille. Ce cœur brûlant ne répondra plus au mien. Tout est éteint, tout est mort. La tombe attend sa proie. Orgueil humain, venez vous abaisser ici !

Je m'approche d'elle, dans un silence religieux. Je détourne la vue de ce visage défiguré. Je cherche sa main. Cette main, toujours prête à donner le signal du plaisir, est roide et glacée !... Son anneau ! oh, il ne me quittera plus. Il devait être le gage de son bonheur : il fut celui de sa mort...

Quel est ce bassin que couvre un voile ? Que

renferme-t-il?... Dieu! grand Dieu, un enfant défiguré, presque en lambeaux... Mes cheveux se hérissent; un mouvement de frayeur me fait tourner la tête, et je retrouve sa malheureuse mère. La mort, partout la mort, toujours la mort!

Images affreuses, dont je ne peux me détacher! Sans mouvement au milieu d'elles, je les redoute et les contemple. Je m'en éloigne, j'y reviens. J'ai la force de toucher encore ce voile funèbre : l'effroi le fait retomber.

«Monsieur, il y a deux grandes heures que vous «êtes ici. — Georges, j'y apprends à mourir. — « Monsieur, n'ajoutez pas à ce que je souffre. Sui- «vez-moi, par pitié pour mes cheveux blancs, «pour mes longs services. — M'en éloigner, c'est « les perdre une seconde fois. Ma place est près «d'eux; je ne les quitterai plus.»

Mes transports se reproduisent avec une force nouvelle. Je saisis Georges; je l'entraîne près du lit mortuaire : « Vois-tu cette femme? elle est « morte de l'excès de son amour. » Je le pousse vers le bassin, je relève le voile : « Vois-tu cet « enfant? Je l'ai tué dans le sein de sa mère, et je « ne trouve pas de larmes!... Des larmes! elles sont « la consolation de l'infortune : le coupable n'en « doit pas répandre..............................
....

Que s'est-il passé... où suis-je?... Je reviens d'un long évanouissement. Je reconnais madame d'Elmont. Sa douleur me rappelle tout ce que j'ai perdu. Je me lève, je sors; ils me laissent aller. Oh, je prévois ce qu'ils ont fait! J'entre dans cette chambre... Tout est enlevé, tout a disparu. Il n'y reste rien de ce qui fut à son usage.

« Où l'a-t-on déposée? Je veux le savoir; je « veux aller gémir sur sa tombe... Personne ne « me répond... Je trouverai, sans vous, l'asyle de « la mort. »

Je sors, je parcours le village... Je cherche des tombeaux. J'aperçois un groupe d'enfans, qui jouent sur les débris de l'espèce humaine!... Je ferme les yeux, je pousse des cris... « Ceux-là vi- « vent; ils sont la joie de leurs parens... Le mien « est mort!... Éloignez ces enfans, éloignez-les... »

Il n'est pas de forces humaines qui puissent résister à la violence, à la continuité de ces secousses... Je me sens défaillir une seconde fois... Je cesse au moins de souffrir.

CHAPITRE XXXII.

Conclusion.

Où m'a-t-on transporté? Je ne reconnais pas cette chambre, cet ameublement. Combien d'heures, de jours se sont écoulés? Pourquoi suis-je environné de gens que je ne connais pas?... Quel vide dans ma tête, et dans mes idées? Il me semble que je suis malade, bien malade. Je me sens incapable d'aucun mouvement. Je veux parler; je ne trouve point de voix. Je porte un œil affaibli sur tout ce qui m'entoure...

Un vieillard affligé relève sa tête abattue. Il me fixe, il vient à moi. « Grand Dieu, s'écrie-t-il, « nous le rendez-vous pour la seconde fois ! » Le son de sa voix ne m'est pas étranger. Je regarde plus attentivement... C'est Georges, mon bon Georges. Je veux lui tendre la main; je n'ai pas la force de la soulever.

Quel est ce jeune homme qui s'élance vers moi? Il me presse dans ses bras; son œil est humide; sa figure pleine d'expression... Me trompé-je?... Non, c'est bien lui, c'est Soulanges. Pourquoi est-il ici? Pourquoi garde-t-il le silence? Je sors d'un songe, pénible et sans liaison, et on ne me dit rien qui me rappelle le passé, qui m'éclaire sur le présent.

Une femme! Une femme!... Ah, c'est Justine. Justine! où est Sophie? Pourquoi n'est-elle pas près de moi... Dieu! Dieu! Il se reproduit, ce passé que j'étais trop heureux d'avoir oublié. Je m'en retrace toute l'horreur... L'émotion est trop forte; je ne la soutiendrai pas... Ah, des larmes!... J'en retrouve enfin. Je me sens soulagé.

Soulanges me parle enfin, et ne raisonne pas. Il ne cherche pas à me consoler; il s'afflige avec moi. Il me fait sentir le danger que j'ai couru, la nécessité de me modérer, long-temps encore, et il ne m'entretient cependant que de mes peines. Il sait qu'il ne peut m'en distraire; il a l'adresse de me les montrer dans l'éloignement; il les fait, pour ainsi dire, rétrograder. C'est mettre, entre elle et moi, le voile salutaire de la distance et du temps.

Ainsi ces météores destructeurs, que l'œil distingue à peine, n'excitent que l'anxiété, lorsqu'ils terrifient ceux dont ils menacent la tête.

Je suis à Saint-Gaudens. J'y suis venu, sans tenir de route suivie; fuyant les habitations, les enfans, les femmes, qui se trouvaient sur mon passage; appelant, invoquant Sophie, mon fils, et la mort. Georges et Philippe me suivaient à une certaine distance. Ce sont eux qui m'ont relevé, privé de force et de sentiment; qui m'ont placé dans cette maison; qui y ont conduit madame d'Elmont, et tous ont veillé sur des jours que je ne désire pas prolonger.

Mon esprit a été aliéné; une fièvre brûlante a desséché mon sang; depuis deux mois je suis dans un état désespéré... Eh, que m'importe la vie? Un signe avertit Soulanges que ce n'est pas de moi qu'il faut m'entretenir. Qu'il me parle de Sophie.

Au moment où ma maladie s'est développée, madame d'Elmont a envoyé un exprès à Soulanges. Elle ne m'a quitté, qu'après l'avoir établi près de moi. Elle est allée déposer, dans la sépulture de ses ancêtres, les restes embaumés de sa fille et de mon fils. Il n'y a plus rien d'eux dans les Pyrénées. Deux cents lieues nous séparent déja! Dans l'état où je suis, c'est un monde qu'on a mis entre nous.

Soulanges a le ton d'une profonde sensibilité, et cependant ses expressions, douces et mesurées, adoucissent ses tableaux. Il calmerait une douleur ordinaire... Mais la mienne !

Justine me présente je ne sais quoi, quelque médicament sans doute. Et elle aussi elle devait être mère... Elle l'est, je m'en aperçois en prenant le remède. Est-elle plus heureuse que moi ? N'a-t-elle point à pleurer sur cette innocente créature ?

On interprète mal mes signes. Justine sort, et revient avec un enfant beau, plein de vie et de santé. Je détourne la tête avec un serrement de cœur affreux. « Otez cet enfant, ôtez-le... que sa « mère s'éloigne : c'est une femme; je ne veux « plus en voir. » Voilà les premiers mots que je prononce. Ils sont arrachés par la violence de mes sensations.

Cet état d'exaspération ne pouvait durer. Nos douleurs sont proportionnées à nos forces physiques. Il faut des organes vigoureux pour sentir avec énergie. Les miens, affaiblis, affaissés, ne sont susceptibles que de mélancolie ; mais celle-ci est profonde. Elle ronge, elle mine, elle tue peu à peu. Que lui reste-t-il à faire ? je suis déja mourant.

Quel est cet homme ? Mon médecin. « Je trouve « beaucoup de mieux, dit-il. » Soulanges répond

par un mouvement de tête. « Ah! j'entends : la
« mémoire est revenue avec la raison et le juge-
« ment. — Et il ne s'en sert que pour nourrir sa
« douleur. — Il a déja trop du mal physique. Mon-
« sieur, l'homme raisonnable sait donner de justes
« bornes à tout. L'affliction immodérée annonce
« absence de principes, ou de caractère. » Il veut
éveiller mon amour-propre, l'opposer à mon
cœur : que m'importe ce qu'ils pensent de moi!

Soulanges et lui commencent une conversation
qu'ils rendent sans doute agréable et variée. Ils
cherchent à me distraire, à forcer mon attention :
je ne peux écouter.

Ils me rappellent cependant le roman astronomique de Soulanges. Il m'a occupé une journée
entière ; mais alors je n'avais point de remords.

Je m'efforçai de me tourner de l'autre côté : je
ne voulais ni voir ni entendre. Ils s'aperçurent
bientôt que l'esprit et l'érudition deviennent fatigans quand ils sont déplacés. « Il ne peut vivre
« quatre jours dans cet état, dit le médecin, à
« voix basse. » J'entends ce que j'ai intérêt à savoir. Dans quatre jours donc tout sera fini. Je
croyais qu'il est plus difficile de mourir.

« Il faut le ramener à des sensations douces,
« attachantes. » Présomptueux! quels sont donc
vos moyens? « Monsieur de Soulanges, il n'y a
« point à balancer : employons le grand remède.
« — Je ne crois pas qu'il soit temps encore. —
« Peut-être dans deux jours il sera trop tard. —

« Pourra-t-il supporter une pareille émotion ? —
« Je l'ignore ; mais de toutes les affections, celles
« de la joie sont les moins dangereuses, et nous
« sommes réduits à la nécessité d'opter. » De quel
remède parlent-ils donc ?

L'enfant de Justine pleure. Il est dans la chambre voisine ! Pourquoi le mettre aussi près de moi ? Ce n'est pas cruauté, sans doute ; c'est une inexplicable imprévoyance : ils ont cependant vu quel effet a produit sur moi cet enfant... Je l'entends encore ! « Éloignez-le, éloignez-le donc.
« — Pourquoi l'éloigner, mon ami ? — Sa vie me
« fait mal. — Elle peut rappeler la vôtre. — Elle
« l'abrégera. — Mon ami, revoyez cet enfant. —
« Je consens à mourir ; mais par grace, épargnez-
« moi quelques douleurs. — Vous ne m'entendez
« pas, et je crains de m'expliquer. — Parlez, je
« puis tout entendre, hors les pleurs de cet en-
« fant. — Vous en avez perdu un ; mais vous en
« aviez deux. — Fanchette ! Fanchette !... »

La force des sels, de l'éther me rouvrent les yeux. « Fanchette, dis-je encore, » et mes muscles, long-temps contractés, se distendent ; je sens que je souris. J'éprouve un calme bienfaisant, réparateur. Justine est là. Elle tient l'enfant ; elle me le présente. Mes bras s'élèvent vers lui ; je trouve de la force pour le prendre ; je le place à côté de moi. Ma joue touche à la sienne ; de douces larmes s'échappent... Oui, oui, ce remède est bon.

« Et sa mère, sa mère ! — Elle est à Paris. -
« Vous cherchez à abuser ma douleur. Pour la
« dernière fois, ôtez-moi cet enfant. S'il était le
« mien, Fanchette serait ici. Je l'éleverai, m'a-t-elle
« dit. Il ne passera pas aux mains d'une étrangère.
« Fanchette ne l'a pas repoussé au moment de sa
« naissance; elle ne lui a pas refusé son sein; elle
« n'a pas voulu qu'une autre fût aussi sa mère. »

La porte s'ouvre... c'est elle! oui, c'est elle, je la vois... je me meurs... je renais.

Je rapproche l'enfant; j'attire à moi sa mère; je les tiens embrassés tous les deux. Nos larmes se confondent. « Fanchette, il y a quelques mois
« tu as sucé ma blessure; aujourd'hui tu arraches,
« de mon cœur, le trait empoisonné : je te devrai
« deux fois la vie. »

Depuis huit jours elle est ici, et elle n'a pas osé m'approcher, se faire entendre! elle s'éloignait, pour donner un libre cours à ses sanglots. Elle souffrait comme moi; elle s'éteignait avec moi. « Cher enfant, depuis huit jours tu t'es abreuvé
« de larmes. Viens prendre le sein de ta mère,
« rassurée et heureuse. »

L'innocent entend sa voix; il lui tend les mains, il lui sourit. Elle s'assied près de moi; elle ouvre son corset. La bouche rosée de l'enfant s'applique à un sein d'albâtre. Elle regarde avec une expression! Son œil enchanteur se tourne vers moi. Il semble me dire : Vois comme je t'aime en lui.

Quel tableau! quelles sensations il fait naître!

Ah, qu'elle soit là, toujours là. Elle seule peut éloigner le souvenir déchirant de la malheureuse Sophie. « Que je te voie toujours; que je me par-
« tage entre toi et mon fils. — Monsieur... —Fan-
« chette, ne me nomme pas ainsi. — Mon ami,
« vous désiriez... — Non, Fanchette, non, plus
« de *vous*. L'amour dit *toi*. — Et j'aurai tant de
« plaisir à le dire ! Mon ami, tu désirais un fils,
« mais... — Hé bien, j'embrasse ma fille ! pourquoi
« ce ton timide ? qu'importe qu'un nom obscur
« s'éteigne ? » Et je les presse encore toutes deux
dans mes bras.

Soulanges, cher ami, que ne te dois-je point !
tu t'es arraché, pour moi, aux délices de la capitale. Frivole et sensible à la fois, tu as consulté ton cœur; tu y as trouvé ce qui devait ranimer le mien, le rattacher à la vie.

Le médecin fait un signe : l'excellente fille obéit. « Fanchette, tu me quittes ! — Monsieur,
« vous sentez trop vivement. Je ne crois pas de-
« voir prolonger votre émotion. — Hé, monsieur,
« croyez-vous qu'elle me soit moins présente,
« pour n'être pas ici !

« Vous l'avez voulu, docteur, dit Soulanges. —
« Ah, mon ami, qu'il a bien fait ! — Il ne nous
« reste maintenant qu'un parti à prendre : c'est
« de lui céder. — Je ne cède jamais. — Vous ne
« savez pas à quel homme nous avons affaire. —
« Il est indispensable qu'il prenne un peu de re-
« pos. — Hé, monsieur, jouir n'est-ce pas repo-

« ser! — Tout cela est fort bien; mais je suis
« inexorable. J'exige que madame se retire. —
« Fanchette, laisse-moi ma fille, et je serai sûr
« de te revoir bientôt. »

Il a raison, le repos m'est nécessaire. Une potion calmante me le procure. Je m'endors d'un sommeil doux et paisible.

A mon réveil, je retrouve Fanchette, ma fille et mon ami. Le médecin me prend le pouls, et, dans un accès de vivacité gasconne, il jette, par la fenêtre, potions et opiats. Voilà le seul remède que j'ordonne, dit-il, en désignant Fanchette; mais il faut en user avec une extrême discrétion.

Je n'ai eu jusqu'ici que le temps de la voir; je n'ai pas eu celui de l'examiner. « Approche-toi,
« Fanchette; viens, que j'achève de te reconnaître.
« Ah, c'est bien toi. Je retrouve tes charmes, ta
« gaieté, tes graces, ton aimable abandon, ce tout
« inconcevable, dont tu ne connais pas la puis-
« sance; mais auquel il est impossible de résister.
« Fanchette, donne-moi ta main : je te vois mieux
« quand je te touche. — Mademoiselle, retirez votre
« main, et raisonnons. Vous m'avez prouvé à Paris
« l'inutilité des précautions, et je n'en prendrai
« pas ici. Observez seulement que l'ivresse des sens
« est mortelle, dans l'état de faiblesse où se trouve
« Francheville. Rappelez-vous que vous êtes ve-
« nue de Paris en poste; que vous ne vous êtes
« pas arrêtée deux heures en route; que vous avez
« passé ici huit jours, dans le désespoir et les

« larmes; qu'un sang, à demi brûlé, portera le
« ravage dans les veines de votre Honorine; qu'il
« est urgent de rendre au vôtre une fraîcheur sa-
« lutaire.

« — Il a raison, Fanchette; nous n'avons plus
« le droit de vivre pour nous: tout pour Hono-
« rine! »

Ils vont souper ici, près de moi. Je la verrai une grande heure encore, et elle me laissera, en sortant, l'espoir du lendemain.

Quoi, déjà! les heures sont quelquefois si longues! qu'elles sont courtes aujourd'hui! elle va me quitter; elle me présente ma fille. Derrière la figure de l'enfant, j'ai rencontré la sienne... Soulanges ne m'a vu prendre qu'un baiser.

Justine est maintenant au service de Fanchette; c'est mon bon Georges qu'on établit près de moi. Être heureux, qui ne se doute pas de son bonheur! Le long cours de sa vie est un jour sans nuages. Peu de jouissances, sans doute; mais les gens passionnés les achètent si cher!

Il est causeur, quand cela me convient. Il m'apprend bien des détails que j'ignorais, et tous prouvent le dévouement absolu de Soulanges, l'amour inépuisable de Fanchette.

Elle a pleuré Sophie. « Elle aimait M. de Fran-
« cheville, a-t-elle dit: je pleure sur elle et sur
« lui. Georges, parle-moi encore de Fanchette;
« répète-moi souvent son nom... Ce n'est pas cela,

35.

« Georges, tu m'endors... — Alors, monsieur, je
« suis le conteur qu'il vous faut. »

Elle a devancé l'aurore; elle paraît avec elle. Mais l'infatigable Soulanges est là. Les surveillans rendent les caresses plus rares, mais plus douces. Un baiser, pris à la dérobée, en vaut vingt.

Le médecin est enchanté de mon état. Il ne se doute point que nous nous sommes un peu écartés de l'ordonnance. Voilà ces messieurs! ils prescrivent la diète, on mange et on guérit.

Je roule dans ma tête un projet bien simple, bien naturel, que le monde désapprouvera, et que le lecteur devine aisément. Celle qui, sans naissance, sans fortune, sans état, sans considération, a balancé constamment, dans mon cœur, celle qui avait tout ce qui éblouit, attache et fixe les hommes, n'est-elle pas l'objet que j'ai toujours préféré? Celle qui n'a jamais prétendu à rien; que l'amour désintéressé a constamment conduite; qui, à l'issue de mon combat, a exposé sa vie, pour me conserver à sa rivale; qui a ménagé sa fierté; qui a ployé sous elle; qui m'a vu, sans murmurer, passer dans ses bras; qui a donné des larmes à sa mort prématurée; qui au premier mot de Soulanges est revenue à moi; que le destin semble avoir conservée, pour la consolation, le bonheur du reste de ma vie; celle-là, dis-je, n'a-t-elle pas des titres, des droits, incontestables, sacrés? Que leur opposera l'opinion? des préjugés. Je leur oppose, moi, l'équité et l'amour.

« Mes amis, écoutez-moi : l'homme prêt à finir,
« se détache du monde, et de ses illusions. Il voit
« les choses, sous leurs véritables rapports; il les
« juge avec impartialité. Pourquoi ceux que doit
« rassembler un jour la poussière des tombeaux,
« établissent-ils, entre eux, des distinctions ridi-
« cules? pourquoi ceux qui se jugent, qui s'ap-
« précient, qui éprouvent un attrait qui les attire
« constamment l'un vers l'autre, ne franchiraient-
« ils pas les barrières, que des conventions bizarres
« leur opposent? Fanchette, ma séduisante, ma
« digne amie, toi qui m'as consacré tout ton être,
« et à qui j'appartiens désormais, sans retour, te
« laisserai-je en butte à l'humiliation qui poursuit
« une fille sensible et faible? en serai-je moins
« Francheville, quand tu seras mon épouse? Je ne
« serai pas descendu aux yeux scrutateurs du
« monde; je t'aurai élevée jusqu'à moi. Fanchette,
« tu veux répondre; je te pénètre. Point de mots,
« des choses. Parle, j'écoute.

« — Mon ami, ta proposition ne m'étonne point;
« tu devais me la faire; je l'attendais; mais il doit
« me suffire d'en avoir été jugée digne. — Fan-
« chette, que vas-tu dire? — Aussi tendre, aussi
« délicate que toi, je n'avilirai point l'homme que
« j'adore. — M'avilir! ah, Fanchette, quelle opi-
« nion as-tu donc de toi! — Mon ami, ces con-
« ventions, que tu appelles des préjugés, sont
« respectables : c'est sur elles que repose l'ordre

« social. Il indique des places, il marque des dis-
« tances. Cent mille individus, qui voudraient tout
« rapprocher à la fois, détruiraient tout. Destiné,
« par ta naissance, par tes talens, à remplir les
« grandes places; appelé à être un des conserva-
« teurs de cet ordre, que tu veux intervertir au-
« jourd'hui, que répondrais-tu à ceux qui seraient
« tentés de t'imiter, et qui, forts de ton exemple,
« te diraient : Celle que vous avez honorée du
« nom de votre épouse est aussi une fille de néant?
« — Ce que je leur répondrais ! Elle m'a sauvé
« deux fois la vie, et elle n'a que des vertus. Tu
« n'as point d'ancêtres? Vénus n'en avait pas; en
« fut-elle moins la reine des amours?

« — Mon ami, je ne dépends que de moi; je n'ai
« point d'entours; le blâme ne peut m'atteindre.
« Je vivrai avec toi et pour toi. Fière d'avoir re-
« fusé le plus précieux des titres, je le serai en-
« core d'être ta maîtresse. — Hé bien, Fanchette,
« as-tu fini? n'as-tu plus rien à m'opposer? Je
« laisse tes objections, et je lève tous les obstacles.
« Je réalise ma fortune; je t'épouse; je passe avec
« toi dans l'Amérique septentrionale. On ne de-
« mande point là quels étaient les aïeux d'une
« femme charmante, qui fait les délices de la so-
« ciété, parce qu'elle n'en a pas besoin. — Non,
« mon ami, je ne t'enlèverai point à ta patrie;
« elle réclame tes services; tu les lui offriras. Tes
« loisirs appartiendront à Fanchette; son amour
« attentif les embellira.

« — Soulanges, vous êtes désintéressé, équita-
« ble ; prononcez entre nous.

« — Vous avez fait tous deux votre devoir. Je
« n'établirai pas à quel point vos motifs sont ad-
« missibles ou faibles. Une discussion est inutile,
« avec des personnes qui tiennent aux principes,
« et qui ont du jugement. Mademoiselle, les an-
« nées passent rapidement; ce charme, qui se ré-
« pand jusque sur votre faiblesse, s'évanouira en-
« fin. Que ferez-vous de votre vieillesse, quand la
« société, que vous aurez cessé d'éblouir, vous
« délaissera? Vous avez un enfant. Que lui ré-
« pondrez-vous, s'il vous reproche un jour de
« l'avoir volontairement privé de son état, et du
« nom de son père? Honorine est un lien qui vous
« unit déja : elle sera votre excuse aux yeux du
« monde, quand vous en aurez contracté un plus
« fort. »

Il prend l'enfant, il me le remet : « Mademoi-
« selle, le père et la fille sont également à vous;
« vous ne les séparerez pas.

« Crois-tu, me dit-elle, qu'il ne m'ait pas coûté
« de te combattre ? n'as-tu pas jugé que j'ai été
« soutenue par l'orgueil flatteur de tout te sacrifier ?
« ne sens-tu pas avec quel sentiment délicieux je
« prendrais ton nom et ton rang, j'avouerais pu-
« bliquement mon amour; avec quel empresse-
« ment, quelle active constance je m'efforcerais
« de justifier une élévation, qui blesse les conve-
« nances ? Souviens-t'en, mon ami : t'adorer, te

« trouver un moment, te posséder, avec la certi-
« tude de te perdre un moment après, était pour
« moi le bien suprême. Quel nom donner à la
« destinée qui m'attend! Mais, Francheville, cette
« inexprimable félicité durera-t-elle ? Si le temps
« amenait la froideur, le dégoût; si tu réfléchissais
« à des espérances fondées, et perdues sans re-
« tour; si un mot, un seul mot annonçait des re-
« grets! ah, Francheville, que deviendrais-je? ta
« chaîne est légère aujourd'hui : quel fardeau pour
« moi que celle que tu t'efforcerais de rompre, et
« que tu me reprocherais de t'avoir donnée! —
« Arrête, Fanchette, arrête. Ne prévois pas un
« avenir, qui n'existera jamais. As-tu remarqué
« dans ma conduite, dans mes procédés, dans
« mes discours, dans les choses même les plus in-
« différentes, rien qui annonçât l'ingratitude ou
« la dureté? L'amour peut s'éteindre, sans doute,
« dans le cœur d'un galant homme; mais combien
« de dédommagemens n'a-t-il pas alors à offrir!
« L'estime, l'amitié, la confiance ne suffisent-elles
« pas aux glaces de la vieillesse? Mais pourquoi,
« rayonnante encore de jeunesse et d'attraits, fran-
« chis-tu une suite d'années, qui appartiennent
« aux amours et aux plaisirs? Employons-en le
« cours; tâchons de le prolonger; et lorsque enfin
« la volupté aura fui loin de nous, nous en par-
« lerons, pour en reparler encore; nous en re-
« trouverons les traces dans le bonheur de nos
« enfans. »

Un baiser, mille baisers sont sa réponse. Il est convenu que nous serons unis, quand les bienséances le permettront, et qu'en attendant...

« Combien de jours faudra-t-il encore attendre?
« — Autant que l'ordonnera le médecin. — Ah,
« Fanchette, il a interdit les baisers, et tu vois quel
« bien ils me font! — Plus bas, mon ami. M. de
« Soulanges nous écoute, et tu n'as pas oublié les
« portes fermées à double tour, les clés sous le
« traversin... — En vérité, mademoiselle, vous
« n'êtes pas plus raisonnable que lui. — Hé, mon-
« sieur, ma pauvre tête, mon cœur sont dans
« l'ivresse : sais-je ce que je fais, ce que je dis? »

Je me porte bien, fort bien. Je me lève, je marche... les jambes un peu faibles cependant. Ah, cela m'autorise à prendre le bras de Fanchette; nous faisons quelques tours de chambre, et quand le régulateur Soulanges a le dos tourné...

Justine l'appelle; il la suit; elle ferme la porte; j'ouvre mes bras; Fanchette s'y précipite. Délices toujours nouvelles, vous allez donc renaître!
« Mon ami, sois prudent. Songe que le cher en-
« fant n'a pas quatre mois encore... »

Ai-je été prudent? je l'ignore; mais je sais que j'ai été heureux, parfaitement heureux, et je consentais à mourir! je n'étais pas dégoûté de la vie; mais je ne croyais plus au bonheur. Je l'ai retrouvé, tel qu'il se présenta à moi à l'auberge de Chantilly, au château d'Ermeuil, dans la grotte d'Eustache, dans le petit lit de la rue Saint-Antoine, et jamais, je le sens, je l'avoue, je n'en ai goûté d'aussi pur, d'aussi vif. Ah, Fanchette, c'est toi que j'ai aimée, que j'aime, que j'aimerai pardessus tout.

« Parbleu, Justine, c'était bien la peine de me
« déranger pour une semblable vétille ! il est ar-
« rivé un malheur, disiez-vous d'un air affecté,
« et il s'agit d'un lapin qui s'est cassé la pate ! »

Elle est toujours fine, toujours obligeante, cette Justine ! Je la remercie par un coup d'œil imperceptible. Soulanges me logerait à un bout de la ville, Fanchette à l'autre ; il ferait griller les portes et les fenêtres, Justine trouverait les moyens de nous réunir.

Il est convenu que dans huit jours nous rendrons Soulanges à Paris et aux plaisirs. Nous voyagerons pendant le reste de l'année, et nous rentrerons dans la capitale sur les ailes de l'hymen et de l'amour.

Le médecin a cessé de me voir, Soulanges de me surveiller. Nous sommes libres, parfaitement libres. Les jours, les nuits se succèdent, se ressemblent, et paraissent toujours nouveaux.

Tout est prêt ; nous partons demain ; nous quittons les Pyrénées. Ce départ réveille de tristes et attachantes idées. Elles m'agitent, elles me tourmentent. « Mon ami, pourquoi me dissimuler quel-
« que chose ? Je n'ai pas mis d'obstacles à tes trans-

« ports ; t'interdirai-je un souvenir ? Viens, viens
« avec moi donner une dernière larme à la jeu-
« nesse et au malheur. »

Nous sortons ; nous observons en route un silence religieux ; nous entrons dans le dernier asile. Sous des arbres antiques s'élève un monument à la fois noble et simple. Elle dirige mes pas de ce côté. Je m'approche, je lis... Je croyais aller à ma ferme ; visiter cette chambre, où s'est passée la dernière scène. Je la croyais transportée à Paris... On a bien fait de me le dire.

C'est donc ici qu'elle repose ! Cette terre, que je presse de mes genoux, doit couvrir tour à tour les objets de notre vénération et de notre culte. Qu'en reste-t-il quand vingt générations sont enfouies après eux ? quelques livres.... qu'on ne lit plus.

Cette réflexion amène un profond soupir. Je regarde Fanchette ; ses yeux sont fixés sur moi. Chacun de nous semble dire de l'autre : Ce sera là aussi ma destinée... Éloignons ces sombres idées ; échappons au néant ; rentrons dans le séjour de la vie.

« Dis-moi, Fanchette, qui s'est occupé de cou-
« vrir décemment les restes de Sophie ?... Tu rou-
« gis ! c'est répondre. » Je l'embrassai avec l'expression de la plus vive reconnaissance.

« Mon ami, il te reste à consommer un acte
« de justice. La mère est morte avant sa déli-
« vrance. L'enfant, mutilé, a donné cependant

« quelques légers signes de vie. La loi t'autorise,
« dit-on, à dépouiller madame d'Elmont... —
« Fanchette, j'ignorais que j'eusse un devoir à
« remplir : je te remercie de me l'avoir indiqué. »

A notre retour à Saint-Gaudens, je signe, et j'expédie une renonciation formelle à tous mes droits sur les biens de feu madame de Francheville. Quelle femme que celle qui m'estime assez pour ne jamais douter de moi, et qui n'oublie rien de ce qui peut flatter ma sensibilité, et ajouter à ma réputation !

Nous ne pensons plus qu'à nous éloigner de ces lieux, si tristes et si chers à la fois, où j'ai tout perdu, tout retrouvé. Nous avons une voiture spacieuse, où nous prendrons Justine avec nous. Elle se chargera quelquefois d'Honorine : Fanchette ne se doit pas tout entière à l'amour maternel.

Je donne à mon bon Georges une carriole commode. Philippe, armé d'une carabine toute neuve, nous servira d'escorte.

Nous sommes en route, et je m'aperçois bientôt que Justine est de trop. Elle a un œil perçant, qui intercepte la pensée, et qui quelquefois fait rougir Fanchette. Allons, au premier gîte, je changerai ces arrangemens-là. Je mettrai Justine avec Georges. Mais Honorine? Hé bien, je la tiendrai à mon tour : je suis son père pour quelque chose, et je ne dois pas avoir les bénéfices sans les charges.

« Mon ami, dînera-t-on bientôt, me dit Fan-
« chette? » Il n'y a pas deux heures que nous
avons déjeuné. Je n'ai pas plus d'appétit qu'elle ;
mais comme elle, j'ai besoin de parler amour; et
l'orateur éloquent aime à joindre l'expression du
geste au charme de la parole.

Nous arrêtons, nous descendons, nous remon-
tons; nous descendons encore. Il est sept heures
du soir, et nous avons fait cinq lieues! N'importe,
nous voilà dans une auberge, assez médiocre, à
la vérité; mais que nous faut-il? un lit. Cela se
trouve partout, et le meilleur n'est pas le plus
doux, disent les connaisseurs.

Justine vient nous éveiller. « Madame, si vous
« voulez faire six lieues aujourd'hui, il est temps
« que vous montiez en voiture. » Je vous l'ai dit :
rien ne lui échappe. Nous nous habillons; nous
nous embrassons comme si nous allions nous
séparer... N'est-ce pas l'être qu'être trois?

« Justine, n'avez-vous rien oublié? — De ce
« qui peut vous faire plaisir? Je ne le crois pas,
« madame... » Ah, ah! la barcelonnette, attachée
hier sur l'impériale, est aujourd'hui suspendue
dans l'intérieur de la voiture. « Madame, j'ai re-
« marqué qu'Honorine vous échauffait, et que
« mes genoux vous gênaient quelquefois. L'enfant
« sera plus fraîchement dans sa barcelonnette, et
« constamment bercé, sa petite voix perçante ne
« vous empêchera plus de causer. »

Elle n'attend pas de réponse. Elle va, en sautant, se placer à côté de Georges, qu'elle se promet, dit-elle, de lutiner pendant toute la route. La singulière et précieuse femme! Que dis-je? n'a-t-elle pas développé la même adresse, n'a-t-elle pas eu les mêmes prévenances pour l'infortunée... Justine ressemble un peu à ces courtisans, amis des graces, et non du prince.

« A propos, qu'est devenu son enfant? — Il est
« en nourrice dans les montagnes. — Mettre son
« enfant en nourrice! — C'est un malheur attaché
« à sa condition. — Et que partagent, volontai-
« rement, bien des femmes qui n'ont rien à faire.

« Oh! aujourd'hui, nous avançons : nous ferons
« au moins quinze lieues. — Mon ami, tu t'en
« aperçois! — Je n'ai cependant pas compté les
« relais. — Ce n'est pas là non plus ce que je
« compte. » Et, son petit compte à part, elle lui donne un air si vif, si piquant, et si voluptueux!

« Mais mon ami, nous allons, nous allons... Où
« allons-nous? — Je n'en sais rien. — Si tu voulais
« aller quelque part?... — Quelque part? nous y
« arriverons sans doute. — Et sans nous en aper-
« cevoir. — Nous sommes ensemble. — L'univers
« est dans cette voiture. — Laissons-la rouler.

« — Mais Honorine? — Elle dort. — Elle pren-
« dra l'habitude d'être bercée. — L'habitude est
« déja prise. — Elle ne te laissera plus dormir. —
« Nous y gagnerons tous les deux. — Nous ne
« pouvons pas cependant l'élever dans une ber-
« line. — Ce n'est pas mon intention. — Il faudra

« s'arrêter enfin. — Aussitôt que tu le voudras.
« — Monsieur, je le veux tout de suite. — Phi-
« lippe, faites arrêter au premier village.

« Nous pouvions voir Pau, Bordeaux, Nantes.
« — Mon ami, je ne veux voir que toi. — Tu
« manqueras de bien des choses dans un village.
« — Un air pur pour Honorine, Francheville pour
« moi... — Et Fanchette pour Francheville, voilà
« tout ce qu'il nous faut. »

Ce village convient, en effet, à des amans qui veulent vivre pour eux. Là-bas, j'avais une maison; ici, il n'y a que des chaumières. Justine nous demande si nous voulons nous faire ermites? Je lui demande si la retraite lui fait peur? « Oh,
« monsieur, on trouve un homme partout. — Et
« pour n'avoir pas à le chercher, on le mène avec
« soi. » J'ai remarqué que M. Philippe... Fanchette me marche sur le pied.

Il est reconnu que tout manque ici. « Que vou-
« lons-nous, dit en riant ma charmante Fanchette?
« passer quelques mois. Qu'importe que ce soit
« ici ou ailleurs? Point de distractions extérieures;
« point de superfluités au-dedans. Tant mieux,
« mon ami. Ces prétendus avantages ne tournent
« jamais au profit de l'amour.

« Madame, dit Justine, qui écoutait en enve-
« loppant le cher enfant, voulez-vous me permet-
« tre de vous conter une historiette? — Contez,
« Justine. — J'avais quinze ans; j'étais jolie; un
« officier de dragons me le dit; je le crus. Il me

« dit que jolie fille de quinze ans doit aimer; je le
« crus encore. Il me dit que quand on s'aime, il
« faut toujours être ensemble; cela me parut na-
« turel. Il me proposa son bras; je le pris. Quand
« nous fûmes au Pont-Royal, il me proposa une
« voiture; j'y montai. Il me conduisit dans un
« village, qui ressemble assez à celui-ci. Il loua
« une maison, où, comme dans celle-ci, il n'y
« avait point de superfluités, et quand on n'a
« qu'un lit, il faut bien coucher deux.

« Nous nous aimâmes passionnément; c'est l'u-
« sage. Au bout d'un mois je me rappelai que la
« société a son petit mérite. A la fin du second,
« nous bâillions en nous regardant. Mon officier
« disparut à la fin du troisième, et... — Franche-
« ville, partons pour Bordeaux. »

Le déménagement est fait en cinq minutes;
nous repartons. « Il me semble, dit Fanchette,
« que l'amour est éternel. — Oui, celui que tu
« inspires. — Il se pourrait cependant qu'il eût
« besoin de repos. — Quelques intervalles, adroi-
« tement ménagés... — Font qu'on se retrouve
« avec un plaisir nouveau. »

Nous essayâmes de la recette, bien avant d'en
avoir besoin, et ici le remède doit précéder la
maladie : l'amour s'envole dès que l'ennui paraît.

Avec quelle aimable vivacité, quelles graces
touchantes, quelle inépuisable douceur, quelle
richesse d'imagination elle sait être toujours nouvelle! Certaine de faire naître la sensation qui

convient au moment, à la circonstance, elle fait succéder, avec rapidité, un enchantement à celui qu'elle vient de produire. Elle a une cour à Bordeaux. Les femmes lui pardonnent d'être jolie; les hommes en raffolent; elle plaît à tout le monde : elle n'aime que moi.

« Comment as-tu fait, Fanchette, pour réunir
« en toi seule ce qui ferait dix femmes aimables?
« — J'ai médité la leçon de Justine. — Mais cette
« facilité d'expressions, cette finesse de pen-
« sées?... — Seule à Paris, et toujours m'occu-
« pant de toi, j'ai appris ta langue. J'ai voulu
« pouvoir t'entendre et te répondre, si je te re-
« trouvais un jour. — Madame, il n'est pas possi-
« ble de mieux tourner un compliment. — Mon-
« sieur, est-il possible de vous en faire ? — De
« mieux en mieux. — N'en soyez pas surpris; c'est
« vous qui m'inspirez. »

Le temps fixé s'écoula au sein de la folie et de la volupté. Le jour où tant de qualités et de charmes devaient être couronnés, parut pour le bonheur de tous deux. Je ne laissais derrière moi personne à qui il dût coûter des larmes : triomphant et radieux, je conduisis ma Fanchette à l'autel.

J'avais pris cent précautions pour dérober la cérémonie à la connaissance des curieux, et cependant notre mariage devint, en deux heures, la nouvelle du jour. Les opinions se partagèrent. Une prude se permit de dire qu'on ne pouvait plus voir cette femme-la. Une jolie dame lui répondit qu'elle aurait eu raison la veille; mais qu'elle avait tort le lendemain.

Il y a un moyen de faire reculer les demi-braves, c'est de les mettre au grand feu. J'annonçai moi-même mon mariage; je l'annonçai, avec la publicité et les formes d'usage, et les chuchoteurs vinrent nous féliciter. Fanchette les reçut avec cette douce modestie, qui ne désarme pas la malignité, mais qui la réduit au silence.

Une fête brillante, donnée à propos, est encore un moyen certain de conciliation. De quoi se compose la grande société? de gens désœuvrés. Mettez-les à table, au jeu, faites-les danser, faites-leur oublier le temps, dont ils ne savent que faire, et ils seront de votre avis, parce qu'ils sentent qu'il faut payer, d'une manière quelconque, ce qu'on appelle du plaisir.

Je donnai une fête. Je la donnai telle, qu'on en parlait encore trois jours après, et que nous emportâmes les regrets des Bordelais. Ils étaient sincères... comme toutes ces protestations d'usage, auxquelles personne ne croit, et qu'on a pourtant la faiblesse d'écouter.

Nous touchons à l'instant critique. Nous allons arriver à Paris : comment y sera-t-elle vue? On n'est pas plus fin à Paris qu'à Bordeaux; on n'y est pas plus méchant; mais on y connaît certaines particularités ignorées en Gascogne. Cette petite Fanchette ne s'est pas tenue derrière un rideau à

Chantilly, au château d'Ermeuil, dans la rue Saint-Antoine. On pardonne difficilement une élévation rapide, et la mériter est souvent le premier des torts.

Notre ami Soulanges n'oublie rien de ce qui m'est utile ou agréable. Il a bravement jeté le gant; il a payé d'audace. Il a dit ce qui pouvait intéresser, ce qui pouvait déplaire. Le fleuve altier, qui roule ses flots en grondant, est bien faible à sa source; mais quand la source est pure, pourquoi la dédaigner?

C'est ce soir qu'elle fait son entrée dans le monde. J'avoue que cette idée me cause une forte émotion. Il y a grand cercle chez madame de Soulanges : amis et autres y sont invités. Cette soirée marquera la place, fixera le degré de considération auxquels elle peut prétendre. Pauvre petite!

Elle se met très-simplement; elle a raison : elle n'a point besoin de parure, et elle ne veut pas étaler un luxe, qui donnerait lieu à de malignes réflexions.

On nous annonce... le cœur me bat... Oh, il me bat! Elle est timide, mais calme : le danger qui nous menace nous effraie moins que celui auquel est exposé l'objet de nos plus chères affections.

Je lui donne la main, nous entrons. Madame de Soulanges vient au-devant de nous, l'embrasse, la fait asseoir auprès d'elle. Je l'aurais volontiers remerciée tout haut.

Tous les yeux se portent sur elle, et je n'y vois encore que l'impression que produisent ses charmes, et la prévention favorable que donne son maintien décent et facile.

Madame d'Elmont! Je n'ai pas osé me présenter chez elle, et je ne croyais pas la trouver ici. Sa présence me cause un embarras qui ne lui échappe point. Elle fait les premiers pas, elle s'approche, elle m'embrasse, et me dit, de manière à être entendue : « Présentez-moi à madame « de Francheville; je lui ai de grandes obligations, « et je veux l'assurer de ma reconnaissance. » Je ne sais ce que cela veut dire. « J'ai su de M. de Sou-« langes, continue-t-elle, que je lui dois soixante « mille livres de rente, que vous pouviez garder, « et que vous m'avez rendues. » Ces paroles me font un bien! Fanchette rougit, baisse les yeux; mais je remarque dans toute sa personne l'agitation du plaisir. Sa satisfaction perce malgré elle. Les premiers mots, dont elle est l'objet, sont un éloge; il est prononcé par une bouche, dont la véracité ne peut être suspecte : il lui est permis de céder à un petit mouvement d'orgueil.

Il est convenu qu'elle est charmante, et qu'elle a un cœur excellent. Mais a-t-elle de l'esprit? Oh, non; on ne peut tout avoir. Mettons le côté faible à découvert : voilà à peu près ce que signifie l'empressement de certains individus, qui s'approchent, pour entendre une conversation suivie entre mesdames de Soulanges, d'Elmont et elle. « Comment

« donc, dit à demi-voix une petite laide, elle
« parle aussi bien que moi! Et elle pense mieux,
« répond Soulanges, car elle n'humilie personne. »

On rit assez généralement de la réplique; la petite laidron s'éloigne, va bouder dans un coin, et sort un instant après. Une fille laide est à plaindre : elle est délaissée. Elle a de l'humeur, elle l'exhale; elle a des ridicules, et pas un cœur de plus. Si elle est riche cependant... On épouse sa dot.

Un homme du plus haut rang va se placer auprès d'elle; il l'examine; il lui parle; il attend sa réponse, et toutes lui font un extrême plaisir. Il prolonge l'entretien. Je suis là, je ne dis pas un mot, j'écoute, je retiens mon haleine; je souris au trait heureux.

La voilà donc entre une femme très-aimable, une autre généralement estimée, et un grand de l'état, qui semblent s'accorder pour la faire valoir! Oh, maintenant, il n'y a plus d'incertitude : sa place est marquée dans le monde, et elle est honorable.

Je suis d'une gaieté folle. Je la porte dans tous les coins du salon. Je la répands autour de moi; elle amène la cordialité, la franchise.

Le prince, lui-même, se dépouille de l'extérieur imposant de la grandeur. Il me prend la main, me la presse, et me dit très-haut : « M. de Franche-
« ville, vous avez fait un excellent mariage. »

Oh, alors il n'y eut plus de bornes aux égards,

aux prévenances dont elle devint l'objet. Elle tournait souvent ses yeux sur moi ; ils semblaient me dire : Le monde t'approuve, je n'ai plus de vœux à former.

Qui reconnaîtrait dans cette jeune dame, recherchée, caressée, flattée, cette petite Fanchette du grenier... Dès-lors, il ne lui manquait qu'un théâtre ; elle l'a trouvé.

Que de gens de mérite ignorés, parce qu'ils n'ont pu percer jusqu'à leur place !

Mais aussi que de gens tombés pour être montés trop haut !

Quel fut mon étonnement, deux jours après, lorsque je reçus la nouvelle de ma nomination à la place de préfet d'un de nos plus riches départemens ! Je me rappelai le grand personnage que j'avais vu chez Soulanges. « Ah, dis-je à Fan-
« chette, je te devrai donc tout, bonheur et con-
« sidération ! — Tu ne me dois rien, mon ami ;
« ton bonheur est le mien ; la considération re-
« jaillira sur moi. — Mais comment, en aussi peu
« de temps, as-tu... — Mon ami, il faut, je crois,
« profiter de la première impression : plus elle
« est forte, et moins elle est durable. J'ai de-
« mandé avant-hier ; je n'ai rien désigné ; mais sur
« ma parole on t'a cru fait pour les premiers em-
« plois : peut-être, dans un an, aurais-je eu de la
« peine à faire de toi un maire de village.

« Nous partirons quand tu le voudras. Arrivés à
« ta résidence, nous continuerons à pratiquer la

« recette de Justine; mais tu utiliseras les repos
« de l'amour. Tu serviras ton pays; tu feras du
« bien aux hommes, qui peut-être ne t'aimeront pas
« davantage; mais tu auras pour toi ta conscience
« et Fanchette. Elle sera là, toujours là. De ton
« cabinet tu passeras chez elle, et elle te fera
« oublier la fatigue du travail. »

. . . .
. . . .

« Ah çà, monsieur le lecteur, ou madame la
« lectrice, n'êtes-vous pas aussi las de lire, que
« moi de conter? — Oh, nous voulons savoir ce
« que fera monsieur le préfet, ce qui lui arrivera;
« si Fanchette est toujours bonne et jolie; si son
« mari en raffole toujours; si Honorine... — Oui?
« hé bien, madame ou monsieur, partez; allez-
« vous-en à la préfecture; voyez, interrogez. Moi,
« je ne me mêle plus des affaires de ces gens-là,
« et je vous souhaite le bonsoir. »

FIN D'UNE MACÉDOINE.

TABLE

DES CHAPITRES CONTENUS DANS CE VOLUME.

Chapitre Ier. Le départ impromptu...... Page 5
Chapitre II. On ne suit pas toujours la ligne directe................................. 11
Chapitre III. On arrive enfin à Chantilly...... 24
Chapitre IV. Le souper..................... 34
Chapitre V. Quatre heures de nuit........... 42
Chapitre VI. Le lever...................... 54
Chapitre VII. On arrive au château.......... 67
Chapitre VIII. La sauce piquante............ 83
Chapitre IX. Irrésolutions, combats, faiblesse.. 90
Chapitre X. Tout ce qui brille n'est pas or.... 104
Chapitre XI. Encore une nuit épouvantable.... 114
Chapitre XII. Les compensations............ 125
Chapitre XIII. Le vilain péché d'orgueil...... 133
Chapitre XIV. Le contrat de mariage......... 143
Chapitre XV. Défiez-vous des ânes.......... 161
Chapitre XVI. L'inauguration................ 191
Chapitre XVII. La séparation............... 224
Chapitre XVIII. Le sermon.................. 240
Chapitre XIX. La calomnie.................. 248
Chapitre XX. Le duel...................... 260
Chapitre XXI. La convalescence............. 274
Chapitre XXII. Oh, comme la santé me revient! 290

CHAPITRE XXIII. Les deux lettres............ 302
CHAPITRE XXIV. Arrangemens de ménage...... 315
CHAPITRE XXV. Roman astronomique......... 334
CHAPITRE XXVI. L'évasion................. 375
CHAPITRE XXVII. Cette fois-ci, c'est un crime.. 394
CHAPITRE XXVII. Je la retrouve............. 413
CHAPITRE XXVIII. Les visites............... 432
CHAPITRE XXIX. Suites naturelles de ce qu'on a lu................................. 453
CHAPITRE XXX. Le mariage................. 496
CHAPITRE XXXI. Les Pyrénées.............. 518
CHAPITRE XXXII. Conclusion............... 538

FIN DE LA TABLE.

www.ingramcontent.com/pod-product-compliance
Lightning Source LLC
Chambersburg PA
CBHW060509230426
43665CB00013B/1449